W0177204

Gianluigi Nuzzi

Habgier im Vatikan

Gianluigi Nuzzi

Habgier im Vatikan

Wie die Jünger des Geldes Papst Franziskus Reformen sabotieren

Aus dem Italienischen von Christine Ammann und Walter Kögler

Die italienische Originalausgabe erschien 2019 unter dem Titel »Giudizio Universale. La battaglia finale di papa Francesco per salvare la chiesa dal fallimento« bei Chiarelettere, Mailand.

© 2019 by Gianluigi Nuzzi, Published by arrangement with The Italian Literary Agency

Orell Füssli Verlag, www.ofv.ch
© 2020 Orell Füssli AG, Zürich
Alle Rechte vorbehalten

Dieses Werk ist urheberrechtlich geschützt. Dadurch begründete Rechte, insbesondere der Übersetzung, des Nachdrucks, des Vortrags, der Entnahme von Abbildungen und Tabellen, der Funksendung, der Mikroverfilmung oder der Vervielfältigung auf andern Wegen und der Speicherung in Datenverarbeitungsanlagen, bleiben, auch bei nur auszugsweiser Verwertung, vorbehalten. Vervielfältigungen des Werkes oder von Teilen des Werkes sind auch im Einzelfall nur in den Grenzen der gesetzlichen Bestimmungen des Urheberrechtsgesetzes in der jeweils geltenden Fassung zulässig. Sie sind grundsätzlich vergütungspflichtig.

Umschlaggestaltung: Hauptmann & Kompanie Werbeagentur, Zürich
Druck und Bindung: CPI books GmbH, Leck

978-3-280-05735-3

Die Deutsche Nationalbibliothek verzeichnet diese Publikation in der Deutschen Nationalbibliografie; detaillierte bibliografische Daten sind im Internet unter www.dnb.de abrufbar.

Inhalt

5

Über dieses Buch

Der unersättliche Parasit

Papst Franziskus könnte mit seinem Pontifikat scheitern, weil die strategischen Angriffe strengkonservativer Katholiken überhandnehmen, es an Priestern mangelt oder die Zahl der Gläubigen zurückgeht. Wahrscheinlicher ist allerdings, dass er scheitert, weil der katholischen Kirche der finanzielle Ruin jeden Tag ein wenig mehr droht. Die Finanzlücke im Vatikan ist mittlerweile »strukturell«, wie es die Berater des Papstes ausdrücken. Das heißt, das Vermögen, das die Kirche dank der barmherzigen Spenden der Gläubigen über Jahrhunderte anhäufen konnte, wird kontinuierlich, wie von einem gierigen, unersättlichen Parasiten, geschmälert. Und gegen diesen Bazillus gibt es offenbar kein Mittel. Jedenfalls hat er bislang alle Behandlungsversuche mehr oder minder unbeschadet überstanden. Da konnten die Papstgetreuen noch so engagiert versuchen, dem finanziellen Ruin der Ämter und Behörden, die die katholische Kirche von Rom aus verwalten und die theologische Richtung von 1.299.000.000 Gläubigen auf der ganzen Welt vorgeben, Einhalt zu gebieten.

Die Folgen der Epidemie sind verheerend und offenbaren sich immer deutlicher. Wenn es dem Vatikan an finanziellen Mitteln fehlt, kann der Papst den Armen, den Geflüchteten, den Bedürftigen nicht so helfen, wie er will. Doch ohne konkrete, überzeugende Taten kann Gottes Wort innerhalb und außerhalb von Rom leicht verblassen. Leere Kassen schwächen die weltweite Mission der Kirche und gefährden letzten Endes das Überleben des Kirchenstaats.

9

Je mehr sich die Zukunft verdunkelt, desto häufiger muss sich der Papst mit Ausnahmesituationen und den schlechtesten vatikanischen Finanzzahlen aller Zeiten auseinandersetzen und angesichts wirtschaftlicher Zwänge Entscheidungen treffen, die mit der katholischen Lehre, einer sozialen Kirche oder einem ethischen Finanzgebaren nur noch bedingt vereinbar sind. Ende März 2019 hatte der Papst den Jahresabschluss der vatikanischen Güterverwaltung (APSA – Amministrazione del Patrimonio della Sede Apostolica) auf dem Tisch, das Gesundheitszeugnis des wichtigsten Dikasteriums. Diese Behörde ist die finanzielle Lunge des Kirchenstaats, sozusagen seine Zentralbank. Wie der Papst in dem knappen Papier lesen konnte, hat die Güterverwaltung 2018 »erstmals in der Geschichte« mit Verlusten abgeschlossen. Das hatte es noch nie gegeben: minus 27 Prozent beim Betriebsergebnis, minus 67 Prozent beim Finanzergebnis und minus 56 Prozent bei der Immobilienverwaltung, wobei sich der Absturz letzterer, eigentlich hätte er 115 Prozent betragen, nur durch massive Eingriffe hatte auffangen lassen.

Eine katastrophale Immobilienverwaltung
Die Gründe dafür liegen für jeden, der es wissen will, auf der Hand. Man muss sich nur anschauen, wie das Immobilienvermögen der APSA verwaltet wird: Noch immer stehen gut 800 Objekte leer, bringen also gar nichts ein. Weitere 3200 Objekte werden mietfrei überlassen, die Miete beträgt also sage und schreibe 0 Euro, und mindestens die Hälfte aller Mieter zahlt nur eine ermäßigte Miete. Man wirft zu Lasten des Staates mit Mietnachlässen nur so um sich, obwohl die Objekte häufig von großzügigen, überzeugten Gläubigen geschenkt oder vererbt wurden. Und dabei hatte man, wie in den Medien nach Erscheinen meines Buchs *Alles muss ans Licht*[1] 2015 zu lesen war, allgemein versichert, nun sei mit den Privilegien aber Schluss und die Immobilienverwaltung werde endlich normalisiert. Doch die Situation hat sich nicht nur nicht verbessert, sondern im Gegenteil noch verschlechtert: Die Kardinäle wohnen alle in 400- oder 500-Quadratmeter-Wohnungen, während die Papstwohnung leer steht, weil Papst Franziskus sich in das Gästehaus

Santa Marta zurückgezogen hat und seine Mahlzeiten lieber dort im Speisesaal einnimmt, wo er sein Menü bis zuletzt geheim halten kann. Denn auch die Sicherheitsfrage stellt ein erhebliches Problem dar. Man lese nur das vertrauliche Papier zu den entsprechenden Maßnahmen für die beiden Päpste und den Vatikanstaat, das im Anhang angeführt ist.

Doch zurück zur Güterverwaltung, denn die »Zentralbank« ist nicht nur wegen ihrer katastrophalen Immobilienverwaltung in Schwierigkeiten, sondern auch wegen freizügig gewährter Großkredite und Investmentanlagen. Letztere sind zwar 2018 um 100 Millionen gesunken, aber die Kreditvergabe lässt nichts Gutes ahnen. So erhielt etwa die Kongregation der Söhne der Unbefleckten Empfängnis 2014 für die finanzielle Sanierung ihres römischen Krankenhauses Idi einen ASPA-Kredit über 50 Millionen Euro. Das Geld wird die Zentralbank nie mehr wiedersehen. Und was ist mit den beträchtlichen Anteilen am Pharmariesen Roche: Die APSA hat die Anteile zwar abgestoßen, doch haben sich die 2016 und 2017 dafür erhaltenen 22,5 beziehungsweise 15,9 Millionen kaum positiv bemerkbar gemacht. Während sich auf der einen Seite die Spendenkassen des Vatikans immer weiter leeren, werden auf der anderen die Ausgaben und Kosten des schwerfälligen Staatsapparats immer weiter aufgebläht.

Der Heilige Stuhl erwägt auf der verzweifelten Suche nach Geldquellen sogar erstmals, sein Tafelsilber zu verkaufen, sich also von Immobilienvermögen zu trennen: Zur Diskussion stehen 424 Hektar auf dem Gemeindegebiet Santa Maria di Galeria, nordöstlich von Rom, ein riesiges Gelände, fast zehnmal so groß wie der Kirchenstaat. Papst Franziskus steht an einem Scheideweg: Soll er das Gelände verkaufen und die Verluste des Vatikans damit abfedern oder soll er es behalten und sich Bauspekulationen entgegenstellen, die so gar nicht der kirchlichen Lehre entsprechen? Bei einem Treffen mit einigen Kardinälen am 12. Februar 2018 bleibt der Papst standhaft: »Ich bin gegen Spekulationsgeschäfte, die auf reine Profitmaximierung zielen.« Daraufhin ließen ihm nahestehende Kardinäle Alternativen erarbeiten, von einer Fotovoltaikanlage bis zu einer Einrichtung für Bedürftige. Bislang wurde allerdings noch nichts davon umgesetzt.

Der gute Ruf hat für Papst Franziskus einen hohen Stellenwert. Mehr noch als bei früheren Päpste ist das mögliche Medienecho einer Entscheidung für ihn von höchster Bedeutung. Das zeigt nicht nur die Einrichtung einer Kommission, die jede einzelne Initiative bezüglich ihrer möglichen Öffentlichkeitswirkung, also vor allem die möglichen Folgen für den Ruf der Kirche, bewerten soll, sondern auch die Verschärfung der Strafen für die Preisgabe vertraulicher Informationen aus dem Vatikan.

Obwohl die tiefgreifende finanzielle Krise, die eine Insolvenz als durchaus möglich erscheinen lässt, die Kirche also beunruhigt, werden die eigentlich erforderlichen radikalen Sofortmaßnahmen aus Angst vor Imageschäden oder möglichen Konflikten mit den Grundsätzen einer sozialen Kirche verwässert oder verschoben.

Ein vielsagendes Beispiel: Die Zahl der Vatikanbeschäftigten ist unverhältnismäßig hoch, und, wie es im Bericht des Wirtschaftsrats vom Februar 2018 heißt, arbeitet »die Vermögensverwaltung nicht wegen Korruption, sondern wegen Inkompetenz schlecht«. Die Zahl der Überstunden ist schwindelerregend hoch (2016 waren es allein im Governatorat 500.413), doch niemand würde auch nur erwägen, einen unfähigen Beschäftigten zu entlassen oder jemanden, der sich bereichert, vor die Tür zu setzen. Andererseits hat man kein Problem, sich von Leuten zu trennen, die dem Papst beim Aufräumen helfen, wie Generalrevisor Libero Milone, oder von einem engen päpstlichen Mitarbeiter wie Prälat Dario Viganò, dem man das Vertrauen aufgrund von Anschuldigungen entzog, die dank dieses Buches wohl in einem neuen Licht betrachtet werden müssen.

Im Übrigen ist es wohl zu einfach, die Schuld nur bei den Beschäftigten des Kirchenstaats zu suchen. Denn hinter den Mauern des Vatikans fehlt es seit jeher an einer vernünftigen Personalpolitik, was zur Folge hat, dass qualifizierte Beschäftigte Mangelware sind und es für die wenigen, die da sind, keine adäquate Ausstattung und zu wenig Fortbildungen gibt. Wie die mit Wirtschaftsfragen befassten papstnahen Kardinäle am 4. Juli 2017 in den Jahresabschlussunterlagen 2016 lesen konnten:»Der Anteil der manuell durchgeführten Vorgänge ist noch immer hoch, und das bedeutet bei mangelhaften Kontrollen ein erhöhtes Fehlerrisiko.«

Brechen wir endlich das Schweigen

In diesem Buch schildere ich, wie Papst Franziskus darum kämpft, dem gefährlichen Finanzkurs des Vatikans Einhalt zu gebieten und den drohenden Bankrott der Kirche abzuwenden. Schon Papst Benedikt XVI. hatte die finanzielle Entwicklung der Kirche große Sorge bereitet, und er wusste, dass sich der Zusammenbruch nur durch eine Kehrtwende verhindern lassen würde. Doch unter ihm konnte der Wandel noch nicht umgesetzt werden oder zumindest nicht so schnell wie erhofft.

Wenn ich auf den folgenden Seiten über die dramatischen Ereignisse berichte, beziehe ich mich stets auf über 3000 geheime, bislang unveröffentlichte Dokumente, die ich seit 2013 zusammensammeln konnte. Sie enthalten die ganze Wahrheit: über die unterschlagenen Gelder, das Missmanagement, die gierigen Kardinäle und andere hohe Würdenträger, die alles andere als christliche Machtkämpfe ausfechten, und über die drei nebulösen Banken mit rätselhafter Buchhaltung. Auch über diese Dinge muss berichtet werden, wie ich meine, und zwar aus demselben aufklärerischen Geist heraus, wie dies bei meinen vorigen Büchern geschah: zuerst in *Vatikan AG* (2009), dann veröffentlichte ich in *Ihre Heiligkeit* (2012) die Schreibtischunterlagen von Benedikt XVI., schilderte in *Alles muss ans Licht* (2015) die katastrophalen Verhältnisse, die Papst Franziskus im Vatikan antraf, und ging in meinem letzten Buch *Erbsünde* (2018) schließlich den schlimmsten Geschichten im Vatikan auf den Grund, die zeigen, dass für manche im Kirchenstaat Geld wichtiger ist als die Seele.

Auch wenn die Päpste schon seit dem vorigen Jahrhundert voll guter Absichten sind, ist eine echte Reform der römischen Kurie bislang ausgeblieben, weil jeder kleinste Ansatz dazu im Keim erstickt, abgeblockt und sabotiert wird. Auf den folgenden Seiten können Sie sich ein plastisches Bild davon machen, wie groß das

Geflecht aus Eigeninteressen, Geld und Macht ist, in das manche Kardinäle und Würdenträger verstrickt sind. Das festgeknüpfte Netz aus Konten, Finanzgeschäften und Spekulationen, das den Vatikan fest im Griff hat, wird hier erstmals wirklich offengelegt.

Der Vatikan wird von einer Unterwelt beherrscht, die vollkommen unbekümmert persönliche Machtkämpfe entfacht und befeuert und sich nicht nur gegenüber dem sich am Horizont abzeichnenden Finanzcrash vollkommen gleichgültig zeigt, sondern auch gegenüber allen Mahnungen des Papstes, der ihr religiöser Führer und eigentlich absoluter Monarch des Kirchenstaats ist. Mit diesem Buch wird der Mantel des Schweigens, der den drohenden Bankrott des Vatikans bislang umgab, endlich gelüftet. Das dürfte nicht nur unter Katholiken für Unruhe sorgen. Doch in diesem Buch findet sich nichts als die Wahrheit, und ihr kann man sich nur stellen, wenn man sie nicht verschweigt, sondern öffentlich macht.

◇◇◇◇◇◇◇◇◇◇◇◇

1   Gianluigi Nuzzi, *Alles muss ans Licht,* Wals bei Salzburg 2015

Die Insolvenz der Kirche

Ein Geheimtreffen, um dem Abgrund zu entgehen

Frühjahr 2018, über den Petersplatz weht ein leichtes Lüftchen. Es ist noch früh. Die ersten Gläubigen strömen gerade auf den Platz, so gesittet wie immer. Staunend betrachten sie die überwältigende Schönheit um sie herum. Die Wirksamkeit der Sicherheitsmaßnahmen wegen möglicher islamistisch motivierter Attentate kümmern sie kaum. Ein heikles Thema, in der Kurie ist man besorgt, aber darüber redet man nicht. Gerade haben einige Kardinäle die Porta Sant'Anna hinter sich gelassen und bahnen sich ihren Weg durch die Pilger. Es ist Dienstag, der 15. Mai, kurz nach halb neun, sie müssen zu einer geheimen Sitzung des Wirtschaftsrats, ein eingeschworener, kleiner Kreis, der den Papst in Finanzfragen unterstützt.

Die Sitzungsteilnehmer kommen aus allen Ecken der Welt: Juan Luis Cipriani Thorne aus Peru, Daniel DiNardo ist der Vorsitzende der US-Bischofskonferenz, Wilfrid Fox Napier kommt aus Südafrika, Norberto Rivera Carrera aus Mexiko. Mit dem Apostolischen Administrator der Diözese Hongkong, John Tong Hon, ist sogar das kommunistische China vertreten. Und aus Europa sind natürlich viele da: vom Italiener Agostino Vallini bis zum Franzosen Jean-Pierre Ricard und dem deutschen Reinhard Marx, der wie ehemals Ratzinger der Diözese München vorsteht und Koordinator des Wirtschaftsrats ist.

Abgesehen vom altgedienten Kurienmitglied Vallini, noch von Benedikt XVI. zum Kardinal erhoben und Protegé von Ex-Staatssekretär Tarcisio Bertone, sind alle Papst Franziskus treu ergeben. Jeder einzelne wurde speziell dafür ausgewählt, den Papst bei der finanziellen Neuordnung des Vatikans zu unterstützen und diese dann vor allem gegen jeden Widerstand aus der Kurie, gegen jeden Versuch, mehr Transparenz zu verhindern, durchzusetzen. Eine Aufgabe, die unmöglich scheint.

Die Kardinäle betreten die Sala Bologna, in der Mitte ein großer hufeisenförmiger Tisch in Massivholz, drumherum über zwanzig Intarsienstühle mit bequemer Samtpolsterung für die wichtigen Sitzungen. Weil ich über aktuelle Unterlagen zur wirtschaftlichen Situation des Vatikans verfüge und meine Quellen bei dieser und anderen vertraulichen Sitzungen anwesend waren, kann ich die Spannungen und Auseinandersetzungen zwischen den Schlüsselpersonen der vatikanischen Finanzen so realgetreu nachzeichnen.

Die Kardinäle gehen über das knarrende, im Schachbrettmuster verlegte Parkett und nehmen Platz. Wir befinden uns im pulsierenden Herz des Heiligen Stuhls, im dritten Stock des Papstpalastes, dem vornehmsten Vatikangebäude mit über tausend Zimmern, zu denen nur höchste Würdenträger Zugang haben. Die Sala Bologna liegt symbolträchtig genau in der Mitte des Gangs, zwischen der nun leerstehenden Papstwohnung und den Büros des Staatssekretariats.

Die Begrüßungen ziehen sich hin, zwischen Umarmungen und Händeschütteln unterhält man sich kurz tête-à-tête. Derweil werden die Sitzungsunterlagen verteilt, und schon beim ersten Durchblättern wird deutlich, dass diese Sitzung anders sein wird als sonst.

Dann verstummen plötzlich alle und blicken zur Tür. Ein neuer Gast betrit den Raum, Kardinalsstaatssekretär Pietro Parolin. Papst Franziskus' engster Mitarbeiter hat seine Wohnung im ersten Stock verlassen, um mit seinen Brüdern an der Sitzung teilzunehmen. Seine angespannten Gesichtszüge verraten mehr denn je, wie heikel die Lage ist, wie schwerwiegend die ausgeteilte Dokumentation und vor allem, wie bedeutsam die heutige Sitzung ist.

Um Punkt neun Uhr bittet Kardinal Marx mit kurzem Kopfnicken um Ruhe, man versammelt sich für das traditionelle Gebet, das an diesem Tag vielleicht notwendiger ist denn je. Die bevorstehende Aufgabe wird nicht einfach sein und erfordert große innere

Ruhe. Der Koordinator weiß das nur zu gut. Er ist der neue Stern am Himmel der vatikanischen Wirtschaft, nachdem der Australier George Pell gestürzt ist. Pell war 2014, als Symbol des Wandels, zum Präfekten des Wirtschaftssekretariats ernannt, dann aber des Kindesmissbrauchs beschuldigt und im Februar 2019 verhaftet worden.

Um den Tisch reihen sich siebzehn Personen, die meisten Männer. Frauen scheinen, wie sonst auch bei Treffen auf höchster Ebene, quasi ausgeschlossen. Von seltenen Ausnahmen abgesehen. Neben neun geistlichen Würdenträgern sitzen in der Sala Bologna diesmal acht Laienvertreter, darunter drei Frauen. Auch sie haben Zugang zu den geheimen Sitzungen über die undurchsichtige vatikanische Finanzwelt, die die Spenden der knapp 1.300.000.000 Gläubigen aus aller Welt verwaltet. Doch natürlich sind sie auch hier nicht unbedingt mit den allerhöchsten Aufgaben betraut. Die stille Elisa Fantini und die zurückhaltende Paola Monaco haben am Sekretariatstisch zu tun, der direkt neben dem Platz des Papstes steht.

Etwas eingehender sollten wir uns dagegen mit der dritten Frau beschäftigen, die scheinbar etwas abseits, beinah im Halbschatten sitzt. Obwohl zierlich, wirkt sie sehr bestimmt. Sie heißt Claudia Ciocca und leitet die Aufsichts- und Kontrollabteilung des Wirtschaftssekretariats. Der breiten Öffentlichkeit ist sie eher unbekannt, obwohl sie in nur wenigen Jahren in den Kreis der einflussreichsten Laienvertreter im Vatikan aufgestiegen ist. Helle Augen, ein schmales, klares Gesicht, eingerahmt von einem kastanienbraunen Kurzhaarschnitt. Beiläufig, beinah unsichtbar bewegt sie sich zwischen den Großen der katholischen Kirche. Claudia Ciocca bringt nicht nur solide Finanzerfahrungen mit, sondern verkörpert auch perfekt die heutige Vorstellung von kirchlicher Macht, insbesondere die von Papst Franziskus: Sie besitzt eine natürliche Begabung zum aufmerksamen Zuhören, zur sorgfältigen Wahl der genau passenden Worte und den richtigen Sinn für Barmherzigkeit und Nachsicht, um die Ziele des Papstes ohne Nachsicht umzusetzen.

Auf dem Tisch liegen streng geheime Unterlagen über den wahren Gesundheitszustand der Kirche, besser gesagt ihres Nervenzentrums, des Vatikans. Die Zahlen waren noch nie entmutigender, die Aussichten noch nie katastrophaler: stark eingebrochene Einnahmen, kaum mehr bezifferbare Abgründe bei Pensionsfonds und Krankenkasse, unkontrollierbar aufgeblähte Personalkosten und ein kaum noch bewertbares Vermögen. So werden die riesigen Immobilienbestände nach wie vor von Klientelansprüchen in Geiselhaft genommen, und bei den Wertpapier- und Aktienanlagen entstehen immer wieder Millionenverluste, weil die Strategie und Diversifizierung fehlen.

Papst Franziskus hat zwar von Anfang an die Konten des Heiligen Stuhls in Angriff genommen, aber obwohl das eine unvergleichliche Schockwelle auslöste, blieb die erhoffte Wirkung aus. Dank bis dahin unveröffentlichter vertraulicher Finanzdokumente aus dem Vatikan habe ich diese Anfänge in meinem Buch *Alles muss ans Licht* (2015) bis in den Winter 2013/2014 nachgezeichnet. Damals gab es allerdings noch Handlungsspielraum. Wie die jetzigen Dokumente auf beunruhigende Weise offenbahren, ist Papst Franziskus mit seinem Vorhaben gescheitert. Die Unterlagen sprechen eine deutliche Sprache: Der Papst wurde Opfer eines systematischen Boykotts.

Die Seilschaften im Vatikan haben sich jeder Veränderung widersetzt und ihre Privilegien, ihre missbräuchlichen und sonstigen undurchsichtigen Interessen erfolgreich verteidigt. Die Richtung, die der Jesuit vom anderen Ende der Welt vorgab, wurde im Vatikan sabotiert, man warf seinen Getreuen Knüppel zwischen die Beine, sie wurden Opfer von taktischen Schachzügen und Intrigen. Am Ende blieb jede Maßnahme wirkungslos. Die Revolution ist im Sande verlaufen. Und was am schlimmsten ist: Der eigentliche Verlierer ist nicht der Papst oder sein Pontifikat, sondern, viel wesentlicher und grundsätzlicher, die katholische Kirche, die kirchliche Organisation, das pulsierende Herz in Rom, das die katholische Welt belebt und koordiniert. Die Kirche selbst ist in Gefahr. Die Zeit drängt, der Untergang ist nah.

Nur noch fünf Jahre bis zum Crash

Die Laienvertreter in der Sala Bologna sind zutiefst angespannt. Sie warten so reglos, als hielten sie die Luft an. Einzig die Augen der alten Kardinäle bewegen sich, während sie die vertraulichen Unterlagen lesen, und ihre runzeligen Hände, mit denen sie bedächtig umblättern. Dort steht die ganze Wahrheit, und alle Berichte kommen zu demselben Schluss, prägnant zusammengefasst in einer angehefteten Anmerkung:

> Der Wirtschaftsrat möchte seiner Besorgnis hinsichtlich des Defizits des Heiligen Stuhls erneut Ausdruck verleihen und erachtet es darum für notwendig, dem Heiligen Vater folgendes mitzuteilen: Es besteht ein anhaltendes, strukturelles Defizit von besorgniserregender Höhe, das, sofern keine Eilmaßnahmen ergriffen werden, zur Insolvenz führen kann.

Es droht die Insolvenz der katholischen Kirche. Da steht es: *Insolvenz*. Die Kardinäle nehmen die Brille ab, blättern in den Papieren, malen sich vielleicht aus, wie man sich doch noch vor dem drohenden Finanz-Tsunami retten könnte. Die apokalyptische Szenerie ist aus zwei Gründen besonders erschreckend. Erster Grund, katastrophal genug: Eine Insolvenz würde den gesamten Vatikan strukturell bedrohen, weil er dann über keine Finanzmittel mehr verfügen würde. Die katholische Kirche würde dies weltweit auf unvorhersehbare Weise durch einen Dominoeffekt zu spüren bekommen. Wenn der Vatikan insolvent ist, stehen keine Gelder mehr für die notwendigen Ausgaben zur Verfügung, nicht einmal mehr für die Gehälter der Beschäftigten in den Dikasterien und Kongregationen. Die kirchliche Maschinerie käme unweigerlich zum Erliegen, und wenn die Zentralregierung der Theokratie fehlt, stände die Zukunft jeder Diözesen, jedes katholischen Ordens und jeder einzelnen Pfarrei auf dem Spiel.

Der Wirtschaftsrat möchte seiner Besorgnis hinsichtlich des Defizits des Heiligen Stuhls erneut Ausdruck verleihen und erachtet es darum für notwendig, dem Heiligen Vater Folgendes mitzuteilen:

Es besteht ein anhaltendes, strukturelles Defizit von besorgniserregender Höhe, das, sofern keine Eilmaßnahmen ergriffen werden, zur Insolvenz führen kann.

a. *Personal: Hier sind eine Überprüfung der Abläufe, neue Personalverteilungsschlüssel und eine Überprüfung der Kompetenzen erforderlich.*

b. *Maßnahmenplanung: Die Verteilung der Ressourcen auf die jeweiligen Initiativen muss nach Prioritäten erfolgen, die von der obersten Behörde vorab festgelegt werden.*

c. *Verwaltung der weltlichen Güter: Hier sind langfristige Initiativen zu identifizieren, die die Rentabilität der Initiativen bezüglich aller verfügbaren* Güter *möglichst erhöhen* können.

Mit diesem Dokument warnt der Wirtschaftsrat vor der drohenden Insolvenz des Vatikans.

In der Sala Bologna drängt sich eine Frage auf, die direkt zum zweiten Grund der Besorgnis führt. Es ist eine sehr leise Frage: »Wer sagt es dem Papst?« Dabei geht es nicht nur um den formellen Aspekt, sondern auch um die Verantwortung. Wer nimmt die Bürde auf sich, ihn über das Geschehen zu informieren? Eine schwere Bürde, denn alle erinnern sich noch zu gut an die dramatischen Ereignisse vor ein paar Jahren. Genauer gesagt, vor sieben Jahren, als das Pontifikat von Benedikt XVI. bereits daniederlag und man dem Papst die Wirtschaftszahlen vorlegte. Schon damals herrschte unter den internationalen Wirtschaftsprüfern der Präfektur für wirtschaftliche Angelegenheiten des Heiligen Stuhls, einer Art Rechnungshof, großer Pessimismus. Eine Sitzung jagte die nächste, jede bewertete die Zukunft des Vatikans noch pessimistischer und mahnte noch eindringlicher zur Eile. Am 19. Dezember 2012 nahmen die Rechnungsprüfer der Präfektur schließlich allen Mut zusammen – dass sich Laienvertreter mahnend an den Papst wendeten, war damals noch undenkbar – und bezifferten die drohenden Schwierigkeiten schwarz auf weiß.[1] Nur wenige Monate später dankte Joseph Ratzinger ab. Und jetzt ist die Finanzlage noch schwieriger, vielleicht sogar irreparabel. Der Papst muss über eine drohende Insolvenz informiert werden. Wie wird er reagieren, wenn er erfährt, dass man die Blutung nicht mehr stoppen kann? Dass die Verwaltung noch genauso schlecht arbeitet wie früher? Wofür wird er sich entscheiden, wenn er begreift, dass alles, was er bisher in die Wege geleitet hat, umsonst war? Schon nach drei Monaten im Amt, am 27. Juni 2013, hatten die Wirtschaftsprüfer den Heiligen Vater mit einem deutlichen Schreiben über die Bilanzlöcher und vor allem die ausufernden Kosten informiert. Doch trotz aller Bemühungen scheint keine Kehrtwende eingetreten zu sein. Unter den Würdenträgern geht schon wieder ein Wort um, mit neun Buchstaben, fast ein Tabu, das man am liebsten gar nicht aussprechen will: »Rücktritt«. Allein die Vorstellung, der Papst könne abtreten, lässt die Anwesenden zusammenfahren, als kehre ein vergangen geglaubtes böses Gespenst zurück. Der Alptraum ist noch zu frisch.

Claudia Ciocca bemerkt die allgemeine Anspannung, senkt den Blick und flüchtet sich in die vertraute Welt der Zahlen. Aber nur kurz. Die Führungskraft des Wirtschaftssekretariats schüttelt ihr Zaudern schnell ab und wendet sich mutig an den Koordinator. Ihre Stimme klingt nicht fordernd, eher niedergeschlagen. Fast flehend: »Sie sollten das machen, Eminenz.« Doch Reinhard Marx schweigt. Der deutsche Kardinal weiß nur zu gut, wie sehr Papst Franziskus die Finanzfragen quälen. Nach jeder Sitzung bittet ihn der Papst, ihn im Gästehaus Santa Marta aufzusuchen und ihm detailliert Bericht zu erstatten. Aber das hier ist etwas anderes. Vielleicht denkt Marx auch an die immer angespannteren vertraulichen Sitzungen vom letzten Monat und an das Treffen mit dem Papst vom Vortag. Er und sein getreuer Sekretär, der Engländer Brian Ferme, waren am 14. Mai zu einer Audienz beim Papst.

Der Papst hatte ihn gebeten, ihn bezüglich der heiklen Fragen auf den neuesten Stand zu bringen: über die aufgeblähten Personalkosten oder die schwarzen Löchern im Pensionsfonds. »Welche konkreten Gefahren gibt es da?«, hatte der Papst gefragt. »Im Grunde können wir die Pensionen unserer Beschäftigten nicht mehr gewährleisten«, hatte er geantwortet. Schweigen. Der Versorgungsfonds war erodiert. »Dass wir allen Beschäftigten sichere Pensionen zahlen, ist und bleibt von größter Wichtigkeit«, sagte der Papst sehr entschieden. »Aber was ist mit den Konten, dem Defizit?«, wollte er wissen. »Wir werden uns mit verschiedenen Vorschlägen beschäftigen […]« Wieder Schweigen. Vielleicht hätte der deutsche Kardinal am liebsten gesagt: »Aber ob die Zeit dafür noch reicht?« Denn wie viel Zeit würde der Vatikan wohl brauchen, um effektive Maßnahmen zu ergreifen, damit die strukturellen Widerstände überwunden und der drohende Zusammenbruch doch noch abgewendet werden kann? Der Papst hatte sich schließlich bereit erklärt, sich mit den Kardinälen persönlich zu treffen, um sie in diesem schwierigen Moment zu unterstützen. Marx und Ferme hatten sich bedankt und verabschiedet. Und jetzt sollte er wieder mit dem Papst sprechen.

Marx beobachtet jeden der Kardinäle genau. Sein Blick begegnet dem von Parolin, einem cleveren Geistlichen diplomatischer Schule. Einen Augenblick lang mustern sich beide, dann erteilt Marx, als müsse er sich nun leider um anderes kümmern, seinem Vize das Wort, dem Malteser Joseph Zahra, seit 2013 Teil des päpstlichen Wirtschaftsteams. Zahra solle die Situation bitte detailliert und ohne Schönfärberei erläutern. Wenn jemand trotz der ausgeteilten Unterlagen noch irgendwelche Hoffnungen gehegt haben sollte, sie werden durch Zahras Worte augenblicklich im Keim erstickt.

Zahra ist durch und durch Fachmann, seine knappe Sprache kennt keine Adjektive. Die Lage verschlechtere sich mit jedem Tag mehr: »Die Nachhaltigkeit der Finanzen des Heiligen Stuhls kann immer weniger gewährleistet werden, vor allem angesichts des beträchtlichen Defizits in der konsolidierten Bilanz, das man im Zusammenhang mit einem Einnahmenrückgang betrachten muss.«

Es gebe drei ungelöste Problembereiche: »Für das Defizit verantwortlich sind in erster Linie Human Resources, der Pensionsfonds und der Gesundheitsfonds FAS (Fondo Assistenza Sanitaria).«[2]

Es bestehe dringender Handlungsbedarf. Doch zunächst müsse man die richtigen Leute mit den notwendigen Kompetenzen finden, um zu bestimmen, welche drastischen Maßnahmen als Erstes umgehend eingeleitet werden sollen. In diesem Punkt dürfe man sich keine Fehler erlauben. Wie viel Zeit bleibt also noch? Zahra nennt zum ersten Mal eine konkrete Frist, ein Datum: »Wir brauchen einen Wirtschaftsplan für die nächsten fünf bis sieben Jahre.« Die Finanzen der Kirche sind also nur noch bis 2023 sicher. Danach gibt es kein Zurück mehr: Es könnte zur ersten Insolvenz in der neueren Geschichte der katholischen Kirche kommen.

Einige Kardinäle lächeln. Manche vertrauen auf den Heiligen Geist, andere glauben in verblendetem Optimismus, es sei bis zu diesem fernen Datum noch reichlich Zeit. Aber für die Sanierung von Staatsfinanzen sind fünf Jahre ein Wimpernschlag. Auch weil es ihnen an Wirtschafts- und Finanzkompetenz mangelt, begreifen die wenigsten der anwesenden Würdenträger, dass das Jahr 2023 angesichts der strukturell schwierigen Situation und der vorherzusehenden Probleme bei der Reformumsetzung keineswegs in weiter Ferne, sondern gleich um die Ecke liegt. Noch dazu ist der genannte Zeitrahmen relativ und dürfte sich noch verkürzen: »Hinzu kommt eine Vorbereitungszeit von mindestens 18 Monaten«, so Zahra, »und außerdem muss der Papst zuerst noch zustimmen.« Man muss also eine Gruppe von klugen, kompetenten Köpfen zusammenstellen, um die drohende Insolvenz noch abzuwenden. Da die katholische Kirche ihre finanziell dramatische Lage bislang erfolgreich geheimgehalten hat, erfährt die Öffentlichkeit erst jetzt von dieser Gruppe.

Der parasitäre Machtzirkel

Zahra denkt an einen Krisenstab aus »Vertretern der wichtigsten Finanzbehörden des Heiligen Stuhls und des Vatikans«. Also an Experten aus den sechs wichtigsten Behörden: dem Staatssekretariat, Wirtschaftssekretariat, der päpstlichen Güterverwaltung APSA (beziehungsweise der vatikanischen Zentralbank, zuständig für Immobilienverwaltung, Buchhaltung der meisten Ämter sowie Investmentanlagen), dem Governatorat (zuständig für Ausschreibungen,

Beschaffung sowie Einnahmen aus vatikanischen Museen und kirchlichen Läden), der Kongregation für die Evangelisierung der Völker (zuständig für die Koordinierung der Missionstätigkeit) und der internen Vatikanbank IOR. Zahra wünscht sich eine autonome Taskforce, die in der Lage ist, umgehend den richtigen Weg einzuschlagen.

Als Zahra geendet hat, blicken alle betreten zur Seite. Man wartet ab, was die höchste Autorität im Saal, Staatssekretär Parolin, dazu sagen wird. Daran wird man ablesen können, ob Zahras Forderung zu gewagt ist oder nicht. Parolin ist knapp und deutlich. Beinah tonlos sagt er: »Ein wachsendes Defizit wird uns in Schwierigkeiten bringen.« Man müsse also sofort Gegenmaßnahmen ergreifen. Doch nicht alle Kardinäle sind seiner Meinung: Manche sehen in der neuen Arbeitsgruppe lediglich eine Zweitausgabe des Wirtschaftsrats, andere wundern sich über die angedachten Gruppenmitglieder, die mit der tatsächlichen Lage des Heiligen Stuhls ja sehr vertraut sein müssten. Marx und Zahra nicken verständnisvoll. Und versuchen, kritische Stimmen zu besänftigen.

Weil Marx ahnte, dass es Widerstand geben würde, hat er zu der Sitzung mehrere hohe Kurienmitglieder eingeladen, die der Runde den wahren Gesundheitszustand der Konten vor Augen führen sollen. Erstes Problem: der Pensionsfonds. In der Sala Bologna erscheinen Nino Savelli und Stefano di Pinto, Präsident beziehungsweise Direktor des Versorgungswerks, und erläutern ausführlich, welche Reformen sie zur Abwendung der drohenden Insolvenz in Angriff nehmen wollen. Eine wahre Rosskur, die man allerdings schon 2013 angekündigt hatte, als das Defizit noch bei 700 Millionen Euro lag.[3] Aus dem Sitzungsprotokoll:»In Anbetracht fehlender Ressourcen und der allgemein hohen Lebenserwartung sollten die Beschäftigten auf die Möglichkeit einer freiwilligen Zusatzrentenversicherung hingewiesen werden.« Unter anderem, da »nach den Prinzipien der sozialen Gerechtigkeit insbesondere die Pensionen der unteren Gehaltsklassen sichergestellt werden müssen.«

Vor dem Saal wartet schon René Brülhart, Schweizer, Jahrgang 1972 und AIF-Präsident (Autorità di informazione finanziaria –

Geldwäschebekämpfungsbehörde des Heiligen Stuhls).[4] Ihn hat Marx mit der Erläuterung eines besonders heiklen Themas betraut: dem Risikomanagement des Kirchenstaats. Wie kann sich der Kirchenstaat vor den größten Risiken schützen? Als Brülhart schließlich den Saal betritt, nimmt er kein Blatt vor den Mund:»Viele Risikokategorien lassen sich einfach auf einen einzigen Risikotyp zurückführen: den Imageschaden für den Heiligen Stuhl.« Das größte Risiko für die Kirche sei, so Brülhart, ein Glaubwürdigkeitsverlust durch zu viele Wirtschafts- und Finanzskandale. Und er macht aus seiner Enttäuschung keinen Hehl:»Auch fünf Jahre nach Beginn der Reformanstrengungen fehlen noch immer zuverlässige Maßnahmen und Richtlinien für das Risikomanagement.« Dann erläutert er, wie der künftige Weg aussehen müsse: Identifizierung der relevanten Risiken und dann Entwicklung entsprechender Vorbeugungsmaßnahmen wie Ad-hoc-Standards, beispielsweise Ausschreibungsrichtlinien. Dem unverbindlichen Geplauder müssten endlich konkrete Taten folgen:»Es wurde lange genug diskutiert, jetzt müssen die konkreten praktischen Abläufe festgelegt werden. Wir brauchen ein einheitliches Vorgehen bei Beschaffungen und Verträgen, das für alle Behörden gilt, vom Heiligen Stuhl bis zum Governatorat.«

Murren von Seiten der Kardinäle. Eine alte Weisheit im Vatikan lautet:»Treibe einen Kardinal nie zur Eile.« Doch die Zeit drängt. Schließlich erhält Claudia Ciocca den Auftrag, in zwei Monaten einen konkreten Vorschlag vorzulegen. Der nächste Sitzungstermin wird für Juli anberaumt. Doch angesichts der vorgetragenen Erläuterungen und der vertraulichen Unterlagen muss eigentlich jedem im Raum klar sein, dass sich die drohende Insolvenz nur abwenden lässt, wenn die Bilanzen wieder positiv sind und die Verwaltungen endlich transparent. Und zwar sofort.

Bitterkeit macht sich breit. Schon damals, als Papst Franziskus mit der Prüfung der Konten begonnen hatte, hatte man über dieselben Probleme und dringenden Maßnahmen geredet. All die Jahre waren nutzlos verstrichen. Noch immer verliert sich die Kirche in allgemeinen Aufforderungen zur»Verbesserung der Einnahmesituation durch Kultur- und Tourismus-Initiativen«. Dabei kennt man den Königsweg zum Abbau des Defizits längst: Einschnitte bei den Personalkosten und Schluss mit der Verschwendung. »Es ist ein verbindlicher Prozentsatz festzulegen, um den die Personalkosten jährlich sinken müssen. Die eingesparten Mittel könnten dann dem Pensionsfonds zugutekommen«, heißt es im Sitzungsprotokoll. Daraus spricht die Erkenntnis, dass nicht alle Beschäftigten unabdingbar sind und der ineffiziente Arbeitsstil zunehmend die Bilanzen belastet.

Hinter den verschlossenen Sitzungstüren reagieren die papstnahen Kardinäle allergisch auf die im Vatikan weit verbreitete Unsitte der Klientelpolitik. Mitarbeiter werden häufig eingestellt, weil man sie kennt, und nicht wegen ihrer Kompetenz. Arbeitsabläufe verzögern sich nicht nur aufgrund der mangelnden Qualifikation der Beschäftigten, sondern auch aufgrund ihres ineffizienten Arbeitsstils. Hier könnte ein Vorschlag Abhilfe schaffen, der jedoch stark umstritten ist: Mit einfachen Arbeitszeugnissen könnte man erfahren, wer fleißig ist und wer nicht. »Um das Leistungsniveau jedes einzelnen Beschäftigten festzuhalten und seinen tatsächlichen Beitrag bewerten zu können«, heißt es im Protokoll, »sind in den Dikasterien interne Bewertungsinstrumente einzuführen.« Doch wie würden die Beschäftigten darauf reagieren? Was soll aus der sozialen Kirche mit ihrem Verständnis für die Schwierigkeiten eines jeden Einzelnen werden? Hier zeigt sich, dass die schwere Finanzkrise sogar die soziale Ausrichtung des Pontifikats bedroht.

Papst Franziskus bewegt sich wie in einem teuflischen Spiegelkabinett, als er in seinen ersten fünf Amtsjahren mühsam versucht, die verborgenen Sümpfe der kirchlichen Buchhaltung trockenzulegen. Einerseits gibt es nichtssagende Jahresabschlüsse und andererseits merkwürdige vor ihm geheim gehaltene Geldquellen und Finanzmittel, die oft genug dem kirchlichen Auftrag vorenthalten werden. Da ist auf der einen Seite die für 2023 drohende Insolvenz, und da sind auf der anderen Seite millionenschwere Privatkonten von Kardinälen und Privilegien für das Establishment. Doch jetzt ist die Stunde der Wahrheit gekommen: Die Spenden der Gläubigen wurden von einem parasitären Machtzirkel aufgebraucht, der das

Vertrauen der katholischen Welt in den Vatikan so verspielt. Wie wir noch sehen werden, sind für all das die Vatikanbank IOR und zwei andere im Allgemeinen eher unbekannte Vatikanbanken verantwortlich. Alle drei agieren im Dunkeln und haben, mit einem Netzwerk aus Konten, Unterkonten, weltweiten Forderungen und Verbindlichkeiten, vor allem das Geld – das Teufelswerk – und erst dann das Evangelium im Blick. Jetzt hat der Papst, der die Verhältnisse endlich ins rechte Lot bringen will, die Trockenlegung der Sümpfe angeordnet. Doch die Zeit arbeitet gegen ihn.

Der Krisenstab in der Zange der Kurie

Nach der Sitzung hört man es überall im Vatikan munkeln:»Die Gruppe«, wie der Krisenstab genannt wird, bestehe aus schlauen Köpfen, die die Kirche vor dem Absturz retten sollen. Aber vor allem fragt man sich, welche konkreten Maßnahmen wohl folgen werden und, noch wichtiger, welche Konflikte. Denn bislang war noch jeder Anlauf von Papst Franziskus, die verkrusteten Strukturen der Vergangenheit niederzureißen, auf Widerstand gestoßen.

Unter diesem Papst spielt man ziemlich oft dasselbe Spiel: die Mannschaft der papstnahen Kardinäle und Würdenträger, die den Krisenstab will, trifft auf den feindlich gesinnten Flügel, der die Projekte mit raffinierten Manövern vereitelt oder zumindest verzögert. Obwohl der Wirtschaftsrat den Krisenstab längst genehmigt hat, existiert er monatelang nur auf dem Papier, seine Umsetzung steht lange in den Sternen.

Um die Dinge zu beschleunigen, bezieht man schließlich den Papst persönlich mit ein. Die Koordinatoren werden vom Papst empfangen und erläutern noch einmal grob die Lage. Der Krisenstab ist auch für den Papst der einzig gangbare Weg. Nun bestimmt er, mit welchen Kompetenzen die Gruppe im Einzelnen ausgestattet wird: Sie besitzt zwar keine Entscheidungsbefugnis, aber Richtlinienkompetenz, das heißt, sie kann sehr präzise»Empfehlungen«aussprechen, die von den Behörden und Dikasterien akzeptiert und angemessen ausgeführt werden müssen. Somit liegt die konkrete Umsetzung in den Händen der vatikanischen Bürokraten. Doch nach der Mai-Sitzung in der Sala Bologna dauert es noch volle vier Monate, bis die Gruppe überhaupt zusammentritt. Selbst im Herbst werden noch keine Maßnahmen beschlossen, weil sich die Gruppe jetzt erst bildet.

Derweil landen auf den Schreibtischen von Reinhard Marx und Claudia Ciocca erste Berichte mit positiven Signalen. Vergleicht man etwa das geplante Budget mit den im Jahresabschluss 2017 genannten tatsächlichen Ausgaben, stellt man fest, dass gut 50 Millionen Euro an überflüssigen oder verschwenderischen Ausgaben eingespart werden konnten. Ein unglaublicher Betrag, der implizit verrät – soweit das noch nötig ist –, wie lax man vorher mit den Geldern umgegangen ist. Zweifellos also ermutigende Signale, die all jenen Recht geben, die auf dem vom Papst eingeschlagenen Weg der Transparenz beharren. Doch das Gesamtbild gerät eher düster.

So vertieft sich Claudia Ciocca in der Aufsichts- und Kontrollabteilung des Wirtschaftssekretariats auch in den Vergleich des Jahresabschlusses von 2017 mit dem Vorjahresabschluss von 2016. Auch wenn der Negativtrend (30 Millionen Euro) an sich wenig aussagekräftig ist, gibt es doch daneben noch viele andere besorgniserregende Zahlen: Nicht nur die Überweisungsbeträge aus den Diözesen an den Heiligen Stuhl (die sogenannte Abgabe 1271) und die Einnahmen aus den Geschäftsaktivitäten sind gesunken, sondern auch die Peterspfennig-Spenden für die guten Werke des Heiligen Vaters. Wie wir noch sehen werden, bereitet vor allem das Papst Franziskus große Sorgen.

Ciocca und Vizekoordinator Zahra sowie weitere Laienvertreter im Wirtschaftsrat – Professor Francesco Vermiglio, der deutsche Finanzexperte Jochen Messemer und der ehemalige Minister aus Singapur, George Yeo[5] – kommen offensichtlich zur Überzeugung, dass der Vatikan auch fünf Jahre nach Beginn des neuen Pontifikats noch auf schwankendem Boden steht: Hinter einer löchrigen, unzuverlässigen Buchhaltung verbergen sich Schattenwirtschaft und Vorteilsnahme.

Am 17. Juli kommen die Kardinäle des Wirtschaftsrats schließlich erneut zusammen. Und ausgerechnet Zahra, bereits Chef in spe des neuen Krisenstabs, lässt eine gewisse Nervosität erkennen. »Ich halte es für zwingend notwendig, die neue Gruppe schnellstmöglich aufzubauen. Wir brauchen Fachleute, die [...]« – er zögert einen Moment, sucht nach den richtigen Worten, mit denen er die Aufmerksamkeit der Kardinäle weckt –»ein gewisses Gewicht haben, damit ihre Empfehlungen auch ernst genommen werden.« Eine klare Anspielung auf die vielen Nominierungen der letzten Jahre, die sich dann als Fehler oder als skandalträchtig erwiesen haben. Die augenscheinlichste Fehlentscheidung war sicher die Ernennung von George Pell, als gegen diesen in Australien bereits wegen sexuellen Missbrauchs ermittelt wurde. Pell verbrachte am Ende mehr Zeit damit, sich bei seinen Gerichtsprozessen zu verteidigen als damit, die Mängel in der Kurie zu beheben. Und er ist kein Einzelfall.

Von Anfang an suchte Papst Franziskus mitunter nicht unumstrittene Fachleute aus, die sich frontal gegen die Kurie stellten, eine vernichtende Schlappe erlitten und schließlich zurücktraten. Das gilt beispielsweise für den Generalrevisor, der die Bilanzen des Kirchenstaats prüft und abnimmt und dessen Position auf ausdrücklichen Wunsch von Papst Franziskus geschaffen wurde.[6] Seit Juni 2017 ist Alessandro Cassinis Righini Interims-Generalrevisor, weil Libero Milone, ein Fachmann von untadeligem Ruf, unter spektakulären Umständen gehen musste. Der eingeschüchterte Milone trat zurück, weil ihm die Verhaftung drohte. Allerdings entpuppte sich diese Drohung kurze Zeit später als erfunden, und die Rücktrittsgründe waren schnell Schnee von gestern. Monatelang suchte die Kurie vergebens nach einem Nachfolger. Und die Stelle ist noch immer vakant. Offenbar will niemand auf dem unbequemen Sessel sitzen.[7]

Zahra will die Fehler der Vergangenheit nicht wiederholen und wählt jedes Wort mit Bedacht: »Ich halte es für zwingend notwendig, die Gruppe aufzubauen.« Doch bei der Ernennung darf es keine personellen Fehlentscheidungen geben, scheint sein Blick, der alle Anwesenden im Saal umfasst, sagen zu wollen. Wir müssen uns alle Profile sehr genau anschauen. »Bereits im September werde ich erste Vorschläge präsentieren«, so der Vizekoordinator des Wirtschaftsrats, »damit wir die Arbeit im Herbst aufnehmen können.«

Zahra hat kaum geendet, da betritt Claudia Ciocca die Sala Bologna. Unnahbar, in dunkler Kleidung, wartet sie auf das Zeichen, dass sie an der Reihe ist. Die beiden Experten grüßen sich mit einem Nicken. Ciocca hat seit Tagen an ihrer Stellungnahme gefeilt, noch am Vorabend hat sie ihre Notizen durchgesehen, rigoros und entschieden überarbeitet und dabei sorgfältig darauf geachtet, keine Empfindlichkeiten der einflussreichen Kardinäle zu verletzen, keine Angriffsfläche zu bieten. Was sie zu sagen hat, einige wenige wissen es schon, wird manchen verärgern.

Die Büroleiterin erläutert die Probleme, die ihr bei der Vorbereitung des Jahresabschlusses begegnen. Einer eigentlich unlösbaren Aufgabe, wenn man bedenkt, dass ein Großteil der Dikasterienbuchhaltung noch vor knapp zehn Jahren der Geheimhaltung unterlag.

Der Kampf der Papstgetreuen

Claudia Ciocca steht auf, rückt das Mikrofon zurecht, schaltet es ein und spricht. Sie nimmt insbesondere die FAS-Konten ins Visier, die die gesamte Bilanz trüben könnten: »Es fehlen grundlegende Daten, um das genaue Defizit zuverlässig beziffern zu können.« Die Buchführung ist so bruchstückhaft und undurchsichtig, dass man die Finanzlücke nicht näher bestimmen kann. Ein Dilemma: »Ohne diese Zahlen können wir im Abschluss nur einen vagen Betrag angeben, und das wäre kontraproduktiv.«

Zahra nickt zustimmend und ermutigt die Kollegin. Er kennt das Problem schon länger. Bereits wenige Monate nach dem Konklave 2013 hatte ihn der Papst als strategischen Kopf in die Cosea-Kommission berufen, die Einsparungsmöglichkeiten für die wirtschaftlich-administrativen Strukturen des Heiligen Stuhls entwickeln sollte. Nur mithilfe der vergangenen Zahlen, die aber leider fehlen, könnte man die genauen Verbindlichkeiten des FAS Gesundheitsfonds bestimmen. Wie Ciocca lakonisch feststellt, beruhen die Berechnungen notgedrungen auf »sehr begrenzten Daten der Vergangenheit«.[8] Doch sie hoffe, die fehlenden Zahlen bis Ende November 2018 zu erhalten und in das Budget 2019 einstellen zu können.

Man müsse sich für einen zuverlässigen Jahresabschluss also auf die Dikasterien mit ordentlicher Buchhaltung, das heißt, nachvollziehbarer Kontoführung beschränken, auf die Gruppe mit dem Namen Segment I. Nur so könne man einen offiziellen Abschluss erstellen, der die Realität der vatikanischen Finanzsituation abbilde.

Was im Übrigen auch unabdingbar sei, wenn man mit der internationalen Finanzwelt von London bis New York, die eine immer strengere Einhaltung der Vorschriften fordere, im Gespräch bleiben und dort akzeptiert werden wolle. Aber natürlich könne man so nur einen Realitätsausschnitt wiedergeben: Sämtliche Behörden und Dikasterien mit unvollständiger oder unzuverlässiger Rechnungslegung blieben außen vor. Dort kann man also weiterhin völlig ungestört seine Pfründe sichern, von denen nicht einmal der Papst etwas weiß.

Eisiges Schweigen. Langsam lehrt die unabhängige, gestrenge Dame die Feinde jeglicher Veränderung das Fürchten. Claudia Ciocca wird darum, wie wir später noch sehen werden, zum Ziel einer »Spezialbeobachtung«. Man will damit erklärterweise persönliche Schwächen, Laster und Unsicherheiten ausfindig machen, um eine fein gesponnene Delegitimierungskampagne gegen sie zu führen.

Nun ist die Reihe am Interims-Generalrevisor Cassinis. Wenn er den Anwesenden die erheblichen Schwierigkeiten, die bei der Kontenprüfung des Staatssekretariats aufgetaucht sind, wirklich nahebringen will, braucht er eine entspanntere Atmosphäre. Um die Stimmung aufzuhellen, schwächt er Cioccas Analyse ab: »Ich teile die Position des Wirtschaftssekretariats nicht, dass wir wegen ein paar fehlenden Zahlen keine Verbindlichkeiten im Jahresabschluss angeben können.«[9] Der Schachzug wirkt wie am grünen Tisch geplant: Man entdramatisiert zunächst die Einschätzung der Vorgängerin, um sogleich neue Probleme, nämlich die Bilanzen des Staatssekretariats, zu präsentieren. Mittlerweile wird das Staatssekretariat nicht mehr vom mächtigen Kardinal Bertone geleitet, sondern von Parolin, der in der Sala Bologna genau zwischen den Geistlichen und den Laienvertretern sitzt. Man habe, so Cassinis nach kurzer Einführung, für die Bilanzprüfung 2017 die Konten von drei Dikasterien durchforsten müssen, deren Einnahmen 90 Prozent der Aktivposten ausmachten: Güterverwaltung, Evangelisierung der Völker und eben Staatssekretariat. Dann erklärt er, mit unmerklichem Schulterzucken und gesenkter Stimme, dass er seine Arbeit nicht vollständig habe erledigen können, da »die Revisionsprozesse für das *Reporting* im Staatssekretariat trotz mehrmaliger und verschiedener Aufforderungen nur mit erheblichen Einschränkungen durchgeführt werden konnten«.[10] Anders gesagt, die Behörde legte dem Revisor Steine in den Weg.

Es ist immer wieder dasselbe: Wie soll man den Jahresabschluss ohne verifizierbare Zahlen prüfen? Offenbar die sprichwörtliche Katze, die sich in den Schwanz beißt: Weil es die Behörden bei der Verbuchung der Einnahmen und Ausgaben noch immer an Transparenz fehlen lassen, erhält die Prüfinstanz, also der Generalrevisor, nicht die Zahlen, die für die Abnahme der Konten eigentlich notwendig wären.

In den Wochen davor hatte sich Cassinis direkt an den Papst gewandt. Auch diesmal hatte der Papst keinen Rückzieher gemacht, sondern versichert, er werde sich einschalten und mit dem Kardinalstaatssekretär reden. Ein Gespräch von wenigen Minuten hatte genügt, und schon hatte Parolin dem Papst zugesichert, dass er zur umfassenden Zusammenarbeit mit den Prüfern bereit sei. Er wandte sich an die zuständigen Herren der ebenso unbekannten wie mächtigen Abteilung, die die Konten verwaltet, und bekam beruhigende Antworten, die allerdings nicht immer stimmten. Dann hat sich die Lage immer mehr verhärtet, das Murren hat zugenommen, die Enttäuschung ist gewachsen und der Wille zur Zusammenarbeit geschwunden. Mittlerweile besteht sogar die Gefahr, dass es zu einer unüberwindbaren Frontenbildung kommt, dass sich das Staatssekretariat, das Herz der Kurie, und der vom Papst gewünschte Generalrevisor, der die Bilanzen prüft, in zwei unversöhnlichen Lagern gegenüberstehen.

Fünf Jahre sind vergangen, aber es scheint sich seit damals, seit Dezember 2013, nichts verändert zu haben, als Ciocca, noch vielversprechende Beraterin bei KPMG Spanien, und Zahra kaltgestellt wurden und unter der Verzögerungstaktik der Verwaltungsabteilung des Staatssekretariats litten, von dessen Macht sie damals, wie sie später erzählen, noch nicht wirklich etwas wussten. Generalrevisor Cassinis macht keine Lösungsvorschläge, aber das ist auch nicht seine Aufgabe. Kardinal Marx dankt ihm wie üblich, dann wird er rasch verabschiedet. Jetzt ist es am Rat, zur Verzögerungstaktik im Staatssekretariat Stellung zu beziehen und Parolins Behörde aufzufordern, einen reibungslosen Ablauf der Prüftätigkeit zu ermöglichen.

Mehrere Kardinäle schauen erwartungsvoll zum Kardinalstaatssekretär. Wie wird er reagieren? Doch seine Miene verrät nichts, er blickt zu Professor Vermiglio, dem nächsten Redner. Vermiglio spielt eine zentrale Rolle. Als Verantwortlicher des *Audit Committee*, des Organs zur Zertifizierung der internen Kontrollen, hat er bei vielem das letzte Wort. »Wir müssen das Problem mit dem Staatssekretariat natürlich ernst nehmen«, sagt Vermiglio, »aber meiner Meinung nach handelt es sich eher um ein organisatorisches und weniger um ein buchhalterisches Problem [...]« Eben noch hatte Cassinis die Warnung von Ciocca heruntergespielt, nun haut Vermiglio auf ihn ein. »Natürlich«, sagt er, »muss der Rat das Staatssekretariat in einem Beschluss zur besseren Zusammenarbeit mit dem Generalrevisor auffordern [...], aber die fehlenden Zahlen aus dem Staatssekretariat haben nicht die Bedeutung, die der Generalrevisor unterstellt[...]« Er teilt die Meinung des Revisors nicht: »Da der Revisor trotz seiner Beanstandungen zu einem positiven Urteil gelangt ist, kann man den Jahresabschluss nach Ansicht des *Audit Committee* abnehmen.«[11] Aber stimmt das? Kann man einen Abschluss mit fehlenden oder veralteten Zahlen wirklich absegnen? Die verheerenden Folgen dieser Entscheidungen werden erst im November deutlich, als der Generalrevisor die begrenzte Aussagekraft seiner Arbeit eingesteht.

Unterdessen lässt Parolin am Tisch der Sala Bologna eine Reaktion erkennen. Er nimmt die Angriffe auf seine Behörde nicht schweigend hin. »Alle meine engsten Mitarbeiter haben mir mehrfach versichert, dass sie die notwendigen Buchhaltungsdaten ans

Wirtschaftssekretariat weitergegeben haben«, behauptet er stur. »Aber selbstverständlich werden wir in Zukunft noch besser mit dem Generalrevisor zusammenarbeiten.« Was stimmt also? Wer lügt hier? Am Ende kommt die Wahrheit immer an den Tag. Diesmal in Form von drei beiläufigen Zeilen im Sitzungsprotokoll vom Juli 2018: »Das Wirtschaftssekretariat hat die Zahlen vom Staatssekretariat erhalten, eigentlich konnte der Generalrevisor die Konten aber nicht prüfen.«[12] Man hat den Generalrevisor, dessen Position von Papst Franziskus eigens für die Bilanzprüfung geschaffen wurde, also kaltgestellt und seine Arbeit behindert. Erst hat man für Milones Rücktritt gesorgt, dann die Prüfabläufe lahmgelegt. Jetzt nimmt der Konflikt immer offenere Formen an. Der nächste Angriff gilt dem Papst.

◇◇◇◇◇◇◇◇◇◇◇◇

1   Wie aus dem Sitzungsprotokoll der Präfektur vom 19. Dezember 2012 hervorgeht, war die Lage schon damals kritisch. Der Revisor Maurizio Prato stellt fest, »dass er zunehmend misstrauischer sei […], weil sich seit fünf Jahren immer dasselbe wiederhole. Er erinnere sich noch gut an das Treffen des Kardinalsrats mit den internationalen Wirtschaftsprüfern. Insbesondere seien ihm die Beiträge der afrikanischen und asiatischen Kardinäle im Gedächtnis. Diese hätten sich sehr enttäuscht gezeigt, als sie durch die internationalen Wirtschaftsprüfer von der ineffiziente Finanzverwaltung und den daraus resultierenden Verlusten hörten, und verwiesen auf die großen Anstrengungen, mit denen sie bei armen Leuten den Peterspfennig einsammeln würden. Nach Pratos Meinung müsse einen die Tatsache nachdenklich stimmen, dass die Peterspfennig-Spenden und auch die Abgabe 1271 nur dazu dienen, die vatikanische Kirche zu unterhalten.«

2   Wirtschaftssekretariat, Sitzungsprotokoll vom 15. März 2018.

3   Laut Fachleuten gibt es hier keinen Handlungsspielraum mehr. Nur drastische Maßnahmen könnten noch helfen: Die Anzahl der Einzahlungsjahre, um zur Höchstpension von 80 Prozent des Gehalts berechtigt zu sein, müsste von vierzig auf zweiundvierzig steigen. Zudem müsse man bei den verschiedenen Ämtern einen Sonderbeitrag erheben, der 20–25 Prozent der versicherungsmathematischen Lücke decke. Dazu müsse der Beitragssatz für die Beschäftigten in zwei Jahren auf 40–45 Prozent steigen. Zudem müsse die Berechnungsgrundlage für die Pension von fünf auf fünfzehn Jahre verlängert werden, was allerdings nicht für die alten Beschäftigten gelten dürfe.

4   Die vatikanische Finanzinformationsbehörde wurde am 30. Dezember 2010 von Benedikt XVI. mit dem Motu proprio »Prevenzione e contrasto delle attività illegali in campo finanziario e monetario« ins Leben gerufen. Sie fungiert als Finanzaufsicht und soll Geldwäsche bekämpfen und verhindern. Präsident ist seit November 2019, als Nachfolger des Schweizers René Brülhart, Carmelo Barbagallo. Im Verwaltungsrat sitzen Maria Bianca Farina und Joseph Yuvaraj Pillay aus Singapur.

5   Diese drei Laienvertreter im Wirtschaftsrat kennen sich seit mindestens 2013. Damals berief Papst Franziskus sie in sein Team, um die wirtschaftliche Situation zu analysieren. Yeo und Messemer hatte der Papst zudem in die Wirtschaftsprüfungskommission COSEA berufen, die die Vatikanfinanzen durchforsten sollte. Jochen Messemer kam 1966 in Deutschland zur Welt. Bis 2003 war er Partner bei McKinsey. Zu seinen Kunden gehörten vor allem Unternehmen aus dem Gesundheits- und Finanzdienstleistungsbereich. Dann wechselte er als Senior Manager zum Versicherungsriesen Munich Re und arbeitete dort erstmals in Wirtschafts- und Finanzfragen mit Institutionen und Behörden der deutschen katholischen Kirche zusammen. 2009 wurde er schließlich internationaler Wirtschaftsprüfer für die Präfektur des Heiligen Stuhls. Yeo ist Geschäftsmann und Ex-Politiker aus Singapur, Präsident und Geschäftsführer von Kerry Logistics Network, zudem war er Direktor der Universität von Nalanda. Seit 1988 ist er Mitglied der Pap-Partei (People's Actions Party). Er hatte verschiedene Regierungsämter inne, ehe er 2011 der Arbeiterpartei unterlag. Der dritte Laienvertreter, Francesco Vermiglio aus Messina, seit 1968 Steuerberater und Wirtschaftsprüfer, war Professor für Betriebswirtschaft an der Wirtschaftsfakultät in Messina und von 1991 bis 2007 an der Luiss in Rom. Er sitzt bei der Banco di Sicilia und der maltesischen Bank of Valletta im Aufsichtsrat und seit 2014 im Wirtschaftsrat des Vatikans. Sein Bruder Carlo, Anwalt, saß als Kulturbeirat für die Alleanza Popolare, damals noch von Angelino Alfano angeführt, im sizilianischen Regionalrat des Roten Kreuzes.

6   Die Position des Generalrevisors wurde von Papst Franziskus am 24. Februar 2014 in Form eines Motu proprio mit dem Apostolischen Brief Fidelis dispensator et prudens eingeführt. Der Generalrevisor überwacht die Rechnungsprüfung und analysiert dazu die Konten der vatikanischen Dikasterien und Behörden. Er untersteht direkt dem Papst, wobei er große Autonomie und Unabhängigkeit genießt. Unter anderem legt er dem Wirtschaftsrat einen jährlichen Wirtschaftsprüfungsplan mit den riskantesten Finanzbereichen zur Genehmigung vor, sowie einen Jahresbericht seiner Prüftätigkeit. Einziger Generalrevisor war bislang Libero Milone, der vom 9. Mai 2015 bis zum 20. Juni 2017 im Amt war.

7   Schon zu viele Laienvertreter – von Angelo Caloia bis Ettore Gotti Tedeschi und eben Milone – haben den Vatikan beschädigt verlassen. Den meisten scheint es heute wohl wenig ratsam, ein Amt im Vatikan anzunehmen, da die sozialen Strukturen, Finanzregelungen und die zweite Gerichtsbarkeit Karrierebrüche und somit dunkle Flecken im Lebenslauf wahrscheinlich machen.

8   Wie entschieden Claudia Ciocca ihre Meinung vertritt, geht aus dem Sitzungsprotokoll des Wirtschaftsrats vom 17. Juli 2018 hervor.

9   Für Cassinis »entspricht die versicherungsmathematische Berechnung der Verbindlichkeiten den vorausgegangenen Berechnungen des Wirtschaftssekretariats«, siehe Protokoll vom 17. Juli 2018. »Die Verbindlichkeiten müssen daher in die konsolidierte Bilanz einfließen.«

10 Wirtschaftsrat, Sitzungsprotokoll vom 17. Juli 2018.

11 Ebd.

12 Ebd.

Die geheimen Konten des Staatssekretariats

Die Papstkonten sind Staatsgeheimnis

»Liebe Kardinalsbrüder, ich will Euch nicht verhehlen, dass ich Bedenken hege gegen den Beschluss, der [das Staatssekretariat, A. d. A.] zur besseren Zusammenarbeit auffordert. Wir dürfen nämlich die Folgen, die das möglicherweise hätte, nicht außer Acht lassen. Ich denke da insbesondere an die Konten, die der Geheimhaltung unterliegen und auf die nur der Heilige Vater absolut vertraulich Zugriff hat.« Das sagt Kardinal Agostino Vallini, der schon ein ergebener Mitarbeiter von Kardinalstaatssekretär Tarcisio Bertone war. Die Spannung in der Sala Bologna steigt merklich. Und Vallini fährt fort: »Die besondere Schutzwürdigkeit dieser Konten ergibt sich schon daraus, dass man ihre Geheimhaltung eben in die Hände dieses Staatssekretariats gelegt hat.«

Die meisten der Anwesenden sind vollkommen überrascht, dass in diesem Zusammenhang von den geheimen Papstkonten die Rede ist. Offenbar will der hohe Würdenträger sagen: Wollt ihr etwa, dass der Generalrevisor Cassinis von allen Kontobewegungen im Staatssekretariat Kenntnis erhält? Meine lieben Papstfreunde, dann müssten wir erst einmal mit den geheimen Konten von Papst Franziskus anfangen, die wir öffentlich bisher noch nie erwähnt haben. Die Öffentlichkeit weiß nichts von Geldern, die dem Papst zur Verfügung stehen und in seinem Namen und auf seine Rechnung vom Staatssekretariat vertraulich verwaltet werden, genauer gesagt, von einer speziellen Behörde.

Die Behörde, eine kleine Bank sozusagen, verwaltet, wie wir uns noch näher anschauen werden, nicht nur die Papstgelder, sondern auch weitere heikle Bestände: die Peterspfennig-Spenden, Nachlässe und Erbschaften von Gläubigen sowie die eigenen Mittel des Staatssekretariats, also des politischen Arms des Papstes. Als Treuhänderin vergibt sie zwar keine Kredite, ansonsten ähnelt sie aber stark einer Bank. Einer mächtigen kleinen Bank.

Die nächste Schlacht zwischen den getreuen Franziskus-Anhängern und denen in der Kurie, die jede Reform boykottieren, wird also auf dem Feld der geheimen Papstkonten ausgetragen. Interim-Generalrevisor Cassinis und Auditchef Vermiglio verlangen Transparenz und drängen auf einen Beschluss, der der Verweigerungstaktik des Staatssekretariats endlich ein Ende setzt, doch einige Kardinäle erhöhen daraufhin den Einsatz. Sie verlangen, ein bislang intaktes Siegel aufzubrechen: nämlich Zugang zu den geheimsten Konten und Finanzaktivitäten des Apostolischen Stuhls zu erhalten. Genauer gesagt, Einsicht in die Rechnungslegung der zurückhaltenden, internen Bank des Staatssekretariats. Auch für Papst Franziskus wäre ein solcher Tabubruch ein entscheidender Schritt, denn so könnte man mit den undurchsichtigen Interessen, die die Parallelbuchhaltung befördern, endlich Schluss machen, die Finanzen ordnen und die vatikanische Ausgabenpolitik mit der Ausrichtung seines Pontifikats in Einklang bringen. Denn nur wer die vollständige Kontrolle über die finanziellen Mittel hat, kann den Armen, Obdachlosen und bedürftigen Geflüchteten wirksam helfen. Wie oft hat der Papst seine Mitarbeiter schon ermahnt: »In jeder italienischen Verwaltung versteckt sich immer irgendwo eine gut gefüllte Schwarze Kasse […] Es ist unsere Aufgabe, sie zu finden.«

Doch um welche Gelder geht es genau? Dass sich Vallini auf den Peterspfennig bezieht, ist auszuschließen, dafür besteht bereits eine, wenn auch eingeschränkte, Rechenschaftspflicht. Offenbar spielt er auf Einnahmen an, die auch im Sommer 2018, man höre und staune, noch außerhalb es Radars der Wirtschaftsprüfer liegen. Auf geheime Einnahmen mit Topsecret-Buchhaltung.

Nun ist die Reihe an einem weiteren Laienvertreter im Rat. George Yeo, ein geschickter Diplomat, noch von Kardinal Pell in den Vatikan geholt, ergreift das Wort und verweist auf ein wichtiges

Prinzip: »Als souveräner Staat ist der Vatikan berechtigt, geheime Konten einzurichten, die keiner formellen Wirtschaftsprüfungs- und Offenlegungspflicht unterliegen. Dennoch muss es auch für solche Konten irgendeine Art der Kontrolle geben.« Und diese Kontrolle gibt es nicht. Genau das ist das Problem. Niemand bezweifelt, wie einige Kardinäle laut Sitzungsprotokoll feststellen, dass der »Heilige Vater über Geheimkonten verfügen und sie nach eigenem Ermessen nutzen darf.«[1] Doch da niemand die Rechnungslegung der Konten kennt, ist vollkommen unklar, wer sie verwaltet und nach welchen Kriterien.

Was also tun? Die Anwesenden in der Sala Bologna stehen an einem Scheideweg, und welchen Weg sie auch einschlagen, es erwarten sie tückische Probleme. Wenn die Geheimkonten weiterhin nicht geprüft werden, könnte der Jahresabschluss gefährlich unvollständig sein. Werden die Konten aber offengelegt, könnten dem Papst schwere Imageschäden drohen. Zwar werden die Gelder seit jeher in seinem Namen verwaltet, doch er kennt weder die verfügbaren Beträge, noch die Kontobewegungen.

Würde man den Bedenken von Vallini während der Sitzung weiter nachgehen, könnte das die Arbeit des Wirtschaftsrats zum Erliegen bringen. Die Diskussion droht, in eine Sackgasse zu geraten, und davon würden all jene profitieren, die am Status quo festhalten wollen, die wollen, dass alles so bleibt, wie es ist. Reinhard Marx muss Vallinis Anmerkung ernst nehmen, aber er weiß auch, dass eine vollständige Offenlegung der Geheimkonten noch immer illusorisch ist. Darum geht er in zwei Schritten vor. Als erstes kann er die Versammlung dazu bewegen, dass sie der von Vermiglio gewünschten »Empfehlung« ans Staatssekretariat, »bei der Durchführung der Rechnungsprüfung in vollem Umfang mit dem Büro des Generalrevisors zusammenzuarbeiten«, einstimmig zustimmt. Er kann so den Flügel der unnachgiebigsten Papstgetreuen zufriedenstellen. Mit großem diplomatischen Geschick schafft er es sodann auch, dass sein Herzensprojekt einstimmig angenommen wird: die konsolidierte Jahresbilanz 2017 für das sogenannte Segment I. Wie wir gesehen haben, bleiben einige noch ungeklärte Tatsachen dabei außen vor.

Das IOR ist nicht die einzige undurchsichtige Vatikanbank

Als die Sitzung endet, haben sich die Nebel über den geheimen Geldern von Papst Franziskus noch nicht gelichtet. Von wem werden sie also verwaltet? Wie gesagt, von einer im Machtorganigramm des Vatikans kaum kartierten internen Bank: vom abgeschiedenen Verwaltungsbüro des Staatssekretariats, das sich gegenüber jedem Transparenzansinnen besonders widerspenstig verhält und sich vor allen Papstreformen erfolgreich in Sicherheit bringen konnte. Der mächtige Machtknoten wird auf den Fluren des Vatikans auch die »dritte Bank« – neben IOR und APSA – oder die »Verwaltungssektion« genannt, das heißt, auf eine Ebene mit den anderen drei Sektionen des Staatssekretariats – dem pulsierenden Herzen des Vatikans – gehoben.[2] Neben den päpstlichen Konten werden hier noch weitere umfangreiche hochgeheime Finanzmittel verwaltet.

Schon im Dezember 2013 wurde Papst Franziskus höchstpersönlich mit der Geheimnistuerei und Verzögerungstaktik des Büros konfrontiert. Damals lieferten sich die Dritte Bank und die Wirtschaftsprüfungskommission COSEA einen erbitterten Zweikampf. In der COSEA-Kommission saßen Experten der großen internationalen Unternehmensberatungen wie Promontory, McKinsey oder KPMG – wo Claudia Ciocca damals arbeitete. Die externen Berater sollten den Umgang mit dem Peterspfennig überprüfen, doch die Verwaltungssektion des Apostolischen Palastes weigerte sich, zur Klärung der Konten, die in den Bilanzen des Staatsekretariats nicht einmal auftauchten, beizutragen.

Vor allem der damalige Chef der Dritten Bank, Prälat Alberto Perlasca, stellte sich schützend vor die vertrauliche Rechnungslegung des Peterspfennigs. Auf die drängenden Fragen von Papst Franziskus' Wirtschaftsprüfern antwortete er, schwarz auf weiß und eisig, mit genau acht deutlichen Worten: »Ob und wie wir antworten, wird man sehen.« Punkt. Ciocca war ob dieses Verhaltens wie betäubt, sie berichtete an Zahra, den COSEA-Präsidenten, und der bat um ein entschiedenes Eingreifen durch Papst Franziskus, was dieser ihm auch nicht versagte.

Wie schon in *Alles muss ans Licht* berichtet, wollte das Verwaltungsbüro durch eine Mauer des Schweigens verschleiern, wo die Peterspfennig-Spenden aus den Gemeinden tatsächlich landeten. Die Gläubigen ließ man wissen, der Peterspfennig sei vor allem für die Wohltätigkeitsaufgaben des Papstes. Aber wie aus den Daten hervorging, die man auf Papst Franziskus' Eingreifen hin preisgab, wurden 58 Prozent der Spenden nicht für Wohltätigkeitszwecke, sondern für die Kontensanierung der damals schon finanziell am Boden liegenden römischen Kurie verwendet. Und weitere 20 Prozent wurden auf IOR-Konten angelegt, um Zinsgewinne zu erzielen. In der Praxis gingen von zehn gespendeten Euro nur zwei an Bedürftige. Von wegen Hilfe für die Armen und Schwachen. Die Verwaltung versuchte mit dem Peterspfennig vor allem, die schwindelerregenden Finanzlöcher zu stopfen und die Privilegien der Kurienmitglieder zu garantieren, etwa die lächerlichen Mieten für natürlich auf Vatikankosten luxuriös renovierte Traumwohnungen, im Übrigen ein sicherer Garant für tiefrote Zahlen.

Schon unter Papst Johannes Paul II. hatte sich dieser Umgang mit dem Peterspfennig eingebürgert, und unter Benedikt XVI., als das direkt dem Papst unterstellte Staatssekretariat vom italienischen Machtblock der sogenannten »drei B« befehligt wurde, hatte er sich noch verstärkt. Auf den endlosen Gängen des Staatssekretariats murmelte man damals angst- und ehrfurchtsvoll die Namen der »drei B«. Sie waren das Triumvirat: Giovanni Angelo Becciu war damals Substitut im Staatssekretariat, Sektion I. Mittlerweile wurde er von Papst Franziskus zum Kardinal ernannt und zur Kongregation für die Selig- und Heiligsprechungsprozesse versetzt. Ettore Balestrero war einst als einflussreicher Untersekretär von Papst Paul II. für die Beziehungen mit den Staaten und wurde von Benedikt XVI. noch am Ende des Pontifikats ohne Vorankündigung als Apostolischer Nuntius nach Kolumbien beordert. Seit Juli 2018 ist er als Nuntius im Kongo.[3] Er hält zudem einen unrühmlichen Rekord: Vermutlich ist er der einzige Kirchenmann der Welt, gegen den noch immer wegen internationaler Geldwäsche ermittelt wird.[4] Das dritte B, allerdings nicht nach seiner Bedeutung, war der ehemalige

Kardinalstaatssekretär Tarcisio Bertone, der wohl auch heute noch unerschütterlich in seiner vatikanischen Dachwohnung des Palazzo San Carlo wohnt.

Doch ein solcher Umgang mit dem Peterspfennig widerspricht der aktuellen Ausrichtung des Pontifikats. Wie kann man zu Zeiten von Papst Franziskus weiterhin Spenden für die Armen einsammeln und sie in Wahrheit großteils zur Sanierung der Minus-Konten der Kurie verwenden? Mit seiner Initiative wollte der Papst die bisherigen Strukturen transparent gestalten oder gegebenenfalls abschaffen. Auch, weil die Dritte Bank nicht nur unzählige geheime Fonds, Stiftungen und Konten verwaltete, sondern ihre Macht auch für andere undurchsichtige Machenschaften nutzte.

Als Claudia Ciocca in die dunkelsten Winkel des Staatssekretariats vordringt, kann sie sich anhand weiterer zwischen 2014 und 2019 erstellter Unterlagen mit Prälat Perlasca und den finanziellen Fantasmen vertraut machen, die den Alltag der Kirche bestimmen. Zwei Dossiers betreffen den Pensionsfonds und seinen Zwilling, den FAS-Gesundheitsfonds: Das schwarze Loch ist so groß, dass die Abschlüsse wegen fehlender Daten kaum zuverlässig sein dürften, was offensichtlich auch bei den letzten geheimen Sitzungen in der Sala Bologna Thema war. Zu dieser Zeit saß Perlasca im Verwaltungsrat vom Pensionsfonds, Gesundheitsfonds und Kinderkrankenhaus Bambino Gesù. Im Oktober 2010 hatte Kardinal Bertone ihn in den Gesundheitsfonds berufen, um sich dort durch einen Mann seines Vertrauens die Kontrolle zu sichern.

Ciocca, Zahra und den anderen muss sehr schnell klar gewesen sein, dass das Staatssekretariat ebenso wichtig wie undurchdringlich war. Natürlich wussten sie, wie die Vatikankenner des *L'Espresso* 2014 schrieben, dass »die Wirtschafts- und Finanzpolitik des Vatikans in den letzten Jahrzehnten vom Verwaltungsbüro des Staatssekretariats aus dirigiert wurde und dessen Verantwortlicher täglich beim Substitut vorsprach [damals Becciu, A. d. A.]«.[5] Aber das reicht nicht als Erklärung. Wieso konnte Prälat Perlasca noch sechs Jahre nach Beginn des neuen Pontifikats in den obersten Machtzirkeln sitzen, jeden Sturm mit Leichtigkeit überstehen und unbeschädigt aus jeder Abberufungsrunde der alten Garde hervorgehen? Kurzum, die Dritte Bank stellt ein Ausnahmephänomen dar, das eine nähere Betrachtung verdient.

Die bislang unveröffentlichte Aussage von Prälat Francesco Salerno

Dass das Verwaltungsbüro des Staatssekretariats stets eine finanzielle Grauzone darstellte und die geheimen Gelder des Papstes dort sogar ohne dessen Wissen verwaltet wurden, weiß Prälat Francesco Salerno, ein profunder Kenner der römischen Kurie, nur allzu gut. Der römische Priester verbrachte fast seine gesamte kirchliche Laufbahn im Vatikan und hat in seinen über vierzig Dienstjahren fünf Päpsten gedient. Als zurückhaltender Hüter vatikanischer Geheimnisse, mit wichtigen Ämtern in Kontrollbehörden wie der Präfektur für die wirtschaftlichen Angelegenheiten, hatte er Einblick in die dunkelsten Machenschaften.[6] Im Januar 2017 starb Salerno. Doch zuvor gewährte er mir noch ein ausführliches Interview, voller Anklagen, Anekdoten und Hintergrunddetails. Bisher lag die Abschrift allerdings im Panzerschrank, da er nicht wollte, dass ich es vor seinem Tod veröffentlichte. Die Bedeutung seiner Aussagen macht seinen Wunsch mehr als verständlich. Wahrscheinlich wollte er sich zumindest am Lebensende nicht noch zu viele Leute zu Feinden machen.

Laut Salerno wickelte die Dritte Bank jahrzehntelang und beinah parallel zu den offiziellen Finanzvorgängen des Vatikans geheime Geschäfte ab, von denen »nicht einmal Johannes Paul II. wusste«, so Salerno. »Erst ich habe es ihm gesagt.« Die Geldströme seien über strenggeheime Kanäle des Vatikans geflossen, ohne dass der Papst davon erfahren habe. Salernos Aussage ist aus mehreren Gründen glaubwürdig. Dazu zählt vor allem, dass Johannes Paul II. immer nur am Rand des Finanzsystems des inneren Machtzirkels stand und sich unter seinem Pontifikat ein wenn auch labiles Gleichgewicht zwischen zwei Welten entwickeln konnte: auf der einen Seite die Kurie unter der Kontrolle des Staatssekretariats und auf der anderen ein Zirkel tief ergebener Polen, die um den Papst kreisten.

Da das Verwaltungsbüro zur Kurie gehörte, ist es gut möglich, dass es selten ins päpstliche Blickfeld geriet. Die Dritte Bank war Anfang der 1970er-Jahre, unter Papst Paul VI. und zu Zeiten von Michele Sindona, gegründet worden, von Leuten wie dem Berufs-diplomaten Gianfranco Piovano, der dem späteren Staatssekretär Angelo Sodano nahestand. Piovano sollte im Staatssekretariat einen Fonds gründen, der nichts mit den Skandalen und langen Krallen des IOR von Paul Marcinkus und der Güterverwaltung APSA zu tun hatte und dem päpstlichen Bedarf an verfügbaren Notfall-geldern gerecht wurde:[7] eben die Dritte Bank. Sie verfügte über Konten beim IOR und damals auch bei der APSA, wickelte Finanz-geschäfte über Steuerparadiese wie die Jungferninseln oder die Schweiz ab und besaß zudem ein mysteriöses, gut gefülltes Geheim-konto, das sich bis zur Italienischen Bischofskonferenz zurückver-folgen ließ, auch wenn die Bischöfe nichts davon wussten. Als man nach dem Crash der Banco Ambrosiano von Roberto Calvi in den 1980er-Jahren die Kleinaktionäre abfand, stammten die 406 Millio-nen Dollar dafür aus den Mitteln eben dieser Dritten Bank. Wenn die Legende stimmt, sammelte Piovano das Anfangskapital der Bank bei Mailänder Unternehmern ein, die ihm von Paul VI. empfohlen wurden. Damit fing alles an. Auch Prälat Salerno bestätigte, dass es eine direkte Verbindung zwischen dem Verwaltungsbüro und der Bischofskonferenz gab.

<u>Womit beschäftigt sich die Verwaltungssektion?</u>
Alle Bischöfe müssen nach ihren finanziellen Möglichkeiten zur Finanzierung der katholischen Zentralregierung beitragen. Die Bei-träge gingen ans Staatssekretariat und wurden anschließend von der Präfektur für die wirtschaftlichen Angelegenheiten für das Budget des Heiligen Stuhls verwendet. Ich war der Sekretär der Präfektur, das Geld floss also durch meine Hände.

Ging es in Wahrheit darum, den finanziellen Zufluss für diese Dritte Bank zu gewährleisten?
Genau. Kardinal Attilio Nicora[8] und der damalige Sekretär der Italienischen Bischofskonferenz, Camillo Ruini, hatten sich ein perfektes System ausgedacht. Sie behielten von jedem Bischof der 226 italienischen Diözesen einen festen Betrag ein, dessen Höhe vom bislang gezahlten Betrag abhing. Eine gute Idee, nur leider mit einem Haken: Das widersprach diametral dem kanonischen Recht, denn eigentlich konnten die Bischöfe nach absolut eigenem Ermessen, eben nach ihren Möglichkeiten, über den Beitrag entscheiden.

Wie konnte man dieses skandalöse Vorgehen verheimlichen?
Die Gelder wurden an den Heiligen Stuhl weitergereicht. Und das war der entscheidende Punkt. Die Gelder konnten in aller Ruhe fließen, weil man sie über den Apostolischen Nuntius an den Papst weiterleitete.

Man nutzte also den diplomatischen Weg?
Genau, der Nuntius erhält die Spenden der Bischofskonferenz und schickt sie an den Heiligen Stuhl, wo sich das zweifelhafte Büro [die Dritte Bank, A. d. A.] befindet, das die Gelder eigentlich nur entgegennehmen, aber nicht verwalten soll […]. Die Gelder gingen also direkt an das Verwaltungsbüro des Staatssekretariats, an die Dritte Bank des Heiligen Stuhls, von der kaum einer Genaueres wusste […]

Das heißt?
Man hatte sie gegründet, ohne dass Johannes Paul II. überhaupt davon wusste.

Wirklich? Der Papst wusste nicht einmal, dass es die Bank gibt?
Nein, als er etwas darüber in Erfahrung bringen wollte, hat er sich bei uns in der Präfektur danach erkundigt.

45

Und wie hat man dort reagiert?
Wir waren erstaunt, wir dachten natürlich, der Papst hätte davon
gewusst.

Wie sah die Beziehung zwischen den jeweiligen Staatssekretären und
der Verwaltungssektion aus?
Da ging es nicht immer harmonisch zu. Bertone ist sechs Jahre jünger
als ich, und ich erinnere mich noch gut, wie ich ihn einmal aufsuch-
te, und er sich beklagte. Er sagte: »Der Papst trifft eine Maßnahme
A, aber es passiert Z.« Ich schilderte ihm die Hindernisse, die es gab,
und sagte: »Bei einem solchen Hindernis hat man nur drei Möglichkeiten: kämpfen, das Hindernis umschiffen oder drüberklettern.«

Das heißt?
Ich sagte zu ihm: »Du hättest, was man dafür braucht [...] Willst du
in die Geschichte eingehen? Dann übernimm die Präfektur und
schaff Ordnung im Verwaltungsbüro des Staatssekretariats, wo die
Dritte Bank gegründet wurde.«

Aber wer hat sie denn gegründet?
Ein Priester aus dem diplomatischen Dienst, der in der spanischen
Kirche diente. Er ist in Rom geblieben und konnte sich eine gute
Position erarbeiten, auch weil sein Bruder in einem großen Industrie-
konzern tätig war und er dadurch bei den Finanzen qualifizierte
Unterstützung hatte. Er hat die Bank gegründet, die dann gemeinsam mit JP Morgan [amerikanische Geschäftsbank, A. d. A.] sämtliche Spenden für den Unterhalt von Heiligem Stuhl und Papst eingesammelt hat.

Welche Rolle hat JP Morgan dabei gespielt?
JP Morgan hat die Gelder vom Staatssekretariat erhalten und über
seinen Unternehmenssitz in Mailand ins Ausland geschafft. Irgend-
wann kam es aber zu einem Bruch, und JP Morgan hat damit auf-
gehört.

Was geschah daraufhin?

Es dauerte nicht lange, bis die Vergeltungsaktion von Carl Anderson kam, einem der größten und einflussreichsten Ökonomen der amerikanischen Finanzwelt [und Berater des IOR, A. d. A.]: damals beim Gipfel der Kolumbusritter, einer mächtigen Laienvereinigung. Schließlich ging es um JP Morgan, einen Eckpfeiler des amerikanischen Bankwesens.

Wollen Sie damit sagen, dass die Gegenreaktion auf dem Fuße folgte?

Die hatten den Mist schließlich eingefädelt. Verstehen Sie, was für ein tolles Buch das wird?

Entschuldigung, ich verstehe nicht ganz […] Wollen Sie damit sagen, dass es da einen Zusammenhang mit dem Hinauswurf von Gotti Tedeschi beim IOR gibt? Warum musste er gehen?

Was Gotti Tedeschi angeht, ist er zunächst einmal nur in den Vatikan gekommen, weil er in seiner ganzen Anmaßung dafür sorgte, dass Caloia als angeblicher »Räuber« [aus der IOR-Spitze, A. D. A.] rausgeschmissen wurde. Wenn er ein Räuber war, dann waren wir alle Räuber. In Wahrheit war Caloia den anderen im Weg. Gotti Tedeschi hat mich einmal gefragt: »Vor wem muss ich mich in Acht nehmen?«. Ich habe geantwortet: »Vor dem System. Davor, dass es Ihnen die anderen mit gleicher Münze heimzahlen.«

Eine unglaubliche Geschichte […]

Nicht die Geschichte ist unglaublich, diese Männer sind nur unglaublich dumm. Ich habe in den Jahren so viel Geld verwaltet, ohne je etwas anzufassen […]

Aber […]?

Aber […] Sie wissen ja, jetzt […] Ach, mehr muss ich ja wohl nicht sagen.

Wie wurden die Gelder aus dem Peterspfennig verwaltet?
Der Peterspfennig wird normalerweise in Dollar berechnet, aber für
Europa in Euro. Und die Euro-Beträge wurden [im Ausland, A. d. A.]
angelegt, das Geld kam in Mailand an und ging dann nach Deutschland. Und darum hat Anderson so reagiert [...] Das kann ich Ihnen
als Bischof sagen, ich habe das verfolgt und weiß, wie das läuft.

Was halten Sie von Bertone?
Nach den Interna [im Vatikan, A. d. A.] fragen Sie am besten Bertone im Beichtstuhl, er hat die wildesten finanziellen Sachen gemacht.
Die Salesianer [der Orden, aus dem Bertone kommt, A. d. A.] grün-
deten in Luxemburg eine Bank, die Polaris, und erhielten, unter der
Regierung Mario Draghi, vom Finanzministerium und der Banca
d'Italia die Genehmigung, eine italienische Filiale für Non-Profit-
Organisationen zu eröffnen, mit einer 5,5 Milliarden Euro-Beteili-
gung der Cariplo. Die Polaris gehört den Salesianern und der Gemeinschaft Don Orione,[9] aber vor allem den Salesianern.

Aber das ist ja noch nicht illegal oder nicht transparent. Was ist daran skandalös?
Das Ganze geschah auf Initiative eines Bertone-Schützlings und der
hat mit unzähligen Pfuschereien dafür gesorgt, dass die Salesianer
heute in ihren Schulden ertrinken.

Und Bertone?
Keine Ahnung [...] Ich verstehe ihn nicht, dabei kennen wir uns
nicht erst seit gestern, ich habe ihm die Türen geöffnet. Als der
Oberste Rechnungsführer des Heiligen Stuhls ihn aufgesucht hat,
um ihm zu sagen, was los war, hat er ihn fortgejagt. Er hat ihm einfach die Tür vor der Nase zugeschlagen und nicht einmal [...] Noch
schlimmer als bei Gotti Tedeschi, der war nur ein Fachmann von
außen. Aber dieser Mann hat dreißig Jahre dort gearbeitet.

Wann war das?
Der Oberste Rechnungsführer Paolo Trombetta ist 2009 gegangen.

Was denken Sie, wann wird es im Vatikan endlich Transparenz geben?
Es gibt Leute im Vatikan, denen ist die Kirche egal. Sie haben es dorthin geschafft und wollen nur profitieren.

Sie haben nie ein Blatt vor den Mund genommen. Stimmt es, dass Sie sich einem psychiatrischen Gutachten unterziehen mussten?
Ja.

Mit welchem Ergebnis?
Mit dem von ihnen gewünschten. Dann kam endgültige Manöver, um mich loszuwerden: [Man warf mir vor], die Bilanzen des Heiligen Stuhls gefälscht zu haben. Solche Dinge hat es auch schon zu Zeiten Jesu gegeben.

Wie leben Sie als Priester mit all diesen Widersprüchen?
Ich halte mir immer vor Augen, was Jesus gesagt hat: »Mein Reich ist nicht von dieser Welt. Ich bin in die Welt gekommen, um für die Wahrheit zu zeugen.« Jesus konnte das sagen, weil er die Wahrheit war. Und ich habe das vor Augen, in den Ohren: Was ist die Wahrheit? Die Wahrheit ist eine Entscheidung. Eine Entscheidung, die man als Priester, als Christ treffen muss. Ich habe, was ich erlebt habe, nicht dazu genutzt, um andere anzugreifen, aber um das Schlimmste zu verhindern. Die Dinge sind heute nicht mehr ganz so schlimm wie früher, weil es nicht mehr das erste Mal ist. Wenn ich heute über die Unregelmäßigkeiten in der Rechnungslegung lese, ist das für mich nichts Neues. Ich lese das nicht einfach schnell durch, sondern sehr aufmerksam und versuche, auch die Hintergründe zu verstehen, denn, verzeihen Sie die Metapher, in meiner Bibliothek stehen zwanzigtausend Bände.

Also noch immer Unregelmäßigkeiten?
Man hat diese Unregelmäßigkeiten ja schon aufgedeckt. Schauen Sie sich meine Geschichte an. Ich musste als Sekretär der Präfektur für die wirtschaftlichen Angelegenheiten zurücktreten, weil mich Angelo Sodano 1998 beschuldigt hat, ich hätte die Bilanzen gefälscht, in

7500 gedruckten [und verbreiteten] Exemplaren mit meiner Unterschrift […]

Wieso?
Damals fehlten in der Bilanz 44 Milliarden Lire, und das Staatsekretariat nahm sie offiziell aus den Konten, die eigentlich für die Schwächsten und Bedürftigsten gedacht waren.

Und wo war das Problem?
Man wusste nicht, ob dieses Geld [die 44 Milliarden] überhaupt noch da war, weil es zwar noch als Vermögen des Heiligen Stuhls auftauchte, aber eventuell schon ausgegeben war.

Entschuldigung, waren die 44 Milliarden Lire nun da oder nicht?
Darauf möchte ich mit einem im Vatikan sehr beliebten Sprichwort antworten: »Man bestiehlt Petrus, um Paulus zu bezahlen.« Mit anderen Worten, um die Bilanzen zu schönen, wurden Gelder hin- und hergeschoben.

Der 600-Millionen-schwere Kirchenmann

Man bestiehlt Petrus, um Paulus zu bezahlen: ein uralter Trick, um Bilanzen zu schönen, Verluste zu kaschieren und Konten künstlich auszugleichen. Doch Salernos Aussage scheint noch immer hochaktuell zu sein. Was er beschreibt, ist zwar Vergangenheit, kehrt aber mit großer Regelmäßigkeit zurück, wie ein stinkender Fluss, der aus dem Kaarst quillt und schlimmste Wahrheiten ans Tageslicht befördert.

So tauchen aus einer beunruhigenden Vergangenheit die Umrisse einer Dritten Bank auf, die zum neuralgischen Punkt eines diskreten Machtzirkels wird, angeführt von einem komplexen Charakter. Was damals Piovano war, ist heute Perlasca, ein Mann mit 1001 Eigenschaften: Erst einmal ist da der 1960 in Como geborene Priester, der unglaublich Karriere machte und bis in die heiligen Hallen der kirchlichen Macht aufstieg. Allein das ist erzählenswert.

Perlasca weicht jahrelang nur wenig vom Bild eines umsichtigen, gelehrten Provinzpfarrers ab. In der Diözese seiner Geburtsstadt wird er 1992 zum Priester geweiht, er besitzt einen Abschluss in Jura und kanonischem Recht. Sein diplomatisches Geschick zeigt sich erst bei einem seltsamen Vorfall, bei dem er die Hauptrolle spielt. Wegen eines Glockenproblems und einer Streitschrift über Glockenschläge interessiert sich auf einmal ganz Italien für ihn. Dass einer der mächtigsten Männer der vatikanischen Finanzwelt durch eine fast surreale Geschichte erste Bekanntheit erlangt, ist wohl wirklich einzigartig.

Es herrscht tiefster Winter in Delebio, einem 3000-Seelendorf in der Provinz Sondrio, das zur Diözese Como gehört, als sich eine Dame, Mamma Ivana, voller Sorge um ihren hirngeschädigten Sohn, darüber beschwert, dass beim kirchlichen Glockenschlag die zulässige Dezibel überschritten worden sei. Zunächst hat sie mit ihren Klagen keinen Erfolg. Die Glocken würden schon seit 1204 schlagen und so werde es bis in alle Ewigkeit bleiben, murmelt man im Dorf. Aber die Dame gibt nicht nach: Sie wendet sich ans Gesundheitsamt, das ihr Recht gibt und die Kirche mit einer Geldstrafe belegt. Plötzlich hat das Problem eine größere Dimension: Wie kann man jetzt noch die Glocken schlagen? Wie kann man leiser läuten?

Da die Italienische Bischofskonferenz wohl größere Probleme für die vielen italienischen Pfarreien befürchtet, ermutigt sie das Büro für katholische Wochenzeitschriften (SIR – Religiöser Informationsdienst), sich des Problems anzunehmen, und dieses bittet die Diözese in Como um ihre Meinung. Und hier kommt nun Perlasca ins Spiel:[10] Der Vizekanzler versteckt sich nicht, sondern empfiehlt wärmstens, »Klugheit und Weisheit« walten zu lassen. Man sollte seine damaligen Ratschläge noch einmal aufmerksam lesen, um seinen kometenhaften Aufstieg aus der Provinz wirklich zu verstehen, etwa was Perlasca bezüglich einer korrekten ländlichen Mission schrieb: »In Pfarrgemeinden mit einer traditionellen Sonntagsfrühmesse (um sieben oder acht Uhr), müssen die Kirchenglocken vielleicht nicht unbedingt läuten: Die Leute wissen ja, wann Messe ist.« Oder seine schlichten, aber klugen Anweisungen, um übermäßiges Läuten zu vermeiden: »Heute gibt es im Handel Vorrichtungen, mit denen man bestimmte Funktionen wie den Glockenschlag zur vollen und halben Stunde ausschalten kann.« Aber er macht auch drastische Vorschläge, für unwiderruflich verfahrene Situationen: »Kleinere Glockenschlegel läuten leiser.« Einfach, genial und wirkungsvoll.

Einige Jahre später, 2003, fliegt Perlasca nach Rom und landet im Staatssekretariat. Sein Leiter Angelo Sodano weiß die Tugenden des Kirchenmanns zu schätzen. Und Perlasca versteht es, sich in Erinnerung zu bringen. Die Geschichte mit den Kirchenglocken ist mittlerweile Schnee von gestern, der Prälat vermeidet danach jeden Pressekontakt. Aber der spröde, zurückhaltende Mann kennt sich in Rechts-, Immobilien- und Finanzfragen aus, und verhält sich gegenüber Vorgesetzten geschickt und vor allem respektvoll. Von 2006 bis 2008 ist er Sekretär des Nuntius in Argentinien. Er arbeitet Seite an Seite mit dem Apostolischen Nuntius Adriano Bernardini, der als »Feind« des damaligen Erzbischofs von Buenos Aires, Jorge Mario Bergoglio, gilt. Und ausgerechnet in Argentinien trifft Perlasca im November 2007 Kardinal Tarcisio Bertone, den er schon aus Rom kennt. Er ist zur Seligsprechung des salesianischen Gottesdieners Ceferino Namuncurá, einem Mapuche, gekommen.

Einige Tage vor der Seligsprechung finden sich Perlasca, Bertone und Bernardini zu einem offiziellen Treffen mit Néstor Kirchner im Präsidentenpalast ein. Bei dieser Gelegenheit lobt Bernardini seine rechte Hand und empfiehlt Perlasca dem Kardinalstaatssekretär. Bertone hat Sodanos Amt am 22. Juni 2006 übernommen und sich, um sich von seinem Vorgänger abzugrenzen, sofort auf die Suche nach absolut treu Ergebenen gemacht. Piovano kann sich zwar noch drei Jahre an der Spitze der Verwaltungssektion halten, doch 2009 zieht er sich schließlich zurück und tritt ab. Bertone gelingt es, die Finanzfestung des Staatssekretariats zu erobern. Als Nachfolger von Piovano wird Prälat Perlasca bestimmt, der nach seiner Rückkehr aus Argentinien, neben Balestrero und Becciu, zu einer wichtigen Größe im dritten Stock geworden ist. Ab Juli 2009 ist er für die mächtige Verwaltungssektion des Staatssekretariats verantwortlich und untersteht direkt Bertone.

Perlasca übernimmt ein sperriges Erbe: Er muss 600 Millionen Euro verwalten, die auf Konten, in Einlagen und Investmentfonds stecken oder in einem unübersichtlichen Netzwerk aus Stiftungen und ausnahmslos geheim sind. Kurzum, er ist der Herrscher über die Gruft, den Grundstein, auf dem die Macht des Vatikans ruht. In seinem Büro versammelt sich ein treuer Mitarbeiterstab, aber auch neue Gesichter kommen hinzu. Rechte Hand und loyale ausführende Macht, insbesondere beim Peterspfennig, ist der Geistliche Tullio Poli, von dem es heißt, er sei nur der Schatten seines Vorgesetzten, ohne größere eigene Macht. »Er ist wie aus Wachs«, sagen die Böswilligen, »der zählt nicht.« Unter den Laienvertretern ragt Fabrizio Tirabassi heraus, der für die Fondsverwaltung zuständig und Experte für den Londoner Markt ist.

Stiftungen, Konten und Peterspfennig: Die Gruft des Staatssekretariats

Wie gut Perlasca sich zu tarnen weiß, lässt eine einzige Ansa-Pressemitteilung vom 31. Oktober 2012 erkennen. Der Titel: *Schluss mit der Verschwendung*. Noch hält Benedikt XVI. den Petrusfelsen besetzt, aber sein Pontifikat ist bereits gefährdet. Der Vatikan schlägt sich mit dem Vatileaks-Skandal herum, von dem er seit Veröffentlichung meines Buchs *Seine Heiligkeit* im Frühjahr wie von einem Erdbeben erschüttert wird. Perlasca stellt sich entschieden auf die Seite der Transparenz und befürwortet die ersten Spending-Review-Initiativen:

Auch im Vatikan ist die Zeit des Spending Review gekommen. Die Axt, die seit einigen Monaten auf die Staatshaushalte vieler Länder, auch Italiens, niedersaust, um Verschwendung und unnötigen Ausgaben Einhalt zu gebieten, macht auch vor dem Vatikan nicht Halt. Momentan wird sie überall angesetzt: beim Büromaterial, bei externen Ausschreibungen und sogar bei den Kosten für Besucher und Gäste. Der vatikanische Haushalt ist tief in den roten Zahlen, und die Diözesen müssen mithilfe rigoroser Wirtschaftspläne sparen. […] Insbesondere Prälat Perlasca nimmt das Spending Review sehr ernst. Da ihm die Ausgabenkontrolle obliegt, ist er sozusagen der Sparminister des Vatikans. Wie man hört, hat er die Axt im Rahmen drastischer Einschnitte sogar bei den Gold- und Silbermedaillen angelegt, die der Papst ausländischen Gästen überreicht.[11]

Doch wenn man die Axt bei überflüssigen Kosten wie den Besuchermedaillen anlegt, ist das eigentlich eher Blendwerk, eine Marketingaktion. Man spart ein paar Tausend Euro, doch noch immer verschwinden Millionenbeträge spurlos oder in einer Parallelbuchhaltung, gegen die man kaum etwas unternimmt. Das Ganze ist nur ein Tropfen auf den heißen Stein, in Wahrheit blutet die Kirche durch ihre exorbitanten Kosten aus. Trotzdem herrscht der scheinbare Moralapostel Perlasca unangefochten weiter und wird von niemandem kritisiert.

Wenige Monate später, mit dem Pontifikat von Franziskus, ändern sich die Dinge allerdings. Der vom Papst eingesetzte Expertenstab, der die Bilanzen prüft, signalisiert quasi sofort, dass er die Dritte Bank unter die Lupe nehmen will. Perlasca versucht zunächst, sich mit dem neuen Papst zu arrangieren, und lobt ihn in den höchsten Tönen: »Der Papst ein schlichter Mensch? Dabei könnte man an naiv denken, ich würde lieber sagen, er vereinfacht gerne. Der neue Papst ist hochintelligent und versteht es, Gottes Wort auf den Alltag herunterzubrechen, also zu vereinfachen. […] Manchmal entsprechen seine Entscheidungen vielleicht nicht dem, was die Menschen erwarten. […] Aber so öffnet er uns die Augen, und wir erkennen, wie bequem wir uns mit Vielem eingerichtet haben.«[12] Doch stimmt das? Wenn der Papst, wie Perlasca sagt, in der Kirche wirklich so manchem die Augen geöffnet hat, dann müssen wohl viele blind sein oder sich zumindest blind stellen.

Die vom Papst gewünschten Kontenprüfungen und Sparmaßnahmen lösen jahrelange Widerstände aus, die man geschickt hinter einer offiziellen Fassade aus geküssten Ringen, Verbeugungen, unterwürfigen, ehrfürchtigen Worten und breitem Lächeln zu verbergen weiß. Perlasca muss an mehreren Fronten kämpfen. Nachdem die Papstgetreuen im Herbst 2013 die Rechnungslegung des Peterspfennigs geprüft haben, nehmen sie sich im Januar 2014 das gesamte interne Finanznetzwerk des Staatssekretariats vor und haben damit direkt seine Tätigkeit im Visier. Die COSEA-Kommission befragt Perlasca zu 13 kaum bekannten Einrichtungen:

1. Pia Opera (von der Kongregation für die Evangelisierung der Völker abhängige Organisation)
2. Stiftung Benedikt XVI. für Ehe und Familie
3. Stiftung Johannes Paul II. für die Sahelzone
4. Stiftung Johannes Paul II. für die Jugend
5. Stiftung des hl. Matthäus zum Gedenken an Kardinal François-Xavier Van Thuân
6. Unabhängige Stiftung für Kinderfürsorge Santa Marta
7. Stiftung Pius XII. für das Laienapostolat
8. Stiftung für die Kulturgüter und kulturellen Aktivitäten der Kirche
9. Stiftung Heilige Josefine Bakhita
10. Stiftung Erzengel Michael
11. Stiftung Kardinal Salvatore De Giorgi
12. Stiftung Wissenschaft und Glaube
13. Finanzfonds Ennio Francia

Die Männer des Papstes wollen die Rechnungslegung der Stiftungen prüfen, weil einige große Verluste machen. Die Stiftung Johannes Paul II. für die Sahelzone (Afrikahilfe) verzeichnet von 2010 bis 2012 etwa ein jährliches Minus von 150 Millionen Euro. Die Prüfer wollen wissen, was die Organisationen konkret tun, und wünschen entsprechende Organigramme zu sehen. In einigen Büchern fehlt nicht nur der Name des Leiters, sondern auch der Vermögensstatus: etwa bei der Stiftung Erzengel Michael, die mit der Gendarmeria, der vatikanischen Polizei, verbunden ist.[13]

Jeden Tag wird Perlasca ein wenig klarer, dass die Reform trotz unzähliger Steine, die man ihr in den Weg legt, langsam, aber unaufhaltsam fortschreitet. Wenige Wochen nach dem der Papst mit den Vertretern der COSEA-Kommission zusammengetroffen ist, ruft er mit dem *Motu proprio Fidelis dispensator et prudens* vom 24. Februar 2014 das Wirtschaftssekretariat ins Leben.[14] Offensichtlich sind die Tage derer gezählt, die die Reformen behindern wollen.

Der Papst hat ehrgeizige Ziele: Verkleinerung der Wirkmacht der alten Garde, Beschneidung der ökonomisch-finanziellen Kompetenzen des Staatssekretariats und das heißt auch Beschränkungen für den langen Arm, für Perlascas Verwaltungsbüro. Die Folgen lassen nicht auf sich warten. Im Dezember 2014 sagt Kardinal Pell gegenüber der Wochenzeitschrift »Catholic Herald«: »Der Vatikan geht nicht in Konkurs. Die Lage ist viel besser als gedacht, denn auf bestimmten Sonderkonten wurden mehrere Hundert Millionen Euro entdeckt, die nicht in den Bilanzen stehen.« Also schwarze Kassen. In welcher Höhe? Man habe 1,4 Milliarden zusätzliche Gelder entdeckt, die in den nächsten Abschluss einfließen würden, sagt Pell dem Konsistorium im Februar 2015. Mehr als die Hälfte davon stamme aus Perlascas Kassen. Doch dann kommt alles anders als gedacht. Quasi unmittelbar danach löst sich Pells Optimismus in Luft auf; nach den Anschuldigungen aus Australien zieht er sich von den Reformen zurück.

Die Gelder für die Armen noch mal halbiert

Bei den Schlüsselpositionen, die die Reform vorantreiben sollen, greift man auf die niederen Ränge zurück. Das Wirtschaftssekretariat, eigentlich das Herz der Reform, musste ein halbes Jahr lang ganz ohne Steuermann auskommen: Nachdem man Pell, der sich vor australischen Gerichten verantworten musste, im Frühling 2020 allerdings freigesprochen wurde, von seinem Amt entbunden hatte, ernannte man Prälat Luigi Mistò interimsmäßig zum Koordinator.[15] Erst im November 2019 wurde der Spanier Juan Antonio Guerrero Alves zum Präfekten bestimmt. Ähnlich ist es beim Generalrevisor: Als Libero Milone, den Papst Franziskus im Mai 2015 ernannt hatte, im Juni 2017 zurücktritt, nimmt man auch hier als Interimslösung die Nummer zwei, Cassinis. Und was ist mit der Zusammenlegung der Dikasterien? Das Governatorat ist noch immer eigenständig, die Güterverwaltung APSA hat nur einen Teil ihres

Immobilienbereichs abgegeben. Kurzum, die Situation wird immer schlimmer. Das weiß auch die Aufsichts- und Kontrollabteilung des Wirtschaftssekretariats. Ihre Leiterin Claudia Ciocca kennt die explosiven Geheimdossiers genau.

Und wer nach dem Skandal um den geringen Peterspfennig-Anteil, der für die Bedürftigen bleibt (wie gesagt, kaum 20 Prozent), mehr Transparenz und eine deutliche Steigerung des Anteils erwartet hatte, wurde ebenfalls enttäuscht. Der Prozentsatz, der vom Peterspfennig an Bedürftige geht, ist mittlerweile nicht nur nicht gestiegen, sondern noch gesunken. Und zwar erheblich: um die Hälfte. Das sagt kein Geringerer als Angelo Becciu, Vertrauter von Perlasca und bis September 2018 Parolins Vizesekretär für die Beziehungen mit Italien: »10–15 Prozent der Peterspfennig-Spenden dienen karitativen Zwecken, der Rest fließt in den Unterhalt der kirchlichen Strukturen.«[16] Ein Skandal? Ach was. »Manche werfen uns vor«, fährt Becciu fort, »dass wir mit dem Peterspfennig Spenden für wohltätige Zwecke sammeln, obwohl wir wüssten, dass ein Teil davon in den Unterhalt der Kirche fließt. Doch auch wenn das so ist, täuschen wir die Gläubigen nicht, denn sie wissen das.«

Wirklich? Wissen die Gläubigen, dass mit den Geldern die Konten der Kurie saniert werden? Becciu gibt den Überzeugten und spielt den Vorwurf herunter, aber entweder lügt er oder er ist der einzige, der sich dessen so sicher ist. Wenn man klarer sehen will, muss man nur auf die Internetseite gehen, die der Vatikan eigens für den Peterspfennig eingerichtet hat, nachdem der sogenannte Vatileaks-2-Skandal den zwielichtigen Umgang mit den angeblich wohltätigen Geldern ans Licht gebracht hatte.[17] Eindeutig und in Fettdruck heißt es auf der Internetseite: »Der Peterspfennig ist ein Akt der Brüderlichkeit, mit dem sich jeder Gläubige an den Aktivitäten des Papstes, die der Unterstützung von Bedürftigen und Kirchengemeinden in Not dienen, beteiligen kann.« Das Hochfest der Apostel Peter und Paul am 29. Juni, an dem der Peterspfennig seit Jahrhunderten auf der ganzen Welt gesammelt wird, heißt schließlich auch »Tag für die Wohltätigkeitsarbeit des Papstes« und nicht »Tag für den Unterhalt der kirchlichen Einrichtungen« und erst recht nicht »Tag für die römische Kurie« oder »Tag zur Rettung der vatikanischen Finanzen«.[18]

Und was die Frage der Transparenz angeht, ist die Realität noch ernüchternder. Noch einmal Becciu: »Auf der entsprechenden Website wird völlig transparent darüber informiert, wie die Peterspfennig-Spenden verwendet werden.«[19] Völlig transparent? Schauen wir uns die Seite an. Seit einem Jahr fehlt jegliche Angabe zur Rechnungslegung. Keine Bilanz, kein Diagramm, nichts über Einnahmen und Ausgaben. Eine Zahl findet sich allerdings doch, fettgedruckt: die IBAN für weitere, großzügige Spenden, mit der höflichen Bitte, in Euro oder Dollar zu zahlen. Vielleicht sieht es auf den ersten Blick so aus, als hätte sich etwas geändert, aber die Gläubigen werden auch hier gelinde gesagt auf den Arm genommen. Wenn man sich durch die Seiten klickt, findet man zwar zumindest rudimentäre Übersichten zu gut zwanzig laufenden Wohltätigkeitsprojekten, aber nur bei sieben, kaum einem Drittel, ist die aufgewendete Gesamtsumme genannt, und selbstverständlich fehlen Details oder Abschlussrechnungen. Und die anderen Initiativen? Nichts und wieder nichts. Absolutes Dunkel.

Nach dem Fall von Bertone hat Perlasca es geschafft, eine führende Rolle zu übernehmen, wobei er von einem Machtvakuum profitierte, das Becciu schnell nach oben spülte. Perlasca hat mit Becciu unauflösliche Bande geknüpft. Dieser ist nicht nur sein direkter Vorgesetzter, sondern hilft ihm auch als zuverlässiger Vertrauter bei Alltagsproblemen. Perlasca mag bei den Experten des Papstes unbeliebt sein, aber während der zwei Jahre in der argentinischen Nuntiatur lernte er den damaligen Erzbischof von Buenos Aires, Jorge Mario Bergoglio, und den aktuellen Privatsekretär von Kardinal Parolin, Prälat Robert Murphy, kennen. 2008 war Murphy sein Nachfolger auf dem Posten des Sekretärs der Nuntiatur geworden.

Auf diese Weise konnte Perlasca den neuen Kurs »überleben«. Er konnte nicht nur seinen Abstieg herauszögern, sondern durch die Übernahme weiterer kleinerer, aber symbolträchtige Aufgabenbereiche seine Macht sogar noch vergrößern.[20] Erst in letzter Zeit, wie wir sehen werden, haben Spannungen mit Parolin seine führende

Position in diesem langsamen, sehr langsamen Veränderungsprozess geschwächt. Weil auf dem Feld des Peterspfennigs wichtige Machtspiele ausgetragen werden, braut sich um ihn ein neuer Sturm zusammen, der diesmal sogar zuverlässige und dem Papst eng verbundene Mitarbeiter mit sich reißen kann.

◇◇◇◇◇◇◇◇◇◇◇◇

1 Wirtschaftsrat, Sitzungsprotokoll vom 17. Juli 2018.

2 Das Staatssekretariat besteht aus drei Sektionen. Sektion I ist für Allgemeine Angelegenheiten zuständig (eine Art Innenministerium) und wird von Erzbischof Edgar Peña Parra aus Venezuela geleitet. Sektion II ist für die Beziehungen mit den Staaten verantwortlich (eine Art Außenministerium) und wird von dem britischen Erzbischof Paul Richard Gallagher koordiniert. Sektion III wurde erst am 18. Oktober 2017 gegründet und ist für die Apostolischen Nuntien zuständig, also den weltweiten diplomatischen Stab des Vatikans. An ihrer Spitze steht der polnische Erzbischof Jan Romeo Pawlowski, seit Dezember 2015 schon Leiter des Amtes für päpstliche Vertretungen.

3 Ettore Balestrero, 1966 in Genua geboren, in Rom zum Kardinal ernannt. Weil er sehr schnell zum Untersekretär für die Beziehungen mit den Staaten aufstieg, im Grunde das dritte Amt in der vatikanischen Bürokratie, galt er als aufstrebender Stern. Doch nur fünf Tag vor Ende des Pontifikats wurde er von Benedikt XVI. versetzt, so wie auch der ihm nahestehende Kardinal Mauro Piacenza. Aufmerksamkeit erregte vor allem die Tatsache, dass die Versetzung noch im letzten Moment erfolgte. Warum? Einige Zeitungen hatten Balestrero mit einer angeblichen Schwulenlobby in Verbindung gebracht, was jedoch vom damaligen Pressesprecher im Vatikan, Federico Lombardi, bestritten wurde. Die These tauchte erneut nach der Buchveröffentlichung des Interviews auf, das Benedikt XVI. Peter Seewald gegeben hatte, Letzte Gespräche (München 2016). Dort sagt Benedikt XVI. über die Schwulenlobby: »Es wurde mir in der Tat eine Gruppe angezeigt. […] Das war eben in dem Bericht dieser Dreierkommission enthalten, die eine Gruppe festmachen konnte, eine kleine, vier, fünf Leute vielleicht, die wir aufgelöst haben.« (S. 259)

4   Die Staatsanwaltschaft Genua ermittelt gegen Balestrero sowie seinen Bruder
    und Vater wegen der Geldwäsche von 4 Millionen Euro. Laut Ermittlungsak-
    ten unterschrieb Balestrero am 4. September 2015 eine Schenkung über diesen
    Betrag an seinen Bruder Guido, einen Fleischimporteur. Nach Meinung der
    Ermittler Francesco Pinto und Paola Calleri diente das Geld dazu, Einnahmen
    aus einem gigantischen Schmuggelring endgültig reinzuwaschen.

5   Diario Vaticano/La Segreteria di Stato ha perso il controllo sull'economia,
    Espressonline, 5. März 2014.

6   Bischof Francesco Saverio Salerno, geboren 1928, war Vertrauter von Johannes
    Paul II. und seines Sekretärs Stanislaw Dziwisz, heute emeritierter Erzbischof
    von Krakau. Während seiner über vierzigjährigen Zeit im Vatikan war er stets
    mit Rechtsaufgaben betraut (er legte sein Juraexamen an der La Sapienza in
    Rom ab). Er hat drei Universitätsabschlüsse, wurde 1952 zum Priester für die
    Diözese Rom geweiht, war in verschiedenen Gemeinden Vikar und wurde in
    den 60er-Jahren Leiter der damaligen Rechtsabteilung des Vikariats von Rom.
    Dann, im Jahr 1970 beruft ihn Papst Paul VI. als Rechtsberater für die Präfek-
    tur für wirtschaftliche Angelegenheiten in den Vatikan, also an den Rech-
    nungshof des Heiligen Stuhls, den sich heute das Wirtschaftssekretariat einver-
    leibt hat. Die Wende für Salerno kommt mit Papst Johannes Paul II. Nachdem
    er den Papst bei einigen heiklen Fällen unterstützt hat, wird er im Januar 1997
    zum Sekretär der Präfektur für wirtschaftliche Angelegenheiten sowie zum
    Bischof ernannt. Im Oktober 1998 wird er Kardinalpräfekt des Obersten
    Gerichtshofs der Apostolischen Signatur. Von der »polnischen Lobby« wurde
    Salerno hundertprozentig unterstützt. Sein Name taucht zudem in den Unter-
    lagen über die Entführung von Emanuela Orlandi und über das Attentat auf
    Johannes Paul II. auf. Auch in der privaten Paralleluntersuchung durch eine
    Freundin des Papstes, Wanda Półtawska, wurde Salerno 1981 zum Papstatten-
    tat befragt.

7   Prälat Gianfranco Piovano, geboren 1938, Musterpriester aus der piemontesi-
    schen Schule der vatikanischen Diplomatie, war über dreißig Jahre unumstrit-
    tener Herrscher über die Verwaltungssektion des Staatssekretariats. Er war
    dem aus Asti stammenden Kardinal Angelo Sodano treu ergeben und, wie es
    heißt, zuvor einer der unsichtbaren Handlanger von Paul Marcinkus, aber
    auch nach Sodano konnte er sich an der Macht halten. Er war unter Bertone,
    der ebenfalls aus dem Piemont kommt, noch bis 2009 tätig. Piovano gehörte
    dreißig Jahre zu den mächtigsten Männern im Apostolischen Palast, entschied
    über Einstellungen und Kündigungen. Er gilt unter anderem darum als
    »Gespenst«, weil er allen Fernsehkameras stets auswich, es kaum Fotos von
    ihm gibt oder diese nicht zu finden sind. Zu seinen engen Freunden gehörte

auch der Präsident der IOR-Aufsichtskommission der Kardinäle, Kardinal Santos Abril y Castelló. Beide hatten ab 1963 die Päpstliche Diplomatenakademie besucht. Im Jahr 2012 taucht der Name Piovano in einigen abgehörten Telefonaten des Falls Prälat Nunzio Scarano auf: Der ehemalige APSA-Mitarbeiter Scarano sagt Costanzo Alessandrini, dem Vizekommandanten der vatikanischem Gendarmarie, er habe den Broker Giovanni Carenzio, der später ins Gefängnis wanderte, eben durch Piovano kennengelernt: »Ich habe Carenzio 1998 durch einen verstorbenen Bischof kennengelernt, später wurde er mir dann noch einmal durch Prälat Gianfranco Piovano an der Piazza San Damaso vorgestellt. Dieser Freund von Bischof Pompei Toppi stellte mich als große Respektperson vor.« Für die Ermittlungen spielte Piovano keine Rolle. Er ist mittlerweile 81 Jahre alt und lebt noch immer im Vatikan, in der Nähe des Gästehauses Santa Marta, wo Papst Franziskus wohnt. Im Lauf der Jahre hat manch einer versucht, ihn zu sprechen, aber die Antwort ist immer dieselbe: »Der Prälat geht momentan nicht ans Telefon, versuchen Sie es später noch einmal.« Wenn man nach öffentlichen Interviews oder Erklärungen sucht, findet man nichts.

8   Attilio Nicora wird 1937 in Varese geboren. Nach einem Juraabschluss an der katholischen Universität in Mailand tritt er ins Seminar ein und darf sich ab 1964 Theologe nennen. Im Jahr 1977 wird er von Paul VI. zum Bischof ernannt, unter der Regierung Craxi unterzeichnet er 1984 das Abkommen, mit dem das Konkordat zwischen dem italienischen Staat und der katholischen Kirche modifiziert wird. Nach fünf Jahren als Bischof von Verona kehrt er 1997 nach Rom zurück, um für die Italienische Bischofskonferenz juristische Fragen hinsichtlich des kanonischen Rechts und des Konkordats zu klären. Im Oktober 2002 erhält er die Würden eines Erzbischofs und wird Präsident der Güterverwaltung APSA (bis 2011). Seit 2003 ist er auch Kardinal, er nimmt an den Konklaven teil, mit denen Benedikt XVI. und Franziskus zum Papst gewählt werden. Papst Benedikt ernennt ihn zum ersten Präsidenten der AIF, der Geldwäschebekämpfungsbehörde des Heiligen Stuhls, die dafür sorgen soll, dass der Vatikan die neuen EU-Regeln einhält. Er stirbt am 22. April 2017.

9   L'Opera Don Luigi Orione, mit Sitz in Mailand, hilft und unterstützt Einzelpersonen, besonders Schwache und wirtschaftlich Abhängige.

10 Der Kanzler und Vizekanzler einer Diözese sind normalerweise für notarielle Aufgaben zuständig, sie beglaubigen die Dokumente der Kurie und sind für die Büroverwaltung und Archive verantwortlich.

11 Nina Fabrizio, »Vaticano: spending review in sacri palazzi, basta sprechi, dicasteri attivati per tagliare appalti e spese, persino omaggi«, Ansa, 31. Oktober 2012.

12 »Papa Francesco, un uomo che ci sorprenderà. Parla il sacerdote omasco cha ha lavorato a Buenos Aires«, Corriere di Como, 15. März 2013.

13 Die Stiftung San Michele Arcangelo (Erzengel Michael) wurde am 29. November 2010 mit dem Ziel gegründet, neue Finanzquellen zur Gewährleistung von Zivilschutz und Sicherheit im Vatikan zu erschließen.

14 Der Titel stammt aus dem Lukasevangelium 12,42, wo es heißt, nur der »treue und kluge Haushalter« könne die weltlichen Güter verwalten.

15 Mistò, geboren 1952, ist als Priester unter Kardinal Carlo Maria Martini, dem Leiter der Diözese Mailand, groß geworden. Der Wirtschaftsfachmann diente bis Ende 2011 in Mailand, dann wurde er zum Heiligen Stuhl in Rom versetzt. Papst Franziskus ernannte ihn sofort zum Sekretär der Verwaltungsabteilung des Wirtschaftssekretariats.

16 Becciu sagte dies am 8. Februar 2018, als er gemeinsam mit der Sekretärin für Kommunikation »Ordinary Heroes« präsentierte, eine internationale Wohltätigkeitsinitiative, die die karitativen Aktivitäten des Papstes unterstützt.

17 Die italienische Internetseite www.obolodisanpietro.va ist seit Herbst 2016 online.

18 Die Armenfürsorge ist im Übrigen Bestandteil des christlichen Glaubens, doch schon am Ende des 8. Jahrhunderts ließen die Engländer regelmäßig dem Papst Geldbeträge zukommen, das sogenannte »Denarius Sancti Petri« oder die Gabe des Heiligen Petrus. Der Peterspfennig wurde dann 1871 von Papst Pius IX. mit der Enzyklika Saepe venerabiles institutionalisiert.

19 Erklärung von Becciu am 8. Februar 2018 (siehe Anmerkung 16).

20 Perlasca wird 2015 von Kardinal Parolin zum Verwaltungsratsmitglied des Kinderkrankenhauses Bambino Gesù ernannt (und bleibt es bis Ende 2020). Erneut von Parolin und ebenfalls 2015 wird er zum Berater des Rechnungsprüfungskollegiums der Stiftung Joseph Ratzinger ernannt (und bleibt dort ebenfalls bis Ende 2020). In beiden Fällen verdankt er seine neue Aufgabe seiner Verantwortung in der Verwaltungsabteilung des Staatssekretariats.

Anonyme, hinterhältige und undurchsichtige Geschäftemacher

Operation Peterspfennig

Im Sommer 2018 nimmt der ehrgeizige Geheimplan »Operation Peterspfennig« erste Konturen an. Der Papst möchte die Spendenverwaltung den Klauen der Bürokratie entreißen und einer neuen Behörde anvertrauen, dem »Dikasterium für wohltätige Zwecke«. Damit wirft er der alten Garde im Staatssekretariat, den vielen Perlascas, den Fehdehandschuh hin. Jetzt geht es nicht mehr nur darum, die Fassade zu wahren: In der neuen Behörde soll auch der Päpstliche Wohltätigkeitsdienst aufgehen, der zuständig ist für die karitativen Werke des Papstes und somit ein zentraler Schwerpunkt des aktuellen Pontifikats bildet, das sich den Bedürftigen widmet.[1]

Die Leitung könnte der papsttreue Konrad Krajewski übernehmen, der bereits als Almosenmeister Seiner Heiligkeit für die Armenfürsorge verantwortlich ist. »Don Corrado«, wie er von allen genannt wird, ist ein rühriger Priester, der sich wahrhaft berufen fühlt, Randgruppen zu helfen. Er hat schon zig Initiativen gegründet: für neue Obdachlosenräume, Essensausgaben oder Obdachlosenbesuche in der Sixtinischen Kapelle. Krajewskis Entschlossenheit stößt manchmal auf Kritik, aber Papst Franziskus scheint das nicht zu stören. Im Mai 2019 etwa wird er öffentlich stark kritisiert, weil er armen Familien, denen man in einem besetzten römischen Haus wegen ausstehender Zahlungen den Zähler versiegelt und die Anschlüsse gesperrt hat, den Strom wieder eingeschaltet. Seine Geste geht um die Welt, doch die öffentliche Meinung ist gespalten. Einige halten zu ihm, andere greifen ihn zum Teil heftig an. Darunter auch der damalige italienische Innenminister Matteo Salvini. Aber

Krajewski lässt sich nicht aus der Ruhe bringen. In einem Interview mit dem *Corriere della Sera* sagt er: »Ich bin Almosenmeister und für die Armen zuständig, für Familien, Kinder […] Jetzt haben sie endlich wieder Licht und warmes Wasser. Was nun passiert, hängt von der Reaktion der Gemeinde ab, wir müssen warten, bis die Ämter wieder öffnen. Ich übernehme die volle Verantwortung. Ich muss keine Erklärungen abgeben, da gibt es wohl wenig zu erklären. […] Wir reden hier von Menschen.« Die Antwort des damaligen Ministers ist klar: »Seitdem der Zähler wieder läuft, zahle ich, kein Problem. Im Gegenteil […] Ich kann auch seine Stromrechnungen noch zahlen.«

Zwischen Mai und Juni 2018 wird die Operation Peterspfennig Wirklichkeit. Alles beginnt am 20. Mai mit der Ankündigung, dass das Konsistorium, auf dem vierzehn neue Kardinäle ernannt werden, schon sehr bald, nämlich am 28. Juni stattfinden wird. Das tut es tatsächlich, aber mit einer Überraschung: Krajewski, der Letzte unter den Letzten, der Mann der Armen, wird Kardinal. Dies wird von allen als Vorzeichen für das neue Dikasterium für wohltätige Zwecke gedeutet, über das es schon viele Gerüchte gegeben hat und das nun Wirklichkeit zu werden scheint.

Konservative Kirchenkreise zeigen sich ein wenig übellaunig, sie sind von der Ernennung des Almosenmeisters zum Kardinal überrascht. Seit dem 13. Jahrhundert wird die Aufgabe des Almosenmeisters schließlich nur von einem untergeordneten Mitglied der kirchlichen Hierarchie wahrgenommen, einem Erzbischof. Krajewskis Ernennung wird etwas voreilig als Zeichen der Wertschätzung des Papstes für die Bedürftigen interpretiert. In Wahrheit steckt dahinter ein ehrgeiziges Projekt. Der Papst möchte die strategischen Zentren der Kurie neu austarieren, das heißt, an den Zielen seines Pontifikats ausrichten. Und das bedeutet zwangsläufig auch: Kontrolle über die Dikasterien, in denen viel Geld fließt. Dort müssen absolute Vertrauensleute sitzen. Die Verwaltung des Peterspfennigs wird nun zu einem wichtigen Eckpfeiler. Es geht um die Glaubwürdigkeit der Botschaft, die der neue Papst direkt nach dem *habemus papa* ausgegeben hatte, als der argentinische Kardinal Bergoglio, der nun zu Franziskus, dem Heiligen der Armen, geworden war, erstmals aus dem Fenster über dem Petrusplatz zu den Gläubigen gesprochen hatte. Eine Kirche der Armen verträgt sich nicht mit dunklen Flecken in der Spendenverwaltung.

Doch der Weg dorthin ist mit vielen Hindernissen gepflastert. Es ist der 24. Juni, und im Vatikan bereitet man das nächste Hochfest Peter und Paul vor, den Tag der päpstlichen Wohltätigkeit, an dem man überall auf der Welt wieder Spenden sammeln wird, in Kathedralen, Kirchen, Kapellen und Andachtsräumen. Am Abend verlässt der Papst dann den Vatikan und macht einen ungeplanten Besuch. Überraschend stößt er am Rande Roms, auf dem Bauernhof Casale 4.5 via Ardeatina 1696, zu einer Versammlung von zweihundert Menschen mit schwerem Handicap, die alle von der Kooperative OSA (Operatori sanitari associati – Vereinigte Beschäftigte im Gesundheitswesen) betreut werden, dem führenden häuslichen Pflegedienst mit 4000 Beschäftigten und 47.000 Patienten. Franziskus' Besuch dauert am Ende zwei Stunden. Man will dem Papst das Projekt, mit dem man behinderten Menschen ein unabhängiges Leben ermöglicht, ausführlich vorstellen. Der Präsident der Kooperative, Giuseppe Milanese, empfängt die Gäste höchstpersönlich. Er ist ein hohes Tier des privaten genossenschaftlichen Gesundheitswesens und seit Mitte der 1980er-Jahre ein persönlicher Freund des Papstes. Die beiden hatten sich bei einem Sozialprojekt in Argentinien im Dienstleistungssektor kennengelernt.[2]

Im Vatikan bleibt der päpstliche Ausflug nicht unkommentiert. Man hält das keineswegs für einen harmlosen Zufall. Wenige Tage vor Peter und Paul, dem Tag der Wohltätigkeit des Papstes, besucht Franziskus die Veranstaltung einer Kooperative, mit der der Vatikan früher ausgerechnet Geschäftsbeziehungen im Zusammenhang mit dem Peterspfennig unterhalten hatte. Der Vatikan wollte die Tradition des Peterspfennigs damals neu beleben und eine Internetseite entwickeln, in der es nur um den Peterspfennig gehen sollte. Zusätzlich wollte man die Initiative vom Juni 2016 in eine Großkampagne einbetten und so die Spendeneinnahmen durch die Synergieeffekte eines viralen Marketings steigern. Ein völlig neuer Ansatz. Die

päpstlichen Spendensammelaktivitäten mithilfe innovativer Markt-
analysen zu steigern, hatte man bis dahin nicht einmal in Erwägung
gezogen. Und selbstverständlich war es für die Glaubwürdigkeit des
Peterspfennigs unabdingbar, dass die Kampagne mit der gebotenen
Ernsthaftigkeit vorging und alle, die dahinter standen, absolut ver-
trauenswürdig waren. Schließlich wollte man Menschen ja davon
überzeugen, im Namen des und für den Heiligen Vater zu spenden.
Das Unternehmen und die Leute, denen man diese heikle Aufgabe
anvertraute, mussten also mit aller Sorgfalt und Umsicht ausgewählt
werden. Man durfte kein unnötiges Risiko eingehen. Aber ist man
wirklich so vorgegangen?

Der Vatikan hat mit der Kampagne die Mito Group beauftragt,
die auch die Kommunikation der Kooperative OSA betreut. Am
9. Juni 2016 unterzeichnen Mito und das Staatssekretariat einen
Vertrag zur Entwicklung eines »Internetprojekts zur Steigerung der
Bekanntheit und zur Promotion der Spendensammelaktivitäten für
den Peterspfennig«. Neben der Internetseite und Kampagnen in den
sozialen Medien (Instagram, Facebook und Twitter) denkt man
auch über die Möglichkeit von Spenden per Kreditkarte oder direkt
am Geldautomaten nach. Es geht um nicht weniger als eine Koper-
nikanische Wende. Abgerundet durch eine geschickte Medienkampagne, soll sie das Schicksal des Peterspfennigs wenden, sprich die
Spendeneinnahmen steigern.

Ansprechpartner im Vatikan ist der allgegenwärtige Prälat
Perlasca (als Leiter des für den Peterspfennig zuständigen Büros),
die Schlüsselfigur bei Mito ist Claudio Scopece, wohnhaft in Lugano, später in London. Scopece ist auf das Sponsoring von Veran-
staltungen spezialisiert, insbesondere Sportveranstaltungen, und
auf die Vermittlung von Verwertungs- und Werberechten im Sport-
und Showbusiness.[3] Außerdem ist er Berater des Vertrauens von
Giuseppe Milanese, und dieser ist mit dem Mito-Generaldirektor
und -Partner hochzufrieden.

Champagner und Schmiergelder für
den Berater des Vatikans

Scopece hält den Kontakt mit Prälat Perlascas Leuten. Er ist der große Held, Könner und Experte, der die passende Internetplattform und die optimale Strategie entwickeln und dem Peterspfennig ein neues Image verleihen wird. Mit modernen offensiven Marketingmethoden wird er die Katholikinnen und Katholiken in aller Welt zum Spenden bewegen. Scopece unterhält mit Priestern, Prälaten und wichtigen Laien in der Verwaltungsabteilung des Staatssekretariats einen regen Schriftverkehr. Sein Ton ist unterwürfig und begeistert, und in der Hierarchie des Heiligen Stuhls wird er schnell nach oben durchgereicht. Mehrfach bezieht er sich in seiner Kommunikation auf den mächtigen Geistlichen Angelo Becciu, in Papst Franziskus' ersten Amtsjahren quasi der Schatten-Staatssekretär. Alle wissen, Scopece ist der Mann des Vertrauens von Milanese, und Milanese verbindet eine respektvolle Freundschaft mit Papst Franziskus, soweit sich ein Laie Freund des Papstes nennen darf.

Scopece betreut die Entwicklung der Internetseite für den Peterspfennig höchstpersönlich, kümmert sich um jedes Problem und informiert seine Ansprechpartner im Vatikan umgehend über jede kleinste Änderung. Am 14. Oktober, um 15.11 Uhr, schickt er etwa an Perlasca eine E-Mail mit dem Betreff: »Online-Start im VPN-Modus der Internetseite www.obolodisanpietro.va verschoben«. Aus der Mail wird deutlich, dass Scopece engen Kontakt zu einflussreichen Würdenträgern wie Becciu und Perlasca hat:

Guten Abend Monsignor Perlasca,
vor dem Internetstart waren heute Morgen noch letzte Genehmigungsschritte zwischen Governatorat und Peterspfennig-Büro erforderlich. Eine reine Formsache. Prälat Poli [Tullio Poli, rechte Hand von Perlasca in der Verwaltungssektion des Staatssekretariats, A. d. A.] weiß Bescheid. Doch wie man uns erklärte, konnte man uns die notwendige Genehmigung zur Weiterleitung an das Governatorat nicht geben, weil seine Exzellenz Monsignor Angelo Becciu aus, wie ich ja weiß, persönlichen Gründen nicht anwesend war. Ich teile Ihnen das nur mit, weil

> *sich der Online-Start im VPN-Modus dadurch um 48/72 Stunden*
> *verschiebt. Wir werden diese Zeit nutzen, um nach der Durch-*
> *führung aller von Ihnen auf der gestrigen Sitzung gewünsch-*
> *ten Änderungen noch einmal sämtliche Details zu prüfen.*
> *Mit freundlichem Gruß*
> *Claudio Scopece, Generaldirektor Mito Group Sr.*

Man merkt diesen Worten nicht im Geringsten an, dass Milaneses rechte Hand in eine zumindest für ihn peinliche Rechtssache verwickelt ist.

Die Staatsanwaltschaft Palermo ermittelt seit November 2013 in einer undurchsichtigen Schmiergeldaffäre gegen ihn. Es geht um Korruption: versprochene und teils gezahlte Bestechungsgelder an sizilianische Regionalbeamte, die dann große Aufträge vergaben. Im Mittelpunkt der Ermittlungen steht Scopeces Verbindung zu Francesco Sgueglia, dem Leiter für Waldbrandschutz bei der regionalen Forstbehörde. Wie der Anklageschrift zu entnehmen ist, wirft man Sgueglia vor:

> das Versprechen entgegengenommen zu haben – was mehrfach durch
> Barzahlungen von Scopece an Floresta [Davide Floresta, Unternehmer
> im Bereich Hubschrauber-Software, A. d. A.] bekräftigt wurde –, als
> Gegenleistung für Handlungen, die der geforderten Zuverlässigkeit,
> Unparteilichkeit und Aufrichtigkeit von Ausschreibungen und ande-
> ren Wettbewerbsformen widersprechen, einen Betrag von etwa
> 102.000 Euro zu erhalten, von dem über Floresta bereits 45.500 Euro
> in bar gezahlt worden sind.[4]

Scopece hat offenbar zwei Gesichter. Er unterstützt die Kooperative OSA, die Menschen in Problemsituationen hilft, und will dem Peterspfennig für Wohltätigkeitswerke des Papstes neuen Schwung verleihen, doch als »Geschäftemacher« zeigt er ein eher düsteres Gesicht, zumindest laut der Finanzpolizei:[5]

> Zunächst schreibt Davide Floresta Scopece eine SMS und bittet ihn,
> über Skype mit ihm zu kommunizieren. Bei den späteren Ermittlun-
> gen wird deutlich, dass die Kontaktaufnahme darauf abzielte, Scopece,

den Unternehmer und Geschäftemacher mit Wohnsitz in der Schweiz, dazu zu bewegen, an Davide Floresta Gelder – die dieser selber in der Schweiz besaß – vermutlich bar zu übergeben, damit dieser sie wiederum Francesco Sgueglia aushändigte. […] Floresta hatte bei der Abwicklung verschiedener Wirtschafts- und Finanzgeschäfte wiederholt und mit Wissen des römischen »Geschäftemachers« Scopece die entscheidende Rolle des »Geldeinsammlers« für Unternehmen und staatliche Behörden inne. […] Bei den Ermittlungen zur Rolle von Claudio Scopece in dieser Sache kam auch dessen Aufgabe als Kassierer ans Tageslicht. In mehreren Fällen, in denen Scorpece eine »neuralgische« Rolle spielte, waren italienische oder schweizerische Unternehmen beteiligt, bei denen Scopece Geschäftsführer ist und / oder soziale Aufgaben übernommen hat.

Doch woher kamen die Schmiergelder? Die Ermittler haben es herausgefunden:

Die Geldströme liefen mittels verzwickter Umwege über schweizerische Girokonten, die direkt oder indirekt von Claudio Scopece und Floresta verwaltet wurden und, wie die Ermittlungen für mehrere Fälle belegen konnten, der Bargeldübergabe an eigentliche Boten dienten. Die Boten wurden von Scopece und Floresta nach Belieben eingesetzt, um sich mit den Barmitteln zu versorgen, die sie dann nach festgelegten Prozentsätzen, je nach Bedeutung des Empfängers für das entsprechende Projekt, verteilten.

Wie aus den Ermittlungsunterlagen hervorgeht, beherrscht Scopece auch noch eine ganz andere Sprache als die, in der er Priester und hohe Würdenträger mit »Exzellenz« und »Hochwürden« anspricht.

Claudio Scopece arbeitet, so die Ermittler, mit Codewörtern: Wenn er von »Champagnerflaschen« spricht, meint er Geldbeträge, die für Schmiergeldzahlungen gebraucht werden:

In späteren SMS erkundigt sich Davide Floresta, ob Scopece 20 auftreiben könne, und Scopece antwortet verklausuliert, 20 Champagnerflaschen ließen sich nur schwer im Flugzeug transportieren, sie würden zerbrechen und es sei daher besser, sie in Mailand zu trinken, was bedeutet, dass Floresta sie in Mailand abholen soll.

Die mitgeschnittene SMS-Kommunikation vom 16. Januar 2012:

Scopece: »Das ist ein Transportproblem […] Bist du verrückt? 20 Champagnerflaschen, wie soll das im Flugzeug gehen, sie werden an Bord zerbrechen. Es ist ein Dom Pérignon, lecker!!! Den musst du in Mailand trinken!!!

Floresta: »Leck mich«

Scopece: »Ja, leck mich und scheiß auf den Champagner […] Ich guck mal, ob ich was mit einem Boten machen kann, aber das ist schwierig.«

Am Ende haben die beiden, so die Ermittlungsakten, eine Lösung gefunden. Am nächsten Tag soll sich Floresta am Flughafen Fiumicino mit Emilio Angelucci treffen, laut Ermittlungen Scopeces Faktotum. Doch dann werden die »Champagner«-Anfragen immer dringlicher. Die Ermittler hierzu:

> In den darauffolgenden Nachrichten bittet Scopece Floresta um Geduld, weil der Champagner außerhalb in einem Keller lagere und nur er die Schlüssel dazu habe. Er will damit sagen, dass er Florestas Geldbedarf nur befriedigen kann, wenn er sich an einen anderen Ort als sonst [Bank, Tresor, A. d. A.] begibt, zu dem nur er die Schlüssel hat. Das sei ein logistisches Problem, aber am Montag könne er die Ware direkt nach Catania bringen. Scopece fragt, wie viele Flaschen er mit dem Flugzeug schicken soll, und Floresta antwortet: »35 und nimm die leeren Armagnac-Flaschen mit.«

Im Zuge der Ermittlungen wäre Scopece beinah wegen Dom Pérignon und Armagnac ins Gefängnis gewandert. Die Staatsanwaltschaft will ihn im Juni 2015 wegen Korruption verhaften, doch der Untersuchungsrichter lehnt ab. Durch den beantragten Haftbefehl werden die Ermittlungen aber öffentlich. Einige Tageszeitungen berichten darüber, etwa die *Repubblica* in einem Hintergrundbericht von Salvo Palazzolo. Schon ein Jahr vor Vertragsabschluss war der Rechtsschlamassel, in dem sich der Generaldirektor von Mito befand, also bekannt. Trotzdem unterzeichnet der Vatikan am 9. Juni 2016 den Vertrag mit Scopece, und schon am 29. Juni macht dieser einen Rundgang durch die römischen Kirchen, um zu sehen, wie die ersten Flugblätter und Aufsteller angenommen werden. Am Tag darauf schreibt er eine begeisterte E-Mail an Prälat Perlasca und seine rechte Hand, Prälat Poli:

> Guten Tag, Monsignor Perlasca, Monsignor Poli,
> hier ein kurzer Bericht über die Beobachtungen, die ich gestern, am 29. Juni, in den Kirchen machen konnte. Die ehrenamtlichen Mitarbeiter des Circolo di San Pietro standen, eine mehrsprachig beschriftete Spendenbüchse mit dem Foto des Papstes in der Hand, sehr diskret in der Nähe der Gläubigen oder gingen zwischen ihnen herum. Wenn jemand etwas spendete, gaben sie ihm eine Broschüre oder ein Heiligenbildchen. [...] Wir standen in Nähe der Aufsteller, um das Verhalten der Gläubigen zu beobachten, und stellten fest, dass die meisten eher abgelenkt waren. Sie bewunderten die religiös und kulturell bedeutsamen Kirchen, reagierten auf die diskreten Bitten der Ehrenamtler, aber nur wenige nahmen eigenhändig eine Broschüre aus dem Aufsteller. Wie die gestrigen Erfahrungen gezeigt haben, ist es für unser Projekt sehr wichtig, dass die neuen Instrumente ihren eigenen Platz und Vertriebsweg neben den herkömmlichen Traditionen bekommen. Jederzeit über das Telefon spenden zu können, ist beispielsweise unattraktiv, wenn man genauso gut ganz konkret und schnell eine Münze oder einen Geldschein in eine Spendenbüchse stecken kann. [...] Was unseren Auftrag betrifft, Spendenmöglichkeiten für die vier wichtigsten virtuellen Systeme App, Social Media, Internetseite, Sprachnachricht zu entwickeln, sollten wir diese daher möglichst schnell durch Maßnahmen begleiten, die den Gläubigen erklären, dass sie ab heute jeden Tag für den Peterspfennig spenden können und jeder Tag genau der richtige ist. Mit dem neuen Konzept Peterspfennig 2.0 ist jeder Moment genau der richtige zum Spenden, und es ist ganz leicht: ›Weil die neuen Technologien die Spontaneität und Unmittelbarkeit ermöglichen, von denen die wohltätigen Seelen getragen sind, können die Barmherzigen den Peterspfennig jetzt noch ein wenig näher am Herzen tragen.‹ Wenn es uns gelingt, diese Botschaft in den Sozialen Medien zu platzieren, eröffnen sich für die Spenden 2.0 ganz neue Szenarien. Sobald wir die Genehmigung erhalten, den Gläubigen digitale Apps und die Internetseite www.obolodisanpietro.va zur Förderung der wohltätigen Werke anzubieten, werden, so darf man wohl annehmen, aus aller Welt Spenden 2.0 eintreffen.
> Mit den besten Grüßen, Claudio Scopece

Eine peinliche Zusammenarbeit
und der Spendeneinbruch

In Wahrheit wird der Optimismus, den Scopece in seinem Eifer um die Zukunft des Peterspfennigs zur Schau stellt, durch die Ermittlungen in Palermo schon bald auf eine harte Probe gestellt. Im Dezember 2016, die Kampagne für den Peterspfennig ist in vollem Gange, kommt die Staatsanwältin Maria Forti zu dem Ergebnis, dass die belastenden Fakten für eine Anklage reichen, und der zuständige Richter Fabrizio Anfuso gibt ihr Recht. Scopece muss sich vor der dritten Strafkammer in Palermo verantworten. Die erste Anhörung wird für April 2017 anberaumt. Der Prozess läuft noch, Scopece steht also einfach nur als Beschuldigter vor Gericht; die Beziehungen zum Vatikan scheint das jedenfalls weder zu beschädigen noch zu belasten. Die Zusammenarbeit wird auch 2017 fortgesetzt: Während in Palermo der Prozess beginnt, hofft Mito in Rom, dass die Kampagne erste Wirkung zeigt. Aber schon bald werden die ehrgeizigen Hoffnungen enttäuscht. Im Vatikan beginnt man zu murren, Kritik wird laut: Die Spenden fließen zäh, die größten Pessimisten betrachten die Kampagne bereits als gescheitert. Im Juni 2016, eigentlich der Hochblüte des Peterspfennigs, gehen sage und schreibe 41 Euro ein. Im Juli ganze sieben. Allerdings sind die Werbemaßnahmen noch nicht angelaufen. Im August steigt das Spendenaufkommen schließlich stark an, auf 4886 Euro, 4201 Euro davon stammen allerdings, wie sich später herausstellt, von einem einzigen Spender im australischen Lavington. Dennoch bleibt Scopece optimistisch, gegenüber Prälat Poli spricht er von einem »ermutigenden« Signal. Im September stürzen die Spendeneinnahmen auf 871 Euro ab, im Oktober auf 100 und im November auf 45 Euro. Erst im April 2017, zehn Monate nach Vertragsunterzeichnung, kommt langsam Bewegung in die Sache. Während knapp 50 Euro per Telefon und 3800 Euro per Kreditkarte über die Website eingehen, werden tatsächlich 57.000 Euro auf das Girokonto eingezahlt, das auf der Website und in Anzeigen angegeben ist.

Doch wieviel davon bekommt Mito? Wenn die Gläubigen zehn Euro als Peterspfennig spenden, landet jeweils einer davon in der

Unternehmenskasse. Die Bedürftigen erhalten am Ende also noch weniger als den bislang ohnehin schon kargen Prozentsatz. Aber auch der Vertragspartner überzeugt nicht wirklich, man trennt sich schließlich, der Vertrag wird aufgehoben. Zu diesem Punkt äußert sich Scopece im unten abgedruckten Interview.

Doch der Leidensweg ist noch nicht zu Ende. Der Auftrag geht an ein anderes Unternehmen, Sparring Partner. Die GmbH mit 10.000 Euro Stammkapital übernimmt die Multimedia-Aufgaben für 164.000 Euro im Jahr. Wie im Staatssekretariat allerdings bald auffällt, kostet der neue Vertrag – der Konventionalstrafen von 50.000 Euro vorsieht – mehr, als man an Spenden einnimmt. Nach sechs Monaten Beratungstätigkeit und der Zahlung von weiteren 80.000 Euro endet auch diese Zusammenarbeit. Für das zweite Halbjahr 2018 nimmt das Sekretariat für die Kommunikation die Internetseite unter seine Fittiche, die Kosten sinken erheblich, auf 34.500 Euro. Jetzt rechnet man mit jährlichen Kosten von 30.000 Euro, ein Sechstel von dem, was Sparring Partner ursprünglich bekommen sollte.

Aber wer ist eigentlich der Eigentümer dieses Unternehmens? Und wie geht der Prozess gegen den Angeklagten Scopece aus? Am Telefon stellte sich Scopece meinen Fragen.

Herr Scopece, fangen wir von vorne an. Sie sind Generaldirektor der Mito Group. Wem gehört das Kommunikationsunternehmen?
Mito wurde 2000 gegründet, also vor zwanzig Jahren: Das Unternehmen gehört zu 40 Prozent BConsulting, einer hundertprozentigen Tochter der Kooperative OSA. Die anderen 60 Prozent gehören der GmbH *Analisi professionali* von Andrea Giuliani, der Steuerberater und auch Unternehmer ist. Kurzum, er interessiert sich für Verschiedenes [Vorstandsvorsitzender von Mito, A. d. A.].

Welche Aufgaben hat das Unternehmen für den Vatikan übernommen?
Wir haben die digitale Plattform umgesetzt, aber keine Marketingmaßnahmen für den Heiligen Stuhl durchgeführt.

Wieso wurde die Geschäftsbeziehung aufgelöst?
Die Gründe liegen sicher nicht bei uns. Wir wissen es nicht [...] Es war ein befristeter Vertrag [...]

War der Vertrag ausgelaufen oder wurde er aufgehoben?
Nein [...] Man wollte die strategische Ausrichtung der digitalen Entwicklung verändern [...] Und der Vertrag wurde beendet. Ich erinnere mich nicht mehr an die Vertragslaufzeit, die Lage hatte sich verändert und man hat sich anders entschieden [...]

Danach hat Sparring Partner Ihre Aufgaben übernommen. Kennen Sie das Unternehmen?
Natürlich, es gehört wie wir zu einem Netzwerk, das sich um Digitalisierung kümmert und dem verschiedene Unternehmen angehören. Sparring hat eine Weile die üblichen Tätigkeiten für die Internetseite weitergeführt.

Sie sind in die Kirchen gegangen und haben sich die Dinge vor Ort angeschaut. Sie haben Kontakt mit Perlasca und Becciu aufgenommen, Berichte geschrieben [...] Das ist nichts Verwerfliches [...] Sie haben sich persönlich engagiert [...]
Nein, eigentlich nicht, ich habe nur meine Erfahrungen eingebracht, und ich habe an die Verantwortlichen berichtet [...] Der Wohltätigkeitsbereich, also der Peterspfennig, untersteht dem Papst [...] Die Fragen, die Sie mir stellen, also manche Fragen [...] In den Verträgen gibt es viele Geheimhaltungsklauseln [...].

Bei den Spenden sollte doch Transparenz herrschen [...] Die sind kein Staatsgeheimnis, das kann ich Ihnen versichern [...]
Schauen Sie, hinsichtlich dieser Verträge gibt es völlige Transparenz [...]

<u>Als Sie für den Vatikan gearbeitet haben, hat man in Palermo gleichzeitig wegen Korruption gegen Sie ermittelt [...]</u>
Leider hat man mich in zehn Jahren [...] wie Sie sicher wissen, enden die Ermittlungen [aufgrund von Verjährung A. d. A.] im Oktober 2019, nie angehört, obwohl ich alles Mögliche getan habe, um angehört zu werden. Es geht um Dinge aus den Jahren 2008–2009.

<u>Dann wird also bald die Verjährung greifen?</u>
Ich glaube, ja. Es gab dort keinen, mit dem ich je reden konnte, obwohl mein Anwalt sich mehrmals darum bemüht hat. Ich wollte genau erklären, was ich damit zu tun hatte. Man hat mich jahrelang mit Schmutz beworfen, und ich weiß nicht einmal, wovon genau die Rede ist.

<u>Wurden die Abhörprotokolle von den Ermittlern also falsch interpretiert?</u>
Wahrscheinlich ging es um jemanden von Finmeccanica, aber ich hatte mit Finmeccanica oder ENAV nie etwas zu tun [...]

<u>Und die Champagnerflaschen in dem Telefongespräch, die laut Ermittlern ein Codewort für Schmiergelder sind?</u>
Wenn Sie noch Karten in der Hinterhand haben, die sie jetzt noch ausspielen wollen, zehn Jahre später, dann nur zu.

<u>Ich habe nur gefragt, was die Champagnerflaschen bedeuten?</u>
Es waren Champagnerflaschen [...] wie ich am Telefon gesagt habe [...] Schauen Sie. Ich habe zehn Jahre in der Schweiz gelebt und eins war für mich immer selbstverständlich: Wenn ich am Telefon mit jemandem rede, sage ich, was ich zu sagen haben. Wenn es um Geld geht, rede ich über Geld, wenn es um Champagnerflaschen geht, über Champagnerflaschen [...] In dieser Hinsicht hatte ich noch nie ein Problem.

Warum werden Sie dann von der Finanzpolizei als »Geschäftemacher« bezeichnet? Kein schönes Wort [...]
Natürlich ist das nicht schön, sehr unschön sogar [...] Weil ich einer der ersten Römer war, die 1987 zum Arbeiten in die Schweiz gegangen sind. Wir waren nicht viele [...] Und weil ich einer der wenigen war, die das gemacht haben, nennt man mich Geschäftemacher, statt mich als Geschäftsmann zu behandeln, der sich mit Kommunikation, Manageraufgaben und Unternehmensfragen beschäftigt.

Leider kann ich Scopeces Antworten zur Zusammenarbeit mit dem Vatikan nicht veröffentlichen. Nach dem Gespräch erhielt ich von seinem Anwalt Raniero Trinchieri ein Einschreiben, in dem es hieß: »Die Geschäftsbeziehung zwischen der Mito Group und dem Heiligen Stuhl unterliegt einer Geheimhaltungsvereinbarung, die es der Mito Group untersagt, Vertragsbedingungen und -klauseln an Dritte weiterzugeben.« Anders gesagt, der Vatikan drückt seinen Strategien beim Peterspfennig und seinen Beziehungen mit Geschäftspartnern in diesem Bereich den »topsecret«-Stempel auf. Aber ein Detail nennt Trinchieri doch: »Die Geschäftsbeziehung wurde vorzeitig beendet, was für meinen Klienten einen erheblichen Verlust bedeutete, da sein Unternehmen nicht einmal die durch die Initiierung des Projekts entstandenen Kosten vollständig decken konnte.« Die Ehe zwischen Mito und dem Vatikan endete also mit einer nicht ganz konfliktfreien Scheidung.

Der Vatikan hält sich allerdings nicht an die vom Rechtsanwalt angemahnte Zurückhaltung: Die Beratungen waren zu teuer. Als aus dem Sekretariat für die Kommunikation ein Dikasterium wird, gilt die neue Vereinbarung mit Sparring Partner als nicht mehr bezahlbar und vor allem als Verschwendung, da es genug interne Ressourcen gibt, die dieselbe Arbeit ohne zusätzliche Kosten erledigen können. Das zeigen auch die Zahlen: Das Dikasterium braucht für die Betreuung des digitalen Auftritts nur ein Drittel dessen, was Sparring kosten sollte. Und für den laufenden Betrieb veranschlagen Parolins Männer nur ein Sechstel von dem, was der private Anbieter verlangte.

Im Übrigen zeigt sich der Kardinalsstaatssekretär gegenüber allen neuen Kommunikationskosten unerbittlich. So auch bei einem noch kostspieligeren Fall, der allerdings weniger im Rampenlicht steht: beim Projekt Dominio Catholic von Prälat Peter Bryan Wells, damals Assessor, heute Nuntius in Südafrika, das auch von Prälat Paul Thighe unterstützt wurde, dem derzeitigen Sekretär des päpstlichen Kulturrats. Ein ehrgeiziges Projekt: Durch die Vereinheitlichung aller Internetseiten soll der Wiedererkennungseffekt der katholischen Organisationen verbessert werden. Die Kosten: astronomisch. Laut Indiskretionen – auch diese Zahl ist topsecret – sollen sie zwischen neun und zehn Millionen Euro betragen. Als Partner will man renommierte Institutionen und Unternehmen ins Boot holen: die Non-Profit-Organisation ICANN, die die IP-Adressen zuteilt und Top-Level-Domains wie .com oder .de verwaltet, und den Provider Ari. Letzterer unterzeichnete angeblich einen zehnjährigen Fixvertrag über 650.000 Dollar. Nach langem Tauziehen zwischen Befürwortern und Gegnern musste das Staatssekretariat auch für diesen Vertrag die Auflösungskosten übernehmen.

Wenn man in den sozialen Medien auf die Profile des Peterspfennigs geht, stellt man in der Tat fest, dass sie, anders als die entsprechende Internetseite, seit dem 21. Dezember 2018 nicht mehr aktualisiert wurden. Und was ist mit den Spenden über die neuen multimedialen Kanäle? Offensichtlich kann das Paradies der Social Media ruhig warten. In der Tat drängt sich die Frage auf, ob der Aufbau der Präsenz in den sozialen Medien in Wahrheit nur durch die enge Beziehung zwischen dem Papst und Giuseppe Milanese möglich gewesen war? Die Frage lässt sich sicher nur schwer beantworten, und solange es keine konkreten Belege gibt, muss man sie wohl verneinen. Allerdings sind einige seltsame Zufälle kaum zu übersehen. So trägt die Kooperative OSA über die Mito Group dazu bei, die Peterspfennig-Spenden zu steigern – oder versucht es zumindest –, und verdient an jedem Euro mit. Gleichzeitig profitiert sie bei ihren Gesundheitsfürsorgeprojekten von den Peterspfennig-Spenden. »Die Anweisungen kommen immer vom Papst«, erläutert Becciu, »und wir richten uns danach. In Italien wurden zwei Projekte finanziert, eins auf Lampedusa und die mobile Arztpraxis »Non ti scordar di me«, die durch römische Vororte fährt und sich um alleinstehende Senioren kümmert.«[6] Kurzum, es wurden nur zwei Projekte in ganz Italien gefördert, obwohl das Spendenaufkommen hier besonders groß ist, und eins davon ist ein OSA-Projekt. Und wer ist, ehe das Ärztemobil erstmals auf Tour geht und den Schwachen hilft, bei der Einweihung am römischen OSA-Sitz dabei? Richtig: neben Becciu und Prälat Georg Gänsewein auch Papst Franziskus.

Und noch ein Zufall: Zwischen Januar und April 2019 empfängt Franziskus zwei trauernde, vom Schmerz überwältigte Familien aus Mesagne, einer 25.000-Einwohner-Stadt in Apulien. Wieso gerade Apulien? Ist das nur Zufall? Wer ist in Mesagne geboren? Zufälligerweise der Papstfreund Milanese.

Woher stammen die Spenden?

Nach dem Vatileaks-2-Skandal und der gescheiterten multimedialen Peterspfennig-Kampagne ändert der Vatikan seine Strategie und setzt auf einen bescheideneren Auftritt. Mit dem Ergebnis, dass die Öffentlichkeit unter Benedikt XVI. zwar nicht wusste, wo die Spenden hingingen, aber unter Franziskus nicht einmal mehr die Höhe des Spendenaufkommens kennt. Das lässt viele Interpretationen zu. Früher wurden jeweils im Juni oder Juli die Vorjahreszahlen veröffentlicht – nachdem man monatelang gebraucht hatte, um die Höhe der aus aller Welt eingehenden Spenden zu bestimmen. Die Zahlen für 2015 und 2016 gab Angelo Becciu noch am Rande von Tagungen, ohne große Medienöffentlichkeit, bekannt. Doch seit 2017 herrscht absolutes Schweigen. Dieses Verhalten befeuert die Zweifel und dunklen Vorahnungen, die, wie wir heute belegen können, in den letzten Jahren zurecht die Veröffentlichung der Zahlen begleitet hat. Obwohl in diesem Pontifikat die Fahne der Transparenz besonders hochgehalten wird, waren die Zahlen von Halbwahrheiten geprägt.

Blättert man in dem vertraulichen Dokument über die Entwicklung des Peterspfennigs von 1978 bis zu Papst Benedikt XVI., stößt man auf vielerlei Überraschungen und Ungereimtheiten, und das nicht nur bei der Verwendung, sondern auch der Herkunft der Spenden, die unter den weltweit 1.299.000.000 Milliarden Katholiken gesammelt werden. Als erstes muss man sich von ein paar allgegenwärtigen Mythen verabschieden. Es stimmt beispielsweise gar nicht, dass die Spenden aus aller Welt kommen. Der Peterspfennig spielt in kaum der Hälfte der katholischen Länder eine Rolle: »Obwohl es in 224 Ländern Katholiken und somit potenzielle Spender gibt, stammen die Spenden nur aus 147 Ländern«, heißt es in dem Dokument. Und es stimmt auch nicht, dass die Menschen immer mehr spenden, im Gegenteil. Es wird immer weniger gespendet, weil der Ruf der Kirche unter der mangelnden Transparenz gelitten und sich die ohnehin schwierige Situation durch die Wirtschaftskrise noch weiter verschlechtert hat. Seit dem Jahr 2006, in dem man dank zweier großzügiger Privatspenden Rekordeinnahmen in Höhe von 101 Millionen Euro verzeichnen konnte, ist das Spendenaufkommen mehrfach gesunken: 2007 um 21,7 Prozent, 2008 um 5 Prozent. Und auf einen leichten Zuwachs von 8,9 Prozent im Jahr 2009 folgte 2010 erneut ein Absturz von 17,96 Prozent. Auch im Jahr 2015, unter Papst Franziskus, ging das Spendenaufkommen gegenüber dem Vorjahr um 13 Millionen zurück: statt 83 wurden nur noch 70 Millionen gespendet. Und diese Tendenz hat sich in den letzten Jahren fortgesetzt.[7]

Am meisten dürfte aber überraschen, wie sich die Peterspfennig-Spenden zusammensetzen: Privatspenden kommen erst an dritter Stelle. Die meisten Spenden kommen von den Diözesen, gefolgt von den Stiftungen. Von 83 Millionen Euro, die 2014 eingenommen wurden, stammen 43 Millionen von den Diözesen, 19 von Stiftungen und nur 15 Millionen von Privatleuten.

Zudem ergibt sich bei der Gesamtbetrachtung der Peterspfennig-Spenden von Diözesen und Privatleuten in den wichtigsten zehn Geberländern ein überraschendes Bild: An erster Stelle liegen die USA (27,62 Prozent), gefolgt von Frankreich (12,19 Prozent) und Italien (10,74 Prozent). Und im Vatikan war man vor allem angesichts der Hauptgeberländer alarmiert: Die Spenden der großzügigsten Geberländer, die zusammen für 80,2 Prozent des Spendenaufkommens verantwortlich sind, erodieren. Im Vergleich zum Vorjahr weisen 2014 viele Länder ein deutliches Minus auf: USA (–5,33 Prozent), Italien (–21,05 Prozent), Deutschland (–32 Prozent), Spanien (–11,21 Prozent), Venezuela (–38,94 Prozent) und Großbritannien (–22,88 Prozent).

		Rückgang	%	Veränderung Spenden aus Diözesen	Veränderung private Spenden
1	**ITALIEN**	(1.666.284,73)	(–21,05)	(–23,42)	(–18,79)
2	**DEUTSCHLAND**	(1.174.640,25)	(–32,00)	(–19,39)	(–92,59)
3	**USA**	(904.934,10)	(–5,33)	1,98	(–41,85)
4	**BELGIEN**	(499.917,83)	(–94,96)	(–37,86)	(–99,48)
5	**SPANIEN**	(323.591,56)	(–11,21)	25,69	(–63,18)
6	**GROSSBRITANNIEN**	(204.052,03)	(–22,88)	(–25,15)	24,50
7	**IRLAND**	(194.700,58)	(–12,70)	(–10,88)	(–48,16)
8	**VAE**	(183.472,06)	(–83,55)	(–84,81)	
9	**SOUVERÄNER MALTESERORDEN**	(130.876,00)	(–82,86)	–	(–82,86)
10	**VENEZUELA**	(85.508,21)	(–38,94)	(–35,04)	(–87,53)

Der Einbruch bei den Peterspfennig-Spenden Land für Land

Eine Ausnahme bilden dagegen Frankreich und Malaysia. Das Spendenaufkommen in Frankreich steigt im selben Jahr 2014 mit 5,3 Millionen Euro steil an (+296 Prozent), allerdings nur dank einer 5 Millionen Euro schweren Erbschaft. In Malaysia kommt es nach dem Aufbau der Nuntiatur zu einem ungewöhnlichen Spendenaufkommen (+1,576 Prozent). Positive Signale sind auch aus Mexiko und Südkorea zu vernehmen, doch am alleroptimistischsten stimmen die Zahlen aus dem Vatikan. Hier nehmen die Spenden um unglaubliche 79,86 Prozent zu, was vermutlich der Fähigkeit von Papst Franziskus zu verdanken ist, den Petersdom und die anderen Kirchen zu füllen. Als Prälat Becciu in einem Interview sagt, dank Franziskus seien die Spenden für die Armen neu belebt worden, spielt er genau darauf an.[8] Schade nur, dass zwischen seiner Aussage und den Zahlen der internen Spendenaufstellungen eine ziemliche Lücke klafft. Becciu spricht von 78 Millionen Dollar, die in Franziskus' erstem Amtsjahr 2013 gespendet worden seien, und das wäre tatsächlich ein gewaltiger Anstieg. In den internen Zahlen werden aber nur 70,8 Millionen genannt, und damit fiele der Anstieg erheblich geringer aus. Wer hat nun Recht? Sollte Becciu sich so grob geirrt haben? Schwer zu sagen, auch weil sich seine Umgebung über die vatikanische Buchhaltung ausschweigt. Doch das Eingreifen von Papst Franziskus ist vor genau diesem Hintergrund zu lesen.

Kardinal Angelo Becciu: weggelobt

Auf dem Konsistorium vom 28. Juni 2018 ist der polnische Almosenmeister Krajewski nur einer von 14 Männern, die vom Papst zum Kardinal erhoben werden. Zu den neuen Kardinälen zählt auch Angelo Becciu, graue Eminenz im Apostolischen Palast und direkter Vorgesetzter von Prälat Perlasca. Papst Franziskus wirkt damit bis in das Staatssekretariat hinein, denn nur wenige Monate später macht er den einflussreichen Erzbischof Becciu zum Präfekten der Kongregation für die Selig- und Heiligsprechungsprozesse, die die Kanonisierung neuer Heiliger einleitet. Der Papst kündigt am 20. Mai 2018, nach dem *Regina Coeli*, Beccius Ernennung zum Kardinal an und ernennt ihn am 26. Mai zum Präfekten. Becciu gibt sein Amt als Substitut in der Sektion für die Allgemeinen Angelegenheiten im Staatssekretariat schon Ende Juni auf, und am 1. September tritt er bereits die Nachfolge von Kardinal Angelo Amato an.

Ein perfektes Timing. *Promoveatur ut amoveatur* (befördern und loswerden) sagte man einst, um Beförderungen zu erklären, die auf den ersten Blick unverständlich erscheinen. Sollte das auch auf Becciu zutreffen? Schwer zu sagen. Immerhin wurde der heimatverbundene Priester aus der diplomatischen Schule nicht in eine Nuntiatur am Ende der Welt abgeschoben, weit ab von der Schaltzentrale der Macht. Doch verglichen mit dem Gewicht, das er in all den Jahren im Apostolischen Palast in die Waagschale werfen konnte, bewegt er sich in seiner neuen Rolle nur noch im Dunstkreis der Macht. Insbesondere seit 2011 hat Becciu in der Kirche unbestritten Karriere gemacht. Vermutlich hat er dabei von einem Machtvakuum profitiert. Das Pontifikat von Benedikt XVI. musste damals schon erste Rückschläge einstecken, Bertones Abstieg nahm seinen Anfang, und schließlich betrat der neue Staatssekretär Parolin die Bühne, der sich vermehrt den heiklen diplomatischen Fragen in fernen Ländern wie China zuwandte, etwa dem Problem der Christenverfolgung oder der im Untergrund lebenden Gemeinden. Erzbischof Becciu konzentrierte sich dagegen in aller Ruhe weiterhin auf den Vatikan und Italien. Wie immer man es betrachtet, man hat das Staatssekretariat in die Zange genommen. Vor allem Prälat Perlasca. Innerhalb weniger Monate bekommt er einen neuen Vorgesetzten, der vom Papst hochgeschätzt wird, und mit der Peterspfennig-Initiative will man seiner Abteilung die Zuständigkeit für die Spenden entziehen.

Zu Beccius Nachfolger wird am 15. August 2018 der Venezolaner Edgar Peña Parra bestimmt. Franziskus hatte den Diplomaten 2015 nach Mosambik geschickt, und nun kommt er zurück. Dass ein Südamerikaner Nummer zwei im Staatssekretariat wird, ist ein echter Traditionsbruch. Umso mehr, wenn man sich den Erzbischof einmal näher anschaut, der am 15. Oktober, zwei Monate nach seiner Ernennung, in der Kurie eintrifft, um sein Amt anzutreten. Was für einen Mann wollte Papst Franziskus da, mit dem er tagtäglich in Kontakt ist, mit dem er über Aufgaben und gewährte Audienzen entscheidet? Der Papst hatte sich bereits im Frühjahr im Staatssekretariat erkundigt, welche Kandidaten aus der Diplomatie für das Amt in Frage kämen, aber keiner der Vorschläge sagte ihm zu. Er hatte Parolins Auftrag klar formuliert: »Es darf kein Italiener sein, und er darf keine Flausen im Kopf haben.« Seit über dreißig Jahren war diese wichtige Position, nach dem Papst die Nummer drei in der vatikanischen Hierarchie, fest in italienischer Hand. Ein weiterer schwerer Schlag also für den italienischen Block, der schon in dem Konklave, das den Papst gewählt hatte, eine Schlappe erlitten hatte.

Und in dieser Situation taucht auf einmal der Name Peña Parra auf. Völlig überraschend landet er auf dem Schreibtisch des Papstes, und zwar nicht dank der üblichen Kanäle aus dem Staatssekretariat, sondern dank eines vertrauten Freunds. Peña Parra hatte nämlich vor vielen Jahren, als er noch kein Erzbischof war, einen wichtigen Wähler von Papst Franziskus kennengelernt, Kardinal Óscar Rodríguez Maradiaga.

Im Jahr 2002 wird der junge Peña Parra als Berater der Nuntiatur nach Honduras entsandt. Dort übernimmt er während einer längeren Abwesenheit des apostolischen Nuntius die Aufgabe des Geschäftsträgers am diplomatischen Sitz in Tegucigalpa, verkehrt freundschaftlich mit Erzbischof Maradiaga und bestätigt 2005 unter anderem die Ernennung von Juan José Pineda als Hilfsbischof. Pineda ist ein guter Freund von ihm, und Papst Franziskus hatte Peña Parra, den er dann an Beccius Stelle setzte, ursprünglich in einer Angelegenheit kennengelernt, die eigentlich Pineda betraf.

Bischof Pineda stand zu der Zeit im Mittelpunkt eines Skandals, in dem es um sexuellen Missbrauch und schlechtes Finanzgebaren der Erzdiözese ging, und trat schließlich wegen »unangemessenen Verhaltens« zurück. Doch weil er ein Schützling von Maradiaga ist, bleibt er zunächst als Leiter der honduranischen Diözese im Amt. Erst im Sommer 2018 gibt er sein Amt auf: Nachdem sich der Papst ausführlich mit Kardinal Maradiaga, einem seiner Unterstützer im Konklave, besprochen hat, nimmt dieser Pinedas Rücktritt an. In dieser Zeit telefonieren und treffen sich die beiden Männer oft, um den Skandal Pineda zu besprechen, und bei dieser Gelegenheit fällt auch der Name Egdar Peña Parra. Der Papst redet offen mit dem befreundeten Kardinal, er weiß nicht, wen er zum neuen Substituten für die Allgemeinen Angelegenheiten ernennen soll. Der Freund kann ihm mit einem vernünftigen Vorschlag helfen: Peña Parra. Der Papst trifft sich mit dem Mann und gewinnt einen guten Eindruck. Man unterhält sich über das Chaos in Venezuela und die Situation der katholischen Kirche in Honduras. Aber auch über Probleme in Afrika. Peña Parra war Apostolischer Nuntius in Mosambik. Papst Franziskus vertraut Maradiaga blind, er hat ihn auch zum Koordinator des sogenannten C9-Kardinalsrats ernannt, der ihn bei der Reform des Heiligen

Stuhls unterstützen soll. Schon kurze Zeit später setzt er seinen Vorschlag um.[9]

Nun agiert Egdar Peña Parra als echter Mann im Hintergrund, allerdings mit einem völlig anderen Stil als Becciu. Der venezolanische Bischof ist nicht an Interviews gewohnt, führt alle Anweisungen ohne Widerrede aus und hegt, zumindest bislang, keine Kardinalsträume, denn er weiß, dass sie unter diesem Papst nicht Wirklichkeit werden können. Er ist erst seit kurzem in Rom und bewegt sich dort noch schwerfällig. Im Sommer 2019, als ich an diesem Buch schreibe, hat er noch nicht einmal die ihm zustehende Wohnung im Apostolischen Palast bezogen, weil Becciu sie noch nicht geräumt hat. Momentan wohnt Peña Parra zwar im Vatikan, aber als Gast der Minoriten. Und Becciu versucht auch in seiner neuen Position stets, die Gunst des Papstes zu gewinnen. Am 13. Mai 2019 wird er vom Papst empfangen und ermächtigt, das Dekret über das Wunder nicht etwa einer x-beliebigen Seligen, sondern von Giuseppina Vannini zu verkünden, die 1885, welch ein Zufall, das Krankenhaus von Mesagne gründete. Das ist erst wenige Monate her und belegt, wie eng die Beziehungen zwischen dem Chef von OSA, Giuseppe Milanese, und dem Papst sind. Und Vannini hat in Milaneses Geburtsstadt nicht nur ein sehr effizientes Krankenhaus gegründet, sondern war auch Mitbegründerin des Ordens der Kamillianerinnen, der den Menschen in den Pflegeheimen Villa Bianca und Casa Melissa von Mesange heute geistlichen Beistand leistet. Auch diese Heime werden von der Kooperative OSA geleitet.

Carlo Maria Viganòs Angriff auf den Papst und heimtückische Angriffe gegen Claudia Ciocca

Durch Beccius Nachfolger gerät in der Kurie offenbar etwas aus dem Gleichgewicht. Nachdem Bertone und seine Gefolgsleute lange übermächtig waren, entgleitet den Italienern jetzt das Staatssekretariat. Scheinbar ein epochaler Wendepunkt. Und der Gegenangriff lässt nicht lange auf sich warten. Wenige Wochen vor dem Umzug des neuen Substituten nach Rom erreicht den Vatikan ein 25-seitiges Dossier, in dem auch der Name Peña Parra auftaucht. Der Prälat wird der Homosexualität und einer fragwürdigen früheren Lebensführung beschuldigt. So steht es in einem Brief, der allerdings nur anonym mit »Laien aus der Diözese Maracaibo« unterzeichnet ist.[10] Der Papst glaubt den Anschuldigungen jedoch nicht und zeigt mehrfach, dass er dem Substituten Peña Parra vertraut. Unter anderem erfüllt er ihm die Bitte, im September 2019 seine ehemalige Wirkungsstätte als Nuntius zu besuchen, Mosambik.

Das Dossier ist kein Einzelfall, im Gegenteil. Aber es zeigt, dass die Auseinandersetzungen im Vatikan ein völlig neues Niveau erreicht haben. Beinah zeitgleich damit trifft noch ein anderes, weit schwerwiegenderes Schreiben ein, das zudem, mit gravierenden Folgen, von mehreren europäischen Medien veröffentlicht wurde. Papst Franziskus wird darin beschuldigt, Fälle von Kindesmissbrauch vertuscht zu haben. Und dieses Schreiben ist nicht anonym, sondern von Prälat Carlo Maria Viganò unterzeichnet, der ehemals auf Kollisionskurs zu Staatssekretär Bertone gegangen war und daraufhin 2011 mit einigem Aufheben als Nuntius ins ferne Washington geschickt wurde. Die Ereignisse um dieses Schreiben müssen, zumal hinlänglich bekannt, an dieser Stelle nicht noch einmal wiederholt werden, ebenso wenig wie die Fakten und Belege, durch die alle Anschuldigungen nach und nach widerlegt und zerpflückt werden konnten. Hier interessiert nur ein Detail: Am Ende seiner elfseitigen »Zeugenaussage« bittet Viganò den Papst um seinen Rücktritt, denn er, Viganò, könne Null Toleranz gegenüber pädophilen Priestern und all jenen aufbringen, die ihre schützende Hand über diese hielten und von Papst Franziskus schon mehrfach befördert worden seien. In diesem Satz enthüllt sich die wahre politische Absicht von Viganòs Vorstoß. Das Schreiben ist ein Frontalangriff gegen den Papst, mit dem dieser zum Rücktritt bewegt werden soll. Wie tollkühn Viganòs Behauptung war, zeigt sich, als schließlich die wahren Tatsachen zum Vorschein kommen. Der Papst ist unter Beschuss. Aber er bleibt.

Allerdings ist die Zeit der heimtückischen Angriffe noch nicht vorbei. Nun streut man Nachrichten, mit denen man Personen, die für die Reform des Heiligen Stuhls entscheidend sind, delegitimieren will. Claudia Ciocca, die Leiterin der Aufsichts- und Kontrollabteilung des Wirtschaftssekretariats, weiß ein Lied davon zu singen. Vielleicht ist ihr schon länger aufgefallen, dass sie bei zu vielen im Kirchenstaat aneckt. Aber dann wird sie zur Zielscheibe. Auch wenn es absurd klingen mag, tragen dazu zwei einfache Eigenschaften der Expertin bei: Sie ist Laienvertreterin und eine Frau. In einer Welt wie dem Vatikan, die von Priestern und fast ausschließlich männlichen Führungszirkeln regiert wird, betrachtet man beide Merkmale als Schwachpunkt, wenn nicht gar als echte Schwäche.

Da es im Privatleben von Ciocca keine Angriffspunkte gibt, muss man woanders suchen. Im Herbst 2018 kursiert in eingeweihten Kreisen der Kurie erstmals das Gerücht, sie sei eine treue, ergebene Anhängerin des Opus Dei. Die Absicht, die damit verfolgt wird, ist ziemlich klar: Wenn man Claudia Ciocca mit Orden in Zusammenhang bringt, die verglichen mit früher bei Papst Franziskus und seinen Anhängern eher weniger hoch im Kurs stehen, kann man Cioccas schwer erkämpften Ruf als unabhängige Expertin indirekt unterminieren. Der Opus Dei gehört zweifellos zu diesen Orden. Während er unter Johannes Paul II. noch stark im Vatikan präsent war, hat die Zahl seiner Ordensmänner unter Benedikt XVI. abgenommen. Unter Papst Franziskus hat sich die Situation wieder eingependelt. Der jetzige Papst vergibt Ämter nach Vertrauen und Kompetenz und sicherlich nicht, weil jemand einer bestimmten religiösen Bewegung angehört.

Durch die unterschwellige Delegitimierung soll Claudia Ciocca diskreditiert werden, aber nicht mit offenem Visier und auch nicht nur in den Augen des Papstes. Das wäre Zeitverschwendung. Man will sie isolieren, das Vertrauen ihrer Gesprächspartner in sie unterminieren. Es ist ähnlich wie bei Pell: Als der australische Kardinal an der Spitze des Wirtschaftssekretariats stand, zettelte man sofort eine Schlammschlacht gegen ihn an, die auch vor schlimmsten Freveln nicht Halt machte. Er wurde als Alkoholiker bezeichnet, und manche behaupteten, seine Beförderung sei nur ein geniales Manöver, um ihn vor der Haft in Australien zu bewahren.

Bei Claudia Ciocca ging man raffinierter vor. Nichts Schriftliches, aber immer wieder halbgare Gerüchte. So wurde etwa behauptet, der spanische Prälat Lucio Ángel Vallejo Balda habe sie in den Vatikan gebracht, als er Sekretär der Präfektur für die wirtschaftlichen Angelegenheiten war. Vallejo Balda war eine Schlüsselfigur von Vatileaks 2 und wurde am 7. Juli 2016 vom vatikanischen Gericht zu 18 Monaten Gefängnis verurteilt, weil er mir und dem Journalisten Emiliano Fittipaldi vom »L'Espresso« kopierte Unterlagen weitergegeben hatte. Papst Franziskus hat ihn vor dem darauffolgenden Weihnachtsfest begnadigt, und heute lebt er in Mexiko. Wer Ciocca mit dem spanischen Prälaten in Zusammenhang bringt, zielt einzig und allein darauf ab, sie zu delegitimieren. Aber das ist erst der Anfang.

Der Name der Expertin, den bis dahin kaum jemand kannte, taucht schließlich sogar auf den Titelseiten der Zeitungen auf. Am Sonntag, den 28. April 2019, titelt die italienische Wochenzeitung *Il Tempo*: »Eine Zarin im Vatikan«. Der Artikel erstreckt sich über die gesamte Seite: »Der Papst will für die Konten eine Zarin«. Im Untertitel heißt es: »Der Papst und Pells Nachfolgerin in der Präfektur für Wirtschaft. In Pole Position die Laiin Claudia Ciocca. Aber Staatssekretär Parolin ist dagegen.« Zunächst wird die Expertin dezent lächerlich gemacht: »Im Vatikan nennt man sie ›Filini‹, nach dem berühmten Buchhalter aus der Serie *Fantozzi*« des Komikers Paolo Villaggio. Sodann werden Stimmen zitiert, die sie in die Nähe von Prälat Vallejo Balda rücken, um schließlich festzustellen, dass Parolin gegen sie sei. Mit der Bezeichnung »Zarin« beschreibt man sie als Machtmenschen, der die absolute Herrschaft will und sie sich durch geschickte Ränkespiele sichert. Das alles mag auf Zaren zutreffen, hat aber nichts mit der Persönlichkeit von Claudia Ciocca zu tun. Interessant ist allerdings der Name des Artikelautors: Luigi Bisignani. Der Mann, der jetzt Leitartikel für *Il Tempo* schreibt, war zu Zeiten des Enimont-Schmiergeldskandals IOR-Kunde und wurde dafür verurteilt, dass er die Schmiergelder in die Vatikanbank brachte, von wo aus sie dann auf weltweite Nummernkonten überwiesen wurden.

Bisignani enthüllt öfter unbekannte Details aus dem Vatikan, und auch hier hat er, als ordentlicher Journalist, eine Neuigkeit zu berichten: die mögliche Ernennung von Claudia Ciocca zur Leiterin des Wirtschaftssekretariats. Nur die Zukunft kann zeigen, ob das die eigentliche Absicht des Artikels war oder ob es doch eher die war, ein negatives Bild der Expertin zu zeichnen.

Schon mehrfach hat Papst Franziskus gegen Klatsch und Tratsch gewettert und sich stets als unabhängiger Kopf gezeigt, der sich nicht von Indiskretionen, Heimtücke und – im Fall von Pell – schlimmsten gerichtlichen Anschuldigungen beeinflussen lässt. Doch noch immer rühren zu viele im Vatikan im Bodensatz aus Neid und erlittenem Unrecht, in dem Gerüchte so prächtig gedeihen, aber ebenso Gemeinheiten und Bosheiten.

◇◇◇◇◇◇◇◇◇◇◇◇

1   Die Sache mit dem Dikasterium für wohltätige Zwecke wird erst im April 2019 offiziell. Die spanische katholische Wochenzeitung »Vida Nueva« veröffentlichte einen Entwurf der neuen Organisation, den man an die Bischofskonferenz geschickt hatte und in dem das neue Dikasterium erwähnt wird. Am 29. Juni, Peter und Paul, wird die Reform durch die Unterschrift von Papst Franziskus in die Wege geleitet.

2   Giuseppe Milanese, 1965 in Mesagne geboren, spezialisiert sich nach einem Doktor der Medizin auf Infektionskrankheiten und macht einen Master in Gesundheitsökonomie. Er arbeitet als Wissenschaftler an der Fakultät für öffentliche Gesundheitsfürsorge an der römischen Universität Tor Vergata, später beim italienischen Forschungsrat CNR, zudem unterrichtet er an der römischen Universität La Sapienza am Fachbereich Physikalische und Rehabilitive Medizin. Seit 2000 ist er Vorstandsvorsitzender von OSA und seit 2010 der Confcooperative Sanità (Verband Gesundheitskooperativen).

3   Claudio Scopece, Jahrgang 1966 und wohnhaft in der Provinz Rom, ist dennoch ins Aire, das Register für Auslandsitaliener, eingetragen, da er in der Schweiz in der Nähe von Lugano wohnte und heute in London ist.

4 Am 31. Mai 2016 wurde von Maria Forti und Leonardo Agueci von der Staatsanwaltschaft Palermo die Klage gegen 13 Beschuldigte, darunter Scopece, und vier Unternehmen unterzeichnet.

5 Das geht aus den Aufzeichnungen der Ermittler für organisierte Kriminalität (Gico) in Perugia (31. Mai 2012) und der Finanzpolizei Palermo (15. Mai 2014) hervor.

6 Erklärung von Prälat Becciu vom 8. Februar 2018 bei der Präsentation von »Ordinary Heroes«, einer internationalen Wohltätigkeitsinitiative, die die karitativen Aktivitäten des Papstes unterstützt.

7 Diese Zahlen zum 31. Dezember 2016 nannte die katholische Nachrichtenagentur Fides am 22. Oktober 2018 anlässlich des 92. Weltmissionssonntags. Im Jahr 2016 sanken die Einnahmen von durchschnittlich 6,6 US-Cent pro Katholiken auf 6 Cent netto, was ein Minus von 10 Prozent innerhalb von zwei Jahren bedeutet.

8 Kardinal Gianni Becciu: ›effetto Bergoglio‹, nel 2013 aumento delle donazioni, Avvenire, 28. Juni 2014.

9 Laut gut informicrtcr Vatikankreise hatte bei der Nominierung von Peña Parra auch Parolin seine Hand im Spiel. Schließlich stand es dem Chef der katholischen Diplomatie bislang immer zu, die Nummer zwei auszuwählen. Ehe Parolin an den Apostolischen Palast kam, war er Nuntius in Venezuela und davor Untersekretär für die Beziehungen mit den Staaten (Vizeminister des Außenministeriums des Heiligen Stuhls). In jenen Jahren habe er auch den Venezolaner Peña Parra kennengelernt, und er habe Maradiagas Vorschlag abgesegnet.

10 Emiliano Fittipaldi, »Un altro attacco a Francesco: veleni sul nuovo braccio destro«, L'Espresso, 18. Oktober 2018.

Der Skandal um die versteckten Konten der vatikanischen Zentralbank APSA

Die mehrstelligen Geheimkonten der hohen Würdenträger

»Und der endgültige Kontostand?«, zischt Papst Franziskus mit unverhohlenem Zorn, den Blick auf die Unterlagen geheftet. Sein Gesicht ist versteinert, die rechte Augenbraue hochgezogen. Der Prälat, dessen Name zu seinem Schutz nicht genannt werden soll, steht verängstigt da, er ist ganz allein, am liebsten würde er sofort zu den üblichen Routinearbeiten in seinem Büro zurückkehren. Doch diesmal muss er es bis zum Ende durchstehen: »Heiliger Vater, wir haben die Kontobewegungen der 90er-Jahre zum Teil rekonstruiert und kommen, mit Überweisungsgutschriften, Bar- und Scheckeinzahlungen, auf mehr oder weniger 2.777.130.245 Lire [...]«, also über 2.200.000 Euro.[1] Eigentlich kaum vorstellbar für einen Priester, Bruder und Kardinal, der bei wichtigen Zeremonien im Petersdom mit Papst Franziskus Seite an Seite steht.

»Ja, ja, schon gut, und wieviel ist in letzter Zeit dazugekommen?«, fragt der Papst ungeduldig. »Also, seit 2000 gab es 18 Scheckeinzahlungen über insgesamt 289.081 Euro und elf Bareinzahlungen über insgesamt 68.750 Euro.« »Und das ist alles?« »Nein [...] die größten Posten sind Wertpapiere [...] hier gibt es Bewegungen, die erheblich sind [...] Auf dem Wertpapierkonto Nr. 203925 sind 2.832.510,46 Euro, und auf Konto Nr. 203112 ist Bargeld in Höhe von 211.724,89 Euro.« Einen Moment lang ist es vollkommen still, dann stellt der Papst zwei Mal dieselbe Frage, die Frage, die der Prälat am meisten fürchtet: »Und wem gehört das Vermögen?« Die Antwort: »Heiliger Vater, es gehört seiner Eminenz Kardinal Giovanni Lajolo.« Eisiges Schweigen.

Lajolo, geboren 1935 in Novara, ist in der Kurie ein einfluss-reicher Mann. Er war Präsident des Governatorats, beim letzten Konklave wahlberechtigt und ist heute Präsident des Verwaltungs-rats der Privatuniversität LUMSA (Libera Università Maria San-tissima Assunta) mit Sitz in Rom, Palermo, Taranto und Gubbio. Auf dem Konto des sittsamen, frommen Kardinals geht also reich-lich Geld ein. »Ist er der einzige Kardinal, der dort ein Konto hat?«, hakt Franziskus nach. »Nein, vier andere auch noch [...]« Es folgen vier Namen, wie ein Paukenschlag: »Eduardo Martínez Somalo, Paul Josef Cordes, William Baum und Eminenz Agostino Caccia-villan.«[2]

Wie sonst auch bekommt der Papst hier nur die Spitze des Eis-bergs zu sehen. Neben den fragwürdigen Konten der Dritten Bank im Staatssekretariat gibt es also noch eine Parallelbuchhaltung, diesmal unter den Fittichen der Güterverwaltung APSA. Die vati-kanische Zentralbank ist die Finanzlunge des Heiligen Stuhls. »Die Konten müssen aufgelöst werden! Sofort«, sagt der Papst, unmiss-verständlich. Und wiederholt noch einmal bedrohlich leise, aber klar und deutlich: S-o-f-o-r-t. Dann entlässt er sein Gegenüber. Auch wenn dem Papst in den Tagen darauf einige Personen erklä-ren, dass Lajolo aus reichem Hause sei und über ein bescheidenes Immobilienvermögen verfüge, so ist das nicht der springende Punkt: Eine Kirche, die die Armut predigt, muss arm sein. Und ein Privatkonto mit einem Betrag von über zwei Millionen Euro ist nicht hinnehmbar.

Papst Franziskus zieht sich in sein Zimmer im Gästehaus Santa Marta zurück und geht in aller Ruhe die vertraulichen Unterlagen und Ausdrucke durch. Schon bald muss er erkennen, dass die Situa-tion völlig aus dem Ruder gelaufen ist. Es sind die ersten Oktober-tage 2013, er ist erst wenige Monate im Amt. Die Geheimkonten der fünf Kardinäle – und vieler anderer grauer Eminenzen –, von denen die Öffentlichkeit an dieser Stelle das erste Mal erfährt, ma-chen ihn sprachlos. Hohe Würdenträger treffen sich im Petersdom und spekulieren an der Börse, um sich persönlich zu bereichern; ohne mit der Wimper zu zucken, wechseln sie vom Gleichnis Jesu zu den Börsenkursen, vom Kniefall vor dem Papst oder Jesus, unserem Herrn, zu Investmentfonds und Schuldverschreibungen.

Wie die Güterverwaltung APSA funktioniert

Die Konten der Kardinäle verweisen auf alarmierende Weise auf einen der bestverborgenen und bislang am wenigsten erforschten Bereiche des Heiligen Stuhls. In der APSA werden beeindruckende Geldmengen bewegt: Die Aktiva betragen 2,2 Milliarden Euro, die Passiva 1,3 Milliarden, das Nettovermögen beläuft sich auf 849 Millionen Euro.[3] Mit den Worten, die der Papst in allen Winkeln der Welt wiederholt, mit den Ermahnungen der Franziskaner zu Liebe und Armut, hat das herzlich wenig zu tun. Die Güterverwaltung ist ein Staat im Staate und wird seit ihrer Gründung – und das ist nur eine ihrer Besonderheiten – fast ausschließlich von einer italienischen Machtriege geleitet.[4] Franziskus steht hier vor einem Problem, das er schon aus dem Staatssekretariat kennt: Will man die Kirche sanieren, bei den Finanzen also Transparenz walten lassen, muss man die italienische Übermacht an der Spitze des Heiligen Stuhls brechen und Leute aus dem Ausland holen.

Doch zunächst will der Papst erst einmal verstehen, wie die Güterverwaltung funktioniert. Denn nur wer die Abläufe und Organisation kennt, kann radikale Reformen umsetzen, die der Ausrichtung seines Pontifikats entsprechen. Das Dikasterium ist zweigeteilt: Die Ordentliche Abteilung verwaltet das enorme Immobilienvermögen sowie alles, was mit Ausschreibungen, Sanierungen oder Renovierungen rund um die Gebäude der katholischen Kirche zusammenhängt. Die Außerordentliche Abteilung ist dagegen für die Kapitalanlagen zuständig. Und hier wuchern die Privatkonten, von denen fast niemand etwas weiß. Die Abteilung ist für die meisten Behörden und Dikasterien der römischen Kurie und ihre Kapitalanlagen die Schaltzentrale. Die Buchhaltung des Heiligen Stuhls läuft über diese Abteilung.

Die Außerordentliche Abteilung der Güterverwaltung ist seit 1940 von der Federal Reserve als Zentralbank anerkannt, was ihr erlaubt, Geschäftsbeziehungen zu Zentralbanken anderer Länder zu

unterhalten. Zudem hat sie Gelder bei der Vatikanbank IOR angelegt, auf zehn Konten in unterschiedlicher Währung: in Euro (Kontostand 30 Millionen), in Euro-Wertpapieren (ungefähr 14,3 Millionen), in US-Dollar (0,5 Millionen), in kanadischen Dollar (26.000),
in britischen Pfund (80.000) und in Schweizer Franken (36.000).[5]

Schon im März 2013 wendet sich Papst Franziskus der Güterverwaltung zu. In der päpstlichen Sommerresidenz in Castel Gandolfo hat er von Benedikt XVI. die umfangreichen Unterlagen über
die größten Übel der Kurie erhalten, zwei Bände, dreihundert Seiten, eine Mappe mit Namen, Lobbyisten, Geschäften, die die Kirche zermürben. Das Ergebnis einer internen Untersuchung, die
Benedikt im Sommer 2012 in Auftrag gegeben hatte. Ein unbarm-
herziges Foto, aufgenommen mit Blick auf den aufsehenerregenden
Rücktritt. Franziskus nimmt Benedikt eine große Last ab, denn die
große Aufräumaktion kann nicht mehr länger warten. Papst Benedikt XVI. hatte sie in Angriff genommen, brach aber unter dem
Gewicht der Kurie und dem hartnäckigen Krebsgeschwür aus Interessen und Privilegien zusammen. Jetzt ist der Kardinal aus Argentinien an der Reihe. Es steht viel auf dem Spiel. Es geht um das
Schicksal der katholischen Kirche.

Und die Außerordentliche APSA-Abteilung macht einen wesentlichen Teil der Unterlagen aus, die Papst Benedikt XVI. besitzt.
Die kritischen Punkte sind darin einzeln und detailliert aufgeführt.
Papst Franziskus sieht sich mit noch einem schwarzen Loch konfrontiert, in dem sich alles verbergen könnte. Mit noch einer Bank
wie der Verwaltungssektion im Staatssekretariat, zwar mit anderen,
aber ebenso schwerwiegenden Problemen. In den Unterlagen, die er
von Benedikt XVI. erhalten hat, wird auch die Entstehung der Außerordentlichen Abteilung skizziert und vor allem betont, dass sie
seit ihren Anfängen nur von zwei Personen, beides Laien, geleitet
wurde, erst von Giorgio Stoppa und seit dem 30. Oktober 2003 von
dem Kandidaten, den Stoppa sich als Nachfolger gewünscht hatte:
von Paolo Mennini, Sohn von Luigi Mennini der als rechte Hand
von Paul Casimir Marcinkus beim IOR tätig war.[6] Also nur zwei
Männer in gut dreißig Jahren, zwischen denen noch dazu eine enge

Verbindung bestand. Mennini Junior verdankt seine Karriere im Vatikan zwei Glücksfällen. Zu allererst natürlich seinem Nachnamen, was in Italien ja nicht selten ist. Nicht nur sein Vater, der 1997 starb, sondern auch zwei weitere Familienmitglieder verschaffen ihm die notwendige Eintrittskarte in den Vatikan und die Unterstützung, die man dort für eine Karriere braucht.[7] Außerdem hat Mennini das Glück, ausgerechnet die rechte Hand von Stoppa zu werden. Ehe Stoppa, nach zehn Jahren auf dem Posten, in Pension geht, stellt er sicher, dass Mennin sein Nachfolger wird. Wollte Paolo Mennini in die Fußstapfen seines Vaters treten oder haben ihn einige Kardinäle dazu verleitet? Fest steht jedenfalls, dass er mithilfe von Geldanlagen, Girokonten und Wertpapieren die APSA-»Parallelbank« ausbaut, auf die Papst Franziskus schließlich aufmerksam wird.

In erster Linie Privatkonten

Schon zu Beginn seines Pontifikats erkennt Franziskus an vielen alltäglichen Hinweisen, dass Mennini wie sein Vorgänger die Einrichtung von Privatkonten für Laien fördert und über einen umfangreichen Beraterstab mit Erfahrungen im schweizerischen und monegassischen Bankwesen verfügt.[8] Kurzum, der Umfang der Anlagegeschäfte ist gewaltig und die weltweite kirchliche Mission ist zu einem Randphänomen verkommen.

Wie aus den vertraulichen Dokumenten hervorgeht, gibt es in der aktivsten Zeit der Außerordentlichen Abteilung, der Übergangsperiode von Stoppa zu Mennini, eintausend Kundenpositionen. Das widerspricht nicht nur diametral der Ausrichtung des neuen Pontifikats, sondern auch den Bankstatuten. In den APSA-Richtlinien heißt es: »In Ausnahmefällen kann die Abteilung auch Finanzgeschäfte für Einzelpersonen abwickeln«.[9] Anders gesagt: Privatkonten sind nicht zulässig, es darf sie eigentlich gar nicht geben. Anlagegeschäfte für natürliche Personen sind der absolute Ausnahmefall und nur »nach vorheriger Genehmigung durch den leitenden Kardinal« möglich. Doch solche Richtlinien blieben konsequent unbeachtet.

Schon bei der Prüfung von 2011 durch Moneyval – dem Europaratsausschuss zur Bewertung von Geldwäschebekämpfungsmaßnahmen – gibt es 102 Bankkunden mit einem Anlagevermögen von insgesamt 680 Millionen Euro, 79 Institutionen – Dikasterien, Behörden, Kirchen, Kongregationen – und 23 Privatpersonen (15 Geistliche und 8 Laien). Als die Prüfer von Papst Franziskus dann ihre Arbeit aufnehmen, umfasst das ASPA-Gesamtportfolio schon 1 Milliarde 716 Millionen Euro: 918 Millionen davon werden für Dritte und 798 Millionen auf eigene Rechnung verwaltet. Letztere umfassen unter anderem Immobilien im damaligen Wert von 390 Millionen Euro, Schuldverschreibungen in Höhe von 232 Millionen Euro und 57 Millionen Euro Treuhandgelder.[10]

Papst Franziskus steht vor einer weiteren Schieflage im Vatikan; sie ist noch grundlegender als die in der Verwaltungssektion des Staatssekretariats, aber ebenso krakenhaft und schwer greifbar. Kaum im Amt beauftragt er darum die amerikanische Wirtschaftsprüfungsgesellschaft Promontory mit der Analyse aller Kundenkonten und der Erstellung einer tabellarischen Kontenübersicht. Wie die Prüfer von Promontory feststellen, hat die Moneyval-Prüfung viele Kontoinhaber in die Flucht geschlagen: statt 23 gibt es jetzt nur noch acht Privatkonten. Die Prüfer durchforsten alle, verfassen schließlich ein Dokument und schicken es ins Gästehaus Santa Marta, als Franziskus auch gerade von den Geldern der fünf Kardinäle erfährt.

Die Blackbox der Bank

Das Dokument, das eigentlich gut bewacht in den Tresoren des Apostolischen Palastes liegen sollte, wird hier erstmals veröffentlicht. Promontorys Analyse beschreibt einen krakenhaften Kundenstamm aus Kardinälen, hohen Prälaten, Fürsten, Adeligen und auch Pensionären mit zu viel Geld.[11] Die Blackbox der vatikanischen Zentralbank wird hier endlich enthüllt. Die Experten charakterisieren die bislang kaum bekannte Parallelbuchhaltung mit drei Adjektiven: »unvollständig, inkompetent, möglicherweise korrupt«. Während sich die Kirche in Riesenschritten der Insolvenz nähert, verfolgt man im Vatikan weiterhin eigennützige Interessen.

Die Positionen der ersten Kontengruppe konnten natürlichen Personen zugeordnet werden, die bei der APSA also eigentlich gar kein Konto haben dürfen:

> **Vermögen Riccardo Vaccari**, Pensionär, Rom. Konto Nr. 203188. Bareinlagen: **3.748,18, Wertpapiere 310.000**. Privateinlagen, Investmentanlagen. Herkunft: berufliche Abfindung. Beginn der Geschäftsbeziehung: 15. Juni 2004.

> **Vermögen Alessandro Marini** (ehemaliger APSA-Notar), Pensionär, Konten Nr. 203438-902. Bareinlagen **79.855,42**, Wertpapiere **1.013.116,66**, insgesamt **1.092.972,08**. Art der Geschäftsbeziehung: Privat, Investmentanlagen mit Einzahlungen bis 1977.

> **Enrico Capo**, Pensionär, ehemaliger LUMSA-Professor. Tätigkeitsbereich: Lehre. Konten Nr. 203933-305-308. Bareinlagen **5.069,61**, Wertpapiere **390.830,48**, insgesamt **395.900,09**. Tag der Eröffnung: 30. Oktober 1992. Art der Geschäftsbeziehung: Privat.

Die drei laut Promontory »ehemaligen Laienkonten« sind Personen zugeordnet, die mit dem Heiligen Stuhl nichts oder so gut wie nichts zu tun haben, die weder im Vatikan wohnen noch arbeiten. Den von Papst Franziskus beauftragten Prüfern drängt sich eine Frage auf: Sind die Konten wirklich den Kontoinhabern zuzuordnen oder handelt es sich bei den Inhabern nur um Strohmänner, um Fantasienamen, hinter denen sich die eigentlichen Kunden verbergen? Wie sich im ersten Fall herausstellt,

> war Vaccari der Verwalter des Palazzo Brancaccio, der dem Heiligen Stuhl vererbt wurde. [Auf dem Konto gibt es, A. d. A.] regelmäßige Ausgangsüberweisungen (10.000 bis 20.000 Euro jährlich) an italienische Banken zu eigenen Gunsten und im Jahr 2004 eine Barentnahme von 25.000 Euro. Das Vermögen stammt aus der Abfindung, die der Fondo Principe Rolando Palazzo Brancaccio [an Vaccari] gezahlt hat.[12]

Die Bareinlagen auf dem Konto »Enrico Capo« sind hingegen komplexer und rätselhafter:

Das Depot wurde 1992 mit Wertpapieren eröffnet, die von der schweizerischen UBS-Bank stammten; in den neun Jahren, die das Depot bei der APSA bestand, gab es neun weitere Konten in ausländischer Währung. Es wurden wiederholt erhebliche Barentnahmen getätigt. Im Lauf der neunziger Jahre wurden insgesamt ungefähr 704 Millionen Lire in bar abgehoben. Allein am 12. Januar 1993 wurden 325 Millionen Lire entnommen. Die Kontoauszüge von 1996 bis 1999 waren nicht auffindbar. In den Folgejahren gab es vergleichbare Kontobewegungen. Im Lauf der 2000er-Jahre wurden insgesamt 956.506,62 Euro abgehoben.

Im Einzelnen nachweisbar:
1. Am 23. Juni 2000 eine Überweisung über 686.371,22 Euro vom Konto mit der Endziffer 108 zugunsten des Krankenhauses Bambino Gesù.
2. An- und Verkauf von Finanzinstrumenten, die offensichtlich nicht zu dem wirtschaftlichen und finanziellen Kundenprofil passen.
3. Aufteilung von Einzahlungen entsprechend der Richtlinien zur Geldwäschebekämpfung [Entnahmen unter der Schwelle, ab der Beträge laut der neuen Regelungen zur Geldwäschebekämpfung gemeldet werden, A. d. A.]. Häufige Barauszahlungen mit demselben Ziel (RA Massimo Casella Pacca).

Das Konto »Alessandro Marini« zeigt ein ähnliches Muster:

Konto 1977 eröffnet. Es wurden die Kontoauszüge von 2000 bis 2003 analysiert. Es gab wiederholte Barauszahlungen in erheblicher Höhe, die sich insgesamt auf ungefähr 1,7 Millionen Euro beliefen, und Scheckentnahmen in Höhe von ungefähr 525.000 Euro. Die Gelder stammen aus Zinsscheinen und Dividenden, nicht aber aus Schuldscheinen, die seit 2000 extrem selten sind. Aufteilung von Einzahlungen entsprechend der Richtlinien zur Geldwäschebekämpfung.

Millionenschwere Kontenbewegungen

Es geht also um Konten, auf denen vor allem bei den Entnahmen millionenschwere Bewegungen stattfinden. In einem Jahr wird sogar fast eine Million Euro entnommen. Wofür wurden diese Gelder verwendet? Wieso gibt es dafür keine eindeutigen Belege? Man muss sich solche Fragen stellen, auch wenn diese Kontenbewegungen, soweit sich das nachverfolgen lässt, strafrechtlich unbedenklich sind. Doch sie bleiben verdächtig und sind darum auch Papst Franziskus aufgefallen.

Mehrere meiner Quellen, die bei der Güterverwaltung tätig sind oder waren und mit der komplexen Organisation gut vertraut sind, weisen zudem daraufhin, dass zu den sogenannten »ehemaligen Laien-Konten« noch weitere Depots gehören. Auch hier seien im Lauf der Jahre erhebliche Geldmengen bewegt worden, und auch diese seien von Personen außerhalb des Heiligen Stuhls eröffnet worden, etwa von Politikern und vor allem Unternehmern.[13]

Die zweite Kontengruppe, auf die die Promontory-Berater stießen, ließ sich zumindest scheinbar auf Geistliche zurückführen: »Garnier Lestamy«[14], »Kardinal Agostino Casaroli«, »Kardinal Antonetti«, »Kardinal Antonetti und Schwester Giuseppina«, »Casa Padre Pio«, »Mutter Luigia Tincani«[15], »Fürst Rolando Brancaccio«, ebenso wie zwei Konten für »Heilige Messen für Verstorbene Heiliger Stuhl«, das eine von Wohltätern, die dem Vatikan etwas vererbt haben, das andere von Pensionären, die für die vatikanischen Behörden gearbeitet haben. Einige Kontoinhaber sind hohe Würdenträger wie etwa Casaroli, aber es bleibt unklar, ob die Konten wirklich den genannten Kontoinhabern zugeordnet werden können. Mit anderen Worten, es könnte sein, dass es sich um eine ähnliche Masche handelt wie bei dem sogenannten »parallelen IOR«. Nach dem Marcinkus-Skandal wollte man damals das System der Mächtigen, über das unsaubere Gelder auf vatikanische Konten flossen, hinter einem Krakennetzwerk aus Konten verstecken, die angeblich Stiftungen, Fonds und Privatpersonen gehörten, wobei diese manchmal noch nicht einmal davon wussten. Mit einem ähnlichen System könnte man auch in der APSA die großen und kleinen Vermögen von Politikern und Unternehmern, die dem Heiligen Stuhl nahestehen, schützen wollen.[16] Wie? Ganz einfach: Die wahren Kontoinhaber werden verschleiert. Einen solchen Verdacht muss man tatsächlich bei vielen Konten hegen, die verstorbenen Kardinälen, Nachlässen, Millionenschenkungen oder unzureichend dokumentierten Stiftungen zugeordnet sind.

| PROMONTORY | SCHEDA DI SINTESI | Data Scheda: |
| | | Versione: APSA 0 |

DENOMINAZIONE	Fondo Principe Rolando Brancaccio
NATURA GIURIDICA	Fondo
SEDE	
DATA DI COSTITUZIONE	1/10/2004

| SCOPO | Proventi del Fondo attribuiti alla segreteria di Stato che li mette a disposizione del Santo Padre. |

RAPPRESENTANTE LEGALE	
TITOLARE EFFETTIVO	
DELEGATO	

CODICE RUBRICA	280
RUBRICA SECONDARIA	
DATA APERTURA RELAZIONE	1/10/2004
NATURA DEL RAPPORTO	Istituzionale
SCOPO DEL RAPPORTO	Gestione ordinaria della tesoreria dell'ente.
ALIMENTAZIONE POSIZIONE	Eredità del Principio Brancaccio (Rendita da gestione Palazzo Brancaccio)

CONTI IN ESSERE DEL CLIENTE CON L'APSA

Tipologia	Numero di Conto	Data di Apertura	Altre informazioni/commenti
C/ REDDITI DA EROGARE	20 3 345	345	EUR

SALDO TOTALE DELLA RELAZIONE	31 Dicembre 2012	30 Settembre 2013
(Rubrica principale) (Controvalore in Euro)	Liquidità 7.002.245,25	Liquidità 7.592.485,84

OPERAZIONI COMPLESSIVE (Rubrica principale)	NUMERO MEDIO MENSILE su 9 mesi (9/12) (2013) (Rubrica principale)	VOLUME MEDIO MENSILE su 9 mesi (9/12) (2013) (Rubrica principale)
TOTALE TRANSAZIONI	0,88	65.582,29
GIROCONTI TRA CLIENTI DIVERSI		
DEPOSITO CONTANTI		
RITIRO CONTANTI		
BONIFICI IN		
BONIFICI OUT		
CEDOLE - DIVENDI - INTERESSI		
ASSEGNI DEPOSITATI		
ASSEGNI EMESSI		
ACQUISTO TITOLI NON IN GESTIONE PATR.		
VENDITA TITOLI NON IN GESTIONE PATR.		
ACQUISTO / VENDITA ORO, PREZIOSI E MATERIE		

| DOCUMENTAZIONE MANCANTE | |

Eine der Kontoübersichten, die das Beratungsunternehmen Promontory für die APSA-Konten zusammengestellt hat. Hier geht es um den Fonds Fürst Rolando Brancaccio.

Fonds Kardinal Agostino Casaroli, der amtierende Bevollmächtigte der APSA wird am 16. Juni 1998 zum Testamentsvollstrecker c/o APSA Heiliger Stuhl ernannt. Kontonummern 203428-9, Barbestand **10.705,26**, Wertpapiere **167.835**, Zweck wohltätige Werke. Die Erträge aus dem Fonds gehen laut testamentarischer Verfügung an Silvio und Serenella Cetti (Herr Cetti ist verstorben) und werden von diesen gemäß dem testamentarischen Willen von Kardinal Casaroli verwendet und zugeteilt. Nach ihrem Tod wird der Fonds an den Leiter eines Heims übergeben, das Minderjährige nach ihrer Entlassung aus dem römischen Gefängnis Casal del Marmo aufnimmt. Wirtschaftlicher Eigentümer: jeweiliger Leiter des Heims Padre Agostino (momentan Gaetano Greco). Dritte können anhand keinerlei Rechnungslegung überprüfen, wohin die Fondserträge am Ende gegangen sind.

Fonds Kardinal Antonetti, Fonds mit Sitz c/o IOR, am 20. Mai 1996 gegründet. Kontonummer 203901, Bareinlagen **1.999,1**, Wertpapiere **1.319.800**, Gesamt **1.321.799,1**. Die Erträge des Fonds gehen laut testamentarischer Verfügung zu 70 Prozent an die Diözese Novara und zu 30 Prozent an die Pfarrgemeinde Romagno. Wirtschaftlicher Eigentümer: jeweiliger Bischof der Diözese Novara und jeweiliger Pfarrer der Gemeinde Romagno. Mittelherkunft: Erbe von Kardinal Antonetti, wie von Kardinal Antonetti laut Testament vom 20. Mai 1996 verfügt. Testamentsvollstrecker ist der Priester Renzo Cozzi.

Bei dieser Auflistung fallen Ähnlichkeiten und Verbindungen zu Aufstellungen auf, die in meinem Buch *Vatikan AG* von 2009[17] dokumentiert wurden. Dort ging es allerdings um undurchsichtige Konten und Stiftungen beim IOR und nicht bei der APSA.

Fonds Kardinal Antonetti und Schwester Giuseppina, Fonds mit Sitz c/o IOR, am 11. Juni 1999 mit einem Barbestand von **1079,91** und Wertpapieren in Höhe von **360.045**, insgesamt **361.124,91** gegründet. Die Erträge sind für das Almo Kolleg Capranica bestimmt, das heißt, für lateinamerikanische Priester, die an der päpstlichen Universtität studieren. Der Fonds speist sich aus Schenkungen und anderen Einnahmen. Bis 2010 liegen jährliche Aufstellungen über die Vergabe der Studienstipendien vor.

Fonds Garnier Lestamy, Fonds mit den Kontonummern 201850-1, 20190-1, Bareinlagen **58.132,46** und Wertpapiere **1.964.000,01**. Die Erträge aus dem Fonds sind für französische Einzelpersonen und Institutionen bestimmt, wie den Erzbischof von Paris, das Katholische Institut in Paris, den Erzbischof von Tour und gemäß den Gründungsstatuten des Fonds zu verwenden. Wirtschaftlicher Eigentümer ist der Heilige Stuhl, da er die Aktiva verwaltet. Begünstigte sind die genannten französischen Institutionen.

Fonds Mutter Luigia Tincani für die Kulturförderung, ein vom italienischen Recht anerkannter Verein, Via della Traspontina 21, Rom. Kontonummern 203389-95-98-82 mit Bareinlagen **32.685,89**, Wertpapieren **1.317.858**. Zweck: christliche Bildung und Erziehung (Unterstützung der LUMSA). Im Statut finden sich keine Richtlinien zur Stipendienvergabe oder vorgegebene Zwecke für die Vereinsaktivitäten. Bevollmächtigte: Giannina Di Marco, Antonio Colacchi.

Fonds Fürst Rolando Brancaccio, Fonds gegründet am 1. Oktober 2004 mit Kontonummer 203345 und Bareinlagen von **7.592.485,84**. Mittelherkunft: Erbe von Fürst Brancaccio (Einnahmen aus der Verwaltung des Palazzo Brancaccio). Zweck: Die Fondserträge gehen ans Staatssekretariat und werden sodann dem Heiligen Vater zur Verfügung gestellt. Für die Barmittel des Fonds sind die Außerordentliche und die Ordentlichen Abteilung der APSA zuständig. Gesetzlicher Vertreter: APSA-Präsident. Wirtschaftlicher Eigentümer: Heiliger Vater, über das Staatssekretariat.[18]

Erbschaft Sambi, Durchgangskonto, Saldo **241.000** Euro. Wie ich erfahren konnte, handelt es sich dabei um eine Verbindlichkeit der Güterverwaltung gegenüber dem Staatssekretariat, da diese eine Immobilie aus einem Nachlass verkauft habe. Die Hintergründe dieser Verbindlichkeit sind nicht dokumentiert. Das Konto soll vorsorglich eingerichtet worden sein, um die Einnahmen aus dem Verkauf der Immobilie zurückzuerstatten, da sich das Staatssekretariat als Eigentümerin der Immobilie betrachtet habe; der Einwand des Staatssekretariats gegen den Verkauf geht jedoch aus keinem offiziellen Dokument hervor.[19]

Laut der Unterlagen, die Promontory an den Papst geschickt hat, handelt sich um die Immobilie Via Amba Aradam 24, die am 14. Dezember 2012 für 250.000 Euro vom Staatssekretariat an die Gemeinde Sogliano al Rubicone verkauft wurde.

Nach den »Büroaufzeichnungen«, die das APSA-Sekretariat zur Verfügung gestellt hat, habe der Heilige Stuhl die Immobilie nach dem Tod von Pietro Sambi am 27. Juli 2011 geerbt, doch das Staatssekretariat habe die Güterverwaltung erst wenige Tage vor Aufsetzung des Kaufvertrags darüber informiert. Die Bewertung oder der Verkauf der Immobilie sind nirgendwo dokumentiert. Der Vertrag sei direkt vom Staatssekretariat aufgesetzt worden, ohne die Güterverwaltung einzubeziehen, und die Immobilie tauche daher auch nicht in den APSA-Registern auf. Die Einnahmen aus dem Verkauf gingen an die Güterverwaltung und wurden entsprechend begründet.[20]

Fonds Prälat Marcel Noiret, Fonds mit den Kontonummern 203929-55, Bareinlagen **51.901,82**, Wertpapiere **449.880**. Zweck: Die Jahreserträge des Fonds sind gemäß den Anweisungen des Erblassers aufzuteilen: 80 Prozent zur Finanzierung von Stipendien für französische Priester, die vom Rektor der Kirche San Luigi dei Francesi zu benennen sind und an der päpstlichen Universität Kanonisches Recht studieren, 10 Prozent für den Heiligen Vater und 10 Prozent für Restaurierungsarbeiten in der Hauptstadt. Von der APSA verwaltete Erbschaft von Prälat Noirot an den Heiligen Stuhl. [...] Von Seiten der APSA gibt es lediglich eine formelle, aber keine tatsächliche Kontrolle hinsichtlich Vergabe und Vergabeverfahren. [...] Die letzte Dokumentation bezieht sich auf ein Stipendium aus dem Jahr 2010/2011.

Die Konten, die zur Schule von Emanuela Orlandi führen

Der Fonds Prälat Marcel Noiret bezieht sich offenbar auf den gleichnamigen Prälat Noiret, der ab 1957 als Professor am Päpstlichen Institut für Kirchenmusik arbeitete.[21] Auch wenn gegen ihn nicht ermittelt wurde, taucht sein Name in den Ermittlungsakten zum Mord an Emanuela Orlandi, der Tochter eines päpstlichen Hofdieners, auf, die am 22. Juni 1983 spurlos verschwand. Noiret war, neben vielem anderen, Lehrer und Vorstandsmitglied der Musikschule

Tommaso Lucovico da Vittoria an der Piazza Sant'Apollinare in Rom, wo Emanuela Querflöte lernte und nach ihrer nachmittäglichen Flötenstunde nie mehr gesehen wurde.

Noiret war einer von fünf Musiklehrern, aus denen sich die Leitung der Schule zusammensetzte, neben ihm waren das Prälat Valentino Miserachs Grau, Francesco Luisi, Mario Scapin und Maddalena Avignoni. Es gibt zwischen Noiret und Emanuela Orlandi keine weiteren Verbindungen, wohl aber zwischen der Musikschule und der Güterverwaltung. Da ist einmal das Gebäude an der Piazza Sant'Apollinare 49, das damals die Musikschule beherbergte und bis heute der Güterverwaltung gehört. Aber nicht nur das. Der Präsident der vatikanischen Zentralbank feierte die Eröffnungsmesse zum neuen Musikjahr damals regelmäßig in der Basilika Sant'Apollinare. Und wer war der Präsident? Kardinal Agostino Casaroli, Staatssekretär und, wie wir gesehen haben, Namensgeber eines der Geheimfonds im Zusammenhang mit der Außerordentlichen APSA-Abteilung. Und: Ein Stockwerk unter den Schulräumen, in denen Emanuela Orlandi Querflöte lernte, lagen damals die Büroräume des Ritterordens vom Heiligen Grab zu Jerusalem, der seit Juni 2012 Konten bei der Güterverwaltung besitzt. Manchmal wurde die Messe in Sant'Apollinare von Kardinal Giuseppe Cario gehalten, den Papst Paul II. 1988 zum Großmeister des Ordens gemacht hatte. Caprio ist zunächst Sekretär und dann Präsident der Güterverwaltung. Der Ritterorden vom Heiligen Grab zu Jerusalem unterhält enge Beziehungen zur Außerordentlichen APSA-Abteilung und wird von Papst Franziskus' Prüfern – neben 74 anderen Kontoinhabern – unter die Lupe genommen.

Das Netzwerk der Stiftungen ist außer Kontrolle geraten

Die zahlreichen Stiftungen des Vatikans waren bis zum Pontifikat von Papst Franziskus ein echtes Rätsel. Erst der Jesuit aus Argentinien ging ihnen näher auf den Grund. Was er fand, waren zig Dutzende ziemlich undurchsichtige Organisationen, von denen einige lediglich auf dem Papier existierten, aber andere prächtig gediehen und weltweit wohltätige Zwecke verfolgten. Wie immer in und um den Petersdom: Licht und Schatten, das Gute und das Böse. Einige dieser vielen Stiftungen haben Konten bei der Güterverwaltung. Und es mangelt nicht an Überraschungen.

Ambrosianische Stiftung Paul VI., Villa Cagnola Gazzada (Varese), Kontonummern 203454-7. Bareinlagen **23.070,83**, Wertpapiere **391.355**, Gesamt **414.425,83**. Gesetzlicher Vertreter: Luigi Stucchi; wirtschaftlicher Eigentümer: der jeweilige Erzbischof von Milano, da er über die strategische Ausrichtung der Stiftung und im Fall der Auflösung über die Verwendung des verbleibenden Vermögens entscheidet. Art der Geschäftsbeziehung: nicht institutionell. Zweck: Förderung von Wissenschaft und Kultur der katholischen Soziallehre. Bildung für junge, noch unterentwickelte Nationen. Initiativen zugunsten von Laien und Klerus im Bereich höherer Studien. Alle Zwecke sind in Abstimmung mit dem Istituto G. Toniolo und dem Istituto superiore di studi religiosi zu verfolgen.

Stiftung Centesimus Annus, kanonische und päpstliche Stiftung. Kontonummer 201360-65-70-75-80-844 mit Bareinlagen **201.084** und Wertpapieren **5.467.778,51**, Gesamt **5.668.862,51**. Zweck: Studium und Verbreitung der katholischen Soziallehre, christliche Ausbildung und Erziehung. Gesetzlicher Vertreter: Sugranyes Bickel Domingo; wirtschaftlicher Eigentümer: Heiliger Vater, Bevollmächtigter: Massimo Gattamelata.

Stiftung Domus Urbaniana, kanonische und päpstliche Stiftung, via Urbano VIII 16, Vatikanstadt. Kontonummern 203858-70, Bareinlagen **628.045,72**. Gründungsdatum: 20. Mai 2005 (Chirograf Benedikt XVI.). Zweck: Aufnahme von Klerikern aus Missionsgebieten, die zum Studium nach Rom kommen. Gesetzlicher Vertreter: Hon Tai-Fai; wirtschaftlicher Eigentümer: der jeweilige Präfekt der Kongregation für die Evangelisierung der Völker, Bevollmächtigte: Bellizio Remigio, Cenci Pime Massimo, Viale Giovanni Ermes, Domingues Fernando. Mittelherkunft: Öffentliche Finanzierung (Verwaltung durch die Kongregation). Anmerkung: Die Kontobewegungen erfolgen über ein internes Girokonto mit einem Saldo von 617.400,93 Euro.

Stiftung Mondo Unito, kanonische Stiftung Vatikanstadt. Kontonummern 203927-390-404-122 in Euro, britischen Pfund, Dollar und

Schweizer Franken. Bareinlagen **194.147,73**, Wertpapiere **5.454.885,13**, Gesamt **5.649.032,86** Euro. Gründungsdatum: 23. Juni 1988 nach einer Schenkung von Maria Nuti (1987). Zweck: Stipendien für Studierende, Preise zur Förderung des Friedens und der Kultur auf der Welt, internationale Kooperationen und Unterstützung von Studentenwohnheimen. Gesetzlicher Vertreter: Prälat Antoine Camilleri; wirtschaftlicher Eigentümer: der jeweilige Staatssekretär. Der Heilige Vater muss die zu finanzierenden Projekte genehmigen.

Stiftung Nostra Aetate, kanonische und päpstliche Stiftung Vatikanstadt, Kontonummern 20182-3, Bareinlagen **45.940,30**, Wertpapiere **483.250,48**, Gesamt **529.190,78**. Gründungsdatum: 19. März 1990 mit dem Ziel der christlichen Bildung und Erziehung, Stipendien für Studierende anderer Religionsgemeinschaften, damit diese das Christentum an staatlichen und päpstlichen Universitäten kennenlernen können. Gesetzlicher Vertreter: Ayuso Guixot Miguel Ángel; wirtschaftlicher Eigentümer: der jeweilige Präsident des Päpstlichen Rats für den interreligiösen Dialog; Bevollmächtigter: Isizoh Deni Chukwudi. Gründungskapital war Anlagevermögen beim IOR.

Das Werk des Heiligen Pio da Pietrelcina in San Giovanni Rotondo (Foggia), also das berühmte von Pater Pio 1956 gegründete Krankenhaus Casa Sollievo della Sofferenza (Haus zur Linderung des Leidens, mit 900 Betten und jährlich 57.000 stationären und 1,3 Millionen ambulanten Patienten), wird bei der Güterverwaltung sogar unter zwei Positionen mit sechs Girokonten geführt. Beide Kontoinhaber sind identisch, nur führt der zweite ein großes B im Namen.

Stiftung Casa Sollievo della Sofferenza, San Giovanni Rotondo (Foggia). Kontonummern 203930, 203931. Bareinlagen **791.158,11**, Wertpapiere **8.500.000**. Stiftung nach kanonischem und zivilem Recht. Gründungsdatum: 6. Juli 1970. Begünstigter: das Krankenhaus, im Falle der Auflösung der Heilige Stuhl. Gesetzlicher Vertreter: Crupi Domenico, stellvertretender Verwaltungsratspräsident. Fehlende Unterlagen: Gründungsstatut.

Stiftung Casa Sollievo della Sofferenza – B,. Kontonummern 20394-6-179-181 in Euro und Dollar. Bareinlagen **28.122,86**, Wertpapiere

2.250.252,19. Das Vermögen, eine Schenkung unter Auflage durch Bianca Cernuschi, wird von der Stiftung Casa Sollievo della Sofferenza verwaltet. Die Stiftung ist verpflichtet, damit Instandhaltung und Erhalt des Krankenhauses zu unterstützen. Schenkung: 25. Juli 2013 durch Übertragung von Bareinlagen und Wertpapieren. Statuten fehlen.

Die Aktivitäten dieser Stiftungen sind lange Zeit nicht auf dem Radar der umfangreichen Prüfungen, die Papst Franziskus bei Behörden und Dikasterien des Heiligen Stuhls einleitet.[22] Und dann gibt es da noch ein Problem, das den Papst alarmiert. Welche Stiftungen tun wirklich gute Werke und welche geben nur den noblen Grund vor, Studierenden, Armen und Bedürftigen zu helfen, haben aber eigentlich ganz anderes im Sinn? Letzteres könnte etwa für die Stiftung Santa Josephina Bakhita zutreffen. Da die Unterlagen dazu lückenhaft sind und die Stiftung Kardinal Lajolo nahesteht, scheint sie Franziskus' Prüfern recht zweifelhaft. Die Prüfer von Promontory schreiben in ihrem Bericht an den Heiligen Vater:

Stiftung Santa Josephina Bakhita, Stiftung nach kanonischem und päpstlichem Recht als juristische Person, Vatikanstadt, bei der Güterverwaltung. Kontonummern 203361-64 mit Bareinlagen **124.192,16**, Wertpapieren **2.497.675**. Gründung am 1. September 2006, Vermögensverwaltung durch die Güterverwaltung, Mittelherkunft: Schenkung vom 15. Dezember 2006 durch Rosa Maria Lajolo und Kardinal Lajolo. Zweck: Förderung missionarischer Werke und Vergabe von Stipendien, besonders in Afrika. Offensichtlich gibt es weder Bilanzen noch eine Kontrolle bei der Vergabe. Begünstigte der Stiftung sind auch die Stipendiaten und die Missionsfonds.

In der Aufstellung der Positionen findet sich auch die Spalte: »Sonstige mit dem Heiligen Stuhl verbundene Körperschaften: 1. Associazione Ss. Pietro e Paolol[23], 2. Circolo San Pietro (Kontoeröffnung 1992), 3. Internationale Föderation des Verbands katholischer Ärzte (FIAMC) und Ritterorden vom Heiligen Grab zu Jerusalem.«

Wie im Dokument festgehalten ist, wurden diese Positionen überhaupt nicht kontrolliert. Im Zusammenhang mit dieser Gruppe sollte ich noch ein paar Dinge zum noblen Circolo San Pietro erwähnen, der in APSA-eigenen Räumen des superzentralen Palazzo di San Callisto, am gleichnamigen Platz in Rom, residiert. Ihm gehören Adlige und die Crème de la Crème der Hauptstadt, katholische Manager, Bankiers und vor allem Kardinäle und Prälaten an.

Unter den Ehrenmitgliedern finden sich etwa: der Bankier und jahrelange Präsident der Banco di Roma Pellegrino Capaldo, der ehemalige Präsident der Banca d'Italia Antonio Fazio, der Privatsekretär von Papst Johannes Paul II., Kardinal Stanislaw Dziwisz sowie seine Kardinalsbrüder Sepe, Filoni und Vallini. Der Circolo San Pietro wird von Papst Franziskus sehr geschätzt. Am 12. März lud er die Mitglieder in die Sala Clementina ein und bedankte sich bei ihnen für ihre Förderung von ehrenamtlichen Tätigkeiten. »[…] Ich danke euch auch für den Peterspfennig«, sagte der Papst lächelnd. »Ihr sammelt ihn in den Kirchen als Zeichen dafür, dass ihr den Eifer des Bischofs von Rom für die Armen dieser Stadt teilt. Mögen eure geschätzten wohltätigen Werke stets vom Gebet und vom Wort Gottes geleitet sein, von dem Licht, das unsere Wege erhellt.« Einige der sehr gerührten Anwesenden dachten in diesem Moment vermutlich an den geistlichen Beistand, von dem der geliebte Kreis in allen religiösen Dingen begleitet wird: an Prälat Francesco Camaldo, in der nächtlichen Schwulenszene von Rom auch »Jessica« genannt.[24]

In Wahrheit werden die vorhandenen Gelder, die man für wohltätige Zwecke verwenden könnte und die auf den Girokonten nur auf ihren Einsatz warten, allerdings oft lieber sorgsam von Güterverwaltung und IOR gehütet. Das gilt laut der Dokumentation von Anfang 2015 etwa für den Päpstlichen Rat Cor Unum und die von ihm kontrollierten Stiftungen. Wie die Prüfer von Papst Franziskus in ihren internen Aufzeichnungen feststellen, gibt es »sporadische Barentnahmen in Höhe von knapp 5000 Dollar und zahlreiche Umbuchungen an andere Banken, deren Natur und Empfänger nicht zu ermitteln waren.« Vor allem verwundert die Prüfer die Verwaltung der verfügbaren Mittel des Päpstlichen Rats,»die sich im Grunde auf drei Bereiche verteilen: Cor Unum, Stiftung Populorum Progressio und Stiftung Johannes Paul II. für die Sahelzone«:

Im Grunde muss man feststellen, dass sich die Bareinlagen im Jahr 2012 insgesamt auf circa 39 Millionen und 2014 auf 32 Millionen Euro beliefen, sich die Ausgaben aber laut der Angaben, die uns am offiziellen Sitz des Päpstlichen Rates zur Verfügung gestellt wurden, 2012 nur auf ungefähr 6,5 Millionen und 2013 auf 5,5 Millionen Euro summierten. Prozentual gesehen, wurden die Ressourcen der drei Bereiche in diesen Jahren nur zu mindestens 12,4 und höchstens 20,7 Prozent genutzt, was angesichts der durchzuführenden Aktivitäten nicht besonders viel scheint.[25]

Kirchen-, Krankenhaus- und Universitätskonten

Doch kehren wir zur vatikanischen Zentralbank und den Monaten zurück, die der Aufdeckung ihrer Geheimkonten vorausgingen. Papst Franziskus hatte die Promontory-Unterlagen im Gästehaus Santa Marta aufmerksam studiert. Und daraufhin angeordnet, alle mit dem neuen Pontifikat unvereinbaren Strukturen schnellstens abzubauen. Alle Konten von Kardinälen, alle verdächtigen Einlagen von Pensionären sollten aufgelöst werden, nur die Konten von Stiftungen, Kirchen und Behörden, die eindeutig zugeordnet werden können, sollten bleiben. Das waren zuallererst die institutionellen Kontoinhaber: 45 Positionen mit den Namen von Behörden und Dikasterien der Kurie, die ihre Sparguthaben dort in Wertpapieren und Aktien angelegt hatten.

Dieses Dokument ermöglicht zum ersten Mal auch einen Einblick in die Vermögensverhältnisse der großen Kirchen, angefangen beim Petersdom, sowie der großen katholischen Bibliotheken, Universitäten und Krankenhäuser die den Vatikan auch außerhalb seiner Mauern repräsentieren.

Vatikanische Apostolische Bibliothek, Cortile del Belvedere, Vatikanstadt. Kontonummern 201259-96-98, 201300, 11–155. Bareinlagen **881.010,68**, Wertpapiere **372.034**, gesamt **1.253.044,68** Euro.

Zweck: Ordentliche Verwaltung des Schatzamts der Bibliothek, Vermögensverwaltung durch Wertpapieranlagen. Bevollmächtigte: Prälat Pasini, Doktor Piazzoni, Doktor Righetti (Zahlungsvollmacht bei gemeinsamer Unterzeichnung).

Kapitel Lateranbasilika, Kontonummern: 2011855, 201847, 201183, Bareinlagen **1.197.503,61**, Wertpapiere **1.191.490,21**. Gesetzlicher Vertreter: Kardinal Vallini Agostino, Bevollmächtigter: Prälat Zagotto Natalino. Das Kapitel mit päpstlich genehmigtem Statut ist ein Organ des Heiligen Stuhls mit demokratischer Struktur. Leiter des Kapitels ist der Erzbischof der Basilika. Der Sekretär hat Exekutivaufgaben. Die Kämmerer haben Verwaltungsaufgaben hinsichtlich der Kapitelgüter und vertreten das Kapitel in Finanzfragen gegenüber der Güterverwaltung. Die Kämmerer müssen Wirtschaftsplan und Jahresabschluss vorbereiten. [...] Ein internes Kontrollorgan aus zwei Syndikusrechtsanwälten ist verpflichtet, die buchungsrelevanten Unterlagen und die jährliche Kontoführung zu prüfen, sie haben zudem Wirtschaftsprüfungsvollmachten. Sekretär, Kämmerer und Syndikusrechtsanwälte bleiben drei Jahre im Amt und können das Amt maximal sechs Jahre ausüben.

Kapitel Petersdom im Vatikan, Organ des Heiligen Stuhls, Palazzo della Canonica, Vatikanstadt. Kontonummern 201823-24, 170, 191, 2011173, Bareinlagen **823.018,24**, Wertpapiere **6.981.374,63**. Zweck: Ordentliche Verwaltung des Schatzamtes, des Vermögens für Kapitalanlagen. Gesetzlicher Vertreter: Kardinal Angelo Comastri, Bevollmächtigter: Prälat Giuseppe Bordin. Das Kapitel mit päpstlich genehmigtem Statut ist ein Organ des Heiligen Stuhls mit demokratischer Struktur. Leiter des Kapitels ist der Erzbischof des Petersdoms.

Kapitel Basilika Santa Maria Maggiore, Organ des Heiligen Stuhls, Via Liberiana 27, Rom. Kontonummern 201819-175, 176. Bareinlagen **487.980,07**, Wertpapiere **6.903.185,05**. Durch Zinsscheine und Zinsen gespeistes Konto, Zweck: Verwaltung von Schatzamt und von Vermögen für Immobilien- und Wertpapieranlagen. Gesetzlicher Vertreter: Kardinal Santos Abril y Castelló, Bevollmächtigter: niemand. Governance: identisch mit denen anderer Basiliken.

LUMSA, Universität. Kontonummern 201846-62, Bareinlagen **4.036.550,05**, Wertpapiere **995.000**, Gesamt **5.031.550,05**. Zweck: christliche Bildung und Ausbildung. Bevollmächtige: Giuseppe Dalla Torre, Giannina Di Marco.

Kinderkrankenhaus Bambino Gesù, Stiftung Bambino Gesù, Kontonummern 203909-12-17-509-604, insgesamt **155.205.816,36**. Herkunft der Gelder: Erbe Marchesa Salviati – Chirograph Papst Pius XI. von 1924. Das Vermögen von Bambino Gesù gehört dem Heiligen Stuhl und soll der Fürsorge dienen; werden diese Aktivitäten aufgegeben, fällt das Vermögen an den Heiligen Stuhl.

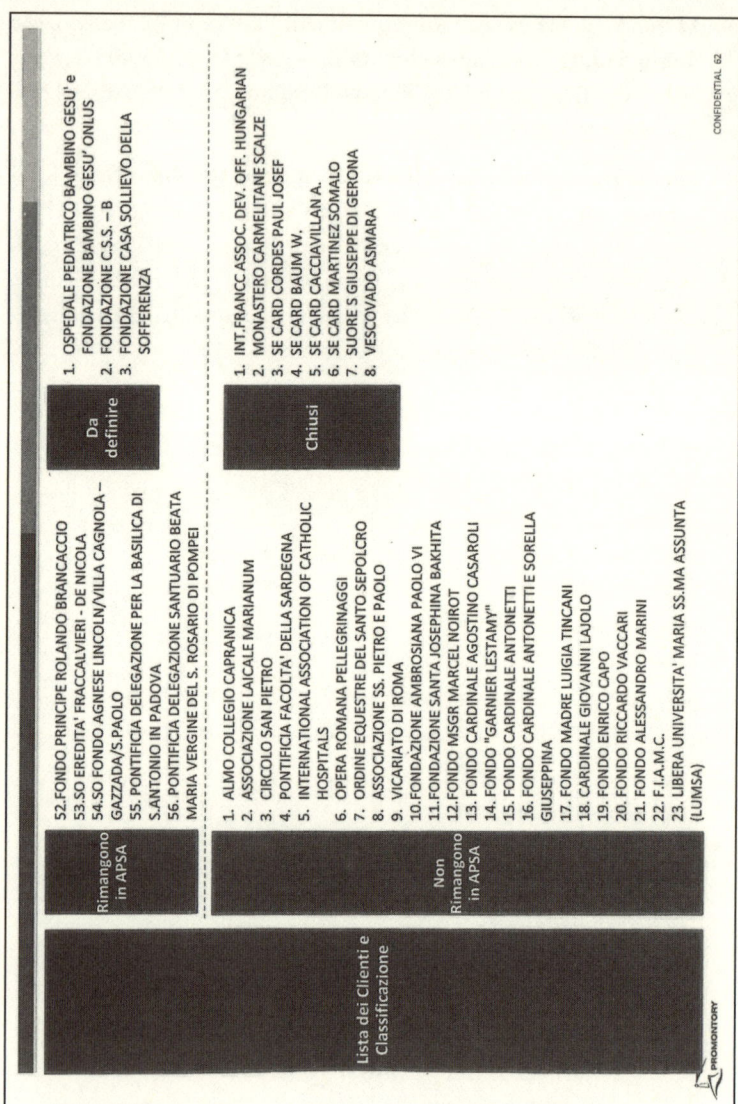

CONFIDENTIAL 62

Lista dei Clienti e Classificazione

Rimangono in APSA

52. FONDO PRINCIPE ROLANDO BRANCACCIO
53. SO EREDITA' FRACCALVIERI - DE NICOLA
54. SO FONDO AGNESE LINCOLN/VILLA CAGNOLA – GAZZADA/S.PAOLO
55. PONTIFICIA DELEGAZIONE PER LA BASILICA DI S.ANTONIO IN PADOVA
56. PONTIFICIA DELEGAZIONE SANTUARIO BEATA MARIA VERGINE DEL S. ROSARIO DI POMPEI

Da definire

1. OSPEDALE PEDIATRICO BAMBINO GESU' e FONDAZIONE BAMBINO GESU' ONLUS
2. FONDAZIONE C.S.S. – B
3. FONDAZIONE CASA SOLLIEVO DELLA SOFFERENZA

Non Rimangono in APSA

1. ALMO COLLEGIO CAPRANICA
2. ASSOCIAZIONE LAICALE MARIANUM
3. CIRCOLO SAN PIETRO
4. PONTIFICIA FACOLTA' DELLA SARDEGNA
5. INTERNATIONAL ASSOCIATION OF CATHOLIC HOSPITALS
6. OPERA ROMANA PELLEGRINAGGI
7. ORDINE EQUESTRE DEL SANTO SEPOLCRO
8. ASSOCIAZIONE SS. PIETRO E PAOLO
9. VICARIATO DI ROMA
10. FONDAZIONE AMBROSIANA PAOLO VI
11. FONDAZIONE SANTA JOSEPHINA BAKHITA
12. FONDO MSGR MARCEL NOIROT
13. FONDO CARDINALE AGOSTINO CASAROLI
14. FONDO "GARNIER LESTAMY"
15. FONDO CARDINALE ANTONETTI
16. FONDO CARDINALE ANTONETTI E SORELLA GIUSEPPINA
17. FONDO MADRE LUIGIA TINCANI
18. CARDINALE GIOVANNI LAJOLO
19. FONDO ENRICO CAPO
20. FONDO RICCARDO VACCARI
21. FONDO ALESSANDRO MARINI
22. F.I.A.M.C.
23. LIBERA UNIVERSITA' MARIA SS.MA ASSUNTA (LUMSA)

Chiusi

1. INT.FRANCC ASSOC. DEV. OFF. HUNGARIAN
2. MONASTERO CARMELITANE SCALZE
3. SE CARD CORDES PAUL JOSEF
4. SE CARD BAUM W.
5. SE CARD CACCIAVILLAN A.
6. SE CARD MARTINEZ SOMALO
7. SUORE S GIUSEPPE DI GERONA
8. VESCOVADO ASMARA

PROMONTORY

Die von Promontory erstellte Liste der aufzulösenden APSA-Konten

Unter den APSA-Konten sind auch die beiden Fässer ohne Boden, die Papst Franziskus besondere Sorgen bereiten, weil sie die Zukunft des Heiligen Stuhls bedrohen könnten: der Gesundheitsfonds und der Pensionsfonds.

Gesundheitsfonds, juristische Person nach kanonischem vatikanischen Zivilrecht, Palazzo del Belvedere, Vatikanstadt. Kontonummer 201828, Bareinlagen **876.206,49** und Wertpapiere **2.500.000**. Zweck: medizinisch-chirurgische Eingriffe, konservative Zahnarztbehandlungen, Medikamentenverabreichung für das kirchliche Personal, Kleriker und Laien.

Pensionsfonds, Apostolischer Palast, Vatikanstadt. Kontonummern 201050-200-210-251-252-1006-301020, Bareinlagen **17.577.447,01**, Wertpapiere **267.381.686,91**, Gesamt **284.959.133,92**. Zweck: Auszahlung von Pensionen über eine separate Buchhaltung, Übernahme von Versicherungsaufgaben entsprechend den Anordnungen des Kardinalstaatssekretärs sowie Verwaltung der Auszahlung von Vorsorgeleistungen und Vorsorgemaßnahmen. Gesetzlicher Vertreter: Kardinal Domenico Calcagno.

Verdächtige Kardinalskonten

Doch im Lauf der Jahre zeigt sich, dass der Treibsand dieser Bank noch heimtückischer ist als gedacht. Papst Franziskus begreift: der finanzielle Sumpf ist endlos. Jeden Tag findet die Taskforce des Papstes etwas Neues. Es reicht nicht, die Kardinalskonten, die verdächtigen Laienkonten und die Konten von Fantasiefonds aufzulösen, wie dies zwischen Oktober und November 2013 geschah, als auf dringende Anordnung des Papstes acht Konten geschlossen wurden: die Konten von Kardinal Baum, Cordes, Caccivillan und Martínez Somalo, dem Bischofssitz von Asmara, der Schwestern von San Giuseppe di Gerona, des Klosters der Unbeschuhten Karmelitinnen und schließlich der »Int. Fracc. Assoc. Dev. Off. Hungarian«. Und es reicht auch nicht, Paolo Mennini zu vertreiben, der bald nach Beginn des neuen Pontifikats gegangen ist.

Im Wochenabstand landen neue Warnsignale auf dem Schreibtisch der Aufsichtsorgane und manchmal auch auf dem des Papstes.

Das Jahr 2016 ist ein schwarzes Jahr: Die Prüfer von Papst Franziskus müssen sich eingestehen, dass all ihre bisherigen Bemühungen nichts weiter sind als ein Tropfen auf den heißen Stein. Es ist ein teuflisches Spiel: Man denkt, man habe den Finanzsumpf trocken gelegt und könne sich nun wieder den Seelen zuwenden, doch dann muss man plötzlich feststellen, dass alles im Vatikan einen doppelten Boden hat. Alle Reformen werden verzögert und das Risiko, dass das Pontifikat scheitern könnte, steigt. Drei Jahre nach Auflösung der Kardinals- und Laienkonten tauchen auf einmal weitere Konten rätselhafter Inhaber auf. Wer geglaubt hatte, man könne endlich ein neues Kapitel aufschlagen, wird schnell eines Besseren belehrt und muss wieder nach Abhilfe suchen.

»Es gibt ein Girokonto mit vier unterschiedlichen Währungen und einem Kontoinhaber ›F. D.‹«, schreiben die Analysten. Wem gehört dieses Konto? Wer zahlt darauf ein? Wie hoch ist der Kontostand und welche Kontobewegungen gibt es? Die Fragen bleiben unbeantwortet. »Zu diesem Konto wurden uns«, so die Prüfer des Papstes, » keinerlei erläuternde Unterlagen geliefert, da es unter das Staatsgeheimnis falle.«[26] Es gibt höchstens Teilantworten: Das Konto wurde höchstwahrscheinlich, aus unbekannten Gründen, vom Staatssekretär als geheim eingestuft. Ähnliches begegnet den Prüfern auch bei APSA-Konten im Ausland. »Die APSA konnte uns««, so die Papstberater weiter, »für drei Girokonten bei der Deutschen Bank und ein Girokonto bei der Credit Suisse in Zürich keine Unterlagen bezüglich ihrer Auflösung zur Verfügung stellen.«[27]

Auch 2016 herrscht also noch allgemeine Verwirrung. Es gibt viele unbeantwortete Fragen und verschiedene undurchsichtige Vorgänge.[28] Sogar hinsichtlich so fundamentaler Vermögenswerte wie den Goldreserven tauchen Zweifel auf, und die Gründe dafür sind wirklich erzählenswert. Als die Wirtschaftsprüfer eine Reserve von 34 Millionen Goldbarren auf ihre Qualität prüfen wollen, entdecken sie Unglaubliches. »Bei der physischen Zählung der Goldbarren«, heißt es im Dokument, »wurden wir darüber informiert, dass die Behörde keine Stichproben vornimmt, um zu überprüfen, ob die Barren tatsächlich aus Gold sind und ihr Feingehalt (24 Karat) stimmt.«[29] Kurzum, die Echtheit der Barren wurde nie kontrolliert. Und wenn jemand sie durch minderwertige Barren ausgetauscht hätte? Dann würden wir das wohl nie erfahren. Oder nur, wenn die Insolvenz wirklich Realität wird.

Papst Franziskus vertraut dem APSA-Management nicht. In jenen Jahren wird die Güterverwaltung von Kardinal Domenico Calcagno geleitet. Doch der Papst reagiert mittlerweile gereizt, wenn er die übermächtigen Prälaten und Laien sieht, die zu autonom agieren und vor allem zu viel Geld verwalten. Aus dem Wirtschaftssekretariat kommen – ehe Kardinal Pell wegen Pädophilievorwürfen gehen musste – immer wieder echte Breitseiten gegen Calcagnos Team. So entzündet sich etwa im Frühjahr 2016 ein Streit an zwei strenggeheimen Berichten, die der Australier Pell am 16. und 23. Mai unterzeichnete. Sie enthalten schwere Anschuldigungen gegen die APSA, die »mit den Internationalen Transparenz- und Governance-Standards anscheinend wenig vertraut ist«. Im ersten Bericht, der an alle höheren Prälaten geht, macht Pell Domenico Calcagno als Feind von Papst Franziskus und Saboteur seiner Reformen aus:

> In Anbetracht der außergewöhnlichen Bedeutung, die diese problematischen Prüfergebnisse haben, und der Möglichkeit, dass es zu Unregelmäßigkeiten gekommen sein könnte, sehen wir uns leider gezwungen, Sie und den Wirtschaftsrat noch einmal auf diese kritischen Punkte hinzuweisen. Die andauernde Weigerung der APSA, bei den Wirtschaftsreformen zu kooperieren, sowie die schlechten Ergebnisse und die offensichtliche Unfähigkeit, die Verwaltungsanfragen des Sekretariats zu beantworten (während die meisten anderen einen Willen zur Mitwirkung zeigen), weckt nicht nur Zweifel daran, ob es dort überhaupt ein echtes Engagement für die Reformen des Heiligen Vaters gibt, sondern auch, ob dafür überhaupt die notwendigen Fähigkeiten und Kompetenzen vorhanden sind.[30]

Behinderung bei der Überprüfung auffälliger Girokonten

Angesichts dieses ausgedehnten Krebsgeschwürs muss man also an einer ordentlichen Verwaltung der Spendengelder zweifeln. Denn sie liegt noch immer in den Händen der alten Garde, die, obwohl nunmehr großteils ohne offizielle Posten, weiterhin in den Büros auftaucht, Komplotte schmiedet und dunkle Geschäfte treibt. Der zweite Bericht an die Kardinäle des Wirtschaftsrats, der aufgrund »der anhaltenden Schwierigkeiten und Befürchtungen bezüglich des Mitwirkungswillens und des Verhaltens der APSA« sehr dringlich sei, wirkt wie eine Kriegserklärung. Der Präfekt konzentriert sich darin auf drei Punkte, einer schlimmer als der andere. Den Anfang machen die Behinderungen bei der Überprüfung der geheimen Nummernkonten, die auffällig scheinen und die in der Parallelbank entdeckt wurden. Man äußert sogar den Verdacht, Unterlagen seien gezielt vernichtet worden:

1. **Nichteinhaltung.** Schreiben, mit denen das Wirtschaftssekretariat im Rahmen seiner Kompetenz spezifische Auskünfte von der APSA verlangt, werden im Allgemeinen nur teilweise beantwortet oder eine Antwort ausdrücklich verweigert. Ein Beispiel: Der Präfekt hat mündlich und schriftlich präzise Anfragen an den APSA-Präsidenten [Kardinal Calcagno, A. d. A.] gerichtet, um nähere Angaben zu wichtigen Fragen zu erhalten, die der Promontory-Bericht insbesondere hinsichtlich von 90 Konten aufwarf, die am 30. September 2013 bei der APSA eröffnet wurden und bis heute aktiv sind und bei denen in 55 Fällen Daten und Unterlagen zu Kunden, gesetzlichen Vertretern oder wirtschaftlichen Eigentümern fehlten. Es bleibt unklar, ob diese Unterlagen gezielt vernichtet wurden oder durch eine nachlässige Verwaltung einfach verloren gegangen sind. Unter ausdrücklicher Bezugnahme auf dieses schwerwiegende Problem wurde das APSA-Management um Beantwortung folgender Fragen gebeten:
   – Welche Vorgänge wurden getätigt?
   – Wer hat die Kontoeröffnungen genehmigt?
   – Welches Ergebnis brachten die vorgenommenen Untersuchungen?
   – Welche Maßnahmen wurden bezüglich derjenigen getroffen, die für die nicht gesetzeskonformen Vorgänge vermutlich verantwortlich waren und in der APSA vermutlich daran mitgewirkt haben?
   – Welche Vorkehrungen wurden getroffen, damit das nicht wieder vorkommt?

In ihrem Antwortschreiben vom 8. Februar hat die Verwaltung die Weisungsbefugnis des Wirtschaftssekretariats nicht anerkannt. Es folgten auch keine entsprechenden Taten. Die Verwaltung weigerte sich, die oben genannten berechtigten Fragen zu beantworten.

Noch schlimmer sieht die Lage bei der Verwaltung des Geldvermögens von Einrichtungen oder historischen Kapiteln aus. So werden etwa der Petersdom oder das Krankenhaus Bambino Gesù dazu ermutigt, hochriskante Finanzgeschäfte zu tätigen, die Millionenverluste zur Folge haben oder durch die Gelder aus dem Vatikan ins Ausland abwandern könnten. Im geheimen Bericht heißt es, die Situation sei »nicht transparent« und »ohne jede Kontrolle«.

2. **Inkompetenz.** Im Wirtschaftssekretariat sind Beschwerden über nicht hinnehmbar niedrige Ergebnisse von APSA-Investmentanlagen sowie Kundendienstbeschwerden eingegangen. Die problematisch schwachen Anlageergebnisse sind offenbar auf zu hohe Risiken zurückzuführen; die Beschwerden über einen inakzeptabel mittelmäßigen Kundendienst rühren offenbar von den Antworten her, die die Verwaltung Kunden hinsichtlich der Vermögensverwaltung gab. Diese Situation erhöht das Risiko, dass Kunden aus Angst um ihr Vermögen Gelder von der APSA abziehen und im Ausland anlegen. Das Wirtschaftssekretariat hat gegenüber der APSA mehr als einmal ihre große Besorgnis zum Ausdruck gebracht, dass ihr Anlageprozess zu stark zentralisiert, nicht transparent und im Grunde ohne jede Kontrolle ist.

In dem Bericht gibt es zwei geradezu unglaubliche Beispiele für hochriskante Geschäfte, durch die dem Kinderkrankenhaus 10 Millionen Euro hätten entzogen werden können:

Das Angebot ans Kinderkrankenhaus Bambino Gesù, einen Betrag von 121 Millionen Euro hochriskant anzulegen, belegt wohl eindeutig, dass es dem Anlageprozess an Transparenz und Kollegialität fehlt und dass durch eine übermäßige Konzentration die Zuständigkeit in zu wenigen Händen liegt. Das Angebot umfasste zahlreiche riskante, nicht liquide Anlageinstrumente wie stark nachrangige Anleihen, die bei einer Bewertung ein Jahr später, im Februar 2016, einen Verlust von 9,5 Millionen Euro, das heißt von 7,9 Prozent, für das Kinder-

krankenhaus bedeutet hätten. Glücklicherweise wurde dieses Anlageangebot von einem Aufsichtsratsmitglied im Kinderkrankenhaus blockiert.

Das Wirtschaftssekretariat ist kompromisslos, spricht von Rechts-
verstößen und belegt »konkrete mögliche Korruptionsfälle«.

3. **Mögliche Korruption.** Bei der Rechnungsprüfung der Güterverwaltung durch Promontory hat sich der Verdacht auf konkrete Gesetzes-
verstöße und Korruption ergeben. Mehrere Fälle wurden auch von den
Medien aufgegriffen, und von den zuständigen Behörden wird offenbar
ermittelt. Der Fall Nattino erstreckt sich laut einem Reuters-Bericht
vom November 2015 über einen Zeitraum von elf Jahren (2000 bis
2011 A. d. Ü.), mit wiederholten Gesetzesverstößen wie Geldwäsche,
Marktbeeinflussung und Insiderhandel, sämtliche Vergehen sind auch
nach italienischem Recht strafbar. Obwohl Paolo Mennini, der Leiter
der Außerordentlichen Abteilung der APSA zur Zeit des Nattino-Falls,
2013 seines Amtes enthoben wird, begibt er sich noch regelmäßig in die
APSA-Büros. Dass ihm dies vom Management gewährt wird, scheint
angesichts der aktuellen Ermittlungen gegen die Güterverwaltung un-
verantwortlich oder vollkommen unüberlegt. Dass die Güterverwaltung das Sekretariat zudem um eine Änderung des SWIFT-Systems
bat, die es ermöglicht hätte, den tatsächlichen Auftraggeber von Bank-
überweisungen zu verschleiern, muss ebenfalls Zweifel wecken. Möglicherweise handelte es sich nur um ein Versehen, weil sich die Güterverwaltung mit den Regeln nicht auskennt, genauso gut und das würde
schwerer wiegen, könnte sie aber auch versucht haben, Gesetze und
internationale Vorschriften zu umgehen.

Hieran schließt sich eine klare Mahnung an, die keinen Widerspruch duldet:

4. **Nächste Schritte.** Das Wirtschaftssekretariat unternimmt tagtäglich
alle Anstrengungen, um den vorgeschriebenen Aufsichts- und Kon-
trollpflichten der Ämter und Behörden des Heilige Stuhls, einschließlich der Güterverwaltung, nachzukommen. Aber die Anfragen des
Wirtschaftssekretariats bleiben häufig unbeantwortet, was daran liegen
mag, dass die Güterverwaltung mit den internationalen Transparenz-

und Governance-Standards kaum vertraut ist. Es erscheint darum unerlässlich, die Leitung der Güterverwaltung noch einmal formell an Folgendes zu erinnern:

– Die überprüften Bereiche haben den Aufforderungen des Wirtschaftssekretariats nachzukommen. Sie sind dazu verpflichtet.

– Nirgendwo auf der Welt kann der überprüfte Bereich bestimmen, was die Prüfinstanz sehen oder wissen darf.

– Das Wirtschaftssekretariat ist ein Dikasterium innerhalb des Heiligen Stuhls mit Aufsichtsfunktion. Was mit den Finanzvorgängen im geprüften Bereich in Zusammenhang steht, darf ihm daher weder ganz noch teilweise vorenthalten werden.

Was die Härte der Vorwürfe, die Rauheit im Ton und die Aussagekraft der Fälle betrifft, dürfte diesen Berichten in der neueren Kirchengeschichte kaum etwas gleichkommen. Das gilt etwa für das Anlageangebot in der unglaublichen Höhe von 121 Millionen Euro, das dem berühmtesten Kinderkrankenhaus Italiens, Bambino Gesù, einen gigantischen Verlust hätte bescheren können. Obwohl eine solche Entscheidung nicht von der aktuellen Krankenhausleiterin Mariella Enoc selbst getroffen würde, wäre diese zweifellos auf sie zurückgefallen, dabei möchte sie die Machtstrukturen im Vatikan eigentlich genauso wie Papst Franziskus verändern und hat nichts mit dunklen oder zweifelhaften Machenschaften zu tun.

Der Papst will durch die Nachforschungen in der Außerordentlichen APSA-Abteilung ein tiefsitzendes Problem ausrotten, dessen Wurzeln selbst die Grundfesten des Heiligen Stuhls erreichen. Im Zentrum des Problems steht diese unbeachtete Bank, die über die Jahre eine nie dagewesene Machtfülle anhäufen konnte und das Riesendefizit der Heiligen Römischen Kirche teils verursacht, teils aber auch behoben hat. Die Anfänge ihrer Geschichte reichen weit zurück, und unter den Protagonisten ist ein Prälat, der sowohl mit Stoppa als auch mit Mennini zusammengearbeitet hat und den Spitznamen »Monsignore 500« trägt. Wie zumindest Böswillige behaupten, stopfte er sich die Taschen seines Talars mit 500-Euro-Scheinen voll. Der Prälat hat viel zu erzählen.

◇◇◇◇◇◇◇◇◇◇◇◇

1 Der Euro-Betrag wurde entsprechend der Umrechnung auf der speziellen ISTAT-Seite ermittelt.

2 Der spanische Kardinal Eduardo Martínez Somalo, geboren 1927, war von 1992 bis 2004 Präfekt der Kongregation für die Institute des geweihten Lebens. Neben seinem Amt als Kardinalskämmerer hatte er in der Kurie weitere wichtige Ämter inne. Paul Josef Cordes wurde 1934 im deutschen Kirchhundem geboren. Als Erzbischof und Kardinal nahm er am Konklave teil, das Bergoglio zum Papst gewählt hat, anschließend schied er, mit Vollendung des 80. Lebensjahrs, aus dem Kreis der wahlberechtigten Kardinäle aus. Er stand dem Päpstlichen Rat Cor Unum vor. Der Amerikaner Wakefield Baum, geboren 1926 in Dallas, starb 2015. Er hatte verschiedene Ämter in den USA (Metropolit von Washington) und in der römischen Kurie inne, etwa Präfekt der Kongregation für das katholische Bildungswesen oder Großkanzler der Päpstlichen Universität Gregoriana in Rom. Der Italiener Agostino Cacciavillan, geboren 1926, wurde nach einer Laufbahn als vatikanischer Diplomat in Kenia, Nepal, Indien und den USA Präsident der Güterverwaltung, deren emeritierter Präsident er bis heute ist.

3 Aus dem APSA-Einzelabschluss vom 31. Dezember 2015.

4 Die am 15. August 1967 von Papst Paul VI. mit der Apostolischen Konstitution Regimini Ecclesiae universae gegründete Güterverwaltung hatte bis heute elf Präsidenten, darunter nur drei Nichtitaliener, sowie sieben Sekretäre, allesamt Italiener.

5 Aus dem Schreiben vom 20. Januar 2015 des damalige IOR-Leiters Rolando Marranci an die Prüfer des Papstes. Das Schreiben enthält alle Salden der Konten, die die Güterverwaltung zum 31. Dezember 2014 bei der IOR unterhielt.

6 Im Jahr 1987 erwirkten die Mailänder Richter im Zuge der Ermittlungen zum Zusammenbruch der Banco Ambrosiano einen Haftbefehl gegen Paul Casimir Marcinkus, Luigi Mennini und Pellegrino de Strobel. Die Haftbefehle wurden jedoch mit Hinweis auf die Lateranverträge wieder aufgehoben.

7 Die Familie Mennini (Luigi Mennini hatte elf Kinder) war stets mit vielen großen Geheimnissen des Vatikans vertraut, und das gilt nicht nur für den »Patriarchen« Luigi. Der »Guardian«-Journalist Philip Willan zeichnet ein sehr deutliches Bild der Familie: »Einer der Söhne, Alessandro, wurde Leiter der Auslandsabteilung der Banco Ambrosiano und nährte damit den Verdacht, dass das IOR nicht nur großen Einfluss auf die Ambrosiano von Roberto Calvi

hatte, sondern sie geradezu steuerte. Als der Patriarch im Gefängnis saß, versuchte Alessandro, Einfluss auf die Familie Calvi zu nehmen. Als Calvi die Vatikanbank wegen krimineller Währungsgeschäfte in die Pflicht nehmen wollte, ermahnte Alessandro ihn, niemals das IOR zu nennen,»nicht einmal im Beichtstuhl«. Ein anderer Sohn, Antonello Mennini, war der Beichtvater von Aldo Moro in der römischen Gemeinde Santa Lucia. Er überbrachte der Familie die Briefe des entführten Statisten und besuchte ihn angeblich sogar im»Volksgefängnis«. Seltsamerweise wurde er dazu nie befragt. Er verbrachte viele Jahre als vatikanischer Diplomat im Ausland, zuletzt als Apostolischer Nuntius in Moskau. Auch eine der Töchter, Schwester Marcella Mennini, spielte eine kleine Rolle in der Geschichte. Als der sardische Geschäftemacher Flavio Carboni Mitte der achtziger Jahre in seiner Villa im römischen EUR-Viertel im Hausarrest sitzt, spendet sie ihm das Abendmahl. Carboni ist der Geschäftsmann, der Calvi nach London begleitete und ein Viertel Jahrhundert später neben vier anderen wegen Mordes an Calvi angeklagt und freigesprochen wurde. Gegenüber römischen Richtern gibt Schwester Marcella an, Mitglied bei Pro Deo et Fratribus zu sein, einer Wohlfahrtsorganisation, die sich für verfolgte Christen im Osten einsetzt. Der Gründer der Organisation, der slowakische Bischof Pavel Hnilica, zahlte Milliarden Lire aus der IOR an Carboni, um in den Besitz der heikelsten Dokumente in Calvis Tasche zu kommen.« (Philip Willan,»Calvi e l'Italia di poteri occulti«, *MicroMega* Nr. 5, 2008).

8   Unter der Ägide Mennini gab es fünf Berater, die für die Kapitalanlagen zuständig waren: Antoine Edouard Marie Chappuis, Präsident der Acland Financial Company und der vatikanischen Auslandsimmobiliengesellschaft Sopridex; Leandro Ferrari, Direktor der Banca della Svizzera Italiana in Montecarlo und ehemaliger Präsident der Banca della Svizzera Italiana in Lugano; Carlo Gilardi, ehemaliger CEO von Benetton und von Cofiri sowie ehemaliger zentraler Direktor der Banca di Roma; Robert J. McCann, Chef von Wealth Management Americas und Vorstandsmitglied der UBS-Gruppe, ehemaliger Vizepräsident und Präsident der Global Wealth Management Group bei Merrill Lynch; und Peter D. Sutherland, Europabeauftragter und Generaldirektor der Welthandelsorganisation, Aufsichtsratsvorsitzender von Goldman Sachs International, ehemaliger Generalstaatsanwalt von Irland, ehemaliger Präsident von British Petroleum und CEO von Ericsson, ehemaliger Aufsichtsratsvorsitzender der Royal Bank of Scotland.

9   Wie sich zeigt, wurde die Vorgabe»in Ausnahmefällen« jahrzehntelang ignoriert: Anlagen für natürliche Personen sind tägliche Praxis.

10 Die Zahlen stammen aus dem Dossier, das Promontory für den Papst erstellt hat: Analisi dell'Apsa, principali osservazioni e raccomandazioni, 21. Februar 2014.

11 Im Herbst 2013 stellte die amerikanische Wirtschaftsprüfungsgesellschaft Promontory die ersten Übersichten wichtiger Konten bei der Außerordentlichen APSA-Abteilung fertig und ließ sie den Aufsichtsorganen des Heiligen Stuhls zukommen. Die Unterlagen werden hier zum ersten Mal veröffentlicht, mit Kontoinhabern und Salden in Fettdruck und möglichst auch einem kurzen Abriss des Kontos.

12 Kontoanalyse der vatikanischen Aufsichtsorgane aufgrund einer Überweisung von 350.000 Euro vom APSA-Konto 203343, Fonds Fürst Rolando Brancaccio.

13 Da es keine spezifischen Unterlagen gibt und es sich meist um Nummernkonten handelt oder diese Scheinfirmen zugeordnet sind, lässt sich nicht mit Sicherheit feststellen, welche Politiker genau die Kontoinhaber sind. Zweifellos handelt es sich aber um Personen aus der italienischen Politik, die bis vor wenigen Jahren eine gewisse Rolle spielten.

14 Der Name des Fonds stammt vermutlich vom Kanoniker Paul Garnier Lestamy (1872–1944), der unter anderem mehrere Bücher verfasst hat: La teoria dell'intelligenza in Aristotele e san Tommaso (1902) und Memorie di una vocazione tardiva e una vita d'insegnamento modesta (1942, Manuskript).

15 Der Name dieses Fonds stammt wohl von der Schwester und Pädagogin Luigia Tincani (1889–1976), Gründerin der Ordensgemeinschaft Unione Santa Caterina da Siena delle missionarie della Scuola und der Universität LUMSA (Libera Università Maria Santissima Assunta) in Rom. Im Jahr 2011 wurde sie von der katholischen Kirche als »verehrungswürdig« anerkannt.

16 Gianluigi Nuzzi, Vatikan AG, Salzburg 2010, Üb. Friederike Hausmann, Petra Kaiser, Rita Seuß.

17 Das gilt etwa für die Stiftung Kardinal Francis Spellman, zu deren Zeichnungsbevollmächtigten der siebenmalige Ex-Ministerpräsident Giulio Andreotti gehörte. Dank dieses Systems kam in den Jahren des allgemeinen Aufräumens, »Mani pulite«, nie heraus, dass ein Teil des Enimont-Riesenschmiergelds – die größte in Italien jemals bekannt gewordene Summe – über ein Konto floss, für das Andreotti zeichnungsberechtigt war.

18 Neben Promontory wurde diese Position auch vom internationalen Unternehmen Pricewaterhouse-Coopers (PwC) analysiert, das von Papst Franziskus engagiert worden war. Die Prüfer gingen von den APSA-Abschlüssen aus und

fanden»einen Betrag von 10 Millionen Euro bezüglich eines Erbes, dessen Gegenstand der Palazzo Brancaccio war. Wie aus dem Testament hervorgeht, wurde die Verwaltung der Immobilie laut dem letzten Willen von Fürst Brancaccio der Güterverwaltung anvertraut, weil die Erträge dem Heiligen Vater zur Verfügung stehen sollten. Der Palazzo steht mit 10 Millionen Euro in den APSA-Büchern. Die Passiva ist unklar.« PwC, Apsa, Appendice A, Aspetti di dettaglio concernenti tematiche contabili, Dezember 2016 (streng geheimes und vertrauliches Dokument).

19 Die Buchhaltungsposition des Erbe Sambi ergibt sich aus dem Dokument des internationalen Unternehmens PwC, Apsa, Appendice A, Aspetti di dettaglio concernenti tematiche contabili, a.a.O.

20 Aus dem Promontory-Dokument für den Heiligen Vater, Analisi dell'Apsa, principali osservazioni e raccomandazioni, 21. Februar 2014.

21 Marcel Noirot wird 1915 geboren und 1938 zum Priester geweiht; er verbringt fast sein gesamtes Leben in Rom, wo er an Universitäten und Instituten lehrt und 1996 stirbt.

22 Das gilt etwa für die Stiftung Domus Urbaniana, eine der beiden Stiftungen im Dunstkreis der Kongregation für die Evangelisierung der Völker. Präfekt ist seit 2011 Kardinal Filoni. In der Vergangenheit zeichneten sich die Präsidenten von Domus Urbaniana durch Licht, aber auch Schatten aus. So hat Francesco Silvano, der schon zu Zeiten von Biagio Agnes Geschäftsführer von STET war und Kardinal Crescenzio Sepe sehr nahe stand, den Skandal um die Immobilien der Kongregation und die Seilschaft Balducci-Anemone unbeschadet überstanden. Auch der Präsident der Stiftung Mondo Unito, Antoine Camilleri, ist ein Schattenmann der alten Garde; er wurde von Benedikt XVI. zum Untersekretär der Sektion für die Beziehungen mit den Staaten im Staatssekretariat ernannt und hat seinen Posten bis heute behalten.

23 In der Kontoübersicht steht zu lesen:»Am 6. September 2013 eröffnetes Konto, Einzahlung durch Überweisung von Mitgliedsbeiträgen. Verein nach kanonischem Recht mit Sitz in Vatikanstadt, Gründung 1971, Ex-Palatingarde.«

24 Laut Website des Circolo steht Prälat Camaldo an zweiter Stelle, direkt hinter dem aktuellen Präsidenten Leopoldo Torlonia.

25 Brief von Kardinal Giuseppe Versaldi an den damaligen Substituten für die Allgemeinen Angelegenheiten Angelo Becciu vom April 2015, als Antwort auf Beccius Schreiben vom 29. Dezember 2014, in dem dieser anmahnt,»einige Dynamiken bezüglich der Fondsverwaltung bei dem Päpstlichen Rat Cor

Unum näher zu erläutern«, um »mit aller gebotenen Vorsicht die notwendigen Erläuterungen einzuholen, auf Grund derer dann die passenden Korrekturmaßnahmen getroffen werden können.«

26 PwC, *Apsa, Appendice A, Aspetti di dettaglio concernenti tematiche contabili,* a.a.O.

27 Ebd.

28 In der Vergangenheit hielt die Güterverwaltung auch Klein- und Kleinstbeteiligungen, die für jemanden, der die Seelen führen und das Evangelium verbreiten will, dennoch ungewöhnlich sind. So hielt die Zentralbank über die Sport Immobiliare GmbH winzige 0,18 Prozent am fantastischen Selva Alta Sporting Club vor den Toren von Vigevano in der Lombardei. Seit 1967 kann man dort, inmitten der Ruhe des Naturschutzgebiets Parco del Ticino, auf 80.000 Quadratmetern reiten, schwimmen und Tennis spielen. Erst kurz vor Weihnachten 2013 störte die Tageszeitung »La Stampa« die gewohnte Ruhe, denn sie wusste Unglaubliches zu berichten: »Die Steuerfahndung beim VIP-Sportclub: Der Reitstall hat nie Steuern bezahlt.« Aber was hat die Güterverwaltung mit dem Reiten zu tun? Und warum investiert die Güterverwaltung, wenn auch geringe Beträge in einen »VIP-Sportclub«? (Claudio Bressani, La Finanza al centro sportivo vip: il circolo ippico non ha mai pagato le tasse,»La Stampa«, 21. Dezember 2013).

29 PwC, Apsa, Appendice A, Aspetti di dettaglio concernenti tematiche contabili, a.a.O.

30 Vertrauliches Schreiben des Präfekts des Wirtschaftssekretariats, George Pell, an die Kardinäle des Wirtschaftsrats, Prot. 00076/R/2016, 16. Mai 2016.

Der Teufel im Vatikan

»Im Vatikan habe ich den Teufel gesehen!«
Im Reich von Nunzio Scarano
Um hautnah von den blühenden Jahren dieser Fantasiebank berichten zu können, habe ich mich in die Altstadt von Salerno begeben. Ich gehe durch ein Wirrwarr aus Gassen, vorbei an kaputten Rollern am Straßenrand, an einst pastellfarbenen Häuserfassaden, deren Farbe von der Salzluft abblättert ist, an vermüllten Ecken. Schließlich erreiche ich ein großes, quietschendes Holzportal. Ich betrete einen dunklen Flur und komme zu einer Treppe, die mich zu einer bis heute nicht wirklich zu Ende erzählten Geschichte führen soll. Vor mir liegt das private Reich, eine Mischung aus Luxus, Glaube und Mystik, von Nunzio Scarano, dem vielleicht einzigen Priester der Welt, der wirklich alles mitgemacht hat: Prozesse, Gerüchte, Neid, Einsamkeit und einen infamen Spitznamen, den man ihm schon ganz am Anfang angehängt hat und den er vielleicht bis zu seinem Tod und sogar darüber hinaus nicht mehr loswird. Ich sehe eine Luxuswohnung mit eleganten Teppichen und Hochglanzparkett, wertvollen Gemälden an den Wänden, antiken Möbeln, Madonnen, Fotos von Päpsten. Hier treffe ich »Monsignore 500«.

Auch wenn Nunzio Scarano wirklich alles mitgemacht hat, er ist noch sehr lebendig. Die Staatsanwaltschaft hält ihn für einen gierigen Geldwäscher, einen Nimmersatt, der die schmutzigen Gelder der Welt eingesammelt hat, doch er weist solche Anschuldigungen entrüstet von sich. Er hat wie eine Katze sieben Leben. Mindestens drei hat er schon unter Beweis gestellt, aber es kann ja noch einiges kommen. Das erste Leben führt er als Laie, als Angestellter der Banca d'America e d'Italia, als Lehrer für Finanzwesen in Kampanien.

Im Jahr 1986 wird er vom Wort Gottes getroffen, Scarano legt das Ordensgelübde ab und beginnt sein zweites Leben. In der kirchlichen Hierarchie steigt er schnell auf. Kardinal Giuseppe Caprio, Präsident der Präfektur für die ökonomischen Angelegenheiten, schätzt ihn sehr, er ist mit Guerino Grimaldi, dem Erzbischof von Salerno, und dessen Nachfolger Gerardo Pierro befreundet, und kommt auf Empfehlung von letzterem schließlich in den Vatikan. Als Mitarbeiter des APSA-Präsidenten, des mächtigen venezolanischen Kardinals Rosalio José Castillo Lara, hat er eine Schlüsselrolle inne. Er fängt als Buchhalter in der Zentralbank des Vatikans an und bleibt 23 Jahre dort, bis zu seiner Verhaftung im Sommer 2013, wenige Monate nachdem Franziskus zum Papst gewählt wurde. Scarano muss sich vor zwei Gerichten verantworten: wegen Korruption in Rom und wegen Geldwäsche in Salerno. Gemeinsam mit Lara, dem Finanzbevollmächtigten, befand er sich im Zentrum des kurialen Machtgefüges, das sich unter dem Pontifikat Johannes Paul II. entwickelt hatte. Die beiden schufen den Pensionsfonds für die Beschäftigten, der Franziskus heute so große Sorgen bereitet. Für Scarano gehen die Lichter am Morgen des 28. Juni 2013 aus, als er auf Antrag der römischen Staatsanwaltschaft und unter großem Aufsehen verhaftet wird. Wegen Korruption und Verleumdung wird er im Februar 2019 schließlich zu drei Jahren Gefängnis verurteilt.[1] Seit den ersten Anschuldigungen hat Scarano kaum noch Interviews gegeben; er hält sich an die eiserne Regel der verborgenen kirchlichen Finanzwelt: Schweigen, am besten vergoldet. Doch jetzt möchte er Papst Franziskus eine klare Botschaft übermitteln.

Wir unterhalten uns schon seit über einer Stunde in seinem Arbeitszimmer, an den Wänden Fotos seines zweiten, so abrupt abgerissenen Lebens, Bilder, auf denen er mit Päpsten, Kardinälen, berühmten Prälaten zu sehen ist. Feierlich, als wären wir auf einer Prozession, weiht er mich ins Labyrinth seiner Wahrheiten ein. Doch auf einmal hält er inne und schiebt demonstrativ, wie ein verlebter Schauspieler, mit dem Zeigefinger der rechten Hand einen weißen, großen Umschlag in meine Richtung. Genau in der Mitte des Schreibtischs, der zwischen uns steht, bleibt er liegen.

»Bitte, das habe ich für Sie vorbereitet. Behalten Sie es ruhig.«
Ich öffne den Umschlag und ziehe etwa zehn Fotos heraus. »Ja,
schauen Sie genau hin«, sagt er mit kaum verhehlter Freude, weil ich
offensichtlich verwundert bin. Ich gucke mir die Fotos an, sie zeigen
einen Kirchturm. Ich weiß nicht, was mir die Fotos sagen sollen.
Scarano sieht meine Unschlüssigkeit, steht auf, geht zum Fenster
und zieht die Vorhänge beiseite. Der Kirchturm, den ich auf den
Fotos sehe, steht nur wenige Meter von uns entfernt. Es ist der
arabo-normannische Kirchturm der Kathedrale von Salerno, 52 Meter hoch, vier Würfel und als Dach ein kuppelförmiger Tiburio. Auf
den Fotos erkennt man, dass aus dem zwölfbogigen Turm ein seltsames Licht kommt. »Sehen Sie das? Dort, zwischen den Glocken
hatten sie eine Kamera installiert, um mich Tag und Nacht zu überwachen. Viereinhalb Jahre lang wurde ich ununterbrochen gefilmt,
jedes Mal, wenn ich die Glastür zur Küche öffnete, ging das Licht
an. Die Kamera ist auf meine Wohnung gerichtet.«

»Wer hat Sie überwacht?«

»Die Ermittler oder die Kurie? Wahrscheinlich beide. Meine
23 Jahre im Vatikan waren erstaunlich, aber es gab nichts Außerge-
wöhnliches. Ich habe nichts zu verbergen.«

»Aber man hat gegen Sie ermittelt«, erinnere ich ihn. Störrisch
schüttelt er den Kopf und zeigt auf seinen Schreibtisch, auf ein Blatt
mit seiner Handschrift:

Ich möchte die Wahrheit nicht wegen mir sagen. Ich möchte, dass die
Kirche es bereut, Menschen solche Schmerzen zuzufügen. Die Wahrheit ist hart und grausam, aber sie muss gesagt werden, sonst wird sich
die Kirche niemals ändern. Ich habe nichts mehr, ich habe nichts mehr
zu verlieren, und wenn ich das jetzt mache, tue ich es nur, um meine
Würde als Priester nicht zu verlieren. Das reicht mir und gibt mir die
Kraft, zu kämpfen und weiterzumachen, mich mit Vertrauen und
Hingabe in Gottes Hände zu begeben. Ich weiß, dass die Wahrheit für
viele unbequem ist, aber sie muss gesagt werden, denn wer Gift sät,
wird Gift ernten. Ich weiß mit Gewissheit, dass Gott mich aus dieser
Räuberhöhle nur befreit hat, um mir Gerechtigkeit widerfahren zu lassen. Sonst wäre ich in den Händen des Satans geendet. […]

Eine Räuberhöhle

Als ich vom Blatt hochschaue, ist seine Miene ungerührt.

Wer ist Satan und wer sind die Räuber?
Der Satan hat viele Gesichter, die er nach Belieben wechseln kann.
Er ist schlau und gerissen, nicht dumm oder einfallslos. Die Räuber
nutzen ihre Macht zum eigenen Vorteil und verwalten die Güter
nicht zum Vorteil der Kirche.

Sie sehen in manchen Gesichtern des Vatikans die Fratze Satans?
Der Teufel geht nicht dorthin, wo man ihm schon ergeben ist, sondern dorthin, wo man ihn weit weg glaubt. Dort, in der Kirche, trägt
er seine Schlachten aus. Das Blutvergießen ist der Kampf gegen das
Gute, um alle zum Bösen zu verführen.

Entschuldigung. Sie wurden ja verurteilt. Wollen Sie mit ihrem
Schreiben jemandem eine Botschaft senden? Wollen Sie jemanden
erpressen?
Wenn man den Brief im Licht des Glaubens liest, enthält er eine
Botschaft für jemanden, der bereuen muss.

Aber zu allererst müssen vielleicht Sie bereuen? Sie wurden angeklagt
und verurteilt.
Ich bin kein Verurteilter.

Was heißt das?
Es gibt noch kein endgültiges Urteil, man hat im Vatikan nicht gegen
mich ermittelt, meine finanzielle Situation ist sauber und normal. Ich
habe gegenüber der Kirche stets meine Pflicht erfüllt. Ich hätte etwas
zu sagen, aber bisher hat mich niemand gefragt, sonst hätte ich die
Wahrheit gesagt. Ich habe mich damit abgefunden, dass alles seine
Zeit braucht, und mein Schicksal in Gottes Hände gelegt. Wer mich
eigentlich hätte anhören sollen, hat nur nach dem Erfolg geschielt,
nach den Titelseiten der Zeitungen, und jede Wahrheit mit den Füßen getreten. Ich möchte auch das Evangelium sein, denn das Evan-

gelium hat uns gelehrt, dass man den Bruder mit zwei Zeugen anrufen soll, und wenn er dich nicht anhört, ist es Zeit, dass er es vor
der Gemeinde tut, und es ist Zeit, es vor der Gemeinde zu tun, das
ist nur zu ihrem Besten, damit sie sich zur Wahrheit bekehren. Der
Heilige Vater, Papst Franziskus, hat mein Erbe nun in seine Hände
genommen, und wirklich, die Gerechten werden im Namen der Gerechtigkeit Gottes verfolgt.

Kehren wir zum Vatikan zurück. Sie haben für die APSA, die Zentralbank gearbeitet […]
Ja, und sie ist sicher dank eines Laien groß geworden, Giorgio Stoppa.
Er war der Sohn des Fahrers von Papst Johannes XXIII., seine Eltern
liegen in der Kapelle Sant'Anna begraben. In den achtziger, neunziger Jahren war Stoppa sehr einflussreich, er konnte über Ernennungen und Schicksale entscheiden. Als Bevollmächtigter der Außerordentlichen APSA-Abteilung vor Paolo Mennini machte er die APSA
zu einem Konkurrenten des IOR. »Beim IOR geben Sie 1,5 Prozent
Zinsen? Okay, dann geben wir 2!«, sagte er. Genauso. Das war Stoppa, aber da war auch schon Mennini, der Sohn der rechten Hand von
Marcinkus, der von der Londoner Filiale der Banca nazionale
dell'agricoltura zu uns kam. »Ich nehme den Posten aus Liebe zur
Kirche an«, sagte er einmal feierlich, aber mir gefiel er nicht.

Welches Verhältnis hatten Sie zu Ihren Vorgesetzten?
Castillo Lara war ein Mann der Gebete, intelligent, korrekt, loyal,
und er verfügte nicht über das Waffenarsenal von Calcagno, den ich
nie mochte. Ich habe viele Kämpfe geführt, um die Finanzen der
APSA zu verteidigen, und habe mich gegen ihn gestellt. Das habe ich
einfach gemacht, weil ich an das geglaubt habe, was ich in der Papstwohnung auf Knien geschworen habe, als Papst Johannes Paul II. zu
mir sagte: »Treue und Ehrlichkeit, wenn ich bitten darf. Ich werde
Ihren demütigen Dienst immer im Herzen tragen und für Sie beten,
denn ich weiß, Sie leben in der Höhle des Löwen.« Er wusste genau,
wo ich arbeitete.

Warum ist es zum Bruch mit Domenico Calcagno gekommen? Wegen der Konten bei der APSA?
Aus dem Bauch heraus: Möglicherweise hat er mich nie gemocht, dabei habe ich einfach nur gesagt, was ich dachte, nämlich, dass die APSA keine Bank ist, sondern, wie Kardinal Giuseppe Caprio sagte, die Güterverwaltung des Heiligen Stuhls. Das ist etwas vollkommen anderes. Die Güter des Heiligen Stuhls zu verwalten, ist weit mehr. Ich bin davon überzeugt, dass Papst Franziskus all das sehr genau gewusst hat.

Gab es bei der Bank tatsächlich tausend Konten?
Ja, aber ich habe sie nie wirklich gezählt.

Es gab Konten von ehemaligen Laien, die sich auf Unternehmer und Politiker jener Zeit zurückführen ließen [...]
Als ich von Kardinal Nicora befördert oder besser weggelobt wurde, weil ich einigen Leuten nicht gefiel [...]

Die Konten von Politikern und Unternehmern [...]
Wenn, dann waren es Nummernkonten. Diese Frage müssen Sie Leuten stellen, die darauf nicht antworten werden, Mennini, Stoppa und anderen Laien [...] oder Geistlichen wie Calcagno [...]

Aber wurde intern über diese Konten, diese Geldmittel gesprochen?
Ja, darüber wurde immer gesprochen, und das geht schon auf eine alte Geschichte zurück, die mit Caprio anfängt, dem größten Präsidenten der APSA [...]

Ihrer Meinung nach war also mehr oder minder bekannt, dass es solche Konten gab?
Man konnte davon wissen, aber es war ein Geheimnis. Wenn ich weiter im Sekretariat gearbeitet hätte, hätte ich etwas darüber in Erfahrung bringen können, aber man hat mich ja weggelobt.

Ging es mehr um Politiker oder Unternehmer?
Unternehmer, Bauunternehmer, Leute, die mit der Sanierung der
Immobilien des Heiligen Stuhls zu tun hatten. Es ging vor allem um
solche Kunden, es gewannen immer dieselben Unternehmer, das war
ein geschlossener Zirkel.

Hat man auch über Konten von Politikern geredet?
Ich habe davon nie gehört, wenn, dann nur hinter geschlossenen
Türen.

Aber man wusste davon?
Es lag in der Luft, man spürte das, aber Namen zu nennen, ist etwas
anderes.

Hat es auf solchen Konten seltsame Bewegungen gegeben?
Ich habe dem Heiligen Vater Treue geschworen, der Heiligen Mutter
Kirche […] auch wenn sie immer mehr zu einer Räuberhöhle ver-
kommt.

Das ist ein schwerer Vorwurf, den Sie da äußern.
Schauen Sie, wenn es um undurchsichtige oder schändliche Vorgänge geht, wende ich mich an die vatikanischen Behörden. Im Vatikan
wurde nie gegen mich ermittelt, und wenn Papst Franziskus es
wünscht, stehe ich ihm zur Verfügung. Jetzt muss ich mich aber verabschieden und beten.[2]

Scarano weiß nicht einmal, dass der Papst seine Angelegenheit aufmerksam verfolgt hat. Aber das amerikanische Beratungsunternehmen Promontory ist Scaranos Erklärungen gegenüber den Ermitt-
lern nachgegangen, hat zahlreiche in den Medien geschilderte
verdächtige APSA-Vorgänge aufgegriffen und aus all dem einen vertraulichen Bericht mit entsprechenden Belegen erstellt und schon
im Februar 2014 an den Heiligen Vater übermittelt. Wie aus dem
Dokument hervorgeht, hat Scarano in allem die Wahrheit gesagt.
Schon der Titel des Dokuments verrät, dass die Vorgänge hinter ge-

schlossenen Türen ziemlich brisant waren: »Sonderrecherchen zu Hochrisikofällen«. In dem Dokument heißt es:

> Wir sind der von Prälat Scarano geäußerten Vermutung nachgegangen, dass es über das APSA-Konto einer natürlichen Person zu Marktmanipulationen kam. Mehrere von uns entdeckte Anomalien legen die Vermutung nahe, dass gegen das vatikanische Geldwäschebekämpfungsgesetz und die entsprechenden italienischen Finanzmarktregelungen verstoßen wurde. Um der gesetzlichen Meldepflicht nachzukommen, haben wir unsere Berichte zur letzten Durchsicht an die APSA weitergeleitet. Wenn es nicht gelingt, die Risiken zu vermindern, verhält sich der Heilige Stuhl weiterhin rein reaktiv. Dies würde nicht nur die Glaubwürdigkeit der Reformkräfte beschädigen, sondern zugleich den Status der APSA als Zentralbank gefährden.[3]

Es ist schwierig, die interne, geheime Analyse mit letzter Gewissheit nachzuzeichnen, offenbar wurde sie aber zur weiteren Überprüfung sowohl an die AIF – die vatikanische Finanzinformationsbehörde mit Sitz im Palazzo San Carlo, die die Anstrengungen zur Geldwäschebekämpfung überwacht –, als auch an die vatikanische Staatsanwaltschaft als zuständige Ermittlungsbehörde weitergeleitet. Sicher ist allerdings, dass es in all den Jahren zu keinem Ermittlungsverfahren gekommen ist. Kein Wunder, denn die Gerichtsbarkeit im Vatikan wird noch immer sehr stark von der Kurie und ihren höchsten Würdenträgern bestimmt.

Bei den Immobilien herrscht Chaos: Die italienischen Steuern werden nicht gezahlt

Die Güterverwaltung APSA ist also ein Monster mit tausend Gesichtern und beweist schon allein, wie weit die Tentakeln der römischen Kurie noch immer reichen. Da sind nicht nur die problematischen Geheimkonten oder typisch kurzsichtigen Investmentanlagen der Außerordentlichen Abteilung, auch über der Ordentlichen Abteilung, die das riesige Immobilienvermögen mit einem Marktwert von circa 2,7 Milliarden Euro verwaltet, liegen düstere Schatten.[4] Hier gibt es genauso tiefe Abgründe, Privilegien und dramatische

Vorwürfe. Allerdings mit einem wesentlichen Unterschied: Während sich das Team von Papst Franziskus Menninis Abteilung schon 2013 vorgeknöpft hat und seit 2016 erste, wenn auch bescheidene Ergebnisse erkennbar werden, sind sämtliche Normalisierungsversuche in der Immobilienverwaltung bislang gescheitert. Man hangelt sich von Tag zu Tag, tastet sich mühsam durchs Dunkle, spekuliert heimlich oder verfolgt Interessen, die nichts mit der Verkündung des Evangeliums zu tun haben.

Dabei war Papst Franziskus schon in seinen ersten Amtsmonaten Schwarz auf Weiß erläutert worden, dass das Immobilienvermögen wesentlich weniger ertragreich sei, als aktuelle Marktbewertungen erwarten ließen. Der Papst erfuhr, dass insbesondere den Staatskassen erhebliche Beträge entgehen, weil Wohnungen dank eines mächtigen Klüngels kostenlos oder zu lachhaften Mieten vergeben werden, und entrüstete sich bereits im November 2015 über den »vatikanischen Mietskandal«, nachdem ich in meinem Buch *Alles muss ans Licht* über die 700-Quadratmeter-Wohnungen von Kardinälen und über mietfreie Luxuswohnungen für die vatikanische Nomenklatura berichtet hatte. Diskret beauftragte der Papst den damaligen Generalrevisor Libero Milone mit einer internen Prüfung, um endlich ein Zeichen zu setzen: für eine effektive Vermietung von Immobilien aus Nachlässen und Schenkungen und gegen spottbillige Mieten für Freunde und Freundesfreunde. Doch wie wir sehen werden, stieß Milone auf erhebliche, breite Widerstände und seine Nachprüfungen verliefen im Sand. Die Güterverwaltung APSA verlangt bis heute bescheidene, wenn nicht lachhafte Mieten, und die Kurie, die in tiefroten Zahlen ist, kann die steigenden Kosten nur durch zig Millionen aus den Peterspfennig-Spenden auffangen.

Nichts Neues also. Auf dem Schreibtisch von Papst Franziskus harren noch immer dieselben Probleme ihrer Lösung. Doch mittlerweile ist die Situation unhaltbar geworden, und der Papst wird über einen möglichen Bankrott informiert. Im Vatikan herrscht eine widersprüchliche Doppelmoral.

Beinah tagtäglich ermahnt Papst Franziskus die Gläubigen zu mehr Bescheidenheit, fordert einen härteren Kampf gegen Korruption, mehr Transparenz, das Ende der Intrigen und Machtspiele. So heißt es in der Botschaft vom 14. Juni 2018, die er für den zweiten Tag der Armut im folgenden November vorbereitet hat:

> Die Armen evangelisieren uns, indem sie uns helfen, jeden Tag die Schönheit des Evangeliums zu entdecken. Lassen wir diese Gelegenheit der Gnade nicht ins Leere laufen. Wir wollen an diesem Tag spüren, dass wir alle ihnen gegenüber in der Pflicht stehen, damit – indem wir einander die Hand reichen – sich die rettende Begegnung verwirklicht, die den Glauben festigt, die Nächstenliebe tatkräftig macht und die Hoffnung befähigt, sicher weiterzugehen auf dem Weg zum Herrn, der kommt.

Zwei Wochen später wird er in seiner Predigt anlässlich des Konsistoriums, bei dem 14 neue Kardinäle ernannt werden, noch deutlicher:

> Wem nützt es, die ganze Welt zu erobern, wenn er im Inneren korrumpiert ist? Wem nützt es, die ganze Welt zu erobern, wenn er von erdrückenden Intrigen gefangen genommen ist, die das Herz und die Mission ausdörren und unfruchtbar werden lassen? In dieser Situation könne man – wie jemand gesagt hat – schon die Palastintrigen erahnen, auch in der Kurie. […] Wenn wir die Mission vergessen, wenn wir das konkrete Gesicht unserer Brüder aus dem Blick verlieren, verengt sich unser Leben auf unsere eigenen Interessen und kleinen Sicherheiten. Und damit nehmen Groll, Traurigkeit und Ekel zu. In dieser Welt haben die anderen, die kirchliche Gemeinschaft, die Armen, das Wort Gottes immer weniger Platz. Und so geht die Freude verloren, und das Herz trocknet aus.

Doch die vielen Ermahnungen gehen offensichtlich ins Leere. Wenn man den Vatikan vor dem Hintergrund der Dokumente betrachtet, die ich in den Händen halte, kann man das nicht anders sagen. Nehmen wir etwa die Dokumente zur Transparenz der Immobilienverwaltung. »Wir müssen die Immobilienfrage dringend im Blick behalten«, wiederholen die Kardinäle in jenen Sommermonaten 2018 in der Sitzung des Wirtschaftsrats. »Das gilt insbesondere für die Einnahmen, die wir damit erwirtschaften oder erwirtschaften sollten.« Gelder, die nämlich anderswo fehlen. Doch dasselbe konnte schon Papst Benedikt XVI. in den Berichten der internationalen Wirtschaftsprüfer 2010–2012 lesen, und dasselbe stand in den Berichten der Organe, die Papst Franziskus nach seiner Wahl ins Leben gerufen hatte.

Woher so viel Aufschieberitis? Warum tut niemand wirklich etwas? Es wäre doch nicht schwer. Pragmatische Kardinäle haben schon längst die richtige Antwort gefunden, wenn sie daran erinnern, dass sogar die einfachsten, fundamentalsten Daten fehlen. »Wenn man eine Lösung will, muss die APSA eine klare Bestandsliste der Immobilien vorlegen, auf deren Grundlage man eine realistische Ertragsprognose treffen kann.«[5] Bis heute, wir haben mittlerweile den Sommer 2019, und seit der ersten revolutionären Ankündigung von Papst Franziskus sind sechs Jahre vergangen, fehlt ein vertrauenswürdiges Inventar, aus dem Gebäude für Gebäude, Behörde für Behörde hervorgeht, was die Kirche besitzt und wie viel es wert ist.

Die Forderung nach einer Bestandsaufnahme des gesamten Immobilienvermögens wurde boykottiert. Zig Ausreden und Hindernisse führten immer wieder zu einer Verschiebung, von Monat zu Monat, von Jahr zu Jahr. Wie will man die Gewinne optimieren, wenn man im Dunkeln tappt? Wie sollen die Einnahmen in normale Bahnen gelenkt werden, wenn man nicht weiß, wie sie genau aussehen und wie hoch sie sind? Wie soll man zumindest auf Mehreinnahmen hoffen können, wenn nicht mal die APSA selber weiß, was sie besitzt? Angesichts dessen ist das Ergebnis schnell zusammengefasst: Die Privilegierten bleiben in ihren Wohnungen, keinem wird gekündigt, keiner zieht aus, der Einzige, der jetzt in einer bescheidenen Zweizimmerwohnung lebt, ist Papst Franziskus.

In jenem Juni 2018 unternimmt der Papst noch einmal einen Anlauf und scheucht die Zaudernden auf. Er macht, was enge Vertraute schon länger erwartet hatten: Nach elf Jahren unangefochtener Herrschaft muss der APSA-Chef gehen, der bevollmächtigte

Kardinal Domenico Calcagno, graue Eminenz der römischen Kurie, wichtiger Teil ihres italienischen Rückgrats und treuer Anhänger von Ex-Kardinalstaatssekretär Tarcisio Bertone. Der Weggang des berühmtberüchtigten Kardinals, der wegen seiner umfangreichen Kriegswaffensammlung den Spitznamen »Rambo« trägt, erregt einiges Aufsehen.[6] Trotz Angriffen von allen Seiten hatte Calcagno unter Papst Franziskus durch geschicktes Lavieren noch fünf lange Jahre im inneren Zirkel überlebt.

Er konnte seinen Aufgabenbereich, seine Stellung und seinen Einfluss wahren, trotz Kardinal Pell, Untersuchungsausschuss, internationalen Wirtschaftsprüfern und Ermittlungen durch italienische Staatsanwälte, die allerdings nie zu einer Anklage führten. Unter anderem verdankte er das seiner Fähigkeit, nützliche Kontakte zu pflegen, etwa zu Papst Franziskus.

Im Gästehaus Sant'Anna speist Calcagno zu Beginn des neuen Pontifikats mehrmals im Monat mit dem Papst zu Mittag oder Abend. Um sein Herz zu gewinnen, bringt er seine brave, treu ergebene Mischlingshündin Diana mit, Abkömmling einer streunenden Hündin, die er vor nunmehr siebzehn Jahren, noch als Ökonom der Italienischen Bischofskonferenz, bei sich aufgenommen hatte. Zwischen den beiden Männern entwickelt sich gewissermaßen eine Beziehung, die allerdings aufgrund der fehlenden Wesensverwandtschaft förmlich und distanziert bleiben muss. Man schließt sozusagen einen Pakt: »Beim Essen wollen wir nur über Angenehmes reden, über gute Neuigkeiten«, hat der Papst einmal zu Calcagno gesagt, und er hat sich, wie man im Vatikan hört, gern daran gehalten. Als die Lage brenzlig wird, hält der Papst daher zu ihm. So beruft sich George Pell etwa im Juli 2014 ausdrücklich auf das *Motu proprio* von Franziskus und fordert mit einem Dekret die Übernahme der APSA-Immobilienabteilung durch das Wirtschaftssekretariat. Doch Calcagno kann den Vorgang stoppen, in einer Privataudienz beim Papst erreicht er eine Neuformulierung. Als Diana stirbt, ermuntert der Papst Calcagno mehrmals, sich doch einen neuen Hund anzuschaffen, aber der will davon nichts wissen. Und das ist sicher nicht nur Attitüde: Das Hündchen war für Calcagno ein treuer, unersetzbarer Freund. Nach seinem Tod und dem Verlust seiner

Haushälterin ist der alte Kardinal allein und verletzlich, kurzum ein anderer Mensch als während seiner unangefochtenen APSA-Herrschaft.

An Calcagnos Stelle tritt Prälat Nunzio Galantino, von 1977 bis 2011 Priester von San Francesco in Cerignola und schon 2013 vom Papst zum Leiter der Italienischen Bischofskonferenz ernannt. Die Entscheidung ist sicher kein Zufall, sondern besiegelt eine nicht nur hierarchische Beziehung. Die beiden Männer haben die gleiche Vorstellung von einer sozialen Kirche als Altar der Bedürftigen oder interessieren sich beide für die Gedankenwelt von Antonio Rosmini. Seit Beginn des neuen Pontifikats ist Galantino an Franziskus' Seite. Mehr als alle anderen Dikasterienleiter steht er in der Kurie für die Ideen, die Franziskus von den Randregionen der Welt bis in die Sixtinische Kapelle tragen will. Anders als der Diplomat Parolin und mit Sicherheit als die Vertreter der alten Garde, die noch immer in den Nervenzellen des Vatikans überleben, ist Galantino ein Musterbeispiel an Schlichtheit.

Der Papst ermutigt ihn mit knappen Worten, weist ihn auf Prioritäten hin und rät ihm klar, welche Mitarbeiter zu versetzen sind. Die düstere Ära Calcagno ist zu Ende, nun ist der Papst hinsichtlich der Zukunft der Zentralbank optimistisch. Zwischen den Trümmern der vorigen Verwaltung werde sich Galantino, so denkt er, geschickt bewegen. Oder glaubt es zumindest. Doch wenn die Skelette in den APSA-Schränken endlich still sein sollen und »man in eine hellere Zukunft blicken will«, wie Galantino gegenüber engen Vertrauten sagt, dann muss er sich sputen und jeden dunklen Winkel der alten Ränkeschmiede durchleuchten.

Die Frage der Immobilienverwaltung muss endlich in Angriff genommen werden. Galantino ist erst wenige Tage im Amt, als er feststellen muss, dass die mühsame Bestandsaufnahme des Immobilienvermögens noch immer unvollständig ist. Trotz seines eisernen Willens und obwohl er das Inventar mehrfach anfordert, gehört es weiter ins Reich der Träume. Man legt einen Kalender mit den Terminen aller vordringlichen Arbeiten an. Dort kann man nachlesen, dass bis zum 30. September 2018 »eine Gruppe eingerichtet wird, die die Kriterien, Methoden und Ressourcen für die Bestandsaufnahme des Immobilienvermögens festlegt«.[7] Für den Folgemonat ist die »Projektausarbeitung« eingetragen, und das Projektende ist für den »31. Dezember 2019« anvisiert. Gleichzeitig sollen eine Rentabilitätsstudie erarbeitet und die zigste hoffentlich modernere und nutzerfreundlichere Software implementiert werden, die eine schnellere Analyse ermöglicht als das veraltete System.

Kurzum: Alle halten die Aktualisierung des Güterbestands für »fundamental«, wie es Professor Francesco Vermiglio im Dezember gegenüber den Kardinälen des Wirtschaftsrats in der Sala Bologna ausgedrückt hat. Aber keiner lässt den Worten Taten folgen. Für ein transparentes Vorgehen stehen zu viele Interessen auf dem Spiel. So fehlt beispielsweise auch eine einfache Klassifizierung, aus der ersichtlich wäre, welche Objekte in Italien steuerpflichtig und welche dank der Verträge zwischen Italien und dem Vatikan von der Steuer befreit sind. Schon im Juli 2018 hatte der Interims-Generalrevisor Alessandro Cassinis festgestellt, dass »bezüglich der juristischen Natur der Immobilien teilweise eine größere Klarheit nötig ist, ebenso wie ein Abgleich zwischen den APSA- und den italienischen Registern«. Im Raum stehen Steuermillionen, die an den italienischen Staat abzuführen sind:

> Wie sich gezeigt hat, zahlt die APSA korrekterweise keine IMU (Gemeindesteuer) für davon befreite Immobilien. Allerdings gibt es offensichtlich keine komplette Liste mit den entsprechenden Nachweisen für die steuerbefreiten Immobilien (einschließlich der wichtigsten der Befreiung zugrundeliegenden Daten), sodass die Berechtigung zur Steuerbefreiung nicht überprüfbar ist. Laut der Angaben unserer Ansprechpartner in der Behörde werden APSA-Immobilien von Dritten auch ohne formelle Unterlagen verwaltet [etwa Miet- oder Nutzungsverträge, aus denen die Nutzung der Immobilie hervorgeht, A. d. A.]. Zudem wurde uns gesagt, dass die APSA teilweise nicht wisse, welche Aktivitäten in den von Dritten verwalteten Immobilien stattfinden, und die möglichen steuerliche Konsequenzen daher nicht beurteilen könne.[8]

Der Heilige Stuhl spart dadurch immense Summen. Vor allem, wenn man bedenkt, dass der Sanierungsplan der Fünf-Sterne-Bewegung, mit dem der Verschwendung der römischen Verwaltung hätte Einhalt geboten werden sollen, die Einforderung dieser Beträge vorsah. »Es geht um ungefähr 200 Millionen Euro jährlich«, sagte Daniele Frongia, damals Vorsitzender der Kommission »Transparenz auf dem Kapitolshügel«. Und er ging ins Detail: » Für 12.000 Immobilieneinheiten, das entspricht einer Bemessungsgrundlage von über 6 Milliarden Euro,werden IMU und TARI (Abfallgebühr) systematisch nicht gezahlt. Zwischen 2012 und 2014 sind Rom dadurch nachweislich mindestens 40 Millionen an Einnahmen entgangen.«[9]

Der Zusammenbruch der heiligen Immobilien

Die Steuern für die Immobilien würden eine sowieso schon ausgeblutete Kasse treffen und den Niedergang noch beschleunigen. Berechnungsgrundlage wäre ein erhebliches Immobilienvermögen, eine Gesamtfläche von

quasi einer halben Million Quadratmeter, 92 Prozent davon in Rom Stadt und die gute Hälfte sogar in zentral gelegenen Vierteln. Ein Großteil (41 Prozent) sind Wohnungen, 26 Prozent Büros, knapp 8 Prozent Ladenlokale […]. Und nicht zu vergessen die über 76.000 Quadratmeter »atypischer« Immobilien: städtische Flächen, Land, Katakomben, Kirchen, Kapellen, Mensen, Oratorien, Schuppen oder Gräber. Insgesamt 4421 Assets, darunter 858 Hektar Land. 734 Einheiten stehen leer, das sind 17 Prozent; [und nimmt man den Prozentsatz an leerstehender Fläche], kommt man auf 9 Prozent (46.000 von 490.000, ohne Land).[10]

Doch allerhand Ballast erschwert die Bewertung des Immobilienvermögens. Jeder Mietvertrag räumt zahllose Nachlässe ein. Betrachten wir etwa die Übernahme von Renovierungskosten: Die Kirche übernimmt bei allen Mietern durchschnittlich 30 Prozent der Renovierungsarbeiten, und gehört der Mieter zur Nomenklatura der kleinen absoluten Monarchie, sogar 50 Prozent. Das gilt etwa für Untersekretäre. Bei Dikasterienleitern oder vergleichbaren Positionen werden sogar alle Renovierungskosten übernommen. Und der Mietzins? Im Durchschnitt wird den Beschäftigten ein 50-prozentiger Nachlass gewährt, und wer etwa Portier, Dikasterienleiter oder Vergleichbares ist, zahlt gar nichts. In den Unterlagen zur Analyse der Mietberechnung konnte ich folgendes lesen:

> Die durchschnittliche Monatsmiete beträgt 7,47/8,18 Euro pro Quadratmeter, also zwischen 20 bis 70 Prozent weniger als die marktübliche Vergleichsmiete. Die Wohnungsmieten für Pensionäre richten sich nach der ermäßigten Miete für Beschäftigte, die kürzlich um 15 Prozent gesenkt wurde. Instandhaltungen werden in der Regel direkt von der APSA übernommen.[11]

Verglichen mit den aktuellen marktüblichen Mieten genießen APSA-Mieter also traumhafte Bedingungen. Die Mieten betragen nur einen Bruchteil dessen, was man sonst zahlt. Die Mieteinnahmen belaufen sich daher nur auf knapp 11 Prozent des realen Marktwerts. Wenn eine Immobilie eigentlich 5000 Euro im Monat einbringen könnte, nimmt der Vatikan gerade einmal 500 ein. Die Liste der Nutznießer solch goldener Zeiten ist lang, denn viele dürfen umsonst oder fast umsonst wohnen:

> Dikasterien, hohe Prälaten, Untersekretäre und vergleichbare Positionen oder Kardinäle, emeritierte Dekane, Dekane des Römischen Rota-Gerichts, Pflichtverteidiger, Liturgiemeister, Richter-Prälaten, emeritierte Richter-Prälaten, Sekretäre, Untersekretäre, Vizekämmerer, […]. Bei Kardinälen und oberen Prälaten der römischen Kurie ist die Wohnung Teil des Gehalts. Sie müssen nur Neben- und Verbrauchskosten tragen. Untersekretäre zahlen nur 50 Prozent der Mitarbeitermiete. Gemeinnützige Organisationen, die in den Räumen ihrem Organisationszweck nachgehen, zahlen nur die Hälfte der marktüblichen Miete.[12]

Auch hier gibt es natürlich die gebotenen Ausnahmen, denn »besondere Fälle wie etwa NGOs, die ihren Sitz in der Anlage von San Callisto in Trastevere [historische Altstadt, A. d. A.] haben, müssen nur eine symbolische Miete oder eine Kostenerstattung zahlen«.[13] Tatsächlich

»erzielt der Heilige Stuhl nur mit 24 Prozent der belegten Einheiten Einnahmen, während 44 Prozent davon für eigene Zwecke genutzt werden«. Und obwohl man es kaum glauben mag, gibt es selbst bei so günstigen Immobilien erhebliche Zahlungsausfälle. Wie man einem Bericht entnehmen kann, sind nicht nur lächerliche Mieten zu zahlen, sondern die Mieter bleiben diese noch dazu oft schuldig. Die Ausstände belaufen sich zum 31. Dezember 2017 auf 2,7 Millionen Euro, eine gigantische Summe, die durch Kautionszahlungen (780.000 Euro) und Sicherheiten (266.000 Euro) allerdings ein wenig abgefedert wird. In heiklen Sonderfällen, »denen man unbedingt entgegenwirken muss«, zahlt selbst der italienische Staat nicht, »wie etwa im Fall des Inspektorats für Öffentliche Sicherheit, das der Wohnungsgesellschaft Leonina [die dem Heiligen Stuhl gehört, A. d. A.] für vom Innenministerium nie bezahlte Verbindlichkeiten aufgelaufene Rückstände von ungefähr 120.000 Euro schuldet«.

Dagegen sind die Ladenlokale an den Straßen rund um den Petersplatz eine Insel der Seligen. Sie werfen, bei einer Rentabilität von über 100 Prozent, Rekordgewinne ab, weil, wohl weltweit einzigartig, Tag für Tag Zehntausende Pilgerinnen und Pilger durch die Straßen ziehen, Krimskrams und Votivbilder kaufen, die Bars und Restaurants bevölkern, was ordentliche Mieten erlaubt:

In diesem Umfeld steigen die APSA-Positionen auf einen Ertrag von 173 Prozent. Dies liegt zweifellos an den Läden in der Via della Conciliazione und Via di Porta Angelica, wo der Heilige Stuhl angesichts eines kleinen Oligopols und eines realen Monopols stark ist. Hier übersteigen die vertraglich vereinbarten Mieten den Marktwert erheblich. Besonders sticht hier das Governatorat hervor, mit einem Gewinn von 212 Prozent. Zum positiven Ergebnis tragen die Verträge mit der italienischen Post in der Zone San Paolo, mit dem Italienischem Sportzentrum in der Via della Conciliazione und mit der Kaserne der Carabinieri in Castel Gandolfo bei.[14]

Manche Immobilienverwaltung ist auch geradezu absurd schlecht, wie der bislang unveröffentlichte Bericht über den kleinen Immobilienbestand des Petersdoms zeigt. Über die Jahre hat der Petersdom dank Nachlässen und Schenkungen von Gläubigen, die das Symbol der Christenheit in aller Welt in ihrem Testament bedenken wollten, ein beachtliches Vermögen angesammelt. 252 wertvolle Wohnungen, fast alle an bevorzugter römischer Lage. Die großzügigen Gönner haben ihr Eigentum vererbt, um die Zukunft des Petersdoms zu sichern, aber das Vermögen wird, dank Leerständen und auf rätselhafte Weise verschwindende Mieteinnahmen, so schlecht verwaltet, dass man es nur kafkaesk nennen kann:

> Kürzlich hat sich der Petersdom bezüglich der Verwaltung seines Immobilienvermögens durch die APSA besorgt gezeigt: Von 252 Wohnungen stehen 79 leer, nur 173 sind vermietet. Doch die Mieten werden entweder seit Jahren nicht gezahlt oder sind lächerlich gering. Der Petersdom hat das APSA-Sekretariat davon in Kenntnis gesetzt, dass er in den letzten beiden Jahren keine Erträge aus den Immobilien erhalten hat, und erhielt zur Antwort, dass damit auch in den nächsten mindestens drei Jahren nicht zu rechnen sei.

Dann gibt es noch das Problem, dass offenbar aus Spargründen bei eigentlich dringend notwendigen Renovierungsarbeiten nur das absolute Minimum gemacht wird. Der Wirtschaftsrat fordert die Dikasterien, ebenfalls in der vertraulichen Sitzung vom Sommer 2018, dazu auf, »nur die unbedingt notwendigen Instandhaltungsarbeiten vorzunehmen, die im Lauf des Jahres abgeschlossen werden können« und »größere und teurere Maßnahmen auf mehrere Jahre aufzuteilen«. Wenn man teure Renovierungsmaßnahmen auf mehrere Jahre aufteilt, werden zwar die Gesamtkosten nicht geringer, aber der Jahresabschluss sieht wegen der geringeren Passiva besser aus.

Doch das Immobilienvermögen ist alt und erfordert zunehmend mehr Renovierungs- und Sanierungsarbeiten. Immer häufiger sind Maßnahmen erforderlich, an denen zig Tausend Firmen beteiligt sind. Und hierbei kann man leicht der Versuchung erliegen, unliebsame Konkurrenten durch Klüngelwirtschaft oder Kartellbildung auszubooten. Die von Papst Franziskus beauftragten Prüfer haben zu diesem Punkt verschiedene Nachforschungen angestellt. So analysierten sie 456 Maßnahmen im Gesamtwert von 8,9 Millionen Euro, die zu Beginn des Pontifikats durchgeführt wurden, und kamen zum Ergebnis, dass diese zwar von 149 Firmen durchgeführt wurden, aber 70 Prozent der Gesamtausgaben oder 6,25 Millionen Euro an nur zehn Unternehmen gingen.[15]

Kardinal Calcagno und der Kauf einer 96-Millionen-Euro-Immobilie

Die Verwaltung des britischen Immobilienvermögens des Heiligen Stuhls birgt dagegen noch immer zahlreiche Rätsel. Hier geht es um gigantische Werte. Offiziell liegt die Verwaltung in den Händen der British Grolux Investments Ltd. Sie wurde in den letzten Jahren mehrfach von den Prüfern Papst Franziskus' und seltener auch von europäischen Zeitungen wie dem »Guardian« unter die Lupe genommen. Die Immobilien, die die British Grolux bis zum Amtsantritt von Papst Franziskus verwaltete, hatten einen Marktwert von 73 Millionen Euro, standen offiziell allerdings nur mit 38,8 Millionen Euro in der Bilanz: Es geht um Luxuswohnungen und -läden vor allem in London, aber auch in Coventry, West Midlands, genauer gesagt um fünfzehn Einheiten in sechs Gebäuden: zwei in London, Nummer 30/30A St. James Square und 21/22 Pall Mall (Wert 17,7 Millionen) sowie Nummer 168 auf der edlen New Bond Street (Wert 53,2 Millionen), die übrigen liegen in Coventry. Das kostbarste Juwel ist sicher das Ladenlokal auf der Bond Street, das für jährlich 1,9 Millionen Euro an Bulgari vermietet ist, was die Analysten allerdings für »unterbewertet« halten, da die Mieten dort mittlerweile um 15,6 Prozent gestiegen sind und die Straße heute zur viertteuersten Gegend der Welt gehört«.[16] Über die British Grolux weiß man dagegen so gut wie nichts. Die Analysten des Papstes haben tiefer geschürft und stießen auf eine gewisse Unordnung bei der Rechnungslegung:

> In der APSA-Einzelbilanz taucht bei den verfügbaren liquiden Mitteln ein Konto mit einem Saldo von 1,1 Millionen Euro auf, das (über einen Trust) Grolux, aber nicht der APSA gehört. Das könnte darauf hinweisen, dass in der APSA-Einzelbilanz noch weitere Werte

stehen, deren Anteilseigner oder wirtschaftlicher Eigentümer eigentlich Grolux ist.[17]

Ähnlich sieht die Situation bei der schweizerischen Immobilienverwaltung Profima aus:

In der APSA-Bilanz steht eine Forderung über zehn Millionen an Profima, eine 100-prozentige schweizerische Tochter. Wie die Analyse ergeben hat, wurde der entsprechende Betrag in der Bilanz der Tochtergesellschaft spiegelbildlich verbucht. Unterlagen, aus denen die Forderungen hervorgehen würden (etwa ein Kreditvertrag), fehlen jedoch. Profimas Dividendenpolitik vermeidet offensichtlich eine häufige Dividendenausschüttung (8,6 Millionen verfügbare liquide Mittel).[18]

Doch während die Männer des Papstes noch die ausländischen Gesellschaften des Vatikans prüfen, spekuliert die APSA weiterhin leichtsinnig mit Immobilien. Alles beginnt im April 2015, als der damalige APSA-Chef Kardinal Calcagno mit den bislang geheim gehaltenen Kaufplänen für eine Immobilie im Herzen Londons herausrückt. Tja, warum ausgerechnet in der britischen Hauptstadt? Weil man dort keine Steuern zahlt, schreibt der hohe Würdenträger in einem Briefwechsel mit der Kurie seelenruhig, während man weiter hektisch verhandelt. Er schreibt schwarz auf weiß:

Hochverehrte Eminenz, Kardinal Giuseppe Versaldi,
wie Ihrer Eminenz bekannt, besitzt die APSA einige Immobilien in
Großbritannien, die von der zur APSA gehörenden British Grolux
Investments Ltd. verwaltet werden. Ihr Buchwert beträgt ungefähr
88 Millionen britische Pfund, ungefähr 114,4 Millionen Euro. Der
Pensionsfonds hat beschlossen, seine Anlagen langfristig zu diver-
sifizieren, und genau das ist auch bei der APSA notwendig. Da für
Großbritannien eine Steuerbefreiung gilt, haben wir den Berater
von British Grolux, Herr Barroweliff, beauftragt, in der Londoner
City nach möglichen Anlageobjekten zu suchen, die ebenso
sicher wie ertragreich sind. Daraufhin kam von einer bedeuten-
den britischen Immobilienvermittlung, der CB Richard Ellis, ein
hochinteressantes Angebot. Prälat Luigi Mistò, Professor Della
Sega und Prälat Alberto Perlasca haben die Immobilie daher bei
einem Ortstermin am 23. März 2015 in Augenschein genommen.

> Es handelt sich um einen Wohnblock im Zentrum von London, mit Backsteinfassade und in gutem Zustand. Der verlangte Kaufpreis beträgt 94,3 Millionen Euro. Die notwendigen Mittel dafür kämen zur Hälfte aus liquiden Mitteln, die die Grolux im Lauf der Jahre ansammeln konnte, und zur anderen Hälfte aus dem Pensionsfonds. Die unteren Etagen der Immobilie sind an mehrere gewerbliche Nutzer vermietet, für die restlichen fünf Stockwerke besteht ein Wohnungs-Leasehold-Vertrag[19] über weitere 86 Jahre. Die Erträge würden also durch die gewerblichen Nutzer erwirtschaftet und belaufen sich derzeit auf jährlich vier Millionen Euro.

Der von Calcagno vorgeschlagene Kauf taucht schließlich mit einer leicht höheren Kaufsumme von 96 Millionen Euro in der APSA-Bilanz 2015 auf, wobei »die rechnungslegerische Darstellung ein kritischer Punkt ist, da die Immobilie formal der APSA gehört, aber in der Bilanz anderer vatikanischer Behörden steht«.[20]

London bleibt für den Vatikan finanziell interessant. Nicht nur in puncto Immobilien, sondern auch dank intensiver Treuhandgeschäfte der APSA mit zahlreichen Anlagegesellschaften, Privatbanken und Kreditinstituten: mit Goldman Sachs, Vanguard Asset Management auf der Cannon Street, der Julius Baer International Bank in der Londoner Filiale der Credit Suisse, der Deutschen Bank in der Londoner City, mit Barclays oder der Bank of England. Und in der Schweiz sieht die Lage ähnlich aus. Dort unterhält die APSA Konten mit satten Einlagen, etwas das verzweigte Kontonetz bei der UBS in Zürich: ein Basiskonto Nr. 0247-00540000 mit zahlreichen Unterkonten in verschiedenen Währungen (1,2 Millionen Schweizer Franken, 7,1 Millionen Euro, 12,1 Millionen Dollar) und mit Wertpapierdepots.[21]

Wie wir noch sehen werden, hat Papst Franziskus die Auflösung all dieser Konten angeordnet, aber es fehlen zuverlässige Belege, dass seine Forderung vollständig umgesetzt wurde.

Ein vertrauliches Dokument

Auf der Titelseite des achtseitigen Dokuments prangt ein Stempel: vertraulich. Die APSA, die das Dokument verfasst hat, möchte es also geheim halten, besonders vor Journalisten. Es soll die Paläste des Vatikans nicht verlassen, sein Inhalt soll der Öffentlichkeit nicht zu Ohren kommen.

Als das Dokument am 21. November 2018 schließlich den Apostolischen Palast erreicht, löst es einen wahren Schock aus. Es enthält eine vertrauliche Bilanz des Pontifikats von Papst Franziskus oder besser, der »sanften Revolution« der römischen Kurie, die einige Monate nach der Papstwahl, mit einem historischen Treffen am 3. Juli 2013, ihren Anfang genommen hatte.

Während Franziskus in der Sala Bologna zu den Kardinälen spricht, ruht sein Blick auf dem wunderbaren Wandteppich zu seiner Linken, auf den Aposteln von Leonardo da Vincis *Letztem Abendmahl*, und obwohl sich seine Zuhörer nichts anmerken lassen, sind sie angesichts seiner Worte geradezu erschüttert. Er hatte sie zum Sparen ermahnt, zum Überprüfen jeder Ausgabe, zur Kontrolle jeder einzelnen Rechnung. Man habe in fünf Jahren zwar Millionen für externe Bilanzprüfer ausgegeben und Organe gegründet, die Verwaltung und Kosten beaufsichtigen sollten. Aber wie hat der Apparat darauf reagiert? Wie hat er die Weisungen des Papstes umgesetzt? Wie hoch sind die Ausgaben heute? Sind sie wirklich gesunken? Die Zahlen sprechen für sich:

> Die Gemeinkosten und die Verwaltungskosten der Behörden der römischen Kurie, die in die Zuständigkeit der APSA fallen, sind in den Jahren 2015, 2016 und 2017 gestiegen: 2015 auf 16,4 Millionen, 2016 auf 22,7 und 2017 auf 26,6 Millionen, das entspricht einer Steigerung von 62,19 Prozent in nur drei Jahren. Die Kosten für professionelle Beratungen stiegen von 1,7 Millionen im Jahr 2015 auf 4,2 Millionen im Jahr 2017, das entspricht einer Zunahme von 147 Prozent. Die Personalkosten sind von 93,8 Millionen im Jahr 2015 auf 108,4 Millionen im Jahr 2017 gestiegen, eine Zunahme von 15,56 Prozent, während die Kosten für außergewöhnliche Arbeiten um 124 Prozent zugenommen haben.

Die Zahlen bestätigen den freien Fall in Richtung finanzieller Abgrund, so wie man es dem Papst und seinen engsten Mitarbeitern schon vor Monaten, im Mai und noch einmal im Juli, prophezeit hatte. Doch der zweite Teil des Dokuments ist überraschend. Dort geht es um die Beschaffungen in der römischen Kurie, ein heikles Thema, denn damit werden implizit auch die transparenten oder weniger transparenten Beziehungen zu den Zulieferern offengelegt. Und für 2015 lässt sich ein in doppelter Hinsicht beunruhigendes Phänomen beobachten. Unter Papst Franziskus sind die Ausgaben maßlos gestiegen, von 2012 bis 2018 um 244,32 Prozent. Alle Sparaufrufe sind also unerhört verhallt. Und es kommt noch schlimmer. Seitdem für Beschaffungen, seien es Kleinigkeiten wie Kugelschreiber oder Großanschaffungen, Regeln festgelegt wurden, nimmt die Zahl der dringenden sogenannten »ex post«-Beschaffungsmaßnahmen, die von den Abläufen ausgenommen sind, unaufhaltsam zu.

Die Beschaffungskosten (ex post + Prozessabläufe) beliefen sich bis 2015 auf 4,2 bis 5,6 Millionen, stiegen 2017 dann auf 13,4 Millionen und lassen auch für 2018 schon eine Steigerung erkennen. Von 2012 bis 2017 betrug die Steigerung 219,04 Prozent. Wie die Zahlen für das noch nicht abgeschlossene Jahr 2018 bereits erkennen lassen, dürften die Kosten im Vergleich zu 2017 um weitere 25,28 Prozent steigen. Als Gründe für die gestiegenen Beschaffungskosten der Behörden der römischen Kurie sind vor allem zwei Faktoren zu nennen:
– Mit der Schaffung des Dikasteriums für die Kommunikation gehören mehrere Behörden nun erstmals zur Kurie;
– Die von den Behörden in Eigenverantwortung getätigten Ausgaben wurden jetzt zu einem kleinen Teil offengelegt, auch wenn ein immer noch beträchtlicher Teil keiner Aufsicht unterliegt.

Beträchtlich zugenommen haben von 2012 bis 2018 offenbar auch die Beschaffungen »ex post«, also ohne Einhaltung der vorgeschriebenen Abläufe. Berücksichtigt man, dass das aktuelle Geschäftsjahr noch nicht beendet ist und dass die Beschaffung von Gütern und Dienstleistungen von der APSA häufig nicht einmal als »nicht nach Vorschrift« verbucht wird, muss man heute realistischerweise von deutlich über 90 Prozent an »ex-post«-Beschaffungen ausgehen.

Daher die warnende Schlussfolgerung:

> Die Analyse insgesamt lässt bei den Gemeinkosten eine Nettosteige-
> rung von 62,19 Prozent und bei den Beschaffungskosten eine deut-
> liche Steigerung um 219,04 Prozent erkennen. Die dargelegte Situa-
> tion wirkt sich negativ auf die Fähigkeit der APSA aus, die Mittel für
> die erforderliche Instandhaltung der römischen Kurie aufzubringen,
> das heißt, ihrer institutionellen Aufgabe nachzukommen.

Sage und schreibe 90 Prozent der Ausgaben werden »nicht nach
Vorschrift« getätigt, das heißt entsprechend der Richtlinien, die unter diesem Pontifikat mühsam eingeführt worden waren, um eine
transparente Beschaffung zu gewährleisten. Der Prozentsatz dieser
Ausgaben war bereits sehr hoch, als Papst Franziskus sein Amt an-
trat: Schon 2012 erfolgten 81 Prozent der Beschaffungsmaßnahmen
»ex post«. Daher hatte der neue Papst auf umgehende Maßnahmen
zur wirksamen Nachverfolgung der Ausgaben gedrängt. Das Ergebnis? Null. Alle Anstrengungen, auch der folgenden Jahre, verlaufen
im Sand. Im Jahr 2013 sinkt der Anteil um einen Prozentpunkt,
aber im nächsten Jahr steigt er schon wieder kräftig (auf über 83 Prozent). Im Jahr 2016 sind es wieder nur 80 Prozent, aber im Jahr 2017
dann der Rekord: 92,45 Prozent. Das bedeutet: Im Vatikan erfolgen
neun von zehn Beschaffungsmaßnahmen nicht gemäß der Richtlinien. Das mag sich teilweise dadurch erklären, dass das Dikasterium für die Kommunikation, für das die APSA nun zuständig ist,
aufgrund seiner Aufgaben in der schnellen Informationswelt oft ei-
lig handeln muss. Aber dennoch: Das Endergebnis ist erschreckend
und für die Verwaltung unter Franziskus eine Katastrophe.

Die Gründe dafür sind vielfältig – und waren teilweise auch
schon Gegenstand meiner vorigen Bücher: die träge Bürokratie, die
geringe Befolgung der päpstlichen Ermahnungen, die teils sogar kriminellen Eigeninteressen von Machtzirkeln. Von Leuten also, die
sich durch die nicht vorschriftsmäßigen Beschaffungen die »Taschen
vollstopfen«. Im August 2018 äußert sich Papst Franziskus auch zum
Thema Korruption, eine Geißel mit unabsehbaren Folgen:

Ein weiterer, noch mächtigerer Feind derer, die in der Gesellschaft ein höheres Amt, einen wichtigen Beruf oder Posten innehaben, ist die Korruption. Korruption heißt, nur für seinen eigenen Vorteil zu leben. Doch dieser Feind ist so furchtbar, dass er dich nicht zu deinem eigenen Vorteil leben lässt, sondern nur noch »für deine Taschen«. Er greift dich beim Geld an. Eine schlimme Sache: die Korruption des Herzens. Die Korruption erstickt alle Ideale […]. Seid achtsam: Egoismus verschließt das Herz, und die Korruption nimmt das Herz und steckt es in die Taschen. Habt ihr das verstanden? Seid ihr meiner Meinung oder nicht? Wer anderer Meinung ist, sollte das jetzt sagen, dann können wir darüber diskutieren. Okay […][22]

Galantino im Treibsand der Zentralbank

Mit diesem Dokument über die nicht richtlinienkonformen Beschaffungen reagiert Galantino auf die schon in den Sommersitzungen des Wirtschaftsrats aufgetauchten Forderungen nach einer Taskforce, mit der man den Niedergang noch aufhalten und die unvermeidliche Insolvenz noch verhindern könnte. Zum ersten Mal zeigen sich die APSA und ihr Präsident so offen.

Als Galantino am Vormittag des 19. September 2018 zum ersten Mal mit den Kardinälen des Wirtschaftsrats zusammengetroffen war, unter den prunkvollen Kronleuchtern der Sala Bologna im Apostolischen Palast, hatte man die nicht vorschriftsmäßigen Beschaffungen bereits thematisiert. Prälat Mistò, Interimschef des Wirtschaftssekretariats, der die Sitzung zu den heiklen APSA-Themen leitete, wies ohne Wenn und Aber auf das Problem hin: »Das Beschaffungssystem der APSA muss zentralisiert werden, und mit den »ex post«-Ausgaben muss endlich Schluss sein.« Eine Steilvorlage für Galantino, der als nächstes sprechen soll. Gerade erst hat der neue APSA-Präsident vom Papst freie Bahn erhalten, um ohne Umschweife von der alarmierenden Situation zu berichten, die er in der Zentralbank vorgefunden hat. Er legt den Finger in die Wunde:

Meine lieben Brüder,
wie ich feststellen musste, sind die finanziellen Erträge der APSA so weit zurückgegangen, dass die Güterverwaltung eventuell nicht mehr

wie gewohnt zur Deckung der Ausgaben für den Heiligen Stuhl beitragen kann. Ich werde darum eine umsichtige, robuste Investitionsstrategie verfolgen und, vor allem aus Sorge um unseren Ruf, einige Anlagen mit mittlerem Risiko kündigen.

Die Kardinäle sind beunruhigt: Welche Investitionen könnten sich auf den Ruf des Heiligen Stuhls negativ auswirken? Und wieso sind die Erträge gesunken und beeinträchtigen sogar die wirtschaftliche Gesundheit des Vatikans? Der ehemalige Generalsekretär der Italienischen Bischofskonferenz scheint die Fragen zu erahnen. Er nennt keine konkreten Risikoinvestitionen bei ausländischen Banken und Fonds wie etwa die Wertpapiere, die die APSA bei der Deutschen Bank hält und die zu erheblichen Verlusten führen könnten, sondern beantwortet die Frage, die in der Luft liegt:

> Für den voraussichtlichen Ertragsrückgang in 2019 sind drei Faktoren verantwortlich: geringere Finanzströme, Marktschwankungen und weniger Kapital, das verwaltet wird, da einige Behörden Wertpapiereinlagen von der APSA abgezogen haben.

Galantino sieht sich mit einer anarchischen Situation konfrontiert: Die Behörden, die ihre Investitionen eigentlich mit der Zentralbank abwickeln sollen, machen das lieber allein. Die Einnahmen gehen daher ausgerechnet in dem Moment zurück, als die APSA zunehmend unter der Last der nicht richtlinienkonformen Ausgaben leidet. Wenn es so weitergeht, steht unvermeidlich über kurz oder lang die APSA selbst auf dem Spiel.

Galantino hält kurz inne, um die Aufmerksamkeit der Kardinäle zu gewinnen und dem Gesagten Gewicht zu verleihen. Dann nickt er unmerklich mit dem Kopf, damit man ein Dokument mit verschiedenen Vorschlägen austeilt, die das drohende Unheil noch abwenden könnten.

Nur wenige wissen Bescheid. Doch der Präsident hat sein Vorgehen schon seit Tagen geplant, lange ehe er mit dem Papst darüber sprach und freie Bahn erhielt. Letzteres war unerlässlich, denn dieses

Dokument setzt alle Ämter und Büros der Kurie, die von der APSA finanziell kontrolliert werden, unter Druck.

Ohne Umschweife bittet Galantino den Wirtschaftsrat, »die Behörden des Heiligen Stuhls klar zu verpflichten, ihr Kapitalvermögen ausschließlich von der APSA verwalten zu lassen und folglich anzuerkennen, dass der APSA die Rolle des treuhänderischen Verwalters des Kapitalvermögens der Behörden zukommt«.[23] Nur so könnten die Kassen der Bank gefüllt und folglich die Kosten gedeckt werden.

Galantinos Bitte findet sofort die Zustimmung von Vermiglio: »Wir müssen für alle, von Ausnahmen wie die Kongregation für die Evangelisierung der Völker abgesehen, ausdrücklich festlegen, dass Kapitalanlagen nur noch über die APSA erfolgen können und keine andere Behörde berechtigt ist, Finanzmittel für Dritte zu verwalten.«[24] Das wäre in der Tat ein revolutionärer Schritt. Endlich wird die APSA von einem Mann geleitet, der dem Papst nahesteht. Wenn die APSA mehr Kompetenzen erhält, würde die Kurie automatisch geschwächt. Eine geringere Zahl an Organisationen, die absolut autonom Investmentanlagen tätigen, würde zudem die Risiken der Bonität, Transparenz und Ethik minimieren.

Galatino weiß, dass die meisten Laienvertreter auf seiner Seite stehen. Schon in früheren Sitzungen hatte Vermiglio darauf hingewiesen, »dass die Dikasterien auch heute noch immer wieder um die Genehmigung bitten, Gelder anzulegen, ohne sich an die dafür zuständige Behörde des Heiligen Stuhls, die Güterverwaltung APSA, zu wenden. Angesichts dieser Tatsache und der komplexen, ernsthaften Risiken, die damit einhergehen, müssen wir bezüglich diesem Thema eine einheitliche und kohärente Strategie entwickeln«.[25] Die Kardinäle müssen verstehen, dass es (endlich!) Zeit ist, »Investmentrichtlinien aufzustellen, damit Risiken etwa durch Kryptowährungen vermindert werden. Je stärker die Anlagen diversifiziert sind, desto geringer das Risiko. Im Übrigen fördert die Zentralisierung von Investmentanlagen in einer Organisation auch die konstruktive Kommunikation zwischen Vermögensverwalter und Dikasterium«.

Die Wende im Wirtschaftsrat scheint zum Greifen nah. Doch dann spricht überraschend der Kardinalstaatssekretär, und seine Worte klingen wie eine kalte Dusche:

> Einige Behörden wickeln ihre Kapitalanlagen mit dem IOR ab. Ich möchte deshalb anregen, zunächst mit dem IOR Kontakt aufzunehmen und mit den Verantwortlichen dort zu sprechen, ehe wir diese Bank ausdrücklich als berechtigtes Organ ausschließen. Durch ein Gespräch mit dem IOR könnten wir nicht nur einer eventuell starrsinnigen Reaktion von Seiten der Leitung entgegenwirken, sondern uns auch darüber informieren, welche wirtschaftlichen Konsequenzen ein solcher Schritt hätte.

Und dann der Todesstoß:

> Wir dürfen nicht vergessen, dass das IOR einen beträchtlichen Beitrag (circa 50 Millionen Euro) zur Finanzierung des Heiligen Stuhls leistet, und dies auch das Ergebnis von Kapitalanlagen einiger Behörden bei dem Institut ist.

Parolins Einwand ist korrekt, allerdings besteht zwischen IOR und APSA ein himmelweiter Unterschied: Das IOR ist ein wenn auch unscharf definiertes Kreditinstitut, das seit jeher auf sich selbst bezogen ist und von einem Laien geführt wird und, wie wir noch sehen werden, außerhalb des päpstlichen Kontrollbereichs liegt. Die Zentralbank hingegen steht heute, trotz einiger Verschiebungen durch frühere Leiter, Santa Marta »nahe«, der Welt des jesuitischen Papstes.

Nach lebhaften Diskussionen nehmen die Sitzungsteilnehmer die von Galatino vertretene Linie des Papstes an und einigen sich auch in der von Parolin vorgetragenen IOR-Frage. Alle Konten und Kapitalanlagen »bei ausländischen Banken« sollen innerhalb eines Jahres zur APSA transferiert werden, und was das IOR betrifft, will man sich zunächst, wie von Parolin angeregt, über die Folgen informieren, die das für die zahlreichen Kapitalanlagen bei dem Institut hätte, zu dessen Präsidenten ein Paul Casimir Marcinkus zählte.

Aber Galatino ist noch nicht zufrieden: Er weiß, dass er noch ganz am Anfang steht und man die Früchte erst später ernten kann. Auch noch andere Dornen behindern seine Arbeit bei der APSA und verzögern die Reformen des Papstes: Das Personal der Zentralbank ist wenig kompetent, und der IT-Bereich, der eine echte Kontrolle des wichtigen Dikasteriums ermöglichen könnte, lässt zu wünschen übrig. Im Wirtschaftssekretariat kennt man die Probleme gut, und auch hier zeigt sich Prälat Mistò am kompromisslosesten.

Schon als Vermiglio im Juli eine Verstärkung von Immobilienabteilung und Datenverarbeitungszentrale (Ced) der APSA gefordert hatte, hatte sich Mistò nicht gerade diplomatisch ausgedrückt: »Für das Problem ist weniger die Zahl der Mitarbeiter verantwortlich«, sagte er, »sondern ihre mangelnde Kompetenz. Mehr Leute einzustellen, macht keinen Sinn. Und was die Datenverarbeitung angeht, hege ich Zweifel, ob man ein Kontrollorgan, nämlich die Datenverarbeitungszentrale, dem von ihm kontrollierten Organ, der APSA, anvertrauen kann. Die größte Gefahr sehe ich darin, dass der Ausbau der Datenverarbeitung gemäß Kriterien erfolgt, die zugleich von und für die APSA festgelegt werden.«

Auf diese Weise würden die gemeinsamen Anstrengungen in Richtung Wandel und Transparenz zunichte gemacht.

◇◇◇◇◇◇◇◇◇◇◇◇

1 Der Vatikankenner Fabio Marchese Ragono fasst die Geschichte so zusammen: »Nach einer waghalsigen Aktion mit allen Thrillerzutaten, Geheimdienstleuten, Taschen voller Geld, Finanzmakler und natürlich IOR, wurde der hohe Prälat von der Währungsabteilung der Finanzpolizei […] verhaftet. Scarano hatte versucht, für mehrere Reeder aus Salerno ungefähr 20 Millionen Euro in einem Privatjet aus der Schweiz nach Italien zu schmuggeln. […] Nun hatte er zwei Prozesse am Hals, einen in Rom, einen in Salerno. […] In Rom stand stets der Vorwurf der Korruption und Verleumdung im Vordergrund. Laut Anklage soll Salerno 400.000 Euro an den ehemaligen 007 Giovanni Mario Zito gezahlt haben, der das geheime Geschäft dann an Bord des Privatjets abschließen sollte. Der Agent konnte seine Mission jedoch nicht zu Ende

führen. Scarano soll Zito daraufhin fälschlicherweise des Diebstahls und der Hehlerei eines Bankschecks über 200.000 Euro beschuldigt haben, den er dem Ex-007 mit der Aufgabe der Kapitalrückführung anvertraut habe. Die Anklage wirft ›Monsignore 500‹ jedoch vor, dem Geheimagenten schon vorab 400.000 Euro für seine heikle Arbeit gezahlt zu haben. Nachdem Scarano 2016 in erster Instanz vom Vorwurf der Korruption und Verleumdung freigesprochen worden war, hat das Berufungsgericht in Rom ihn gestern auch wegen Korruption zu drei Jahren Haft verurteilt.« (Corruzione, condannato a tre anni.»Monsignor 500 euro« ora la paga, *il Giornale*, 14. Februar 2019).

2   Ehe wir uns verabschieden, möchte Scarano noch etwas zu seiner Wohnung sagen, die er, mitsamt Privatkapelle und Allerheiligstem, vom Ordensinstitut Piccole Operaie del Sacro Cuore gekauft hat:»Die Wohnung hat 300 Quadratmeter und kostete 400 Millionen Lire, aber dafür habe ich zunächst eine andere Wohnung im Wert von 750 Millionen verkauft. Ich habe sie nur gekauft, weil Erzbischof Pierro wollte, dass ich in seiner Nähe wohne. Ich habe nie etwas für mich selber gewollt, und mit meinem Vermögen werde ich ein Hospiz bauen. Mit 70 Jahren ziehe ich mich von allem zurück, verkaufe alles, was ich habe, und baue ein Haus für Menschen, die nicht die Mittel dazu haben. In der Nähe des Krankenhauses San Giovanni di Dio e Ruggi d'Aragona in Salerno gibt es ein Grundstück oder ein altes Gebäude, das man umbauen kann. Ich habe schon mit den Schwestern von Mutter Theresa gesprochen, ehrenamtlichen Ärztinnen. Das ist mein Traum. Und den werde ich wahr machen.

3   Promontory, Analisi dell'Apsa, principali osservazioni e raccomandazioni, 21. Februar 2014 (vertrauliches Dokument für den Papst).

4   Ebd. Es handelt sich um verschiedene Vermögenwerte: Immobilien direkt in Italien im Wert von 2,06 Milliarden Euro; das von British Grolux kontrollierte Portfolio im Wert von 73 Millionen, 41 Millionen bei Sirea e Leonina Srl. sowie die Immobilien der französischen Soprodex und zehn Immobilien in der Schweiz (darunter S.I. Florimont B, C, E und F) im Wert von 518 Millionen, die allerdings von der Außerordentlichen Abteilung verwaltet werden.

5   Wirtschaftsrat, Sitzungsprotokoll vom 19. September 2018.

6   Domenico Calcagno wird am 3. Februar 1943 in Tramontana geboren, einer kleiner Gemeinde in Parodi Ligure, in der Provinz Alessandria. In den letzten Jahrzehnten seines Lebens widmet er sich großteils den Verwaltungsfragen des Heiligen Stuhls, und seit dem 26. Juni 2018 ist er immer noch emeritierter APSA-Präsident. Im Jahr 2007 ernennt Benedikt XVI. ihn zum APSA-Sekretär und 2011 zum Präsidenten. Im Jahr 2012 wurde er zum Kardinal ernannt

und nahm am Konklave teil, das Franziskus zum Papst wählte. Im Juni 2018 tritt er aus Altersgründen von seinem Amt als APSA-Präsident zurück. Er bleibt jedoch Mitglied der Kongregation für die Evangelisierung der Völker, der Kongregation für die Institute des geweihten Lebens und der Päpstlichen Kommission für den Staat der Vatikanstadt.

7   Audit committee, Bereich Immobilienverwaltung, 4. September 2018.

8   PwC, Apsa, Appendice A, Aspetti di dettaglio concernenti tematiche contabili, Dezember 2016 (streng geheimes und vertrauliches Dokument).

9   Daniele Frongia, Laura Maragnani, E io pago. Da documenti inediti tutti i soldi che gli italiani pagano per mantenere la capitale più corrotta e inefficiente d'Europa, Mailand 2018.

10   Immobilienverwaltung APSA, Einnahmenanalyse vom 31. Dezember 2017.

11   Ebd.

12   Ebd.

13   Ebd.

14   Unter den Büros wurden mit UniCredit besonders goldene Mieteinnahmen erzielt. »In diesem Umfeld fällt die Position des Pensionsfonds auf«, heißt es in dem Bericht zur Immobilienverwaltung vom September 2018, wie zuvor schon in der Einnahmenanalyse von Ende 2017. »Hier wird eine Rendite von 183 Prozent erwirtschaftet. Das liegt an vorteilhaften Mietverträgen, die Uni-Credit zum Zeitpunkt des Kaufs des Instituts mit seinen 12 Filialen unterzeichnet hatte. Einige Verträge laufen Anfang 2019 aus, und mit Sicherheit werden diese Renditen dann nicht mehr zu erzielen sein.«

15   Hinsichtlich dieser Ausschreibungen zeigte sich »eine sehr groß Differenz zwischen dem Ausgangspreis in der Ausschreibung und dem angebotenen Preis«, so der Bericht von Promontory, »was bedeutet, dass der erwartete Preis zu hoch gelegen hatte, die APSA den Vertragswert und die Marktlage also falsch eingeschätzt hatte und die Unternehmen dadurch aggressiv bieten konnten.«

16   Promontory, Apsa review, results of the organizational assessment and review of Accounts, transactions, and real estate activity, 21. Februar 2014 (vertrauliches Dokument für den Papst).

17   PwC, Apsa, Appendice A, Aspetti di dettaglio concernenti tematiche contabili, a.a.O.

18   Ebd.

19 Mit dem Erwerb eines britischen Leasehold (Erbpacht) wird man für eine befristete Zeit Eigentümer der Immobilie. Nach Ablauf der Frist fällt die Immobilie an den ursprünglichen Eigentümer oder dessen Erben zurück.

20 PwC, Apsa, Appendice A, Aspetti di dettaglio concernenti tematiche contabili, a.a.O.

21 Aus dem vertraulichen Eilbrief zur »Bestätigung der Geschäftsbeziehungen« vom 12. Februar 2015, den die UBS Zürich an die Präfektur des Vatikans sandte.

22 Rede des Heiligen Vaters vor Jugendlichen der Diözese Grenoble-Vienne (Frankreich), Sala dei Papi, 17. September 2018.

23 Wirtschaftsrat, Sitzungsprotokoll vom 19. September 2018.

24 Ebd.

25 Wirtschaftsrat, Sitzungsprotokoll vom 15. Mai 2018.

Der Abgrund

Kardinal Calcagno bricht das Schweigen
Wie konnte es soweit kommen, dass der Vatikan die Zahlungsunfähigkeit riskiert? Die Verantwortung sieht man im Management Domenico Calcagnos, der nach der Ernennung durch Benedikt XVI. elf Jahre lang der unangefochtene *Dominus* der Zentralbank war, zunächst als Sekretär und seit 2011 als Präsident. Von ihm gab es niemals eine Erklärung oder gar ein Interview über seine heikle Arbeit. Erst jetzt bricht er sein Schweigen. Er äußert sich zum ersten Mal und weist zumindest einen Teil der Anschuldigungen zurück.

Die jüngsten verfügbaren Daten zeigen, dass die Beschaffungen außerhalb des ordentlichen Verfahrens auf über 90 Prozent angestiegen sind, wodurch die Ausgaben der Kurie außer Kontrolle geraten sind. Was ist der Grund für diese exorbitante Steigerung?
Zunächst einmal wurde das Verfahren nicht angewandt, da die Einkäufe »ex post« waren, aber es wäre gut gewesen, es zu befolgen. Wer auch immer diese Entscheidung getroffen hat, wird es wohl getan haben, damit die Beschaffung schneller getätigt werden kann.

Aber es geht um über 90 Prozent […]
Ich weiß, wir haben auch mehrmals darauf hingewiesen. Man sollte aber nicht vergessen, dass diese Kosten nicht von der APSA getragen werden, sondern von anderen Einrichtungen, die dann der APSA die Rechnungen vorlegen.

Sie haben damit also nichts zu tun?
Nein, nein […] aber erst an diesem Punkt hat die Zentralbank dann die Zahlungen zu verbuchen und die Rechnungen zu bezahlen. In dieser Phase ist es bereits zu spät, um noch einzugreifen: Dann ist die Sache bereits gelaufen […]

Sie wollen damit also sagen, dass Sie eine Suppe auslöffeln mussten, die Ihnen andere eingebrockt hatten […]
Gewiss, die meisten Fälle wurden von anderen geschaffen.

Wie lässt sich dieser Prozentsatz an »ex-post«-Beschaffungen senken?
Mit gesundem Menschenverstand und dem guten Willen, die geltenden Verfahrensvorschriften zu befolgen.

Wenn Sie das so sagen, bedeutet das, dass es bisher nicht viel gesunden Menschenverstand gab […]
Manchmal ist es einfacher, draußen in einen Laden zu gehen und zehn Stifte zu kaufen, als das ganze bürokratische Verfahren zu befolgen. Ich verstehe, dass es bei bestimmten Dingen umständlich ist, die Verfahrensvorschriften einzuhalten, aber um die Effektivität, Transparenz und Ausgabenkontrolle zu gewährleisten, muss man sich an die Regeln halten.

Werden diese Entscheidungen Ihrer Meinung nach getroffen, um die Vorgänge zu beschleunigen, oder haben wir es mit undurchsichtigen Interessen zu tun, die es zu verbergen gilt?
Die Motivation ist genau die: die Beschleunigung des Verfahrens […] Aber aufgepasst […]

Worauf?
Dies öffnet jeder sonstigen Form von Fehlverhalten Tür und Tor. Wenn man Fehlverhalten vermeiden will, müssen die Verfahrensvorschriften befolgt werden.

Ihr Nachfolger Galantino führt gerade eine Bestandsaufnahme des immensen Immobilienbesitzes durch […] Kann es sein, dass Sie noch immer keine Klarheit über Ihre Liegenschaften haben?
Eigentlich gibt es bereits eine Bestandsaufnahme […] Ich gebe Ihnen ein Beispiel, ohne aber in weitere Details gehen zu können […] Die APSA verfügt über Liegenschaften, die noch auf die Zeit Konstantins zurückgehen, wie die Basilika Santi Quattro Coronati, die auf Flächen errichtet wurde, die noch zum Römischen Reich gehörten. Über die Jahrhunderte, in zweitausend Jahren Geschichte, gab es Ereignisse, Änderungen der Zweckbestimmung, die nicht immer den Regelungen entsprechen konnten, die wir heute haben. Daher ist es bei einigen Liegenschaften schwierig, die genaue Herkunft zu bestimmen.

Gibt es viele solcher Fälle?
Es gibt tausend Ausnahmen […] Dann gibt es weitere Güter – allerdings nur wenige –, die früher am Rande des Kirchenstaates lagen. Als dieser fiel, ergaben sich weitere Änderungen in der römischen Kurie, aber man hat nicht daran gedacht, die Grundbucheintragungen entsprechend anzupassen. Dadurch sind manche Immobilien im Besitz von Körperschaften, die diese Vermögenswerte nicht besitzen sollten.

All die Jahrhunderte lang hat man nicht die Zeit gefunden, diese Dinge zu bereinigen?
Diese Situationen haben tiefere Wurzeln, in vergangenen Jahrhunderten, sie sind nicht erst vorgestern entstanden. Man muss sie erst ausfindig machen und dann in Ordnung bringen, aber das ist nicht immer einfach. Es ist ja seit alters her bekannt, dass die Güter des Heiligen Stuhls nicht gekauft und dann verkauft werden, es gibt da kein sogenanntes »Trading«. Dies führt zu Schwierigkeiten auf der Ebene der Grundbücher, da bei der Zuweisung eines Gutes oder seiner katastermäßigen Zusammensetzung bestimmte Unregelmäßigkeiten fast nie ans Licht kommen. Und so kann es über die Jahrhunderte hinweg geschehen […] weil eine Immobilie vielleicht über

Generationen hinweg nicht veräußert wird, dass niemand den Sachstand und die entsprechenden Unterlagen überprüft.

Gibt es eine Kartierung oder nicht?
In den Jahren 2006–2007 haben wir mit Kardinal Nicora das Immobilienregisteramt in Betrieb genommen. Bis dahin gab es nur eine Liste von Liegenschaften. Dennoch hat sich niemand darum gekümmert, alle Daten auf den aktuellen Stand zu bringen: Es ging uns ja nicht um Kauf und Verkauf, sondern um die ordentliche Bestandsverwaltung.

Die Ausgaben für die APSA und die zugehörigen Ämter sind um über 60 Prozent gestiegen [...] Sind die Spar- und Kontrollbemühungen von Franziskus gescheitert?
Bei der Kontrolle der Ausgaben sind die Rechnungen zu überprüfen, aber dies sollte innerhalb eines Verfahrens stattfinden, das aus mehreren Phasen besteht. Wenn die Rechnung ausgestellt wurde, bevor die APSA sie überprüfen konnte, dann kann alles passieren. Es sind auch Scheinrechnungen möglich, wenn die korrekte Vorgehensweise nicht befolgt wurde. Aber die APSA kann da nicht viel tun.

Entschuldigen Sie, Herr Kardinal, da kommt der Papst, verlangt Strenge, Transparenz und einen sparsameren Umgang mit Geld, und was passiert dann? Man verzeichnet einen Anstieg um 60 Prozent der Ausgaben der römischen Kurie und Beschaffungen an allen Regeln vorbei [...] Kurz, die Aufforderung des Heiligen Vaters, »den Gürtel enger zu schnallen« scheint auf kein großes Gehör gestoßen zu sein; die neuen Prüfverfahren wurden durch »Ex-post«-Käufe ausgehebelt [...]
Die meiste davon betrifft die anderen Dikasterien. Früher sorgte die Präfektur für die Ausgabenkontrolle, jetzt macht das das Wirtschaftssekretariat [...] Leider ist die Situation eine leidige, aber so ist es nun einmal.

Welche Bilanz ziehen Sie heute von Ihrer APSA-Präsidentschaft?
Ich habe viele schöne Erinnerungen, denn unser Engagement – ich
sage das im Plural, besonders, wenn ich an Kardinal Nicora denke –
um die Arbeit der Verwaltung zu verbessern, hat viele Früchte getragen.

Ist es also eine positive Bilanz?
Meiner Meinung nach auf jeden Fall, ich habe auch kämpfen müssen, aber ich bin mit den Ergebnissen, die wir in diesen Jahren erreicht haben, zufrieden, denn wir haben das Vermögen erhalten, wir
haben keine Schulden angehäuft, und die Wirtschaftspolitik hat es
den Menschen auch ermöglicht, ihre operativen Fähigkeiten zu entwickeln, wobei sie ein Höchstmaß an persönlichen Ergebnissen erzielt haben.

Was erfüllt Sie am ehesten mit Stolz? Was würden Sie einem ausländischen Kardinalsbruder als Beispiel nennen?
Die beiden wichtigsten Fakten: Wir haben die Tätigkeiten nicht nur
in Bezug auf die Ergebnisse, sondern auch in Bezug auf die Arbeits-
methoden, die Transparenz und den Einklang mit den Bestimmungen des bürgerlichen, ethischen und christlichen Rechts verbessert
und gleichzeitig allen die Möglichkeit gegeben, ihre Fähigkeiten und
ihre Professionalität maximal zu entwickeln. In letzter Zeit habe ich
dem Papst gesagt: »Früher oder später verlange ich noch Schadenersatz, denn in den letzten fünf Jahren musste ich immer im Vatikan
sein, ich konnte nie weg.«

Und was hat er darauf gesagt?
Er hat gelacht, gelacht und dann erwidert: »Ach was, bleib da«. Und ich
antwortete: »Lassen Sie mich in den Ruhestand gehen, Heiliger Vater,
dann können Sie wenigstens einen anderen einsetzen, tun Sie, was Sie
wollen […]«. Aber er blieb standhaft: »Nein, nein, Du bleibst da«.

Welche Prioritäten wird Ihr Nachfolger Galantino setzen?
Er behält seine Handlungsfreiheit unter Einhaltung der Vorschriften; ich kann ihm nicht sagen, was er zu tun hat, aber er hat sicherlich eine Struktur vorgefunden, die beachtlich vorangekommen ist. Wenn er diesen Weg weitergeht, kann er nur noch besser ausbauen, was bereits in Planung ist, stets unter Beachtung der Vorgaben seiner Vorgesetzten, sprich des Papstes.

Warum mussten Sie sich abmühen, wie Sie vorhin gesagt haben?
Wegen des Unverständnisses, das es in diesen Jahren zuweilen gab [...] Das unaufrichtig war, unbescheiden und ungerechtfertigt.

Wer hat in der hitzigen Konfrontation zwischen Ihnen und George Pell gewonnen?
Schwierig zu beantworten. Ich habe immer allen, dem Papst und Pell, gesagt, was ich über die Finanzen des Vatikans und deren Verwaltung denke, und welche Eingriffe nötig sind. Natürlich hatte Pell andere Vorstellungen, ganz andere, mit einer Besonderheit [...]

Welcher?
Er hatte diese Vorstellungen, bevor er überhaupt sah, wie die Dinge wirklich standen. Ich kann nicht ins Detail gehen, aber er hatte einen eigenen Plan, von dem ich nicht weiß, woher er ihn hatte. Als wir uns das erste Mal darüber austauschten, vertraute er mir an:»Ich verstehe von diesen Dingen nichts.« Aber dann hatte er den Anspruch, Gottvater zu sein, ich weiß nicht.

Pell ist jetzt weg, der Generalrevisor ist nicht ersetzt worden, viele Positionen sind ad interim besetzt [...] Haben Sie nicht den Eindruck, dass da vieles in der Schwebe ist?
Gewiss. Sehen Sie, eines der Probleme dieser Herren, die von außerhalb gekommen sind, besteht darin, dass sie immer davon ausgingen, auf die Verwaltung des Vatikans, des Heiligen Stuhls, dieselben Kriterien übertragen zu können, die für die Zivilgesellschaften gelten. Ich gebe Ihnen jetzt ein eindeutiges Beispiel, das ich auch dem Papst

genannt hatte, zur Vorschrift, wonach Immobilien zu ihrem Realwert in der Bilanz ausgewiesen werden sollten. Also: Bei einem börsennotierten Unternehmen ist klar, dass die Inhaber, die Aktionäre, wissen wollen, wie es läuft, worauf das Vermögen beruht. Aber glauben Sie, der Papst wird den Petersdom verkaufen müssen? Und welchen Wert sollen wir dem Petersdom in der Bilanz beimessen?

Wenn es so weitergeht, könnte dieser Fall früher oder später tatsächlich eintreten […]
Da müssen Sie Bergoglio fragen, ich bin dann zum Glück nicht mehr dabei. Ich habe meinen Teil bereits getan und bin trotz der Kritik und so vieler anderer Dinge zufrieden mit dem, was ich gemacht habe […]

Wer hatte Ihrer Meinung nach mehr zu sagen? Die APSA Calcagnos oder die Verwaltungsabteilung des Staatssekretariats?
Was heißt mehr zu sagen?

Für uns Journalisten stellt dieses Amt eine Art streng geheime Finanzabteilung innerhalb des Staatssekretariats dar […]
Das ist auch mehr oder weniger so, denn nur die Vorgesetzten und der Papst wissen, was in dieser Verwaltung geschieht […]

Wojtyla wusste nichts davon […] zumindest laut Bischof Salerno […]
Aber wenn er wollte, hätte er über dieses Büro alles erfahren können, denn der Papst hat das Recht, alles zu wissen. Jedenfalls ist das keine Bank im eigentlichen Sinne des Wortes. Nicht einmal die APSA […] sie hat keine Schalter und stellt keine Schecks aus, sie erfüllt lediglich die Funktion einer Zentralbank.

Wie beurteilen Sie die Haltung dieses Jesuiten zur römischen Kurie?
Er hatte nie besondere Beziehungen zur Kurie. Als er ankam, musste er sich also erst klar werden, was das für eine Welt ist und wie sie funktioniert. Jetzt sind sie dabei, eine Reform zu entwickeln, ich

glaube, sie sind schon recht weit gekommen. Sicherlich neigt er dazu, die verschiedenen Realitäten zu vereinfachen, die im Laufe der Zeit tatsächlich etwas gewuchert sind, und dies ist einer der Gründe, warum die Ausgaben gestiegen waren. Bis zum Zweiten Vatikanischen Konzil konnte die APSA die Ausgaben der römischen Kurie mehr oder weniger allein tragen. Nach dem Konzil, mit der Entwicklung all der geschaffenen Gremien, war dies nicht mehr möglich, denn wenn die Ausgaben bei gleichbleibenden Einnahmen steigen, geht das nicht mehr. Bestimmt versucht der Papst deshalb, zurückzuschrauben und zu vereinfachen, denn sein persönlicher Stil ist immer der der franziskanischen Schlichtheit, nach dem heiligen Franziskus. Viel Überbau mag er nicht, den will er nicht haben. Er behindert das unkontrollierte Wachstum von Gremien, die sich nacheinander entwickeln, eins nach dem anderen […]

Franziskus will diese Gremien nicht, doch mit der 2013 begonnenen Reorganisation sind ganz viele neue Ämter entstanden […]
2014 hatte der Papst in seinem ersten *Motu proprio* drei Gremien vorgesehen: den Rat für Wirtschaft, das Wirtschaftssekretariat und den Generalrevisor, wobei er den Rat der fünfzehn Kardinäle praktisch abschaffte und durch den Wirtschaftsrat ersetzte, während der Revisor und das Wirtschaftssekretariat an die Stelle der Präfektur traten. Alles andere sind dann Überbauten, die im Laufe der Zeit hinzukamen.

Waren Sie der eigentliche Gegner des Wirtschaftssekretariats oder war das Becciu?
Ich wollte nie irgendjemandes Gegner sein, auch wenn man mir viele Titel oder Funktionen angedichtet hat. Ich habe immer klar und offen gesagt, ob Pell, den Vorgesetzten oder dem Papst, wie ich vorzugehen gedachte. Und tatsächlich wurde der größte Teil des Weges in der Spur gemacht, die wir mit Kardinal Nicora angelegt hatten. Wobei wir natürlich alle Anforderungen an moderne Strukturen, Sparmaßnahmen und Transparenz zu berücksichtigen hatten.

Und Becciu?
Er war Substitut im Staatssekretariat und in mancher Hinsicht hatte
er im Namen des Papstes die Autorität, stärker normierende und
strengere Anweisungen zu geben. Ich konnte dem Wirtschaftssekretariat keine Befehle erteilen, das seinerseits aber den Anspruch hatte,
der APSA und allen anderen Befehle zu erteilen. Erst an einem bestimmten Punkt wurde ihnen klar, dass Pells wesentliche Idee darin
bestand, alles selber zu machen: Das Wirtschaftssekretariat sollte Verwaltung, Kontrolle und Aufsicht übernehmen, aber das ist nicht
möglich, weil es einen mehr als offensichtlichen Interessenkonflikt
gibt. Also hat man diese Dampfwalze gestoppt. Probleme muss man
angehen. Es reicht nicht aus, sie aufzuzeigen [...] Das ist zu einfach [...] Man muss sie Tag für Tag angehen, nach und nach und mit
gutem Willen, man kommt dabei ins Schwitzen und manchmal tut
es auch weh.

Haben Sie den Eindruck, die Männer von Franziskus gehen diese
Probleme an?
Es bemühen sich alle darum, jeder behält natürlich seine Persönlichkeit bei, und es ist nicht immer einfach, im gegenseitigen Verständnis
voranzukommen. Aber im Grunde glaube ich, dass alle sich so gut
sie können ins Zeug legen, ich denke dabei insbesondere an Bischof
Galantino und an seine Mitarbeiter.

Warum tragen Sie den Spitznamen »Kardinal Rambo«? Möchten Sie
klarstellen, was in der Presse über Ihre Sammlung von Gewehren und
Pumpguns geschrieben wurde?[1]
Es fing alles mit meinem Vater an, der Jäger war. Er besaß ein Gewehr, das ihm während des Zweiten Weltkriegs abgenommen wurde.
Als er sich die Waffe nach dem Krieg wieder holen wollte, war sie
weg [...] Die Carabinieri gaben ihm dann ein altes Eisen ohne
Schaft. Mein Vater, der Zimmermann war, nahm das Eisen mit nach
Hause und begann, die fehlenden Holzteile selbst zu bauen[...] Ich
war damals noch keine zehn Jahre alt und verfolgte seine Arbeit fas-
ziniert [...] Für mich war das ein Kunstwerk. Als ich elf Jahre alt

wurde, starb mein Vater, und diese Waffe blieb lange Zeit weggesperrt. Ich ging mit dem Waffenschein meines Vaters zu den Carabinieri, um den Besitz auf mich zu übertragen. Mit dieser Geschichte begann meine Leidenschaft. Jedes Mal, wenn ich ein Gewehr sah, schaute ich mir sofort die Mechanik und das Holz an […] Ansonsten bin ich weder Jäger noch Schütze […]

Aber haben Sie wirklich eine Sammlung von Kriegswaffen zu Hause? In Savona ging ich zu einem Büchsenmacher, der mir ab und zu ein altes Gewehr schenkte. Aber dann wurde das zu einem Skandal aufgebauscht, sodass meine Sammlung jetzt viel kleiner ist: Ich habe all die Gewehre, von denen die Zeitungen geschrieben haben, an Laienfreunde verschenkt. Heute habe ich nur noch normale Jagdgewehre.

Die letzten Adlaten von Kardinal Rambo und der Cyberwiderstand

Domenico Calcagno ist nicht ganz aus der APSA verschwunden. Er ist dort nämlich noch in der Rolle des emeritierten Präsidenten zugange und kann immer noch auf viele Prälaten zählen, die ihm stets treu ergeben waren. Aber wenn man über eine Einrichtung, die für die vatikanischen Finanzen von strategischer Bedeutung ist, nicht die volle Kontrolle hat, lässt sich der Weg in den Abgrund kaum abbremsen.

Seit dem Winter 2018 wird das Kräftemessen zwischen der alten Garde und den Neuankömmlingen immer offener erkennbar. Galantino will das Dikasterium in seinen Griff bekommen, seinen gewichtigen Vorgänger und dessen Einfluss verdrängen und die vorderste Front ihm höriger Prälaten nach Hause schicken. Es gibt drei strategische Ämter, die es zu kontrollieren gilt und die den gesamten Umfang der Zentralbank abdecken: die beiden traditionellen Abteilungen (Immobilien und Wertpapieranlagen) und eine weniger bekannte, aber ebenso wichtige Abteilung, das Ced, das DV-Zentrum. Letzteres enthält die Black Box der Geschehnisse am Heiligen Stuhl.

Es ist sicher kein Zufall, dass in den vatikanischen Palästen die sensibelsten und anfälligsten Knotenpunkte eines jeden Dikasteriums, also das Personalbüro und eben die Datenverarbeitung, wo besonders sensible Informationen verwahrt werden, eigenständig sind. Dadurch wird vermieden, dass sensible Nachrichten mit anderen Ämtern geteilt werden, wie es bei der Zentralisierung bestimmter Bereiche der Fall wäre. So gibt es zum Beispiel kein großes, einheitliches Rechenzentrum, sondern jedes Dikasterium wacht eifersüchtig über sein eigenes. Eine Besonderheit, die sicherlich die Weitergabe von Informationen verlangsamt, aber auch verhindert, dass einzelne Neugierige in den Datenbanken anderer surfen. Diese Eigentümlichkeit lähmt die Aufsichtstätigkeit des Wirtschaftssekretariats, das enorme Schwierigkeiten bei der manuellen Übermittlung der zu überprüfenden Daten hat.

Einer der ersten Schritte Galantinos betraf somit das Ced, indem er die Erstellung einer Datenbank anordnete, mit der sich rückverfolgen lässt, wer auf das System zugreift. Damit lässt sich erkennen, wer welche Daten angesehen oder verändert hat.[2] Der nächste Schritt könnte die Implementierung eines weiteren Computersystems sein, das den Schutz der Vertraulichkeit der verarbeiteten Informationen durch eine Klassifizierung der Dokumente nach einem Kriterium der mehr oder weniger großen Vertraulichkeit gewährleistet und den Zugang nur ausgewählten Benutzern ermöglicht. Die Einführung einer Hierarchie bei der Klassifizierung eines Dokuments ermöglicht eine höhere Zahl von Filtern und Prüfungen beim Informationsaustausch.

In diesem Sinne hatte der Generalrevisor ad interim Cassinis Righini bereits im August 2018 Jochen Messemer, Mitglied im Wirtschaftsrat, »zwei Denkschriften zu den Überprüfungstests und die damit verbundenen Risiken der Informationssysteme einiger Dikasterien des Heiligen Stuhls und des Governatorats« geschickt. Messemer ist für die »Risikoaufsicht im Wirtschaftsrat« zuständig.[3]

In der APSA stößt der ehemalige Sekretär der italienischen Bischofskonferenz, Galantino, auf den obersten Datenmanager, den neunundvierzigjährigen Prälaten Cristiano Falchetto, der aus der

Provinz Verona stammt. Als Kind hatte Cristiano viel mit der Pfarrei und der Näh- und Stickschule zu tun, auch mit dem Mädchenchor der »Cantorine«, der die Liturgien der Pfarrei belebt.[4]

Nach seinem Studium[5] entwickelt sich Falchettos Karriere ganz in der Kurie. Don Cristiano steht in direktem Kontakt mit Attilio Nicora, seit dieser Bischof von Verona ist. Ihm verdankt er auch seinen Eintritt in den Vatikan als APSA-Beamter. Der zwischenzeitlich zum Kardinal ernannte hohe Prälat ist Präsident dieser Einrichtung und wurde von Johannes Paul II. eingesetzt. Falchetto wird zu seiner mächtigen rechten Hand. Er freundet sich mit dem damaligen Sekretär Calcagno an und wird zu seinem Vertrauten. In den letzten Jahren seiner Präsidentschaft delegiert Calcagno alles an Don Cristiano, der beginnt, den eigentlichen Bezugspunkt innerhalb der APSA darzustellen. Zwischen 2017 und Anfang 2018 behaupten böse Zungen, die sich in diesen Korridoren auskennen: »Calcagno hat nichts mehr zu sagen, der eigentliche Schattenpräsident ist Falchetto«.[6]

Doch mit der Ankunft Galantinos bricht der Boden unter Falchettos Füßen langsam weg. Nach kaum einem Jahr zeichnet sich für Don Cristiano eine neue Funktion, weit weg vom Vatikan, ab. Der Prälat kehrt nach Verona zurück und übernimmt dort Verwaltungsaufgaben.

Anders ergeht es dem 1963 in Moncalieri geborenen Prälaten Mauro Rivella. Nach einer Zeit in der Kurie in Turin kommt Rivella 2002 zur italienischen Bischofskonferenz nach Rom, wo er die Aufgabe hat, das nationale Büro für Rechtsfragen zu leiten, und wo er 2007 zum Untersekretär ernannt wird.[7] In den folgenden Jahren befasst er sich auch mit den geheimen »Verhandlungen« mit dem italienischen Staat über die Zahlung der Gemeindeimmobiliensteuer, an denen zunächst Kardinalstaatssekretär Bertone und der damalige Wirtschaftsminister Giulio Tremonti beteiligt sind.[8] Dank seiner Arbeit in dieser heiklen Phase gewinnt er die Gunst seines Landsmannes Tarcisio Bertone.

Rivella ist ein großer Freund eines Monsignore, den wir auf unserer Reise durch die erhabenen Paläste bereits kennengelernt haben:

Alberto Perlasca, die Nummer eins in der Verwaltungsabteilung des Staatssekretariats. Gemeinsam leiteten sie die kommentierte Ausgabe des Codex des Kirchenrechts und arbeiteten auch bei mehreren anderen Publikationen zusammen. Beide werden aufgrund ihrer Positionen im Vatikan im Jahr 2017 für drei Jahre zu Vorstandsmitgliedern des Krankenhauses Bambino Gesù ernannt.

Mit der Wahl von Franziskus erhält Rivella eine zweite Chance. Eine Wende steht an. Der neue Papst beabsichtigt, bei der APSA »auszumisten« und fängt bei den kleineren Fischen an: Prälat Massimo Boarotto, Delegierter der ordentlichen Sektion, und Paolo Mennini, der Laiendelegierte für Wertpapieranlagen, werden geschasst. Boarotto kehrt in seine Diözese zurück, Mennini geht in den Ruhestand. Daher wird ein neuer Delegierter für die Immobilienabteilung benötigt, die dann mit dem Wirtschaftssekretariat zusammengelegt wird: So wird dem Papst Rivella empfohlen, der einen einwandfreien Lebenslauf vorweisen kann und von Kardinal Nicora unterstützt wird. Letzterer hat wohl Calcagno überredet, dem Heiligen Vater Rivella vorzuschlagen. Vom 21. September 2013 an ist Don Mauro der neue Delegierte für die ordentliche Abteilung der APSA. Am 14. April 2015 steigt der Prälat sogar zur Nummer zwei der Zentralbank auf. Rivella schwört Calcagno die Treue und stellt sich im Kampf gegen George Pells Wirtschaftsekretariat auf seine Seite.[9]

Mit der Übernahme Galantinos wird Rivella – der zusammen mit Prälat Falchetto unter der Präsidentschaft Calcagnos in der APSA freie Hand hatte – prompt ins Abseits gestellt. Schon seit ihrer Zeit in der Bischofskonferenz sind sich die beiden nicht grün. »Sie hassen sich« sagt, wer sie gut kennt. Nach den Aussagen, die wir gesammelt haben, steht der Sekretär des APSA kurz vor dem Abschied. Auf ihn wartet eine Ernennung zum Bischof und die anschließende Rückkehr ins Piemont. Galantino scheint die Absicht zu haben, einen seiner Vertrauten zum Sekretär der Einrichtung, der er selbst vorsteht, zu ernennen.

Innerhalb von zwei Jahren verdreifacht sich das Defizit

Was hat aber, einmal abgesehen vom unsicheren Terrain der APSA, die Reform von Franziskus im Herbst 2018 gebracht? Wurden die Mahnungen, sparsamer mit dem Geld umzugehen, vom schwerfälligen Apparat der Kirche aufgegriffen? Erst Anfang November herrscht Gewissheit. An einem lauen Nachmittag werden im Apostolischen Palast die streng versiegelten Umschläge geöffnet, in denen Ämter und Dikasterien die Tabellen mit den neuesten Daten zu den Ausgabenschätzungen verschickt haben. Die Zahlen werden vom Wirtschaftssekretariat zusammengeführt, so dass sich die Kosten für das neue Jahr beziffern lassen und der so genannte Haushalt 2019 erstellt werden kann. Es ist ein wichtiges Dokument, das sich auf zweierlei Art lesen lässt. Zum einen erhält man anhand der gemeldeten Daten Klarheit über die konkrete Höhe der Ausgaben und damit über die notwendigen Mittel, die bereitgestellt werden müssen. Aber zwischen den Zeilen sagt der Haushalt 2019 auch aus, in welchem Umfang die römische Kurie auf die zahllosen Aufforderungen des Papstes zu Sparsamkeit und Transparenz eingeht. Wie sehr der Vatikan letztlich mit dem Papst in Einklang steht und seine Anweisungen und Vorgaben jenseits von Lippenbekenntnissen und Absichtsbekundungen umsetzt.

Prälat Mistò, Interimskoordinator des Wirtschaftssekretariats, ist ein Mann der Tat, ein genauer, nüchterner, besonnener Priester, der knapp formuliert. An seinem Schreibtisch vergleicht er die Planungsdaten für 2019 mit den Abschlusszahlen von 2017. Das Ergebnis ist niederschmetternd. Mistò ist sich durchaus bewusst, dass seine in der Mailänder Kurie unter Kardinal Carlo Maria Martini ausgebildeten Fähigkeiten für seine aktuelle Funktion nicht ausreichend sind. Vielleicht konnte er sich nicht einmal vorstellen, was er gerade liest. Sein Zeigefinger gleitet über das Papier, langsam fährt er die letzte Zeile der Tabelle mit den zusammengefassten Daten entlang. Die ein wenig ermüdeten Augen hinter den stets sauberen Gläsern der Brille mit ihrer leichten Fassung folgen dem Finger bis zu der Zahl unten rechts. Um sicherzugehen, wiederholt der Priester den Vorgang zweimal. Aber die Zahl, die er gelesen und wieder gelesen hat, stimmt, sie ist tatsächlich korrekt. Mit erstickender Stimme flüstert er seinen Mitarbeitern, die mit angehaltenem Atem zuschauen, zu: »Der Haushalt 2019 weist einen Anstieg des Defizits um weitere 63,3 Millionen Euro aus.« Das Nettodefizit springt von 32 Millionen der Abschlussrechnung im Jahr 2017 auf 95,3 Millionen im Haushalt des Jahres 2019 hoch, was einer Steigerung um 197,8 Prozent entspricht. Mehr sagt Mistò nicht. Wer ihm in jenen Tagen begegnet, berichtet von einem entkräfteten, erschöpften Mann.

Die Beamten im Vatikan erweisen sich somit als taub, unverfroren und realitätsfern. Sie scheinen den Kirchenstaat ungeachtet aller negativen Prognosen und Weckrufe seinem Schicksal überlassen zu wollen. Auch die aktuellsten Unterlagen lassen nicht den geringsten Kurswechsel erahnen. Dabei sind alle Daten der gegenwärtigen Krise vorhanden, und sie sind unwiderlegbar. Der Punkt, an dem es kein Zurück mehr gibt, rückt schnell näher. Die Spitzen des Heiligen Stuhls blicken bereits in den Abgrund. Die Appelle des Papstes zur Transparenz stoßen auf taube Ohren. Die Diskrepanz zwischen den Äußerungen des Papstes über Geld auf der einen sowie der ätzenden Realität der Finanzen in den vatikanischen Palästen auf der anderen Seite wird immer krasser. So donnert Franziskus am 7. November bei der Generalaudienz auf dem Petersplatz erneut gegen materiellen Reichtum, gegen Unersättlichkeit und Habgier:

> Was uns reich macht, sind nicht die Güter, sondern die Liebe. Oft haben wir das gehört, was das Gottesvolk sagt: »Der Teufel kommt durch die Taschen.« Es beginnt mit der Liebe zum Geld, dem Hunger nach Besitz; und dann kommt die Eitelkeit: »Ja, ich bin reich, und ich rühme mich dessen«; und am Ende der Stolz und der Hochmut. So wirkt der Teufel in uns. Aber die Eingangstür sind die Taschen.

Einige Tage später, während der Morgengebete, setzt der Heilige Vater nach:

> Ich frage nicht, was deine, was meine Sünde ist. Ich frage, ob ein Götze in dir steckt, ob es der Götze Geld ist. Wenn es eine Sünde gibt, ist der Gott der Barmherzigkeit da, der vergibt, wenn du zu ihm

gehst. [...] Wenn der andere Herr da ist – der Gott des Geldes –, dann bist du ein Götzendiener, das heißt, ein Bestochener: kein Sünder, sondern ein Bestochener.

Und er erklärt abschließend, wer der Götzendiener ist:

> Der Kern der Bestechung ist ein Götzendienst: er besteht darin, die Seele an den Gott des Geld verkauft zu haben, an den Gott der Macht.[10]

Das Dossier zum Defizit

Inzwischen ordnet Mistò an, dass für Franziskus' engste Vertraute unter den Kardinälen die wichtigsten Punkte dieses Kriegsbulletins zusammengefasst werden, das am folgenden 14. November an die Kardinäle des Wirtschaftsrats verteilt werden soll. Das vorbereitete Dossier, insgesamt zwölf Seiten, verbirgt nichts und erläutert den explosionsartigen Anstieg des Defizits:

> Die Veränderung des Defizits ist vor allem auf den Nettoeffekt folgender Entwicklungen zurückzuführen:
> - **Personalkosten (+5,4 Millionen)**, hauptsächlich aufgrund von in den Regelwerken vorgesehenen Erhöhungen (zwei Jahres-Klauseln und ähnliches), von der Bereinigung früherer Angelegenheiten und von Neueinstellungen. Für 2019 haben die Ämter eine Aufstockung um 44 Einheiten geplant, was wirtschaftlich etwa mit einer Million zu Buche schlägt.
> - **Betriebsaufwendungen (+17 Millionen):**
>   - +9,9 Millionen Euro für die Nuntiaturen, aufgrund des Anstiegs laufender Ausgaben und einiger spezifischer außerordentlicher Aktivitäten (in Irland, Rumänien usw.).
>   - +10,2 Millionen Euro, Unterhaltskosten (hauptsächlich bei der APSA).
>   - –5,8 Millionen aufgrund einer niedrigeren Schätzung der Steuerrückstellung (2017 wurde eine Rückstellung für den beim Verkauf von Aktien der Roche AG realisierten Kapitalgewinn verbucht).
>   - +2,7 Millionen, sonstige Nettoveränderungen.

- **Kapitalisierte Investitionen (+20,8 Millionen)**, hauptsächlich für den Kauf von Immobilien für Nuntiaturen in Russland, Taipeh, Malawi und Osttimor.
- **Beiträge** des IOR und des Gouvernatorats (**–11,5 Millionen**).
- **Niedrigere Finanzergebnisse (–6,8 Millionen) und sonstige betriebliche Erträge (–1,8 Millionen).**[11]

Somit ergibt sich eine Erhöhung des Defizits um 63 Millionen und 292.000 Euro. Der Beamtenapparat der Vatikanpaläste scheint auf einen ungebremsten Zug aufgestiegen zu sein, der mit wahnwitziger Geschwindigkeit auf den Abgrund zufährt. Unempfindlich gegenüber den Mahnungen des Papstes, untätig angesichts der Aufforderung zum Wandel, kurzsichtig und nahezu gleichgültig gegenüber der zunehmend prekären Zukunft der Kirche. Um das zu verdeutlichen, trifft Mistò – wieder einmal – eine grobe Entscheidung. Er beschließt, die Sprache der Vorsicht aufzugeben, auf die typische Wortwahl der Diplomatie zu verzichten, die immer einen Ausweg, ein Schlupfloch lässt, jede Kante glättet und Negatives abmildert. Die Lage gibt allen Anlass, Klartext zu sprechen. So steht etwa auf der ersten Seite des vertraulichen Dokuments: »Der Haushaltsplan für 2019 bestätigt im Grunde den Trend der vergangenen Jahre. Der Heilige Stuhl weist ein immer wiederkehrendes Defizit aus. Die Situation setzt ihn verschiedenen Risiken in Bezug auf seine wirtschaftliche und finanzielle Bestandsfähigkeit aus.«[12] Diese Aussage wird auf Seite 11 wiederholt und verschärft: »Der Ernst der Lage gefährdet die mittelfristige finanzielle Tragfähigkeit des Heiligen Stuhls und wirkt sich auf die Ressourcen aus, die zur Erfüllung der Mission der Kirche zur Verfügung stehen.«[13]

Das Dossier mit dem Haushaltsentwurf 2019 belegt dies, da »der Entwurf Mängel in der gemeinsamen Planungsstrategie der Vorhaben im Hinblick auf die Rationalisierung und Priorisierung von Initiativen sowie der besseren Nutzung der Mittel aufweist.«[14] Die Kurie ist Mahnungen gegenüber unempfindlich. Man braucht sich nur anzusehen, wie die Empfehlungen des vergangenen Mais aufgenommen wurden, als man, wie berichtet, präzise Opfer gefordert hatte. Schon damals war die Lage verzweifelt:

> Der Wirtschaftsrat hatte eine Resolution angenommen, in der den Behörden empfohlen wurde, Initiativen zu prüfen, die eine Senkung der Betriebskosten um 5 Prozent, eine Eindämmung der Personalkosten und besonderes Augenmerk auf die Planung der Instandhaltungskosten von Gebäuden begünstigen sollten, um einen mehrjährigen Ansatz zu fördern. Natürlich ging es nicht darum, signifikante Einsparungen zu erzielen, sondern darum, das Bewusstsein für diese Fragen in den Behörden zu steigern. Bei der Aufstellung ihrer Haushaltsentwürfe haben die Institutionen die oben erwähnte Resolution berücksichtigt, aber das Gesamtergebnis ist bescheiden und konzentriert sich auf kleinere Initiativen. Darüber hinaus wurde in einigen Fällen die positive Wirkung einiger Einsparungen durch eine niedrigere Schätzung der Einnahmen (z. B. aus Spenden) und/oder spezifische Initiativen für 2019, die zusätzliche Ressourcen erfordern (z. B. Plenum, Weltjugendtag), wieder aufgehoben. Der Haushalt 2019 zeigt keine Anzeichen für eine Verbesserung bei den Personalkosten. Dies war zu erwarten, da solche Kosten tendenziell einen natürlichen Anstieg aufweisen, was durch die in den Regelwerken vorgesehenen Lohnanstiege bedingt ist, sowie [...] durch die Tendenz des Heiligen Stuhls, weiterhin Einstellungen anzufordern, ohne dass ein belastbarer Gesamtplan für die Zuteilung der Ressourcen, die Rotation und die Festlegung von Prioritäten erstellt wird. Das Problem ist strukturell bedingt und sollte daher durch strukturelle Maßnahmen angegangen werden.[15]

Maßnahmen, die aber nach wie vor ausstehen. Damit erhöht sich das zu finanzierende Gesamtdefizit auf 153 Millionen Euro. Wie soll es gedeckt werden? Zum Teil springt das IOR mit einem Beitrag von 26 Millionen ein. Einen Teil übernimmt das Governatorat, mit weiteren 30 Millionen. Schließlich tragen noch die Diözesen aus aller Welt sowie die institutionellen und kommerziellen Tätigkeiten mit weiteren 24,5 Millionen bei. Die »Gesamtheit der für 2019 vorgesehenen Beitragsquellen« wird auf dramatische Weise aufgesogen. Um noch deutlicher zu werden, beschließt Mistò, dass mit Blick auf die Zukunft des Vatikans ein weiterer, noch gezielterer Analyse- und

Vertiefungsbericht zu erstellen ist, in dem in aller Deutlichkeit auf die Gefahr des Bankrotts der vatikanischen Kassen und das Fehlen wirksamer Gegenmaßnahmen hingewiesen wird:

> In den letzten Jahren hat der Heilige Stuhl wiederholt ein Defizit ausgewiesen, das seine finanzielle Tragfähigkeit langfristig gefährden und möglicherweise die für seine Mission der Evangelisierung und Unterstützung der Bedürftigen verfügbaren Mittel schrumpfen lassen könnte. Wir haben mehrfach auch die Schwächen des Planungsprozesses des Heiligen Stuhls hervorgehoben, der weder auf der Grundlage einer auf mehrere Jahre angelegten gemeinsamen Strategie […] noch auf einer Wertbemessung der zuzuweisenden Mittel erfolgt. Besondere Aufmerksamkeit […] im Hinblick auf den Immobilienbestand verdienen gewisse Schwierigkeiten, die mit dem makroökonomischen Umfeld zusammenhängen, wie zum Beispiel der Senkung der Mieten in der Stadt Rom, aber auch der Notwendigkeit, den Bestand zu rationalisieren, um die Gesamtrentabilität zu erhöhen (z. B. durch höhere Mieten, eine geringere Anzahl vermieteter Objekte usw.).[16]

In manchen Bereichen wurde wenig getan, und ihr Zustand ist alarmierend. Etwa im Bereich der Spenden. Nun, es gibt immer noch zahlreiche »Schwächen im strategischen Ansatz der Spendensammlung und des Spendermanagements«, wobei die bereits im Mai an die Kardinäle ergangenen Warnungen kaum beachtet werden, wonach die »Gefahr einer Rufschädigung« bestehe, wenn nicht transparent und nach den Lehren des Evangeliums gehandelt wird. Das Ergebnis? »Ein negativer Trend der Einkünfte«, also ein stetiger Rückgang der Spenden. Die Katholiken zögern, ihre Brieftaschen zu öffnen, weil die Skandale nicht mehr die Ausnahme zu sein scheinen, sondern die Regel. Aus dem Vatikan kommen keine eindeutigen Antworten, und das lässt die Großzügigkeit der Gläubigen versiegen. Bei diesem Kapitel gibt es dazu noch eine wichtige Neuigkeit, die genau die Verwendung des Peterspfennigs zur Sanierung der Konten der römischen Kurie betrifft, eine Entscheidung, die als skandalös empfunden wird. Das Wirtschaftssekretariat weist darauf hin, dass der Prozentsatz des Peterspfennigs, der für den Defizitausgleich der Kurie verwendet wird, ein beeindruckendes Niveau erreicht hat (bis zu 90 Prozent im Jahr 2017), und schlägt vor, »von den zuständigen Stellen eine gemeinsame Strategie für die Zuteilung der Mittel und eine Neubewertung des internen Systems der Zuweisung der Beiträge verordnet zu bekommen (einschließlich der Festsetzung einer Höchstgrenze für die Inanspruchnahme des Peterspfennigs)«. Anders gesagt möchte man den Peterspfennig nicht mehr so stark in Anspruch nehmen, um den finanziellen Aderlass zu bewältigen. Dies wirft eine weitere Frage auf: Wo lassen sich die notwendigen Mittel auftreiben?

Die Lage verschlimmert sich

Diesen Ansatz soll sich die Gruppe zu Eigen machen, die eine Road Map zur Vermeidung des Bankrotts ausarbeiten soll. Aber es ist bereits Ende November 2018, schon vor sechs Monaten hat Papst Franziskus grünes Licht gegeben, und doch kommt alles nur langsam voran. Warum? Von diesem Ausschuss kennt man recht wenig: die endgültige Bezeichnung (Komitee für die wirtschaftliche Zukunft des Heiligen Stuhls), den Vorsitzenden (der Malteser Joseph Zahra) und das Ziel: »Konkrete Initiativen, die auf lokaler Ebene umgesetzt werden sollen, diskutieren und identifizieren, um das Defizit mittelfristig (fünf bis sieben Jahre) zu verringern.« All dies soll der wiederholt angeprangerten »Unfähigkeit, die finanzielle Nachhaltigkeit des Heiligen Stuhls zu sichern«, ein Ende setzen.

Es gibt tiefe Vorbehalte gegen den erfolgreichen Abschluss dieser Mission. Nicht so sehr wegen Zweifeln an den Fähigkeiten der Personen, die zur Vermeidung einer Zahlungsunfähigkeit aufgerufen sind, sondern wegen der sehr geringen Kenntnis, die man heute noch von der immensen, weitverzweigten Finanzmaschinerie des Kleinstaates hat. Wie soll man sich vorstellen, die kritische Situation zu meistern, ohne ein klares Bild von den konkreten Zahlen des Vatikans zu haben? Eine Frage, die den Kardinälen mit dem größten Weitblick auf den Lippen bleibt, und die sich die engsten Mitarbeiter von Franziskus zu Eigen machen.

Gerade in diesen Spätherbsttagen kommt ein weiteres schockierendes Dokument dazu. Der Generalrevisor legt einen umfassenden

Bericht über seine Prüfungs- und Kontrolltätigkeit vor. Und es ist eine weitere kalte Dusche. Eine eiskalte. Am 7. November 2018 weist der Generalrevisor darauf hin, dass die Prüfungsarbeit unglaublich lückenhaft ist, wobei sogar das Staatssekretariat ausgelassen wurde. So schreibt er darüber in seinem umfangreichen Jahresbericht, einem weiteren vertraulichen Dokument:

> Für die APSA, die Kongregation für die Evangelisierung der Völker und das Staatssekretariat gab es eine vollständige Rechnungsprüfung mit der Erstellung eines Prüfberichts (unter Ausnahme des Staatssekretariats, bei dem eine Rechnungsprüfung nicht möglich war), der den Behörden/Dikasterien und dem Wirtschaftssekretariat übermittelt wurde.[17]

Bei den anderen Einrichtungen wurden recht überschlägige Kontrollen durchgeführt: Bei elf Behörden hat man lediglich eine »Prüfung der Bestandteile der Bilanz und der Gewinn- und Verlustrechnung vorgenommen, die bei der konsolidierten Bilanz ins Gewicht fallen«[18], während die Prüfung bei allen übrigen in einer einfachen Untersuchung der wesentlichen Posten bestand.

Viel zu wenig für einen Staat, dessen Ressourcen in erster Linie auf den freien Spenden der Katholiken aus aller Welt beruhen, und der sich Ethik und Transparenz auf die Fahnen schreibt.

Die Prognosen für 2019 sind gewiss nicht beruhigend: Der Revisor zieht sogar in Betracht, dass »auf etwaige spezifische Anfragen der zuständigen Behörden hin« »bei einzelnen Dikasterien und Stiftungen Rechnungsprüfungen vorgenommen« werden. Dies bedeutet, dass die Kontrollen sich bei manchen Ämtern in der so genannten *eingeschränkten Prüfung* oder, schlimmer noch, in einer *Desk review*, der oberflächlichen Analyse der Buchführung vom Schreibtisch aus, erschöpfen werden.

In der Praxis werden die eingehenderen Kontrollen der Bilanz 7,2 Prozent der Einnahmen und 12,2 Prozent der Ausgaben unberücksichtigt lassen. Betrachtet man die Gewinn- und Verlustrechnung, so ergeben sich folgende Zahlen: 47,6 Prozent der Ausgaben werden nicht mit einem *Full audit* geprüft, ebenso wie 19,3 Prozent der Einnahmen.[19] Allgemeiner ausgedrückt: Die Prüfung des Revisors erstreckt sich auf insgesamt nur 62 Prozent des Vermögens des Heiligen Stuhls und des Vatikans, das sich 2016 auf 5,2 Milliarden Euro beläuft.[20] Erste Anzeichen dieses Befundes hatte man bereits im vorangegangenen Mai sehen können. Am Montag, dem 7. Mai, fand ein Treffen zwischen den Mitarbeitern des Generalrevisors und dem von Professor Vermiglio geleiteten *Audit committee* statt. Aus den Tabellen, die den Teilnehmern vorgelegt wurden, ging hervor, dass das für die APSA, die Propaganda Fide und das Staatssekretariat geplante *Full audit,* das heißt die vollständige Prüfung, nur langsam vorankam. Für letzteres war beispielsweise das *Berichtspaket* – das heißt die Datei für die Erstellung des konsolidierten Abschlusses – mit den angeforderten Daten noch nicht übergeben worden. Die APSA hatte gerade einmal 20 Prozent des *Berichtspakets* zusammengestellt. Bereits dieses vertrauliche Dokument enthielt den Hinweis:

> Die Hauptsorge betrifft die Verzögerung beim Start der Prüfung des Staatssekretariats. Der amtierende Generalrevisor schrieb an Kardinal Marx und Kardinal Parolin. Es besteht ein sehr ernsthaftes Risiko, dass der Bestätigungsvermerk zur konsolidierten Jahresrechnung des Heiligen Stuhls in seinem Umfang eingeschränkt wird.

Die Monate ziehen ins Land und die Lage verschlimmert sich. Die Mahnungen des Generalrevisors an die übergeordneten Behörden bezüglich der noch zu leistenden Arbeit erweisen sich als nutzlos. Teile des Apparats entziehen sich weiterhin der Kontrolle sowohl des Revisors als auch des Wirtschaftssekretariats.

Bereits im Februar 2018 hatte der Revisor eine lange Notiz an Kardinal Marx, den Koordinator des Wirtschaftsrats, zur Aktualisierung des Prüfungsplans geschickt.[21] Das Dokument weist darauf hin, dass es »außerhalb der Kontrollen noch immer Einrichtungen gibt, die nicht in der konsolidierten Jahresrechnung des Heiligen Stuhls enthalten sind, Einrichtungen, die hinsichtlich der Aktiva und Passiva und der wirtschaftlichen Erlöse sehr bedeutend sind, wie zum Beispiel der Pensionsfonds, der Gesundheitsfonds und eine Reihe von Stiftungen«.

Dabei hatte man sich in den Jahren zuvor noch viel weitreichendere Prüfungen vorgenommen. Man denke nur an die traditionellen Besprechungen zwischen dem Team des Generalrevisors und jenem des *Audit Committee*. Am 18. Juli 2017 zum Beispiel betraf der vollständige Buchhaltungs- und Prüfungsbericht der »Einzelabschlüsse« immerhin dreizehn Einheiten. Einige von ihnen – darunter die Päpstliche Lateran-Universität und die Pensionskasse – sollten später in Gruppen abgleiten, die milderen Prüfungen unterzogen werden. Oder, vorher noch, ist an die Ziele zu erinnern, die Libero Milone, dem ersten Generalrevisor in der Geschichte des Vatikans, vorgegeben wurden. Ihm hatte der Papst gesagt: »Sie müssen alle Bilanzen überprüfen, gründlich, vollständig, mit Ausnahme des IOR«. Milone glaubte Franziskus. Er irrte sich aber, wie wir noch sehen werden.

Deshalb überrascht der Bericht des Revisors den Papst nicht. Er nimmt ihm nicht die Kraft, er bringt ihn nicht zur Verzweiflung. Der Heilige Vater ist sich bewusst, dass er zur Überwindung dieser tiefen Krise im vatikanischen Establishment, dieser Unfähigkeit, auf den sich anbahnenden Bankrott zu reagieren, alle zum Umdenken anspornen muss. Fast täglich ergehen inzwischen Appelle an die Welt der Kirche und an die Beschäftigten der Kurie. Am 12. November zieht Franziskus die Aufmerksamkeit der Anwesenden in der Kapelle von Santa Marta auf sich und spricht harsche Kritik aus. An wen ist die Kritik gerichtet? An die Männer in der Kirche, die sich als unzuverlässig erweisen. Hier sind seine Worte: »Stellen wir uns einen wütenden, arroganten, dem Wein zugeneigten, gewalttätigen Bischof vor. Für die Kirche ist ein solcher Bischof ein Desaster, auch wenn er nur einen dieser Fehler aufweist. Er darf nicht gierig nach unlauterem Gewinn sein [...] Er soll sich nicht als Geschäftemacher aufführen! Er darf nicht am Geld hängen!«[22]

◇◇◇◇◇◇◇◇◇◇◇◇◇

1   Der Journalist Mario Molinari von Savonanews hatte 2012 über die erstaunli-
    che Privatsammlung des hohen Prälaten berichtet, die Revolver, eine
    Smith & Wesson-Magnum vom Kaliber 357, ein Remington-Präzisionsge-
    wehr 7400, eine Pumpgun vom Typ Hatsan Escort und andere Gewehre
    umfasste. Es war natürlich alles ordnungsgemäß mit Waffenschein und Besitz-
    anzeige versehen. Aber es war ein kleines Arsenal historischer und moderner
    Waffen, das für Kontroversen sorgte. Ebenso die Vorstellung, dass der Kardinal
    sich zum Schießstand begibt, wo er seit dem Jahr 2003 als Mitglied registriert
    ist.

2   Es handelt sich um das System Symantec Endpoint Protection zum Schutz
    von Arbeitsstationen, das im IT-Zentrum der APSA installiert wurde, nach-
    dem es bereits auf allen Arbeitsstationen im Büro des Generalrevisors einge-
    richtet worden war.

3   Das Schreiben wurde von Alessandro Cassinis Righini am 10. August 2018 an
    Jochen Messemer und zur Kenntnis an den Sekretär des Wirtschaftsrats, Prälat
    Brian Ferme, geschickt.

4   Dies geht zumindest aus dem Quartalsbericht der Nonnen hervor, die ihn in
    den Weinberg des Herrn gebracht haben. Siehe Livio Ambrosi, »Cari ricordi
    pieni di nostalgia«, Caritas, Jahrgang 68, Nr. 2. April–Juni 2012, S. 28.

5   Cristiano Falchetto besucht die Lehrerausbildungsstätte und macht 1988 sein
    Abitur. 1990 beginnt er die Ausbildung am Studio teologico San Zeno in
    Verona und wird 1996 zum Priester geweiht. Er schließt 1999 sein Studium
    der Pastoraltheologie an der Theologischen Fakultät für Norditalien in Mai-
    land ab. Darauf zieht Don Cristiano nach Rom, um 2011 an der Päpstlichen
    Lateran-Universität in Pastoraltheologie zu promovieren.

6   Das Vertrauen von Domenico Calcagno und Attilio Nicora in Cristiano Fal-
    chetto zeigt sich auch bei anderen kleinen Details, sogar bei der Renovierung
    der Immobilien. Während eines Besuchs in der Diözese Verona bemerkt Don
    Cristiano im Bistum einen »wunderschönen Aufzug«, den die Firma Marive
    Ascensori aus Verona gebaut hat. Falchetto beschliesst daher, dass dieser Auf-
    zug, »der wie ein Shuttle aussieht«, auch für den Vatikan gebaut werden sollte,
    und so setzt er sofort die Eigentümer des Unternehmens mit Prälat Massimo
    Boarotto in Verbindung, der ebenfalls aus Verona stammt und Verwaltungs-
    delegierter der APSA ist: der Mann, der für das Geld zuständig ist. So baut
    Marive zwei »Shuttle« für das Haus an der Piazza della Città Leonina, in dem

auch Joseph Ratzinger als Kardinal gewohnt hatte. Einen für die Hausnummer 1 und den anderen für die Hausnummer 3. Beide Aufzüge werden eigens für den Vatikan in ovaler Form hergestellt und »mit einer Metallkonstruktion, die vollständig mit speziellem Schichtglas verkleidet und mit Holzprofilen versehen ist sowie mit einem völlig neuartigen Steuerungssystem«. Ein kleines Detail: Einer der Bewohner der Hausnummer 1 des Gebäudes auf der Piazza della Citta Leonina war in jenen Jahren Kardinal Attilio Nicora, der dort bis zu seinem Tod im April 2017 wohnte.

7 Rivella, der 1988 von Kardinal Anastasio Ballestrero, dem damaligen Erzbischof von Turin und ehemaligen Vorsitzenden der Italienischen Bischofskonferenz (IBK), zum Priester geweiht wurde, nahm bis 2002 neben seiner Pfarrtätigkeit auch Aufgaben im Zusammenhang mit rechtlichen Angelegenheiten wahr. Er war stellvertretender Gerichtsvikar des regionalen Kirchengerichts des Piemont, Richter am Diözesangericht, Professor an der Theologischen Fakultät und Leiter des Büros der Bruderschaften. Im Jahr 2002 gibt er alle Ämter in der Diözese Turin auf und zieht nach Rom. Kardinal Camillo Ruini und der Generalsekretär Giuseppe Betori holen ihn an die italienische Bischofskonferenz und übergeben ihm die Leitung des nationalen Büros für Rechtsfragen. In diesen Jahren schliesst er Freundschaft mit dem damaligen Prälaten Attilio Nicora, der von 1997 bis 2002 vor seiner Ernennung zum Präsidenten der APSA die Position des »Beauftragten des IBK-Präsidiums für Rechtsangelegenheiten« innegehabt hat. Die beiden stehen in Kontakt, nehmen an verschiedenen Konferenzen teil und stellen sich gemeinsam den rechtlichen Fragen der Kirche, auch weil Nicora nationaler Kirchenrechtsberater der Union der katholischen Juristen Italiens ist. 2006 wird Rivella zum Mitglied des Rechnungsprüfungsausschusses der religiösen Stiftung der Ordensheiligen Franz von Assisi und Katharina von Siena bestellt. Im folgenden Jahr wird er zum Untersekretär der IBK ernannt.

8 Es beginnt mit einer Maßnahme der Europäischen Kommission, die ein Verfahren gegen Italien einleitet wegen »Staatshilfe« an die katholische Kirche. Im Falle einer Verurteilung würde der italienische Staat zur Zahlung einer sehr hohen Geldstrafe aufgefordert, deren Summe dann bei der Kirche eingefordert werden müsste. Ab Februar 2012 führt die Regierung Monti die Gemeindeimmobiliensteuer für alle kirchlichen Güter ein, die kommerzielle Tätigkeiten ausüben, wodurch das Problem teilweise gelöst und die europäische Beanstandung umgangen wurde. Siehe Gianluigi Nuzzi, Seine Heiligkeit. Die geheimen Briefe aus dem Schreibtisch von Papst Benedikt XVI., Piper, München 2012, S. 124–126.

9 2017 wird der Inhalt zweier Briefe, die Rivella an die Dikasterien des Heiligen Stuhls und an damit verbundene Einrichtungen sandte, von Pell und dem Generalrevisor Libero Milone umgehend dementiert. Calcagno und Rivella hatten versucht, die Zuständigkeiten des Wirtschaftssekretariats infrage zu stellen. Dieser bedrohliche Schachzug wurde im Keim erstickt.

10 Morgenmeditation in der Kapelle der Domus Sanctae Marthae, 9. November 2018 (Bericht des Osservatore Romano).

11 Wirtschaftssekretariat, »Treffen mit dem Wirtschaftsrat: Vorstellung des Haushalts 2019«, 14. November 2018 (vertrauliches Dokument, das an den Wirtschaftsrat verteilt wurde).

12 Ebd.

13 Ebd.

14 Ebd.

15 Ebd.

16 Tagung des Wirtschaftsrats am 27. und 28. November 2018, »Die wirtschaftliche Zukunft des Heiligen Stuhls. Hauptüberlegungen und nächste Schritte«.

17 Der Bericht des Interims-Revisors hebt unter anderem die verbleibenden Diskrepanzen und Grauzonen hervor:»Der Prüfbericht zum konsolidierten Jahresabschluss des Heiligen Stuhls und verbundener Behörden (Segment I) zum 31. Dezember 2017 entspricht dem Berichtsformat, das im International Standard on Auditing 700 (revidiert) – Meinungsbildung und Berichterstattung über die Jahresabschlüsse gefordert wird. Der vor kurzem verabschiedete Grundsatz ist auf die Jahresabschlüsse anwendbar, die ab dem 15. Dezember 2016 erstellt wurden. Die Prüfungsberichte, die über das Berichtspaket der APSA und der Kongregation für die Evangelisierung der Völker erstellt wurden, entsprechen dem International Standard on Auditing 800 (revidiert) – Besondere Überlegungen – Prüfungen von Jahresabschlüssen, die in Übereinstimmung mit den Rahmenwerken für besondere Zwecke erstellt wurden. Der vor kurzem verabschiedete Grundsatz ist auf die Jahresabschlüsse für das am 15. Dezember 2016 endende Jahr anwendbar. Der Hauptunterschied zwischen den beiden Arten von Berichten hängt mit der Art des geprüften Dokuments zusammen – im zweiten Fall das Berichtspaket –, das vom Wirtschaftssekretariat als Instrument zur Übermittlung der Finanzinformationen seitens der betroffenen Behörden gewählt wurde, die der Konsolidierung unterliegen, und das nach spezifischen Anweisungen des Wirtschaftssekretariats erstellt wurde und nicht die Form und den Inhalt eines Jahresberichts aufweist, da

unter anderem die Erläuterungen fehlen, die für die Bereitstellung vollständiger Informationen zur Bilanz erforderlich sind.«

18 Aus dem vertraulichen Dokument der Generalrevisors »Meeting with audit committee« vom 7. Mai 2018 geht hervor, dass die elf an einer eingeschränkten Revision interessierten Behörden die Kongregation für die Ostkirchen, das Dikasterium für den Dienst der ganzheitlichen Entwicklung des Menschen und das Apostolische Almosenamt sind, die Schweizergarde, die Päpstliche Diplomatenakademie, die Päpstliche Kommission für sakrale Archäologie, die Päpstliche Lateran-Universität, der Päpstliche Rat für die Förderung der Neuevangelisierung, das Sekretariat für Wirtschaft, das Sekretariat für Kommunikation und die Vatikanische Apostolische Bibliothek.

19 Büro des Generalrevisors, »Jahresbericht über die im Jahr 2018 durchgeführten Aktivitäten und Prüfungsprogramm für 2019«.

20 Büro des Generalrevisors, »Besprechung mit dem Wirtschaftsrat«, 15. Mai 2018.

21 Büro des Generalrevisors, »Aktualisierung des Generalrevisors ad interim an den Wirtschaftsrat bezüglich des Prüfungsplans«, 13. Februar 2018.

22 Morgenmeditation in der Kapelle der Domus Sanctae Marthae, 12. November 2018 (Bericht aus dem Osservatore Romano).

Die Ausbootung des eisernen Vasallen von Papst Franziskus

Der Gegenangriff der Kurie

Das bisher Erzählte entspricht einem einzigen, beunruhigenden Muster: Nämlich die vom argentinischen Jesuiten eingeführte Umgestaltung des Staates zu sabotieren und dabei alle Strukturen zu lähmen, die dazu dienen sollen, verborgenes und verschleiertes Tun in den Finanzen des Vatikans zu beseitigen. Es lohnt sich, das Geschehene zusammenzufassen und die einzelnen Punkte miteinander zu verknüpfen, damit erkennbar wird, wie sich die einzelnen Elemente zu einem Gesamtbild zusammenfügen. Beginnen wir mit dem Wirtschaftssekretariat: Mit dem Abgang von Pell wird der Apparat durch das Fehlen einer starken, führenden Hand ausgebremst. Der Interimsleiter, Prälat Mistò, wird nicht als Chef, sondern als Vertreter wahrgenommen. Das Sekretariat wird von allen Seiten bedrängt. Es gibt mehrere Delegitimierungsversuche, allen voran die Angriffe auf Claudia Ciocca. So gerät selbst der Wirtschaftsrat in Bedrängnis, ausgebremst und frustriert von der kurialen Verzögerungstaktik.

Seit dem 24. Februar 2014 wird in den vatikanischen Palästen ein schwelender Konflikt ausgetragen. Damals hatte der Papst mit einem apostolischen Schreiben in Form eines *Motu proprio* – dem *Fidelis dispensator et prudens* – diese beiden neuen Einrichtungen geschaffen: das Sekretariat und den Rat. Aber Franziskus schuf auch ein drittes Amt mit einer ebenso wesentlichen und entscheidenden Funktion: das des Generalrevisors, der dazu berufen ist, jede Bilanz zu überprüfen und zu beglaubigen.[1] Damit zeichnet sich schon ab, was dann auch geschieht: So wie die beiden anderen neuen Arbeitsgruppen gerät auch der Revisor in die Mühlen der Kurie. Mit welchem Ziel? Diese Einrichtung zu ersticken, die Transparenz bringen und damit den Wandel fördern sollte. Aber nie in dieser ganzen trüben Geschichte wird wie hier mit derart harten Bandagen gekämpft und sogar mit Verhaftung gedroht, um die Männer von Franziskus aufzuhalten. Daher ist die Geschichte des Revisors in all ihrer Dramatik zu erzählen, was hier zum ersten Mal geschieht. Von Anfang an, mit einem Telefonat in den Vereinigten Staaten.

Im September 2014 ruft ein wohlhabender Argentinier der internationalen Headhunter-Firma Egon Zehnder aus Miami einen Freund in New York an, einen Finanzexperten und Partner des Beratungsgiganten Deloitte. Er fragt ihn vertraulich, ob er in Italien jemanden Tüchtigen kenne. Eine ehrliche Person, die über Fachwissen in den Bereichen Gesellschaften, Jahresabschlüsse und Rechnungsprüfung verfügt. Der New Yorker denkt sofort an Libero Milone, geboren 1948 in Den Haag, Geschäftsführer von Deloitte Italien, wo er zweiunddreißig Jahre lang beschäftigt war.[2] Kurz zuvor hatten die beiden in New York beruflich zusammengearbeitet, als Milone an der Spitze der weltweit tätigen Personalabteilung der Beratungsfirma stand. So beginnt man bei Egon Zehnder in Miami Milones Lebenslauf näher in Augenschein zu nehmen, und kontaktiert ihn vorab für zwei Videokonferenzen. Das Interesse wird bestätigt. Milone wird nach Rom in die Büros des Unternehmens in der Villa Borghese gerufen. Es folgen drei Treffen, bei denen der Fachmann darauf aufmerksam gemacht wird, wer nach einem Profil wie dem seinen sucht: der Vatikan. Er äußert Zweifel. Vielleicht sei der Kleinstaat nicht passend für seine Fähigkeiten. Vielleicht verfüge er nicht über die notwendigen Buchführungsverfahren, die für eine so heikle Mission erforderlich seien. Aber es gelingt zunächst Prälat Brian Ferme, dem Sekretär des Wirtschaftsrats, dann Danny Casey, Kardinal Pells rechter Hand, und schließlich Joseph Zahra Anfang 2015, ihn umzustimmen. In den heiligen Hallen ist der Frühling der Transparenz ausgebrochen. Zumindest heißt es so. Milone bekommt Gelegenheit, die Regeln und Verfahrensanweisungen zu begutachten, die gerade umgesetzt werden: eine gute Ausgangslage, von der man starten kann, die von der Beraterfirma KPMG ausgearbeitet und vom Papst genehmigt worden war.

Ende März findet die entscheidende Besprechung statt. Milone trifft abgesehen von den Headhuntern der Firma Zehnder auch die Kardinäle Pell, Marx und Parolin in einem unauffälligen Büro in Nähe des Vatikans zu einer abschließenden Bewertung der Kandidatur. In Wirklichkeit wollen die drei ihn überreden. Die Kardinäle sagen ihm zunächst sehr deutlich, dass Franziskus die Kurie verändern will. »Der Heilige Vater ist felsenfest überzeugt«, sagen Pell und Marx mehrmals, »dass dieser neue Weg bis zum Ende gegangen werden muss«. Dann stellen ihm die Hohen Prälaten tausend Fragen. Sie wollen mehr über seine früheren Erfahrungen wissen, etwa von der Fusion zwischen Arthur Andersen und Deloitte selbst. Sie fragen ihn auch, wie er sich den Wandel vorstellt: Wie er vorgehen wolle? Welche Priorität er der Unabhängigkeit einräume?

Milone reizt die neue Herausforderung. Er zieht sich nicht zurück. »Kardinal Marx«, sagt er, indem er dem Koordinator des Wirtschaftsrats in die Augen schaut, »ein Rechnungsprüfer, der nicht unabhängig ist, kann nichts leisten.« Eigentlich eine Selbstverständlichkeit, aber nicht im Vatikan. »Wären Sie bereit«, bedrängt ihn der Headhunter von Egon Zehnder, »diese Arbeit für ein symbolisches Entgelt zu erledigen?« »Nein, das ist eine heikle, ernsthafte und schwierige Aufgabe«, gibt der Fachmann trocken zurück, »so etwas kann man nicht umsonst machen.« Parolin nickt beinahe unmerklich. Marx schweigt gedankenverloren. Diese letzte Sitzung verlassen alle zufrieden. Nach den Vorgesprächen obliegt es nun den Kardinälen, zusammen mit dem Heiligen Vater den Namen auszuwählen und ihn Prälat Ferme mitzuteilen, damit dieser sich mit Milone in Verbindung setzen kann, um den Vertrag und die Bedingungen festzulegen. Doch es vergehen Wochen und Monate, und nichts passiert. Bis eine unerwartete Wendung eintritt.

Im Gespräch mit dem Heiligen Vater

Im Morgengrauen des 5. Juni, einem Freitag, klingelt um 4.45 Uhr in Zimmer 201 der Residenz Santa Marta der Wecker. Der Schweizergardist, der es die ganze Nacht bewacht hat, nimmt nach der nächtlichen Benommenheit wieder Haltung an. Drinnen, in der fünfzig Quadratmeter großen Suite mit dem kleinen Salon am Eingang, in dem der Heilige Vater Gäste empfängt und einen Großteil seiner »häuslichen« Arbeit verrichtet, wacht Franziskus auf und betet etwa eine Stunde lang. Er meditiert über die Lesungen des Tages, denkt über die Predigt nach, die er während der Messe in der Kapelle der Residenz halten soll.[3] Und er denkt an den Mann, über den er bald sprechen wird. In der Zwischenzeit wacht dieser Mann 133 Kilometer entfernt in einem Landhaus in Todi, inmitten der Hügel Umbriens, um 5.30 Uhr morgens auf. Rasch ins Badezimmer, dann steigt er in seinen Lieblingsoverall, zieht seine Arbeitsstiefel an und ist bereit für die Gartenarbeit. Am Himmel sind die schwarzen Wolken der letzten Gewitter gerade einer schwachen Sonne gewichen.

Nachdem er sich bereitgemacht hat, geht Franziskus ins Erdgeschoss hinab, wo er auf die beiden Privatsekretäre trifft, den argentinischen Prälaten Fabián Pedacchio und den ägyptischen koptischen Prälaten Yoannis Gaid. Auch sein erster Kammerdiener Sandro Mariotti stößt dazu – der wegen seiner Größe von allen »Sandrone« genannt wird und sich das Amt mit dem ehemaligen Gendarmen Piergiorgio Zanetti teilt. Schließlich sieht der Papst noch den Prälaten Tino Scotti aus Bergamo, Leiter der ersten Sektion des Staatssekretariats, der jeden Morgen die Messe vorbereitet und die Teilnahme der Gläubigen organisiert. Um 7 Uhr beginnt die Messe in Anwesenheit einiger Kardinäle und Bischöfe, die sich gerade in Rom aufhalten, und der Gläubigen einiger kapitolinischer Pfarreien.

Nachdem die Feier beendet ist und die liturgischen Gewänder abgelegt sind, begrüßt Franziskus nacheinander die Anwesenden, macht Erinnerungsfotos, hört denen zu, die ihm etwas zu sagen haben. Um 7.45 Uhr begibt er sich zum Frühstück in die Kantine, wo bereits einige Gäste auf ihn warten. In diesem Raum sind Mobiltelefone verboten. Einige Gendarmen sorgen diskret dafür, dass niemand Fotos oder Videos macht. Franziskus trinkt Kaffee, teilentrahmte Milch, isst etwas Brot und frischen Ricotta-Käse, der von den Bauernhöfen von Castel Gandolfo angeliefert wird. Auch Marmelade und Kekse werden geboten.

Nach dem Frühstück kehrt Franziskus auf sein Zimmer zurück, führt ein paar Telefongespräche, beantwortet ein paar Briefe, bereitet sich auf die morgendlichen Audienzen vor. Auf seinem Schreibtisch liegen Dutzende von Dossiers, Unterlagen, die zu studieren, und Ernennungen, die vorzunehmen sind, sowie einige Bücher: Eines über das Thema »Geschwätz« wurde von einem Franziskaner verfasst (der Papst hat die Leiter der Dikasterien gebeten, an alle Mitarbeiter des Vatikans ein Exemplar zu verteilen); in einem weiteren geht es um Erzbischof Marcinkus und die Finanzen des Vatikans; ein drittes ist der Muttergottes gewidmet, die alle Knoten löst, und wurde ihm während einer Generalaudienz am Mittwoch von einer argentinischen Nonne übergeben, die er seit vielen Jahren kennt. Auf dem Arbeitstisch liegen auch einige von ihm selbst verfasste Karten mit verschiedenen Gnadengesuchen. Bevor er mit dem Aufzug ins Erdgeschoss fährt, legt er sie unter die Statue des schlafenden heiligen Josef, die vor der Tür seines Zimmers steht. Im Foyer der Residenz verabschiedet der Papst sich von den Sekretären, die zur Arbeit in ihre Büros gehen (Pedacchio in die Kongregation für die Bischöfe und Gaid ins Staatssekretariat), und steigt in den blauen Ford Focus, um in den apostolischen Palast zu fahren.

Um 11 Uhr beginnt Prälat Ferme, auf das Handy des Mannes anzurufen, der bei der Gartenarbeit weilt, aber der nimmt nicht ab. Er versucht es ein, zwei, drei, vier Mal. Umsonst. Es ist nicht viel Zeit. Ferme gibt die Hoffnung nicht auf. In der Zwischenzeit fährt der Mann in Umbrien, während das Handy weit entfernt klingelt, fort, die Blumenbeete aufzuräumen und einige blühende Pflanzen zurückzuschneiden. Die Saison ist etwas spät dran, aber sie wird aufholen. Der Mann ist Libero Milone. Er ist gelassen, sein Lieblingshobby verschafft ihm Entspannung, vor allem aber ahnt er nichts davon, dass bald darauf, Punkt 12 Uhr, eine Nachricht sein Leben für immer durcheinander bringen wird.

Am Mittag gibt Papst Franziskus öffentlich bekannt, dass er ihn für diese neue Herausforderung ausgewählt hat. Nach der Gartenarbeit schaltet der Beratungsfachmann den Fernseher ein, erfährt die Neuigkeit und reagiert begeistert. Dennoch verspürt er auch eine tiefe Unruhe, die seine innigsten Gefühle berührt. Schließlich ist er ein aufmerksamer Zeitgenosse, der auch die kleinsten Zeichen nicht übersieht: Die Ernennung wurde öffentlich bekannt gegeben, noch vor der Unterzeichnung des Vertrags, der die Regelung zum Honorar und die Vereinbarung über die Bekanntgabe der Entscheidung enthalten sollte. Aus welchem Grund? Milone ergreift sofort die Initiative. »Bevor ich anfange, möchte ich mit dem Heiligen Vater sprechen«, bittet er Prälat Brian Ferme vorsichtig. »Das wird sehr schwierig sein, der Papst hat einen sehr dichten Terminkalender« gibt dieser zurück. »Schauen Sie, ich würde gerne den Papst treffen, sonst kann ich nicht arbeiten.«

Mitte Juni fährt Milone ein wenig beklommen die Auffahrt des Perugino hinter Berninis Kolonnaden hoch und an der Wache der Gendarmerie vorbei. Er fährt einige Dutzend Meter die leichte Anhöhe entlang und biegt gleich hinter der Tankstelle rechts ab, wo die Residenz Santa Marta liegt. Es ist eine unglaublich stille Welt: Nur wenige Fußgänger sind zu sehen, einzelne unbeschuhte Karmelitinnen, eine kleine Gruppe stiller mandeläugiger Pilger, die in Richtung Vatikanischer Gärten gehen. Noch nie hatte er die Basilika von außen aus dieser Perspektive sehen können, und alles so nah: die Größe und die Stille, das Licht, das zwischen den Dächern des Palazzo San Carlo durchsickert und die dunklen Ecken hinter den Kolonnaden. Die Gendarmen begleiten ihn bis zum Empfang von Santa Marta, wo ihn eine Dame begrüßt und ihn höflich bittet, im kleinen Salon auf der linken Seite Platz zu nehmen. Milone setzt sich, nimmt sein Handy aus der Jacke und wartet. Hier erliegt auch er dem Missverständnis vieler Gäste des Papstes: Er denkt, dieser kleine Raum mit vier anonymen Sesseln und einem niedrigen Tisch dazwischen sei lediglich das Wartezimmer, er kann sich nicht vorstellen, dass dies eines der von Franziskus für den Empfang seiner Gäste bevorzugten »Büros« ist.

Es vergehen ein paar Minuten. »Buonasera Dottor Milone«, sagt der Papst beim Eintreten und bemerkt, dass der Wirtschaftsfachmann beinahe aufschreckt, als er plötzlich den Blick von seinem Handy hebt. Die Besprechung dauert vierzig Minuten, mehr als Franziskus für den Präsidenten der Vereinigten Staaten reserviert hatte. »Dottor Milone, sprechen Sie noch Niederländisch?« fragt der Papst und gibt ihm damit zu verstehen, dass er seinen Lebenslauf gelesen hat. Es war ihm nicht entgangen, dass Milone diesen italienischen Nachnamen trug, obwohl er in Holland geboren wurde. Franziskus liegt sehr viel an der Funktion des ersten Generalrevisors des Kirchenstaates. Er macht ihm klar, dass das Treffen nicht nur ein Höflichkeitsbesuch ist. Der argentinische Jesuit kennt sowohl die Vergangenheit des Beraters als auch die künftigen Verpflichtungen, die diesen in den Gewölben des Vatikans erwarten, sehr gut. Er zeigt sich sicher, die richtige Person vor sich zu haben. Milone repräsentiert den perfekten Laien: er wirkt kompetent, zuverlässig, zurückhaltend, er genießt im Jetset der internationalen Finanzwelt, wo er seit je akkreditiert ist, einen unzweifelhaften Ruf. Der Papst schätzt seine Freundlichkeit und Besonnenheit, er mag seinen trockenen Humor, der aus ein paar Kalauern und Anspielungen besteht und seinem eigenen Sarkasmus ein wenig ähnelt. Milone äußert Vorbehalte, wohl wissend um die zahlreichen, bestens beleumundeten Laien, die sich in den Kirchenstaat gewagt hatten und übel zugerichtet wieder gehen mussten. »Sie werden völlig freie Hand haben – versichert ihm der Papst – und nur mir unterstehen. Lassen Sie sich nie beeindrucken, Sie werden mein volles Vertrauen haben und über die notwendigen Mittel verfügen, um ihre Arbeit auszuüben.«

Die Minuten vergehen, und die Förmlichkeiten treten hinter den Charakter der Gesprächspartner zurück. »Sie wissen, dass sie mit Kardinal Pell zusammenarbeiten müssen?«, fragt Franziskus. »Ja, das dachte ich mir schon«, antwortet Milone, »wegen seiner Funktion.« Der Papst fügt lächelnd hinzu: »Er ist ein wenig schroff [...]«. Doch der Finanzexperte lässt sich nicht bange machen: »Schauen Sie, Ihre Heiligkeit, Kardinal Pell ist Australier. Die Australier sind alle ein wenig schroff. Ich hatte schon oft in meinem Leben mit ihnen zu tun, da brauchen Sie sich keine Sorgen zu machen.«

An diesem Tag entsteht eine besondere Beziehung. Der Papst liest alle Berichte Milones vorab oder beauftragt seinen Sekretär, den Revisor um eine Zusammenfassung zu bitten. Wenn ihm ein Detail nicht klar ist, befragt er Milone zu jeder Zahl, jedem Geschäft, jeder unklaren Transaktion. Angesichts bestimmter Situationen erblasst Franziskus. Er hätte sich nie vorstellen können, sich mit Problemen befassen zu müssen, wie sie ihm gemeldet werden. Aber er ist mit der gerade begonnenen Aufräumarbeit zufrieden.

In den Computer des Revisors eingedrungen

Einige Monate vergehen, und nach dem Sommer ermächtigt Papst Franziskus Milone, auch Parolin über die verschiedenen Probleme, auf die er gestoßen ist, zu informieren, um eine Lösung zu suchen. In einigen Fällen interveniert der Papst persönlich, in anderen sagt er Milone, er solle den Wirtschaftsrat informieren. Wie ein Mantra fragt ihn der Heilige Vater am Ende eines jeden Treffens, um ihn zu ermutigen: »Milone, sind Sie immer noch unabhängig? Fühlen Sie sich unabhängig?« Der Experte nickt mit einem breiten Lächeln. Er glaubt wirklich, dem Papst helfen zu können, die Geschichte des Vatikans zu verändern.

Milone beginnt, die Dossiers zu studieren, die Einschätzungen zur Finanzlage seitens der von der Cosea-Kommission beauftragten Finanzberatungsfirmen. Er bespricht sich mit dem Substituten des Staatssekretariats, damals Erzbischof Angelo Becciu, aber auch mit allen anderen Kardinälen, deren Worte in den heiligen Palästen Gewicht haben: Parolin, Calcagno, Versaldi sowie anderen Schlüsselfiguren der Kurie. Allen voran mit Prälat Perlasca: Wenn er sich vorstellt, zittert er leicht und seine Hände schwitzen, wie sich die Mitarbeiter seines Stabes erinnern.

Mit Pell baut er eine Beziehung auf, die von gemeinsamen Ansichten geprägt ist, vom Bestreben, die Reformvorhaben des Papstes umzusetzen; kurz, die beiden verstehen sich auf der professionellen Ebene bestens. Der australische Kardinal setzt auf diese für ihn strategische Flanke, um die kuriale Gegenoffensive im Zaum zu halten. Milone verbringt die Tage auch im Sommer bis spät abends in seinem Büro, sein Computer ist immer eingeschaltet. Er ist optimistisch. Er weiß noch nicht, dass man ihm bereits eine Reihe von Fallen gestellt hat.

Aber einige Monate später wird es für ihn bereits düster. Am 29. Oktober 2015 gibt Luigi Bisignani während der von Nicola Porro geleiteten und auf Rai 2 ausgestrahlten Sendung *Virus* bekannt, dass der Computer des Revisors Milone erst einen Monat zuvor gehackt worden ist. Die Vatikanische Gendarmerie hat eine Untersuchung eingeleitet, um herauszufinden, wer in den letzten Wochen Zugang zu den Räumen des Managers hatte. Der Heilige Stuhl äußert sich nicht zu den Geschehnissen. Es ist unklar, wer in den Computer eingedrungen ist. Der Übeltäter scheint improvisiert zu haben und hat auf dem Boden direkt unter dem Computer Teile hinterlassen, Spuren, die ihn entlarven könnten: ein Profi begeht keinen solchen Fehler. Aber eine Tatsache ist noch beunruhigender: Bei der ersten Inspektion wurden keine Einbruchsspuren an den Fenstern oder Türen festgestellt. Kurz gesagt, der Dieb scheint mit Schlüsseln eingetreten zu sein. Und wer allein hatte diese Schlüssel? Die Beschäftigten des Büros (Prälat Vallejo Balda war an jenem Wochenende jedoch in Spanien) und die Gendarmerie.

Die Gemüter erhitzen sich auch wegen der für die darauffolgende Woche angekündigten Veröffentlichung zweier Bücher mit bisher unbekannten Finanzdokumenten, nämlich meines Buches *Alles muss ans Licht* und Emiliano Fittipaldis Buch *Avarizia*. Die Gendarmerie ihrerseits führt Inspektionen durch, sammelt einige Spuren, die angeblich auf dem Computer des Revisors hinterlassen wurden, erkundet, wer in der fraglichen Zeit das Gebäude in der Via della Conciliazione betreten hat, wo sich Milones Büro befindet, und stellt fest, dass vertrauliche Dateien zu den Jahresabschlüssen aus dem Computer gestohlen worden sind. Der Verdacht fällt auf mehrere Personen, die im Bereich der Finanzen tätig sind. Das Klima ist vergiftet. Wieder ist von »corvi«, diebischen Raben, und einem neuen Vatileaks die Rede, und man versucht, den Eindruck zu erwecken, die neuen Veröffentlichungen seien das Ergebnis des Diebstahls aus Milones Computer.

Vier Tage später, am 2. November 2015, verhaftet die Gendarmerie unter dem Vorwurf der Weitergabe vertraulicher Dokumente Prälat Vallejo Balda und Francesca Immacolata Chaouqui, ein Mitglied der Cosea-Kommission, deren Koordinator Balda war. Angesichts der in *Alles muss ans Licht* veröffentlichten Anklage gegen die Vetternwirtschaft bei der Vermietung von Luxuswohnungen beauftragte der Papst Milone, hierzu gezielte Nachforschungen anzustellen. Er möchte wissen, wie die APSA sie verwaltet, nach welchen Verfahren dabei vorgegangen wird. Franziskus exponiert sich vor der Öffentlichkeit und betraut Andrea Tornielli mit der Ankündigung: »Der Papst: neue Gangart bei den Wohnungen des Vatikans.« So die Überschrift eines langatmigen Artikels vom 6. November 2015: »Der erste Schritt wird die Verwaltung von Immobilien und Mieten betreffen.« Wer den Papst nach genaueren Plänen fragt, erhält die trockene Antwort: »Es wird sich einiges ändern.« Tatsächlich gibt Franziskus nicht an, wann. Es wird Jahre dauern, bis es zu Änderungen kommen wird, da Galantino noch 2019 mit der Bestandsaufnahme der Immobilien beschäftigt ist.[4]

Seit jenem Tag trifft Milone sich wöchentlich fast eine Stunde lang mit Kardinal Calcagno. Zwei Personen, die verschiedener nicht sein könnten. Es entsteht eine Situation, die einem internen diplomatischen Zwischenfall nahe kommt. Während einer Prüfung stellt sich sogar der Anwalt der APSA quer und versucht, das Team des Revisors zu stoppen. »Sie haben überhaupt kein Recht, hier tätig zu werden«, sagt er. Aber Milones Antwort, die mehrere Mitarbeiter der APSA sowie von Milone selbst gehört haben, lässt keine Widerrede zu: »Ich weiß nicht, wer Sie sind, aber das Recht steht mir zu, denn der Papst hat mich gerade ermächtigt, diese Prüfungen durchzuführen.« Hindernisse verlangsamen jedoch die Arbeit. Ende Februar 2016 wird der Papst etwas ungeduldig, er will einen Bericht, der erst im darauffolgenden Mai vorgelegt wird und viele kritische Punkte hervorhebt. Bei jeder Besprechung sucht Calcagno nach Ausflüchten und liefert Interpretationen. »Schauen Sie«, versucht er dem Team des Revisors häufig zu erklären, »das haben Sie falsch verstanden […] es ist nicht so, wie Sie denken […]« Beim zehnten dieser Treffen verliert Milone die Geduld: »Eminenz, es sollte Ihnen klar sein, ich bin kein Polizist, ich führe eine Untersuchung durch, um den Bestand zu erfassen.«

Und der Computer des Revisors? Der Vorfall fällt dem Vergessen anheim. Es ist, als ob jemand versucht hätte, Milones Namen mit den Nachrichten über die kuriale Misswirtschaft in Verbindung zu bringen, dabei aber so tat, als würde er übersehen, dass die kurze Zeitspanne zwischen dem unbefugten Zugriff auf den Computer und der Veröffentlichung der Dokumente diese Annahme unmöglich machte. Dennoch ließ man den Eindruck aufkommen, Milone selbst könnte die Papiere an die Journalisten weitergegeben und dafür sogar eine Verletzung seines Arbeitsplatzes vorgetäuscht haben. Oder zumindest sollte damit unterstellt werden, dass die Informanten der Reporter den Computer des Finanzexperten geknackt hatten, um an Dokumente und Nachrichten heranzukommen. Demnach sollten damit sowohl die unbequemen Bücher in Misskredit gezogen als auch der Ruf des Revisors selbst beschädigt werden, zumindest indirekt. Tatsächlich wäre der wahre Grund für den Zugriff auf seinen Computer damit gut getarnt und unter dem dichten Rauch, der wegen Vatileaks entfacht wurde, nicht mehr zu erkennen gewesen. »Man wollte meine Arbeit kontrollieren«, vertraut Milone seinen engsten Freunden an, »und unter dem Vorwand, dass jemand meinen Computer gehackt hat, haben sie mir den Computer weggenommen, womit sie Zugang zu all den sehr heiklen Ermittlungen hatten, die ich durchführte.« Mit den Verhaftungen verflüchtigt sich das Problem der Manipulation des PCs in der Tat. In den nächsten Monaten spricht niemand mehr über diesen Computer und den Revisor selbst. Inzwischen stellt er sein Team zusammen: insgesamt zwölf Personen, sechs Männer und sechs Frauen.[5] Der erste Schritt ist allzu einfach, zumindest dem Anschein nach.

In den heiligen Hallen werden Straftaten begangen. Und die Prälaten sägen jeden ab, der dies anprangert

Vor Beginn der flächendeckenden Untersuchungen will der Revisor alle Ämter und Dikasterien darüber informieren, was er vorhat und was er verlangen wird, damit keiner so tun kann, als würde er aus den Wolken fallen. Sein Büro legt daher eine Liste von 136 Stellen an, denen dieses unerlässliche Rundschreiben zugehen soll, bevor die Kontrollen beginnen können. Milone hat die Liste der Ämter, aber es fehlen ihm die Namen der Leiter. Also bittet er den Substituten Becciu um entsprechende Auskunft, doch der antwortet nicht, da er offensichtlich durch Themen abgelenkt ist, die er als vorrangig betrachtet. Das Dokument bleibt daher lange auf dem Schreibtisch des Revisors liegen und wird erst im darauffolgenden Januar, nach dem Dreikönigstag 2016, abgeschickt, als sich die Lage nach all den Verschiebungen und Widerständen endlich entspannt und die ersehnte Adressenliste des Staatssekretariats eintrifft.

Milone beginnt, in den verschiedenen Ämtern der Kurie Material zu den Finanzen zu sammeln, aber auch hier wird ihm der Zugang zu den Daten erschwert. Er lässt sich davon nicht beeindrucken und geht entschlossen voran. In wenigen Monaten baut er um sich herum ein ganzes Heer unsichtbarer Feinde auf, die sich von der Neugier dieses Laien, der seine Nase und vor allem seine Augen in die Buchführung stecken will, gestört und gereizt fühlen. Jede Unstimmigkeit, die in der APSA oder bei den anderen Dikasterien festgestellt wird, fliegt auf und findet ihren Niederschlag in sieben, acht Strafanzeigen, die dem Kirchenanwalt (der in anderen Ländern dem Staatsanwalt entspricht) vorgelegt werden. Eine ähnliche Anzahl von Anzeigen ergibt sich aus Feststellungen, die bei der Prüfung von Unterlagen in der AIF getroffen werden. »Es gibt undurchsichtige oder übergroße Transaktionen, einige über mehrere zig Millionen Euro, denen nachgegangen werden muss«, mahnt Milone, aber in vielen Fällen erntet er nur Kopfschütteln oder lakonische Antworten. »Eure Geldwäscheexperten müssen da etwas falsch verstanden haben, es ist alles normal«, so die kühle Reaktion der AIF-Verantwortlichen auf die Anfragen aus Milones Team. Allen voran deren Leiter Tommaso Di Ruzza, Schwager des ehemaligen Gouverneurs der Banca d'Italia Antonio Fazio. So scheint keine der eingereichten Anzeigen jemals vom Kirchenanwalt geprüft worden zu sein, zumindest kommt es zu keinem einzigen Verfahren.

Tag für Tag erweitert sich das Spektrum von Milones Untersuchungen. Dutzende, ja Hunderte von katholischen Einrichtungen werden unter die Lupe genommen. Praktisch alle bis auf eine, die unantastbar bleibt: das IOR, das Institut für religiöse Werke, die ehemalige Marcinkus-Bank, eine komplexe Realität, auf die wir später noch eingehen werden. Hier schaffen es der Generalrevisor und selbst Papst Franziskus nie, weiter als bis in den Eingangsbereich vorzudringen. Viele wenden sich an das Büro des Revisors, um sich Klarheit zu verschaffen. Nicht nur der Papst, sondern auch einige große Wohltätigkeitsorganisationen, unter denen mehrere mächtige amerikanische Stiftungen hervorzuheben sind, fragen beim Wirtschaftsrat nach, wie mit ihrem Geld umgegangen wird. Es stellt sich heraus, dass es ungenutzt in den Tresoren des Vatikans liegt.

Das Büro fährt mit der Prüfung der Bilanzen der vergangenen Jahre fort. Milone trifft sich mehrmals mit Franziskus im Apostolischen Palast und in Santa Marta. Er informiert ihn über alle Neuigkeiten und berichtet über die Probleme, Widerstände und Fallstricke, auf die er stößt. Seinen Mitarbeitern gegenüber lässt der Revisor mit der Zeit einen gewissen Pessimismus erkennen. Im Vatikan gibt es ernsthafte Probleme, die unterschätzt wurden. »Die Welt bleibt wegen dieser Herren nicht stehen«, äußert er sich damals, »hier hat man mit den Veränderungen der externen Welt nicht Schritt gehalten; man hat nicht bemerkt, dass die Finanzwelt sich ändert. Jetzt ist man überfordert und versucht, die Löcher zu stopfen, um die Situation einzudämmen und alles zu verbergen.«

Ein weiteres negatives Signal kommt einige Monate später, im Juni 2016, als der Papst mit einem *Motu proprio* das Wirtschaftssekretariat, einen historischen und wesentlichen Verbündeten Milones, seiner Macht enthebt. Die dunklen Wolken über der Kuppel des Petersdoms ziehen sich immer mehr zusammen. »Das ist die schwierigste Arbeit, die ich in meinem Leben je geleistet habe«, vertraut der Revisor eines Tages Parolin an, während einige Prälaten schweigend zuhören. »Und schwierige Aufträge, allen voran die Parmalat-Pleite, hatte ich zuhauf[…]« Ein Jahr nach seiner Ernennung eskaliert die Lage. Die Gespräche mit Franziskus brechen plötzlich ab. Milone gelingt es nicht mehr, den Kontakt mit dem Papst aufrecht zu erhalten, der für ihn ein Bezugspunkt war. Der Sekretär des Papstes kommt den Bitten, einen Termin zu vereinbaren, nicht nach, sondern verweist Milone auf einen anderen Priester, Leonardo Sapienza, der die Audienzen der Präfektur des päpstlichen Hauses betreut. Der Revisor versucht dennoch, ihm immer häufiger Aktualisierungen, Botschaften und Nachrichten zukommen zu lassen, die aber keinerlei Wirkung zeigen.

Als Milones höchst vertrauliche Arbeit im Herbst 2016 beginnt, heikle Angelegenheiten aufzudecken, die einige Kardinäle und andere sehr mächtige Laien in der Kurie betreffen, kommt es zum *redde rationem.* In den Räumen des Revisors und unter seinen Mitarbeitern hat man das Gefühl, mit reinem Dynamit zu hantieren. Das Team sieht ein wenig aus wie die »Unbestechlichen« aus dem Film von Brian De Palma. Mit Entschlossenheit, aber ohne große Mittel, bewegen sie sich in einem Labyrinth von Spiegeln. Ein Instrument, um gezielt zuzuschlagen und keine Zeit zu verlieren, wäre die Untersuchung einiger detaillierter, anonymer Hinweise, von denen immer wieder welche in den Büros eintreffen. In den ersten eineinhalb Jahren der Tätigkeit kommen fast fünfundzwanzig solcher Hinweise an, etwa die Hälfte davon erweist sich als interessant, andere sind erlogen. Aber die Experten im Büro des Revisors gehen ihnen nach. Wenn sie etwas Relevantes finden, behalten sie es in Hinblick auf die durchzuführenden Kontrollen im Auge.

Die Nutzung anonymer Informationen ist zwar den Vorschriften zufolge zulässig, erweist sich aber bald als ein schlüpfriges und unzuverlässiges Instrument. Milones Team bemerkt, dass einige dieser Hinweise nur dazu dienen, die Prüfungsarbeit in bestimmte Bahnen zu lenken und dadurch Ressourcen zu binden, die Aufmerksamkeit von den wesentlichen Fragen abzulenken und das Büro wer weiß welchen Tsunamis auszusetzen. Die Intuition wird zur Gewissheit, als über den Jahreswechsel 2016/2017 anonyme Hinweise mit suggestiven, gut durchdachten, aber völlig falschen Anschuldigungen gegen Becciu eintreffen. »Jemand ist daran interessiert, uns eine Geschichte zu verkaufen, die uns nicht dient«, erklärt der Revisor seinem Team während einer engeren Besprechung im Januar 2017. »Es wäre interessant, herauszufinden, wer das tut und warum. Es sieht so aus, als versucht man, uns einen Hinterhalt zu legen, um uns zu Fall zu bringen.« Die damals verfrühte Vorhersage wird sich als richtig erweisen.

Milone beschließt, diese Akte trotzdem zu behalten. Er vertraut sie seinem Stellvertreter Ferruccio Panicco an und weist ihn an, sie zusammen mit allen anderen nicht weiterverfolgten Akten abzulegen. Es vergehen zwei Monate, und unter großer Geheimhaltung beginnt die Ermittlung, die unter der Nr. 3/2016 im Register des Kirchenanwalts eingetragen und Milone bald darauf überwältigen wird. Milones Büro wird verwanzt. Giandomenico Giani, Chef der Gendarmerie, hegt den Verdacht, dass der Revisor illegale Dossiers anlegt. Milone weiß natürlich nichts davon, bewegt sich aber ohnehin sehr umsichtig.

Am 18. März 2017 gibt der Revisor Paola Pica vom *Corriere della Sera* ein Interview, um eine erste Bilanz der bisherigen Arbeit zu ziehen.[6] »Nur dem Papst ist mein Amt Rechenschaft schuldig« stellt Milone trocken klar. Das ist die Schlüsselstelle des Artikels. Der Manager weiß ganz genau, dass jemand in der Kurie zwischen ihm und Franziskus eine Mauer hochgezogen hat. Eine Mauer, die ihn daran hindert, sein Mandat voll und ganz zu erfüllen und den Heiligen Vater über alles zu unterrichten, was aus seinen Nachforschungen hervorgeht. Trotzdem setzt er seine Arbeit mit Entschlossenheit fort. Niemand auf der Welt kann ihn davon abbringen. Schließlich steht er erst am Anfang. Alle verführerischen Sirenenklänge, die versuchen, ihn zu einem Kurswechsel zu bewegen, übergeht er. Dies geschieht zum Beispiel, als der Fachmann am 31. März 2017 vom Verwaltungsrat der staatlichen Fernsehanstalt Rai für den Vorstand von Rai Way nominiert wird, nachdem ein Headhunter-Unternehmen seinen Lebenslauf eingereicht hat. Rai Way ist die börsennotierte strategische Gesellschaft, die das Ausstrahlungsnetzwerk verwaltet. Anfang April 2017 nimmt die Rai Verbindung mit Milone auf, um sich die Annahme des Postens bestätigen zu lassen, aber der

Manager lehnt das Angebot ab. Versucht etwa jemand, ihn wegzu-
komplimentieren?

Ein unveröffentlichtes Dokument. Die Verschwörung

In der Kurie sind Auseinandersetzungen nun an der Tagesordnung,
und der Revisor versucht, die Angriffe abzuwehren. Ein besonders
starkes und dramatisches, bisher unbekanntes Dokument belegt,
dass ein Komplott im Gange ist, um die Prüftätigkeit des Finanz-
fachmanns zu boykottieren und sein Amt auszuschalten. Eine höchst
angespannte Lage, die »den 2013 vom Heiligen Vater eingeleiteten
Weg der Wirtschaftsreformen in ernsthafte Schwierigkeiten zu bringen droht«, wie Milone es ausdrückt. Der dreiseitige Brief ist in italienischer und englischer Sprache verfasst, und der Revisor sendet
ihn am 6. April 2017 an alle Mitglieder des *Audit committee,* des
Aufsichtsorgans, darunter an Kardinal Wilfrid Napier und den Sekretär des Wirtschaftsrats, Prälat Brian Ferme. Wenige Wochen
nach dem Brief wird Milone mit Schimpf und Schande aus dem
Vatikan gejagt. Durch diese zeitliche Übereinstimmung kommt
dem Dokument eine noch größere Bedeutung zu und wird zu einem der Elemente, die sicherlich zum endgültigen Bruch zwischen
diesen unversöhnlichen Welten beigetragen haben:

> Hochwürdige Eminenz, hochwürdiger Monsignore, erlauchte Herren,
> Um deutlich zu machen, wie schwerwiegend das Verhalten der Lei-
> tung der APSA ist, kann man analog darauf Bezug nehmen, was das
> italienische Recht zum Schutz der Wirksamkeit von Maßnahmen der
> öffentlichen Aufsichtsbehörden vorsieht. Artikel 2638 des Bürgerli-
> chen Gesetzbuches stellt nämlich die »Behinderung der Ausübung
> von Funktionen öffentlicher Aufsichtsbehörden« unter Strafe, wenn
> die Leitung von Organen, die den öffentlichen Aufsichtsbehörden
> unterstehen, »in irgendeiner Form […] wissentlich deren Tätigkeit
> beeinträchtigt«. Auch wenn die vatikanische Gesetzgebung die Wirk-
> samkeit des Handelns der öffentlichen Aufsichtsbehörden derzeit
> nicht schützt, so liegt die Schädlichkeit des beschriebenen Verhaltens
> doch auf der Hand. Mit diesem Schreiben mache ich Sie auf die drei
> Hauptprobleme aufmerksam, die die Tätigkeit des Büros des General-

revisors erschweren. Es handelt sich um absolut kritische Fragen, die, wenn sie nicht in einer angemessen kurzen Zeit gelöst werden, den Generalrevisor daran hindern könnten, die satzungsgemäßen Ziele zu erreichen, wodurch der vom Heiligen Vater 2013 eingeleitete Weg der Wirtschaftsreformen in ernsthafte Gefahr käme. Ich beziehe mich insbesondere auf:

– **die Unmöglichkeit,** die Revisionstätigkeiten bei der APSA durchzuführen, ein Zustand, der seit September 2016 anhält und sich, wie vom Präsidenten der APSA erklärt, mindestens bis Ende Juni 2017 hinziehen wird. Auch 2017 wurden die mit PricewaterhouseCoopers (PwC) unterzeichneten Verträge von der APSA missbräuchlich dazu benutzt, die Durchführung der statutarisch vorgesehenen Arbeit des Wirtschaftsprüfers zu behindern. Denn jenseits der berechtigten Gründe, die zu ihrer Genehmigung durch den Wirtschaftsrat geführt haben, verweigert die APSA dem Personal des Generalrevisors seit Monaten den Zugang und macht diesen fälschlicherweise vom Abschluss der Arbeit von PwC abhängig. Der Vorschlag des Büros des Generalrevisors, die Arbeit mit PwC zu koordinieren, um Überschneidungen zu vermeiden, wurde von der APSA ebenfalls abgelehnt.

Neben der nunmehr frontalen Konfrontation mit der APSA kommt auch eine strukturelle Unsicherheit ans Licht, die Milones Mitarbeiterstab betrifft und keineswegs zufällig erscheint. Milone stellt klar:

– **Behinderungen der Eigenständigkeit und Unabhängigkeit** des Revisors, wie sie in den Statuten vorgesehen sind.
  • Nach zweiundzwanzig Monaten Tätigkeit leisten alle Fachkräfte meines Büros ihren Dienst mit dem schlechten Schutz, den befristete Verträge bieten. Das Staatssekretariat erteilt die Genehmigung für die Verlängerung jeweils um sechs Monate. Eine Fachkraft hat bereits gekündigt, andere werden unweigerlich folgen, vielleicht sogar noch vor dem nächsten Auslaufen der befristeten Verträge. […]
  • Bereits im Oktober 2015 hat das Revisionsbüro dem Staatssekretariat einen Vorschlag für die Überarbeitung seiner Statuten und einen Entwurf seines Reglements einschließlich eines Stellenplans vorgelegt. Mehrmals hat das Büro darum gebeten, mit dem Staatssekretariat das Gespräch aufzunehmen, um die Ausarbei-

tung dieser wesentlichen Dokumente zu erleichtern, aber bisher ist keine Antwort eingegangen.

– **Lücken** in der vatikanischen Gesetzgebung. Wie bereits im Wirtschaftsrat vorgetragen, sind die Vatican Financial Management Policies (Vfmp) ein wesentliches gesetzgeberisches Instrument für die Erstellung von konsolidierten Abschlüssen. Es ist jedoch notwendig, die einzelnen Einheiten mit einem gesetzlichen Rahmen zu versehen, der die Art und Weise, den Zeitplan und die Verantwortlichkeiten für die Erstellung ihrer separaten Jahresabschlüsse regelt. Die derzeit allgemein herrschende »Anarchie« schafft Verwirrung und kann in gewissen Situationen vorsätzlich intransparentes und irreführendes Verhalten fördern. Konkret besteht, falls die oben genannten kritischen Fragen nicht schnell angegangen und gelöst werden, ein reales und erhebliches Risiko, dass das Büro des Generalrevisors sein Ziel nicht erreichen wird, die Abschlussprüfung der konsolidierten Bilanz zum 31. Dezember 2017 erfolgreich durchzuführen.

Ich stehe Ihnen für jegliche Klarstellung zur Verfügung und verbleibe in vorzüglicher Hochachtung, *Libero Milone*

Der Brief scheint auf taube Ohren zu stoßen. Einen Monat später startet die Attacke von Kardinal Calcagnos APSA. Anfang Mai 2017 sendet der Sekretär der zentralen Kasse, Prälat Mauro Rivella, ein Schreiben an alle Dikasterien und bittet sie, sich an ihre Finanzberater und ihre Banken – einschließlich des IOR – zu wenden, um alle Finanzunterlagen an die Beratungsfirma PricewaterhouseCoopers schicken zu lassen, die, wie er sagt, den Auftrag habe, für alle vatikanischen Dikasterien die Abschlussprüfung vorzunehmen. Dies ist eine rüde Art, Pell und Milone jede Zuständigkeit abzusprechen. Aber die beiden lassen sich das nicht gefallen und schicken ihrerseits an dieselben Einrichtungen und Dikasterien eine Mitteilung, in der sie dazu auffordern, die Anweisungen der APSA zu ignorieren. In dem Schreiben warnen Pell und Milone:

> Die APSA hat weder die Befugnis noch die Zuständigkeit, um von den Einrichtungen […] zu verlangen, dass sie sich einem Jahresabschluss unterziehen oder dass sie dem externen Unternehmen PwC

oder anderen Firmen Informationen zu ihrer Behörde zukommen lassen sollen. Die externe Wirtschaftsprüfungsgesellschaft PwC führt am Heiligen Stuhl keinerlei Abschlussprüfung durch. Diese Frage wurde bereits durch die Pressemitteilung vom 10. Juni 2016 geklärt, in der es hieß, dass »anerkannt wurde, dass die Aufgabe der Rechnungsprüfung per Gesetz dem Büro des Generalrevisors« anvertraut ist, und weiter heißt es dort, dass »PwC eine unterstützende Rolle spielen und den Dikasterien zur Verfügung stehen wird, die seine Unterstützung oder Beratung« in Anspruch nehmen wollen.[7]

Nun überstürzen sich die Ereignisse. Die Gendarmerie führt am 19. Juni 2017 eine Razzia im Büro des Revisors durch. An diesem Tag ist der stellvertretende Revisor Panicco nicht im Büro, er kehrt gerade aus Amerika zurück, aber die Gendarmen scheinen genau zu wissen, wonach sie suchen. Mit Hilfe von Feuerwehrmännern, die vor Ort sind, um allfällige Verschlüsse zu aufzubrechen, gehen sie direkt an seine Akten und holen die anonymen Berichte heraus, allen voran jenen über Becciu, und nehmen das gesamte Material mit, das später als Beleg für Spionagetätigkeiten verwendet werden soll. Am nächsten Tag, dem 20. Juni, bringt eine knappe Mitteilung aus dem Presseamt das bis dahin wenn auch nur mühsam gehaltene Gleichgewicht durcheinander:

> Wir geben bekannt, dass Dr. Milone gestern dem Heiligen Vater seinen Rücktritt als Generalrevisor überreicht hat. Der Heilige Vater hat ihn angenommen. Damit ist die Zusammenarbeit mit dem Heiligen Stuhl im gegenseitigen Einvernehmen beendet.
> Der Heilige Stuhl wünscht Dr. Milone alles Gute für seine zukünftige Arbeit und teilt mit, dass das Verfahren zur Ernennung des neuen Leiters des Amtes des Generalrevisors alsbald eingeleitet wird.

»Entweder Sie treten zurück oder wir verhaften Sie«

Die Journalisten bemühen sich vergebens zu verstehen, was passiert ist. Warum erfolgt dieser Rücktritt nach so kurzer Zeit, lange vor dem Auslaufen der fünfjährigen Amtszeit? Warum ist Milone zurückgetreten, obwohl er einige Monate zuvor zugesichert hatte, sein Mandat mit Begeisterung bis ans Ende führen zu wollen? Aus dem

Vatikan kommt, außer dem Kommuniqué, kein Kommentar. Milone selbst hüllt sich in Schweigen. Er nimmt nicht einmal seine Sachen aus dem Büro in der Via della Conciliazione mit, und verabschiedet sich auch nicht von den Mitgliedern seines Teams. Auf diese Weise kehrt er allem, was er in diesen zwei Jahren an Arbeit geleistet hat, den Rücken. Wer ihn kennt ist überzeugt, dass etwas sehr Ernstes passiert sein muss; dass dieser plötzliche Rücktritt nur die Spitze des Eisbergs eines viel größeren Skandals ist, der vielleicht mit dem Einbruch in seinen Computer wenige Monate nach seiner Ernennung zu tun hat, oder mit der Mauer, die ihn nun seit über einem Jahr auf Abstand zu Franziskus hält.

Milone selbst sollte am 23. September 2017 sein Schweigen brechen und die Dinge aus seiner Sicht erzählen. Der Manager bestellt die großen Zeitungen ein, darunter den *Corriere della Sera* und die Agentur Reuters, und gibt bekannt, dass er unter Androhung der Verhaftung durch die Gendarmerie zum Rücktritt gezwungen wurde. Der Wirtschaftsfachmann rekonstruiert die ganze Angelegenheit sehr präzise:

> Am 19. Juni 2017 wurde ich vom Substituten des Staatssekretariats, Monsignor Becciu, empfangen, um mit ihm über den Vertrag mit meinen Mitarbeitern zu sprechen. Statt darüber zu reden, teilte man mir mit, dass das Vertrauensverhältnis zum Papst angeschlagen sei: Der Heilige Vater verlange meinen Rücktritt. Ich fragte nach den Gründen, und Becciu nannte mir einige, die mir unglaublich erschienen. Ich antwortete, dass die Anschuldigungen falsch und konstruiert seien, um sowohl ihn als auch Franziskus zu täuschen; und dass ich auf jeden Fall mit dem Papst darüber sprechen würde. Aber man gab mir zur Antwort, dies sei nicht möglich. Becciu sagte mir, ich solle stattdessen zur Gendarmerie gehen.
> Ich ging dann zum Kommando der Gendarmerie und bemerkte sofort ein aggressives Verhalten. Ich erinnere mich, dass mir Kommandant Giandomenico Giani an einem bestimmten Punkt ins Gesicht schrie, ich müsse alles zugeben, gestehen. Aber was gestehen? Ich hatte nichts getan.

In der Gendarmerie war ich allein, Giani hatte zwei weitere Offiziere bei sich […] Sie zeigten mir zwei auf den Namen eines einzigen Lieferanten ausgestellte Rechnungen und beschuldigten mich, Gelder unterschlagen zu haben: also eine Veruntreuung, als öffentlicher Beamter. Ich sah, dass auf beiden Rechnungen der Stempel meines Büros war, aber nur eine war von mir unterschrieben. Auf der anderen war ein Gekritzel. Ich fragte mich, wer sie gestempelt und bezahlt hatte und an wen. Ich sagte mir, dass eine davon gefälscht sei. Es waren Rechnungen für Abhörschutzuntersuchungen, in Höhe von 28.000 Euro, um die Büros von Wanzen zu säubern. Darüber hinaus sprach der Gerichtsbeschluss nur von meinen buchhalterischen Zuständigkeiten, ohne die im Statut enthaltenen Kontrollen zur Bekämpfung von Geldwäsche und Korruption zu erwähnen. Damit beschuldigten sie mich auch, ohne Befugnis nach Informationen über Vertreter des Vatikans gesucht zu haben. Ich stellte fest, dass sie bereits seit über sieben Monaten gegen mich ermittelt hatten.

[…] Giani sagte mir, entweder ich gestehe oder ich liefe Gefahr, die Nacht in der Gendarmerie zu verbringen. Ich sagte: »Wenn Sie es darauf abgesehen haben, mich zum Rücktritt zu zwingen, trete ich zurück, ich setze das Schreiben auf.« Sie antworteten mir, es liege schon bereit. Sie holten es. Ich habe es gelesen und gesagt: »Das unterschreibe ich nicht.« Denn es war der 19. Juni, der Brief war aber auf den 12. Mai datiert.

Ein Nachspiel, das durch die Abkühlung der Beziehungen mit dem Papst vorweggenommen wird:

Ich habe ihn seit dem 1. April 2016 nicht mehr gesehen. Im September bat ich um ein Gespräch mit ihm, aber man sagte mir, ich solle den Antrag über das Staatssekretariat stellen. Ich habe zwei solche Anträge schriftlich gestellt. Es kam nie eine Antwort. Man sagte mir, der Papst sei beschäftigt. Ich erkannte, dass man mich ausbremste und ihn isolierte. Ich weiß nicht, wie sie das angestellt haben, aber es ist ihnen gelungen. […] Ich fürchte, ich wurde von den alten Mächten blockiert, die noch immer das Sagen haben, und die sich bedroht fühlten, als sie erkannten, dass ich dem Papst und Parolin berichten konnte, was ich in den Büchern gesehen hatte. Das sagt mir die Logik.[8]

Der Vatikan reagiert gereizt auf Milones Interviews, das Presseamt verbreitet eine (eindeutig im Staatssekretariat verfasste) Mitteilung, in der das Büro des Revisors beschuldigt wird, es habe, »bei Überschreitung seiner Zuständigkeiten in unrechtmäßiger Weise ein externes Unternehmen mit Nachforschungen über das Privatleben von Vertretern des Heiligen Stuhls beauftragt. Dies stellt nicht nur eine Straftat dar, sondern hat auch irreparabel das Vertrauen in Dr. Milone untergraben, der sich, als man ihm seine Verantwortung vorgehalten hat, freiwillig bereit erklärte, seinen Rücktritt einzureichen.«

Auf der Website von Reuters wird auch ein dem Chef der Gendarmerie Giani zugeschriebener Satz veröffentlicht, der sich bereits wie ein Schuldspruch anhört: Gegen Milone gab es »offenkundige, unwiderlegbare Beweise«. Aber warum wurde er dann nicht verhaftet? Eine Antwort versucht Substitut Becciu zu geben, der die Anschuldigungen des Experten als »falsch und ungerechtfertigt« bezeichnet. »Er hat gegen alle Regeln verstoßen«, ist in einer von Reuters veröffentlichten Erklärung Beccius zu lesen, »er hat das Privatleben seiner Vorgesetzten und deren Mitarbeiter ausspioniert, darunter auch meines. Hätte er dem Rücktritt nicht zugestimmt, hätten wir ihn strafrechtlich verfolgen müssen. Indem wir ihm die Möglichkeit geboten haben, zurückzutreten und einen Schlussstrich zu ziehen, wollten wir sozusagen seinen Ruf schützen. Der Papst wurde über die Ermittlungen und die Beweise gegen Milone noch vor der Aufforderung zum Rücktritt informiert.« Aber ist es wirklich so gelaufen?

Einige Tage vergehen, und Becciu kommt ein weiteres Mal auf das Thema zurück, diesmal auf eine für einen hohen Prälaten des Vatikans etwas ungewöhnliche Weise. Denn am 28. September schreibt er einen Brief an die Regionalzeitung *La Nuova Sardegna*:

> Machtkämpfe, Intrigen, Bruderkriege sind nicht meine Sache, sie gehören nicht zu meinem Wortschatz und noch weniger zu meiner Vorstellung von der Kirche. Der Heilige Stuhl hat auf die Worte von Dr. Milone mit einem vielsagenden Kommuniqué geantwortet, das viele Lügen entlarvt. Verzerrte Darstellungen verdienen nichts anderes als

geduldig abzuwarten, bis Aufrichtigkeit und Standfestigkeit sich durchsetzen. Ich bin mir sicher, dass die Wahrheit wieder einmal ans Licht kommt.[9]

Kurz gesagt, für Becciu braucht man nur etwas Geduld zu haben und das Ergebnis der Ermittlung abzuwarten, das die Wahrheit bringen wird, um den Wirtschaftsfachmann seiner schweren Schuld zu überführen. Daraus lässt sich nicht nur erkennen, wie heftig der Streit zwischen dem Revisor und dem Staatssekretariat geworden war, sondern es stellt sich auch die Frage, was Milone dort alles aufgedeckt hatte. Hat er dort wirklich übergriffige und unrechtmäßige Methoden angewandt und Dossiers angelegt, oder ging er einfach nur Berichten über das katholische Gesundheitswesen, den Peterspfennig und die persönlichen Ausgaben hoher Prälaten nach, bevor er mit dem Papst darüber sprach? Aus gut informierten Quellen geht hervor, dass Milone angeblich große Geldsummen im Zusammenhang mit katholischen Krankenhäusern auf den Girokonten eines hohen Prälaten entdeckt haben soll, auf die der Manager ein Auge geworfen hatte.[10] Der Revisor sei bereit gewesen, Franziskus über diese Entdeckung zu informieren, habe ihn aber nicht mehr sprechen können.

Nach einigen Tagen der Kontroverse in den Zeitungen kehrt wieder scheinbare Normalität ein und es herrscht monatelang völliges Schweigen über die Geschichte. Milone schließt sich in der Kanzlei seiner Anwälte im Stadtteil Parioli ein. Er sucht nach einer Strategie, um sich Recht zu verschaffen und seinen zerstörten Ruf wieder herzustellen. Je mehr er die Geschehnisse nachliest, desto stärker ist er davon überzeugt, dass die juristische Offensive, die Pell zur Rückkehr nach Australien veranlasste, um sich gegen die Anschuldigungen der Pädophilie zu verteidigen, und jene, die ihn dazu brachte, das Amt aufzugeben, um einer Verhaftung zu entgehen, auf nahezu unglaubliche Weise miteinander verflochten sind. Wer sich bei der vatikanischen Justiz darum bemüht, das Ergebnis der sensationellen Ermittlungen zu erfahren, die Milones Glaubwürdigkeit zunichte gemacht haben, erhält nur vage Antworten.

Eine erste Neuigkeit kommt einige Monate später, am 19. Mai 2018, als Milone von der vatikanischen Justiz wissen will, was sich aus der Untersuchung ergeben hat, die gegen ihn »offenkundige, unwiderlegbare Beweise« zusammengetragen hatte. Zumindest laut dem Chef der Gendarmerie und Ermittler Giandomenico Giani, den er hierbei zitiert. Ein vom Präsidenten und vom Kirchenanwalt unterzeichneter Bescheid bescheinigt erstaunlicherweise, dass gegen Milone weder »strafrechtliche Ermittlungen noch Verurteilungen vorliegen«. Entgegen allen Behauptungen liegt demnach nichts, gar nichts, vor, die Anschuldigungen haben sich in Luft aufgelöst, sind verdunstet wie Schnee in der Sonne. Milone ist bestürzt.[11]

Sein Büro setzt die Arbeit inzwischen fort und schlägt sich mit den Problemen herum, die der Fachmann bereits im Schreiben vom April 2017 benannt hatte. Es scheint sich dieselbe Situation erneut einzustellen. Am 6. November 2017 beispielsweise trifft sich das Personal des Revisors mit dem Team des *Audit committee* und erinnert daran, dass von der APSA »noch keine offizielle Antwort auf unsere Anfrage, die Tätigkeit zu beginnen«, gekommen sei. Substitut Becciu wird immer häufiger auf die Fragen des Personalmangels und der befristeten Verträge angesprochen, darunter der Fall von sieben Fachleuten, die bereit sind, ihren Abschied zu nehmen, wenn die Verträge nicht verlängert werden.[12]

Gerade dieses Problem stellt einen besonders kritischen Punkt dar: Die Verlängerung der Vereinbarungen um jeweils sechs Monate drängt die tüchtigsten Berater dazu, sich nach neuen Jobs umzusehen, da sie befürchten müssen, die Arbeit am Heiligen Stuhl könne von einem Tag auf den anderen ihr Ende finden. Darüber hinaus hat die mysteriöse Torpedierung Milones zu einem Massenrücktritt geführt: Fast die Hälfte der Arbeitsgruppe hat ebenfalls gekündigt.

Erst im Herbst 2018 ist der Stellenplan endlich wieder komplett, die Arbeitsverträge sind auf fünf Jahre ausgelegt oder unbefristet und ab Oktober wird weiteres Personal eingestellt.

Die Meinungsverschiedenheiten mit Becciu halten jedoch auch 2018 an. Im März weist der Interimsrevisor in einem vertraulichen

Dokument darauf hin, dass der Prälat auf Bitten um eine Besprechung nicht einmal reagiert hat:

> Keine Fortschritte seit November letzten Jahres. Am 25. November wurde Seine Eminenz Monsignor Becciu schriftlich um ein Treffen gebeten, in dem Prüfverfahren abgestimmt werden sollten, mit denen sich die Vertraulichkeit von Informationen besser wahren lässt. Bislang ist keine Antwort auf die Bitte um eine Besprechung eingegangen.[13]

Wieder gehen Monate ins Land, und am 12. Juni 2018 findet das neue Treffen zwischen den beiden Gremien statt. Doch auch in diesem Fall geben die Nachrichten aus dem Staatssekretariat wenig Anlass zu Hoffnung: Die Erstellung des erwarteten Berichts, anhand dessen die Stimmigkeit der Buchhaltungsdaten überprüft werden soll, steckt noch in den Anfängen. »No news« also, wie die Fachleute des Revisorenamtes ihren Kollegen vom *Audit committee* entgegenhalten.[14] So steuert man auf die Konfrontation zu, die, wie schon gesehen, die Sitzung des Wirtschaftsrats im Juli 2018 kennzeichnen sollte: auf der einen Seite der Revisor, auf der anderen Kardinalstaatssekretär Parolin.

Die millionenschwere Entschädigung für den verjagten Revisor. Ein Schatz in Schweizer Verließen

Milones Partie mit dem Vatikan ist noch nicht zu Ende gespielt. Bei Redaktionsschluss dieses Buches – Ende Sommer 2019 – kommt es zu einer Reihe von Treffen, um den Konflikt aus der Welt zu schaffen. Denn der Experte verlangt eine Entschädigung. Nachdem man ihn wie einen Kriminellen behandelt, ihn unter der – nie offiziell dementierten – Androhung der Verhaftung wegen einer Ermittlung, die sich in Luft aufgelöst hat, verjagt hat, fordert er nun Schadensersatz. Am Verhandlungstisch sitzen Milones Anwälte, Lorenzo Fiorani und Gianfranco Di Simone, sowie auf der anderen Seite Cristiana Cherra, eine im Auftrag des Heiligen Stuhls tätige und auf Arbeitsrecht spezialisierte Juristin. Der ehemalige Revisor schlägt zwei Lösungen vor: eine finanzielle Wiedergutmachung (angeblich in Höhe mehreren Millionen Euro) oder die reine Rehabilitierung seiner Person, die durch die Geschehnisse in ihrer Berufsehre schwersten Schaden genommen hatte. »Worauf es ihm ankommt – erklärt Rechtsanwalt Di Simone – ist vor allem die Wiederherstellung seines beruflichen Ansehens. Von daher ist er bereit, auf jegliche finanzielle Entschädigung zu verzichten. Aber ich bezweifle, dass mein Klient seine Berufsehre jemals vom Vatikan wieder hergestellt bekommen wird.«

Im Mittelpunkt der Verhandlungen steht auch ein sehr heikler, aber schwerwiegender Aspekt. Milone hatte wie gesagt behauptet, der Chef der Gendarmerie habe ihn unter Androhung einer Verhaftung zum Rücktritt aufgefordert. Die Justiz wird darüber befinden, ob dies wahr ist. Giani seinerseits hat dies nie öffentlich bestritten. Gewiss wäre es, wenn es stimmt, für einen Beamten der Kriminalpolizei, der im Rahmen eines Verhörs wegen Handlungen, die eine Verhaftung in flagranti vorsehen, zumindest peinlich, als »Tauschhandel« den Rücktritt des Beschuldigten zu fordern, wo er doch nicht einmal der Arbeitgeber ist. Wenn dem so wäre, würde sich die Frage stellen, warum Giani so weit gegangen ist? Wäre seine Haltung legitim oder nicht? Oder handelt es sich um eine Verleumdung durch Milone? »Keine Verleumdung«, fährt Di Simone fort, »der damalige Substitut selbst, Becciu, hatte gesagt, wenn er nicht zurückgetreten wäre, hätte man ihn verhaftet.«

Milones Verteidigung schließt nicht aus, gegen Giani eine formelle Klage wegen Amtsmissbrauchs einzureichen, falls keine Einigung erzielt wird und man gerichtlich vorgehen müsse. Der Vatikan-Beamte, so der Anwalt, habe möglicherweise psychische Gewalt gegen eine andere Person ausgeübt. Ganz abgesehen davon, dass Milone seither, das heißt seit zwei Jahren, keine Arbeit mehr finde. Wenn man seinen Namen in die Suchmaschine Google eingebe, erscheinen Artikel, die ihn sogar als Spion bezeichnen. Eine schlechte Visitenkarte für einen Mann, der sich neben seinem Fachwissen auch durch Transparenz und Vertraulichkeit auszeichnen sollte.

An diesem Punkt stellt sich die Frage, warum Milone rausgeworfen wurde, wodurch der Vatikan sich sowohl den gewichtigen Regressforderungen aussetzte, an denen Milones Anwälte arbeiten, als auch einem erheblichen Reputationsschaden, da die Ermittlungen gegen den Revisor in einer Einstellung des Verfahrens endeten. Was war so Unglaubliches geschehen, dass der Heilige Stuhl diese Risiken akzeptieren musste, um den Mann loszuwerden? Der uneingestandene Grund liegt in den äußerst brisanten Untersuchungen, die Milone durchgeführt hatte. Eine davon könnte einen nicht wieder gutzumachenden Keil zwischen den Revisor und die Welt der Kurie getrieben haben, so dass letztere sich gezwungen sah, ihn auf der Stelle loszuwerden und ihm dazu sogar Handschellen androhte. Diese Untersuchung ist die Kehrseite der Geschichte und führt direkt in die Schweizer Tresorräume, die einen regelrechten Schatz in Dollar, Euro und Schweizer Franken enthalten, der dem Vatikan gehört, aber außerhalb der herkömmlichen Zahlungsströme der internen Buchführung und der traditionellen internationalen Finanzkreisläufe zustande gekommen ist.

An irgendeinem Tag Ende Oktober oder Anfang November 2016 ruft Kardinal Pell nach der Rückkehr von einer Reise nach London seine vertrautesten Mitarbeiter, darunter Milone und Casey, zusammen, um ihnen von einer Entdeckung zu berichten. Der Ranger kommt sofort zur Sache: »Ich war in der City«, fasst er zusammen, »wo ich einige australische Bankiersfreunde getroffen habe. Sie sagten mir, es gäbe erhebliche Mittel des Vatikans, die noch immer in der Schweiz versteckt sind. Wir müssen sie finden und herausbekommen, wer darauf Zugriff hat.« Die erhaltenen Angaben erweisen sich als triftig, aber nicht als genau: eines der Konten weise – Gerüchten zufolge – einen Saldo von fast 200 Millionen Euro auf, während die Website der konservativen amerikanischen katholischen Zeitung *National Catholic Register* sogar die astronomische Summe von 7 Milliarden Euro nennt, die in den Luganeser Filialen zweier Privatbanken, der Banca della Svizzera Italiana und Julius Bär International, gehortet würden. Es fehlt jedoch an offiziellen Belegen und Unterlagen.[15]

Die Inspektoren bitten darauf den Papst, ein Rechtshilfeersuchen in der Schweiz zu organisieren, um über eine eigens zu benennende Anwaltskanzlei die Papiere zu erhalten. Pell schreibt an den

Papst und bittet um Genehmigung. Der Heilige Vater billigt den Plan. Es vergehen Monate – bis Ostern 2017 – ohne jede Reaktion, keine Neuigkeit. Im Vatikan wartet man auf die Dokumente, aber sie kommen nicht. Tag für Tag wächst die Befürchtung, dass jemand in den heiligen Gemächern die zuständige Anwaltskanzlei aufgespürt und die Aushändigung der Dokumente blockiert habe.

Parallel dazu richtet Milone in jener Zeit eine schriftliche Anfrage an die APSA. Schon seit September plant er gezielte Besuche bei den Immobiliengesellschaften im Ausland, die ein weiteres schwarzes Loch in der Buchführung darstellen. Nicht immer kommen vollständige Bilanzen an, es ist nicht zu verstehen, wohin all die Gelder aus den Mietzahlungen fließen. Keine dieser Spuren führt zu einem Ziel, denn sowohl Pell als auch Milone werden aus dem Weg geräumt.

◇◇◇◇◇◇◇◇◇◇◇◇

1   Am selben Tag erklärte das Presseamt des Heiligen Stuhls in einer an die Journalisten verteilten Mitteilung: »Zu den neuen Bestimmungen gehört auch die Ernennung eines vom Papst ernannten Generalrevisors, der befugt sein wird, bei allen Agenturen oder Institutionen des Heiligen Stuhls und des Staates Vatikanstadt Rechnungsprüfungen vorzunehmen.« Ein Jahr später, am 22. Februar 2015, wurden die Statuten der drei neuen internen Machtpole (Wirtschaftssekretariat, Wirtschaftsrat und Büro des Generalrevisors) angenommen, aber für letzteren erfolgte keine Ernennung. Der Revisor, liest man das Statut ad experimentum, übernimmt alle Funktionen der Präfektur, deren Präsident Kardinal Giuseppe Versaldi ist, Sekretär wird Prälat Lucio Ángel Vallejo Balda. Wie man den Journalisten erklärt, brauche der Papst noch einige Zeit für die Entscheidung, wer diese heikle Position bekleiden soll. In der Kurie herrscht Unruhe, vor allem unweit der Kolonnade, wo sich das Büro Versaldis und Vallejo Baldas befindet. Letzterer hofft, den Posten zu bekommen, wie er engsten Freunden anvertraut, da er seine Fähigkeiten in Wirtschaftsfragen anerkannt sieht, und auch als Dank für die zunächst in der Präfektur und dann als Koordinator der Cosea-Kommission geleistete Arbeit. Schließlich sind fast alle anderen Mitglieder der Cosea bereits in den Wirtschaftsrat oder ans IOR beru-

fen worden. Am 31. März wird Versaldi zum Präfekten der Kongregation für das Katholische Bildungswesen ernannt und ist damit aus dem Rennen um den Posten des Generalrevisors. Vallejo Balda, der sich dem Geist sauberen Gebarens angeschlossen hat, hofft auf eine Beförderung. Es vergehen Tage und Wochen, aber aus der Residenz Santa Marta kommt keine Nachricht, nicht einmal ein Signal. Weder für Vallejo Balda, noch für andere, die hoffen, entscheidenden Einfluss auf die vatikanischen Finanzen zu bekommen.

2 Milone kann Erfahrung in Italien, Großbritannien und den Vereinigten Staaten vorweisen (er hat auch bei Fiat und Wind gearbeitet und war im Audit committee des UN-Welternährungsprogramms tätig) und wird Kardinal George Pell von einer Headhunter-Firma vermittelt. Der Präfekt des Wirtschaftssekretariats nimmt zur Ernennung Stellung und bestätigt, dass Milone völlig eigenständig sei und sich im Rahmen seiner Prüfungsaufgaben überall im Vatikan frei bewegen könne. Und dass er direkt dem Papst Rechenschaft ablegen werde.

3 Viele Zweifel und Fragen kamen auf, als der Papst zu Beginn seines Pontifikats beschloss, in Santa Marta zu leben und auf die päpstliche Wohnung im apostolischen Palast zu verzichten. Als er am 7. Juni 2013 mit achttausend Schülern aus Jesuitenschulen zusammentraf, antwortete er auf die Frage, warum er nicht in den apostolischen Palast gezogen sei: »Ich glaube, dass dies nicht nur eine Frage des Reichtums ist. Für mich ist es eine Frage der Persönlichkeit […] Ich brauche es, unter Menschen zu leben, und wenn ich allein leben würde, vielleicht ein wenig isoliert, würde mir das nicht gut tun. Diese Frage hat mir auch ein Professor gestellt: ›Warum wohnen Sie nicht dort?‹ Ich antwortete ihm: ›Aber, hören Sie, Professor: aus psychiatrischen Gründen‹, […] es ist meine Persönlichkeit.«

4 Andrea Tornielli, »Il papa: sulle case del Vaticano ora si cambia«, La Stampa, 6. November 2015.

5 Nicht zu vergessen die beiden stellvertretenden Rechnungsprüfer, Ferruccio Panicco und Alessandro Cassinis Righini, deren Berufung der Papst am 16. März 2016 unterzeichnet hat.

6 Milone gibt dieses Interview in der Absicht, Franziskus eine Nachricht zukommen zu lassen und ihn über den Fortschritt der Prüftätigkeiten auf dem Laufenden zu halten. Auf die Frage, ob er in diesen anderthalb Jahren als Generalrevisor auf Widerstand gegen Veränderungen gestoßen sei, antwortet er: »Es handelt sich weniger um regelrechten Widerstand als vielmehr oft um ›Unkenntnis‹. Dabei ist zu berücksichtigen, dass in der Vergangenheit alle oder fast alle Funktionen der Buchhaltung ›bar Kasse‹ erfolgten. Papst Franziskus

wollte, dass wir ›transparenter werden und uns nach den aktuellen Trends in der Buchhaltung und Verwaltung richten«, und das hat dazu geführt, dass in den wenigen Jahren seit seiner Wahl die Buchhaltung von der Kassen- zur Periodenrechnung übergegangen ist, durch die Einführung der Ipsas, der internationalen Rechnungslegungsstandards für den öffentlichen Sektor. Wir organisieren daher eine Menge Schulungen, um die vorhersehbaren Schwierigkeiten zu überwinden.« Dann lanciert Milone eine sehr klare Botschaft: »Ich habe es nicht bereut, diese Aufgabe übernommen zu haben, im Gegenteil, ich werde sie mit großer Begeisterung zu Ende bringen […] Ich bin sehr motiviert durch das Privileg, dem Papst zu unterstehen, ihm allein ist mein Amt Rechenschaft schuldig. Und meinen kleinen Beitrag zu einer für den Vatikan entscheidenden, nämlich der wirtschaftlichen Reform, leisten zu können. Einer Reform, die man in ihrer Tragweite vielleicht noch nicht richtig verstanden hat.« (Paola Pica, »Così i conti del Vaticano saranno più trasparenti«, Corriere della Sera, 18. März 2017).

7 Francesco Peloso, »Vaticano, la guerra tra i dicasteri finanziari frena la riforma del papa«, Lettera43, 21. Mai 2017.

8 Massimo Franco, »Libero Milone: ›Volevano arrestarmi. La mia verità sull'addio al Vaticano‹«, Corriere della Sera, 24. September 2017.

9 Alessandro Pirina, »Monsignor Becciu: non sono uomo di intrighi«, La Nuova Sardegna, 28. September 2017.

10 Fiorenza Sarzanini, »Dietro lo scontro in Vaticano l'Obolo di san Pietro e i conti di ospedali e cliniche«, Corriere della Sera, 24. September 2017.

11 Am 7. Juli 2018 meldet Milone sich wieder zu Wort und verlangt in einem Interview mit Sky Tg24 nach Gerechtigkeit: »Ich kann nicht verheimlichen, dass wir in den Unterlagen auf Anomalien oder Fehler gestoßen sind. Vielleicht hat dies jemanden gestört. Nach vierzig Jahren in meinem Beruf kann ich sagen, dass die Arbeit eines Rechnungsprüfers manchmal Unbehagen erzeugt. Wer lässt sich schon gerne sagen, dass er Fehler gemacht hat? Dieses letzte Jahr war für mich sehr schwierig: sich grundlos der Beschuldigung ausgesetzt zu sehen, Dinge begangen zu haben, die ich mir nicht einmal vorstellen konnte […] war etwas, das mich und meine Familie schwer belastet und mir in beruflicher Hinsicht enorm geschadet hat. Wenn der Heilige Vater seine Initiative weiterführen will, bin ich bereit, mitzuarbeiten, denn ich halte es für ein großartiges Projekt.« Diesmal gibt es auf Milones Interview keine offizielle Reaktion des Heiligen Stuhls. In der Zwischenzeit ordnet Franziskus an, ein neues Statut für den Revisor zu erarbeiten, das er am 21. Januar 2019 unterschreibt. Mit dem Dokument wird das Amt gestärkt, da es damit faktisch zur

Anti-Korruptionsbehörde erhoben wird, die von den Verwaltungen der Ämter des Heiligen Stuhls alle für die Rechnungsprüfung erforderlichen Unterlagen »anfordert und erhält« (im alten Statut lautete die Formel »anfordern kann«).

12 Büro des Generalrevisors, »Meeting with the audit committee«, 6. November 2017.

13 Büro des Generalrevisors, »Meeting with the audit committee«, 5. März 2018.

14 Büro des Generalrevisors, »Meeting with the audit committee«, 12. Juni 2018.

15 Edward Pentin, »Questions persist about vatican finances, real estate«, National Catholic Register, 22. Juli 2019.

Das letzte Opfer: der treu ergebene Dario Edoardo Viganò

Tränen und Läuterung

Vatikanstadt, 16. März 2018, 9.56 Uhr, Austausch von Kurznachrichten über Mobiltelefon:

> – *Lieber Dario! Du hast es leider ziemlich vermasselt [...]*
> – *Wie jetzt? Ich habe das Stück gelesen, auf das wir uns geeinigt haben [...] Warum sagst Du mir das jetzt?*
> – *Die »Manipulation« des Fotos [...] hat Ärger gemacht [...] Das hatten wir nicht vereinbart [...]*

Ein kurzes Gespräch zwischen zwei Prälaten. Auf der einen Seite steht Dario Edoardo Viganò, Präfekt des Kommunikationssekretariats des Heiligen Stuhls, auf der anderen ein einflussreicher Erzbischof, der eine wichtige und heikle Position im Vatikan innehat. Erst wenige Tage zuvor hatte ein neuer sensationeller Fall für Aufsehen gesorgt, der um die Welt gegangen war. Ein Brief des emeritierten Papstes Benedikt XVI. sei angeblich gefälscht worden. Viganò wird vom Skandal überwältigt und beschuldigt, *Fake News* hergestellt zu haben. Wie sich jedoch aus diesem Nachrichtenaustausch ergibt, stand hinter der »Zensur« einiger Sätze Joseph Ratzingers eine klare Regie. Einige der Protagonisten dieser Geschichte waren bis heute nicht bekannt. Aber es war alles bis ins Detail geplant. Hier ist also die unveröffentlichte Geschichte, die hinter den soeben wiedergegebenen Kurznachrichten steckt. Sie sind in vertraulichen Notizen enthalten, die im Staatssekretariat hinterlegt wurden.

Bevor wir die Identität des Gesprächspartners enthüllen, dem gegenüber Prälat Viganò seine Verbitterung äußert, müssen wir um einige Zeit zurückkehren und zwar bis ins Jahr 2013, als Franziskus den Entschluss fasste, die Medien des Heiligen Stuhls zu reformieren. Dieser Entschluss hatte einen ganzen Schwall von Kontroversen und Anschuldigungen zur Folge.

Wenige Tage nach seiner Wahl im März 2013 hat der Papst bereits seine engsten Freunde in seiner neuen Residenz um sich geschart. Darunter sind Kardinäle, Journalisten und alte römische Bekannte. In Santa Marta gibt man sich die Klinke in die Hand. Der Papst ist aufgeregt, er will vieles ändern und kann es kaum erwarten, in der Kurie einiges umzukrempeln und in die Tat umzusetzen, was in den Generalkongregationen vor dem Konklave gefordert worden war. Einer der Aspekte, mit denen sich der argentinische Jesuit bei diesen ersten Besprechungen beschäftigt, betrifft eben die Medien und die Kommunikation. Bis dahin war Franziskus es nicht gewohnt gewesen, Interviews zu geben, und versuchte, so wenig wie möglich in Erscheinung zu treten. Dies muss sich nun alles ändern.

Einer seiner langjährigen Freunde, der ihn seit mindestens zwanzig Jahren kennt, versucht, so offen wie möglich zu sein: »Padre, jetzt muss sich alles ändern, Sie müssen mehr mit den Journalisten reden, sie sich zu Freunden machen, sonst wird man dieses Pontifikat zerreißen.« Franziskus versteht, was gemeint ist, und nickt zum Zeichen seines Einverständnisses. Er hat ein sehr ehrgeiziges Reformprojekt im Sinn, das nicht nur seine Art zu kommunizieren betreffen soll, sondern auch die Organisation sämtlicher vatikanischer Medien. Unter dem Pontifikat von Benedikt XVI. war ein solcher Plan nicht zu erwarten: Ratzinger hatte sicherlich nicht die Reform des Mediensystems des Heiligen Stuhls im Auge, aber er hatte der zunehmenden Bedeutung der sozialen Netzwerke Rechnung getragen, indem er beispielsweise sein Einverständnis zur Eröffnung des offiziellen Profils des Heiligen Vaters auf Twitter (Pontifex) gegeben hatte. Allerdings war er nie über das Twittern hinausgegangen, da er sich mehr auf theologische Fragen konzentrierte als auf die erweiterten Grenzen der Multimedialität.

Franziskus hingegen will einen Schritt weiter gehen. Er wird nicht tatenlos zusehen. Er will die Reform der Medien um jeden Preis durchführen, wie es das Kardinalskollegium deutlich gefordert hat. Er ist sich vollkommen bewusst, dass die Revitalisierung der Kirche, die unter der Glaubenskrise leidet, wie Ratzinger sie bezeichnet hat, nur über die wichtigsten Neuerungen der digitalen Welt erfolgen kann. Im Vergleich zu seinem Vorgänger legt er ein ganz anderes Tempo hin. 2013 und 2014 setzt Franziskus mehrere Kommissionen ein, berät sich mit seinen Kardinalberatern in der Gruppe C9 und studiert die Entwürfe, die für ihn vorbereitet werden.

Der erste bedeutende Schritt dieser Revolution erfolgt am 27. Juni 2015, als Franziskus das *Motu proprio L'attuale contesto comunicativo* unterzeichnet, mit dem das neue Sekretariat für Kommunikation eingerichtet wird.[1] Prälat Dario Edoardo Viganò wird – dank der Unterstützung durch den honduranischen Kardinal Oscar Rodriguez Maradiaga – zu deren Präfekt ernannt. Der aus der Lombardei stammende, aber in Rio de Janeiro 1962 geborene Dario (gewöhnlich bittet er selbst darum, ihn einfach mit seinem Namen anzusprechen, ohne die Anrede »Don« oder »Monsignore«) macht sich sofort an die Arbeit. Er hat einen sehr präzisen Auftrag: in der römischen Kurie und bei den Beschäftigten des Heiligen Stuhls für Akzeptanz der radikalen Reform der vatikanischen Medien zu sorgen.

Denn seit der Veröffentlichung von Franziskus' *Motu proprio* greift hinter den Mauern des Vatikans tatsächlich eine tiefsitzende Abneigung um sich. Es wächst der Widerstand derer, die ihre Macht schwinden sehen, und die Angst der Mitarbeiter, die aufgrund der Einsparungen eine Entlassung oder eine Versetzung fürchten. Das Gemurre derer, die sich den Entscheidungen von Viganò ausgesetzt sehen, und an denen sie nicht beteiligt sind, wird lauter. Er ist die Symbolfigur des neuen Kurses und genießt das volle Vertrauen des Papstes. Besonders in der Redaktion des *Osservatore Romano*, der 1861 gegründeten Tageszeitung des Heiligen Stuhls, herrscht Aufregung. Chefredakteur ist der Historiker des Christentums Giovanni Maria Vian, der 2007 von Benedikt XVI. auf seinen Posten berufen wurde. Tag für Tag wächst die Angst, dass mit der Reform die Zeitung geschlossen wird, um nur noch eine Wochenzeitung herauszugeben, oder, schlimmer noch, nur online zu erscheinen. Denn jeder weiß, dass seit Franziskus der *Osservatore Romano* nicht mehr Ausdruck der Linie des Pontifikats ist, sondern diese Rolle der Jesuitenzeitschrift *La Civiltà Cattolica* übertragen hat, die von einem treuen Gefolgsmann des Papstes, Pater Antonio Spadaro, geleitet wird. Es gibt aber auch noch einen anderen, rein wirtschaftlichen Grund, um in der Geschichte der Tageszeitung einen kompletten Neustart zu wagen.

Viganò weiß sehr wohl, dass der *Osservatore Romano* tiefrote Zahlen schreibt, die Verkäufe sind ein echtes Desaster. Schon im Dezember 2013 fing man an, sich Gedanken über die Zukunft der Zeitung und des Vatikan-Radios zu machen. Insbesondere während einer Sitzung internationaler Revisoren zur Genehmigung des Haushalts für 2014 war gar eine »Konkursverwaltung« dieser Medien in Betracht gezogen worden, die man sich selbst überlassen hatte. Bereits im Herbst 2013 hatten die Berater von McKinsey im Auftrag der Cosea-Untersuchungskommission alarmierende Daten ans Licht gebracht:

> Beim Osservatore Romano deckt der Verkauf der polnischen Ausgabe nicht einmal die Druck- und Versandkosten (circa 1,5 Euro Verlust pro Exemplar). Große Mängel weist auch die Betriebsführung auf (etwa die Outsourcing-Strategie und die Produktionsplanung): 70 Prozent der italienischen Exemplare des Osservatore Romano kommen als Retouren von den Kiosken zurück. Die Rotationsdruckmaschine der vatikanischen Druckerei wird kaum genutzt (nur zwei Stunden täglich).[2]

Noch früher, nämlich im Juni 2013, sagte Kardinal Giuseppe Versaldi in seiner Eigenschaft als Präsident der Präfektur für die wirtschaftlichen Angelegenheiten des Heiligen Stuhls bei einem vertraulichen Treffen über den *Osservatore Romano* und *Radio Vatikan*:

> Das Alibi, das Wort Gottes um jeden Preis zu verbreiten, lässt sich nicht mehr aufrechterhalten. Vorerst steht fest, dass das Zentrum von

Santa Maria di Galeria [wo sich die Vatikan-Radioantenne befindet, die im Mai 2014 abgerissen wurde, A. d. A.] geschlossen werden muss, weil die Instandhaltung besonders aufwändig ist. Der Anstieg der Mitarbeiterzahl steht nicht im Verhältnis zu einer Verbesserung der Produktion. Sogar der Fotodienst des Osservatore Romano, der die Exklusivvermarktungsrechte für die Fotos des Papstes hat, schreibt Verluste.[3]

Prälat Dario Viganò erkennt, dass seine Glaubwürdigkeit daran gemessen werden wird, was er aus der traditionsreichen Zeitung macht. Die Reform der vatikanischen Medien muss bei dieser scheinbar unantastbaren Zeitung ansetzen. Don Dario hat eine klare Vorstellung, die auch der Papst teilt: die Tageszeitung soll in ein internes Bulletin umgewandelt werden, dafür wird die Wochenausgabe gestärkt. Der Prälat geht damit auch an die Öffentlichkeit. Am 2. April 2016 stellt er seinen Plan in einem Interview mit Giuseppe Rusconi in dessen Blog *Rossoporpora* kurz vor:

> Der Osservatore Romano ist für uns so etwas wie ein Amtsblatt, da darin auch die Nominierungen veröffentlicht werden. Der Osservatore – der auch über ein eigenes Webportal verfügt – wird hauptsächlich über Abonnements vertrieben. Bei den derzeitigen Bestimmungen der italienischen Post ergibt das Abonnement der Zeitung praktisch keinen Sinn, da man Gefahr läuft – nicht nur wahrscheinlich, sondern ziemlich sicher, die Montag-Nachmittagsausgabe erst am folgenden Freitag zu erhalten. Daher sehe ich im Wesentlichen zwei Möglichkeiten: einerseits einen schnelleren und kostengünstigeren Druck als auf der Rotationsmaschine (vielleicht durch eine Änderung des Formats) für die Kongregationen und die Kioske rund um den Vatikan, und andererseits eine Aufwertung der Wochenzeitung, die, da sie nicht an die Tagesaktualität gebunden ist, auch zeitlich verzögert gelesen werden kann.[4]

Es vergehen ein paar Tage und die Sitzungen folgen in immer kürzeren Abständen. Bei den Besprechungen im Staatssekretariat und in Viganòs Mannschaft zieht man auch eine Verlegung des Zeitungssitzes außerhalb der vatikanischen Mauern in Erwägung, in den Palazzo Pio, einen Steinwurf von der Engelsburg entfernt. Für die Konservativeren innerhalb der Zeitung ist diese Nachricht ein Schock. Aber Dario hört nicht auf. Drei Wochen später, am 27. April, setzt er während einer Pressekonferenz zur Veranschaulichung der Medienreform zu einem weiteren Seitenhieb an:

> Das Muster, nach dem die Reform umzusetzen ist, soll die Medien achten und wird kulinarischer Art sein, wir haben es dementsprechend die »Zwiebelmethode« getauft, sei es, weil es mehrschichtig ist, sei es, weil unweigerlich ein paar Tränen fließen werden, die sicherlich für einen klareren Blick sorgen werden.

Dies ist nur ein Vorgeschmack auf den noch folgenden Kampf. Wobei der Papst und sein getreuer Viganò entschlossen sind, die Sache durchzuziehen.

Die Schlacht beginnt

Im Dezember 2017 – der Weihnachtsbaum mit seinem Leuchtschmuck steht bereits auf dem Petersplatz – bereitet sich die Kurie darauf vor, die Geburt Christi zu feiern und der Ansprache zu lauschen, die der Papst in ein paar Tagen im Sala Clementina anlässlich der üblichen Weihnachtsgrüße halten wird. In der Zwischenzeit hat die Redaktion des *Osservatore Romano* telefonisch beim Staatssekretariat um Unterstützung angesucht. Natürlich mit dem Ziel, bei der Reform nicht unter die Räder zu kommen. Und zwar um jeden Preis. Die Leitung der Tageszeitung bittet darum, eine gewisse Eigenständigkeit beibehalten zu können, unter der »Schirmherrschaft« von Erzbischof Angelo Becciu, dem Substituten für die Allgemeinen Angelegenheiten des Staatssekretariats und großen Förderer von Chefredakteur Giovanni Maria Vian.

Anzeichen für Manöver dieser Art erreichen auch Prälat Viganò, der zu befürchten beginnt, jemand könne versuchen, ihn in einen Hinterhalt zu locken, um ihn mit seinem Vorhaben zu Fall zu bringen. Für die Pläne des Papstes wäre dies ein Desaster. Nicht zuletzt deshalb, weil Papst Franziskus Dario gegenüber sehr klar war: Er will zunächst die Fusion des *Osservatore Romano* mit dem Sekretariat für Kommunikation, dann die Umwandlung der Tageszeitung mit einer Stärkung der Online-Ausgabe.[5]

Der Präfekt versucht deshalb, seinen Widersachern zuvorzukommen. Nach einem Besuch in der Residenz Santa Marta und der Anhörung bei der Dezember-Sitzung des C9 beschließt er, dem *Corriere della Sera* ein Interview zu geben, um denjenigen, die seit Monaten gegen ihn arbeiten, ein weiteres Zeichen zu senden. Eine Frage des Journalisten Gian Guido Vecchi gilt natürlich der Zeitung des Vatikans und ihrer zukünftigen Gestaltung. Viganò zeigt sich seiner Sache sicher, gibt aber nicht allzu viel preis:

> Der Osservatore ist eine traditionsreiche Zeitung. Sagen wir, die Belegschaft kommt vollständig zum Sekretariat [für Kommunikation, A. d. A.]. Dann werden wir, auch anhand der Vorgaben der neun Kardinäle und des Staatssekretariats überlegen, wie wir seine Wiedererkennbarkeit erhalten können. Der Name soll bleiben. Das Problem ist, wie man den Vertrieb verbessern kann, das wissen wir noch nicht. Worauf es ankommt, ist, dass die Veränderungen einsetzen, sagt der Papst. Welchen Ausgang die Reform nehmen wird, ist offen, es wird Jahre dauern, bis sie voll umgesetzt wird, wir werden sehen.[6]

Das Interview löst bei der Belegschaft der Tageszeitung des Heiligen Stuhls weiteren Unmut aus. Neue Verdächtigungen werden geäußert. Journalisten und Redakteure befürchten wieder einmal, Viganò habe die Absicht, die Zeitung bis zur Unkenntlichkeit zu verändern. Seinerseits lässt der Präfekt für Kommunikation inoffiziell durchsickern, dass er keinerlei Absicht habe, den *Osservatore Romano* einzustellen. Doch wie soll man sich darauf verlassen? Das Bild, das sich nach mehreren Sitzungen klarer herausschält, sieht vor, dass die Zeitung nur im Internet geführt wird, wie der Papst es bereits während der Versammlung des Sekretariats für Kommunikation angedeutet hatte, und nur die Monatsausgabe und die Frauenbeilage *Donne, Chiesa, Mondo* als Druckausgabe beibehält, die sich dank der Sponsoren im Wesentlichen selbst trägt.

Inzwischen erreichen die Klagen aus den Redaktionsräumen auch das Kloster Mater Ecclesiae, die Residenz von Benedikt XVI., und kommen dem Partikularsekretär des emeritierten Papstes, Prälat Georg Gänswein zu Ohren, der ebenfalls ein großer Freund von Chefredakteur Vian ist. Zur gleichen Zeit setzt sich auch das Staatssekretariat in Bewegung: Becciu versucht, Viganò davon zu überzeugen, »die Zeitung des Papstes« nicht anzutasten. Die Begründung der grauen Eminenz der dritten Loggia ist recht simpel: Schließlich sind Franziskus und Benedikt XVI. auch eifrige Leser des traditionsreichen Blattes. Aber Viganò, der wie ein Manager denkt und eine ausgeglichene Bilanz will, geht es nicht um Emotionen. So kommt es unweigerlich auch mit dem Substituten zum Streit. Viganò darf keinen falschen Schritt mehr machen. Franziskus hatte ihn gewarnt: Sei jetzt vorsichtig und nimm dich in Acht.

Der zensierte Brief

12. März 2018, 17:30 Uhr. Am Vorabend zum fünften Jahrestag des Pontifikats wird in der Sala Marconi im Palazzo Pio in Anwesenheit von Kardinälen und Bischöfen eine Buchreihe vorgestellt, die von der Libreria editrice vaticana unter dem Titel *La teologia di papa Francesco* herausgegeben wird. Gastgeber ist Präfekt Viganò. Die Anwesenden warten auf die Rede von Don Dario. Wird er wieder über die Reform sprechen? Wird er irgendwelche Ankündigungen machen? Wird er wieder einmal eine Breitseite gegen das derzeitige Management des *Osservatore* abfeuern?

Der Präfekt greift zum Mikrofon, zieht ein Blatt Papier aus der Tasche seines Jacketts und beginnt zu lesen: Es ist ein persönliches Glückwunschschreiben, das Benedikt XVI. ihm am vergangenen 7. Februar zu diesem Anlass geschickt hatte. Gleichzeitig erhalten alle beim Vatikan akkreditierten Journalisten per E-Mail ein Kommuniqué, dem Fotos beigefügt sind, das aus dem Brief des emeritierten Papstes jedoch nur zwei Absätze wiedergibt:

> *Ich begrüße diese Initiative, die dem törichten Vorurteil entgegenwirken und auf dieses reagieren will, wonach Papst Franziskus nur ein praktischer Mensch ohne besondere theologische und philosophische Vorbildung sei, während ich nur ein Theoretiker der Theologie wäre, der vom konkreten Leben*

eines heutigen Christen wenig verstanden hat. Die kleinen Bände zeigen zu Recht, dass Papst Franziskus ein Mann von tiefer philosophischer und theologischer Bildung ist, und helfen daher, die innere Kontinuität zwischen den beiden Pontifikaten zu erkennen, trotz aller Unterschiede in Stil und Temperament.

Das Kommuniqué überspringt jedoch den folgenden Absatz, den Prälat Viganò während der Präsentation vorgelesen hatte:

Ich fühle mich jedoch nicht in der Lage, eine kurze, dichte theologische Seite darüber zu schreiben, denn in meinem ganzen Leben stand für mich immer fest, dass ich nur über Bücher schreiben und mich über Bücher äußern würde, die ich tatsächlich gelesen habe. Leider kann ich die elf Bände allein schon aus Gründen des körperlichen Befindens in nächster Zeit nicht lesen, zumal mich andere Verpflichtungen erwarten, die ich bereits eingegangen bin.

Im Saal befinden sich unter anderem auch der Vatikanist Sandro Magister, der Franziskus schon immer sehr kritisch gegenüberstand, und Nicole Winfield, die Vatikanexpertin der Presseagentur Associated Press. Magister verfolgt die Präsentation der Reihe aufmerksam, macht sich Notizen und besorgt sich am Tag nach der Veranstaltung, am 13. März 2018, eine Videoaufzeichnung der Ansprache von Viganò, um sie zu transkribieren und in seinem Blog *Settimo Cielo* zu veröffentlichen.[7] Es handelt sich um den vollständigen Wortlaut von Ratzingers Brief, der auch den im Kommuniqué ausgelassenen Teil enthält.[8] Ein lauter Aufschrei erklingt: Viganò hat Ratzinger zensiert.

Damit nicht genug. Tags darauf, am 14. März, setzt Nicole Winfield noch eins drauf. Auf der Website von Associated Press enthüllt die amerikanische Journalistin, dass das allen Reportern zusammen mit der »zensierten« Pressemitteilung zugesandte Foto manipuliert war: Der strittige Absatz war so unscharf gestellt, dass man ihn nicht lesen konnte; die zweite Seite des Briefes wurde von den Büchern der vorgestellten Reihe verdeckt.[9]

Der Angriff auf Viganò geht weiter. Am 17. März kommt der Gnadenstoß, wieder von Magister. Diesmal veröffentlicht der Journalist mit Hilfe einer »unanfechtbaren« Quelle einen zweiten Teil des Briefes von Benedikt XVI., von dessen Existenz niemand wusste. Kurz, was wie die vollständige Version von Ratzingers Brief aussah, war gar keine. Die Quelle übergibt dem Vatikanisten die fehlenden Zeilen des Briefes, in denen Benedikt XVI. laut Magister begründet, »warum er die elf Hefte weder jetzt noch in Zukunft lesen wolle und warum er es deshalb abgelehnt habe, ›eine kurze und dichte theologische Seite‹ der Präsentation und Wertschätzung dieser Hefte zu schreiben, um die Viganò ihn gebeten hatte«.[10]

In den letzten Zeilen seines Briefes nennt Benedikt XVI. den Grund:

> *Nur am Rande möchte ich meine Verwunderung darüber zum Ausdruck bringen, dass sich unter den Autoren [der Reihe, A. d. A.] auch Professor Hünermann [der deutsche Theologe und Priester Peter Hünermann, A. d. A.] befindet, der sich während meines Pontifikats durch die Leitung papstfeindlicher Initiativen hervorgetan hat. Er war maßgeblich an der Herausgabe der Kölner Erklärung beteiligt, die im Zusammenhang mit der Enzyklika Veritatis splendor [von Johannes Paul II., A. d. A.] die Lehrautorität des Papstes vor allem in Fragen der Moraltheologie scharf angriff. Auch die von ihm gegründete Europäische Theologengesellschaft wurde von ihm zunächst als eine dem päpstlichen Lehramt entgegengesetzte Organisation konzipiert. Später verhinderte das kirchliche Empfinden vieler Theologen diese Orientierung und machte diese Organisation zu einem normalen Instrument des Austauschs unter Theologen. Ich bin sicher, Sie werden meine Ablehnung verstehen und grüße Sie herzlich.*

Benedikt XVI. beanstandet daher die Anwesenheit des Theologen Peter Hünermann unter den Autoren dieser elf Bände, da dieser sowohl Johannes Paul II. als auch ihm selbst gegenüber kritisch eingestellt sei. Viganò, der als Präfekt für Kommunikation auch die Verlagsbuchhandlung des Vatikans leitet, in der die Bände erschienen sind, hat diesen Teil des Briefes unterschlagen und befindet sich nun inmitten eines eindeutigen diplomatischen Zwischenfalls mit dem emeritierten Papst und dessen engsten Mitarbeitern.[11] Viganòs Kritiker lassen sich die Gelegenheit natürlich nicht entgehen, den Reformbestrebungen, die bei der alten Garde auf so viel Widerstand stoßen, einen tödlichen Schlag zu versetzen. Etliche Kardinäle raten Franziskus in diesen Tagen, sich von Viganò zu trennen, und führen dafür einen mehr als stichhaltigen Grund an: Er habe Benedikt XVI. in Schwierigkeiten gebracht und einen Schatten auf das Kommunikationsmanagement des Heiligen Stuhls geworfen. Aber Franziskus nimmt sich Zeit. Er wartet auf den richtigen Moment, um seinen Zug zu machen.

Die bisher unbekannten Kurzmitteilungen, die Viganò entlasten

Auf den Foren der Ratzinger-Nostalgiker und in den sozialen Netzwerken der traditionellsten Kreise der Kirche ist von einem Skandal die Rede, man beschuldigt Viganò der Zensur und der Verklärung des Gedankenguts des emeritierten Papstes. In Santa Marta hingegen ist es ruhig, Franziskus möchte verstehen, was hier gerade geschieht.

Sofort nach der Veröffentlichung des vollständigen Briefes auf Magisters Blog klingelt Darios Telefon ununterbrochen. Manche bitten ihn um einen Kommentar, andere fordern ihn auf, gar nichts zu sagen, wieder andere raten ihm, so schnell wie möglich eine Lösung zu finden. Er versucht, sich zu verteidigen und sagt, er habe nichts Falsches getan. Im Einvernehmen mit dem Staatssekretariat lässt er sechs Stunden nach der Veröffentlichung des *Posts* von Magister vom Presseamt den vollständigen Wortlaut von Ratzingers Brief verbreiten. Ohne jede Auslassung oder Zensur. Für die Medien aus aller Welt, die ihn für eine Stellungnahme suchen, nur ein Notbehelf. »Ich habe nur getan, was vereinbart war, man hat mir eine Falle gestellt«, sagt der Präfekt seinen Mitarbeitern immer wieder. Stimmt das? Wurde Viganò das Opfer einer Intrige? Warum hat er den Brief von Benedikt XVI. zensiert?

Der Beweis dafür, dass der Präfekt im guten Glauben gehandelt und dass jemand im Hintergrund Regie geführt hat, ist in einigen sehr wertvollen SMS enthalten, die in eine vertrauliche, im Staatssekretariat aufbewahrte Notiz übertragen wurden und hier zum ersten Mal an die Öffentlichkeit gelangen. Es sind drei Kurznachrichten vom 16. März 2018 – vier Tage nach der Vorstellung der Buchreihe und einen Tag vor dem Gnadenstoß Magisters –, über die wir zu Beginn des Kapitels berichteten. Aber wer ist der Gesprächspartner mit dem Viganò korrespondiert?

Die erste SMS stammt von Georg Gänsweins Mobiltelefon, des Prälaten, der sich (als Präfekt des Päpstlichen Haushalts; inzwischen suspendiert, A.d.Ü.) um das öffentliche Leben von Papst Benedikt XVI. kümmert und vor allem Privatsekretär des emeritierten Papstes ist und alles, was Benedikt XVI. betrifft, verwaltet und autorisiert. Es ist Gänswein, der sich an den Präfekten wendet:

> *Lieber Dario! Du hast es leider ziemlich vermasselt. Das tut mir leid. GG*

Viganòs Antwort lässt nicht lange auf sich warten und enthüllt beunruhigende Details:

> *Wie jetzt? Ich habe das Stück gelesen, auf das wir uns bei den Exerzitien geeinigt haben. Das zeigt doch, dass diese Leute Benedikt nichts Gutes wollen und ihn als Aushängeschild benutzen. Es tut mir leid, dass Du so denkst. Wir haben die Schritte gemeinsam gut abgestimmt und waren uns über das Vorgehen einig. Warum sagst Du mir das jetzt? Wie auch immer, ich bin auf dem Weg zum Flughafen, aber ich komme morgen zurück, und wenn Du meinst, hören wir uns. D*

Bischof Gänswein lässt das auf sich sitzen, findet aber trotzdem den Weg, die Sache dem Präfekten in die Schuhe zu schieben und trifft ihn an einer anderen Stelle:

> *Wir werden darüber reden. Die »Manipulation« des Fotos im Brief hat Ärger gemacht. Das hatten wir nicht vereinbart [...] Gute Reise. Bis morgen. GG*

Prälat Viganò hatte daher, wie diese Botschaften zeigen, nur die Passagen des Briefes verbreitet, die er einige Tage vor der Präsentation mit Ratzingers Privatsekretär während der Exerzitien der römischen Kurie in Ariccia vereinbart hatte. Alle Entscheidungen waren folglich im Einvernehmen mit dem ersten Mitarbeiter des emeritierten Papstes getroffen worden. Der jedoch schwieg letztendlich angesichts der Angriffe gegen den Präfekten, überließ ihn seinem Schicksal und stellte ihn damit an den Pranger.

Die Franziskus gegenüber kritischsten Zeitungen, die den wahren Sachverhalt nicht kennen, sprechen von einem Skandal und fordern den Rücktritt des Prälaten. Viganò landet im Fadenkreuz. Auch innerhalb der vatikanischen Mauern brodelt die Gerüchteküche über die Zukunft des Prälaten. Im Sekretariat für Kommunikation ist die Lage sehr angespannt. Selbst auf Beccius Schreibtisch im Staatssekretariat kommen Protestnoten an. Es herrscht große Aufregung und Dario sieht sich umzingelt. Jemand hat den Brief von Benedikt XVI. im vollen Wortlaut an Magister geschickt. Der Präfekt wird von jenen Kreisen in der Kurie attackiert, die Ratzinger am nächsten stehen, die zwar die Wahrheit kennen, aber die Gelegenheit nutzen, um den Mann zu treffen, der die Machtbalance in den vatikanischen Medien stören will, allen voran beim *Osservatore Romano*.

Gerade in jenen Tagen will auch die Tageszeitung des Heiligen Stuhls zu der Angelegenheit nicht schweigen. So erscheint am 14. März, als der Skandal bereits aufgeflogen ist, ein Leitartikel auf der Titelseite unter der Überschrift: »Zu viele schenken Falschnachrichten Glauben«. Der Artikel nimmt zwar an keiner Stelle auf den Fall des Briefes von Benedikt XVI. Bezug, liefert aber Aufschluss zum Thema *Fake News* und wahrscheinlich auch zum betreffenden Vorfall. Unterzeichnet ist er von Prälat Carlo Maria Polvani, dem Neffen des inzwischen berühmten Carlo Maria Viganò, dem umstrittenen Kritiker vatikanischer Sitten, der den gleichen Familiennamen wie der Präfekt trägt, obwohl sie überhaupt nicht miteinander verwandt sind. Polvani leitet das Informations- und Dokumentationsbüro des Staatssekretariats und ist ein direkter Untergebener Angelo Beccius.

Viganò verteidigt sich im Staatssekretariat

Der Präfekt will von Gänswein nicht auf diese Weise abserviert werden. Er fühlt sich unschuldig und will sich keinen weiteren Ärger einhandeln, vor allem nicht gegenüber Franziskus. Er weiß sehr wohl, dass es um den *Osservatore Romano* und ganz allgemein um die vom Papst gewünschte Reform der Medien geht. Er hat begriffen, dass die Angelegenheit von seinen Feinden aufgeblasen wurde, um ihn zu zwingen, die Leitung des Sekretariats für Kommunikation aufzugeben, aber er gibt sich nicht geschlagen. Wenige Tage nach dem Austausch mit dem Sekretär des emeritierten Papstes greift Don Dario zu Stift und Papier und setzt eine vertrauliche Notiz mit drei Anhängen für das Staatssekretariat auf. Das Dokument ist bisher nicht bekannt und gelangt hier zum ersten Mal an die Öffentlichkeit. Viganò zeichnet die ganze Geschichte Schritt für Schritt nach und zeigt mit dem Finger auf Gänswein, der ihn habe vor die Hunde gehen lassen.

Die vertrauliche Notiz beginnt mit der Rekonstruktion der Fakten:

Wenn ich an den Vorfall rund um den Brief Benedikts zurückdenke, halte ich es für angebracht, »aus Liebe zur Wahrheit« ein paar Dinge klarzustellen. Am 12. Januar 2018 habe ich Seiner Exzellenz Erzbischof Gänswein, Prot. Nr. 0000075/2018, einen Brief geschickt, um Benedikt XVI. die theologische Reihe darzubieten. Ich schrieb darin, es handele sich um »ein kleines Werk, das ein wahrer Dienst an der Kirche, an ihrem Wachstum, an ihrer Einheit und Schönheit sein will, was wir alle wünschen und wofür auch der emeritierte Papst gekämpft hat: mit seinem theologischen Engagement, mit seinem Lehramt, mit seinem Verzicht und mit seinem kostbaren gegenwärtigen Dienst, sowohl durch sein Schweigen als auch durch seine kurzen, aber bedeutsamen öffentlichen Beiträge«. Im Brief erläuterte ich auch meine Absicht, eine römische Präsentation vorzusehen »im kommenden Frühjahr, wahrscheinlich am 13. März, dem Jahrestag der Wahl des Heiligen Vaters Franziskus«. Zum Schluss habe ich mir erlaubt, hinzuzufügen: »Es wäre sehr bedeutsam, vom emeritierten Papst Benedikt XVI., dem herausragenden Theologen, auch nur eine kurze und dichte theologische Seite in schriftlicher Form zu erhalten, die wir am Anfang der Präsentation vorlesen würden.«

Dann kommt der Seitenhieb auf Pater Georg, den er beschuldigt, indirekt dazu beigetragen zu haben, den Fall aufzubauschen:

> Am 7. Februar 2018 erhielt ich das vom emeritierten Papst unterzeichnete Schreiben, das ich anlässlich der römischen Präsentation am vergangenen 12. März in der mit Seiner Exzellenz Erzbischof Gänswein vereinbarten Weise vorlas. Die aus dem Brief von Benedikt XVI. vorgelesenen und sich auf Papst Franziskus beziehenden Worte sind eindeutig und lassen keinen Raum für instrumentalisierende Interpretationen. In der Tat beziehen sich die theologischen Bewertungen nicht auf das gegenseitige Kommunionsverhältnis. Es liegt auf der Hand, dass wenn Seine Exzellenz Erzbischof Gänswein sich zu Wort gemeldet und erklärt hätte, wie es wirklich gelaufen war – mit der Klarstellung, dass ich ermächtigt worden war, die beiden Absätze zu lesen, und dass es daher keinerlei Verklärung der Realität gegeben hatte – der Fall damit abgeschlossen gewesen wäre.

Ein Abschnitt der vertraulichen Notiz betrifft die Geschichte des »manipulierten« Fotos im Dokument, das vom Presseamt des Heiligen Stuhls an die Journalisten geschickt worden war. Auch in diesem Fall verteidigt Viganò seine Entscheidung, dieses Foto zu verbreiten, und leugnet nachdrücklich, *Fake News* konstruiert zu haben:

> Dann bleibt noch die Frage der Fotografie, die einige als »bearbeitet« betrachtet hatten. Hier ist daran zu erinnern, dass bei Veranstaltungen fast immer ein oder zwei Fotos als Bildmaterial für Journalisten und Zeitungen verschickt werden, die keinen Fotografen haben oder keine Journalisten zu der Veranstaltung schicken können. Das Foto ist daher nicht dokumentarisch, und es war von vornherein klar, dass ich auch die Zeilen gelesen hatte, die auf dem Foto nicht zu erkennen waren. Es bleibt allerdings die Frage stehen, wer den Brief an einzelne Journalisten weitergegeben hat. Ich halte es für wichtig, diese Aspekte zu untersuchen und zu klären, denn wir haben es weder mit einem Akt böswilliger Fehlinformation noch mit der Erfindung von Fake News zu tun. Die Rekonstruktion der Ereignisse wird sich als wichtiger Dienst im Sinne der Wahrheitsfindung erweisen; andernfalls wird das Ganze als der Fall von Fake News in die Geschichte eingehen, die ausgerechnet in dem Jahr erstellt wurde, in dem die Botschaft des Papstes zum

Weltkommunikationstag mahnte, sich genau in die entgegengesetzte Richtung zu engagieren.

Im Grunde möchte der Prälat, dass seine Geschichte im Protokoll festgehalten wird, damit jeder weiß, wie die Dinge wirklich gelaufen sind. Wenn es einen Schuldigen gibt, dann ist das sicher nicht er selbst. Doch im apostolischen Palast herrscht große Anspannung: ein Präfekt des Heiligen Stuhls wird öffentlich beschuldigt, *Fake News* über den emeritierten Papst in die Welt gesetzt zu haben. Die Affäre wird in den oberen Hierarchien als beschämend empfunden und führt zu einem beispiellosen Kurzschluss. Viganòs vertrauliche Notiz wird gelesen und sofort zu den Akten gelegt: Der Fall ist abgeschlossen, mit nur einem Schuldigen. Seine Zeit als Präfekt ist nun abgelaufen, es bleibt nur noch sein Rücktritt. Und er wird noch Franziskus gegenübertreten müssen.

Der letzte Ausbruch in Santa Marta

Don Dario steht jetzt mit dem Rücken zur Wand. Aus dem Traum des brillanten Prälaten, die Medienreform des Vatikans abzuschließen, ist ein Albtraum geworden, die hehren Bestrebungen gehen in den Kontroversen und Anschuldigungen unter. Viganò hat erkannt, dass er seine Schlacht verloren hat. Mit einem bitteren Nachgeschmack nimmt er an einem Tag, der eigentlich ein Feiertag sein sollte, am 19. März, seinen Laptop und setzt einen Brief auf, ohne sich dabei allzu viele Gedanken über die Wortwahl zu machen.

Heiliger Vater,
in diesen letzten Tagen wurde viel Staub rund um mein Vorgehen aufgewirbelt, das wider alle meine Absicht das komplexe und große Reformwerk destabilisiert, das Sie mir im Juni 2015 anvertraut haben und das nun dank des Beitrags vieler Menschen, allen voran des Personals, auf der Zielgeraden ist. [...] Doch mit Respekt vor den Menschen, die in diesen Jahren mit mir zusammengearbeitet haben, und um zu vermeiden, dass meine Person in irgendeiner Weise das, was durch das Motu proprio L'attuale contesto comunicativo vom 27. Juni 2015 festgelegt wurde, verzögern, beschädigen oder gar blockieren

könnte, und vor allem aus Liebe zur Kirche und zu Ihnen, Heiliger Vater, bitte ich Sie, meinen Wunsch zu akzeptieren, zur Seite zu treten, wobei ich mich, falls Sie es wünschen, zur Verfügung stellen werde, auf andere Weise meinen Beitrag zu leisten. [...] Heiliger Vater, ich danke Ihnen, wenn Sie mein »zur Seite treten« annehmen, damit die Kirche und ihr Weg, geleitet vom Geist Gottes, entschlossen vorankommen.[12]

Der Kommunikationsguru des Vatikans hat beschlossen, das Handtuch zu werfen. Zurückzutreten, damit die Reform fortgesetzt werden kann. Er hat verstanden, dass er für das Projekt zu einem Hindernis geworden ist. Am folgenden Abend, dem 20. März, wird er zu einem persönlichen Treffen nach Santa Marta geladen. Der Papst will wissen, wie die Dinge wirklich gelaufen sind. Er hat die Zeitungen gelesen, mehr oder weniger glaubwürdige Berichte erhalten und will nun die ganze Wahrheit aus dem Mund seines treuen Verbündeten und Dieners hören. Don Dario fängt an zu erzählen, wobei er dem Papst offenbart, dass er alle Einzelheiten während der Exerzitien mit Prälat Gänswein vereinbart hatte. Franziskus hört ihm zu und schaut ihm in die Augen. Viganò fährt fort, erwähnt den Widerstand, auf den er gestoßen ist, als er auch den *Osservatore Romano* in die Reform einbeziehen wollte, und knüpft eine Verbindung zwischen dem Hinterhalt mit dem Brief und der mangelnden Unterstützung innerhalb der Tageszeitung des Heiligen Stuhls.

Franziskus seufzt, hört ihm weiterhin schweigend zu, schaut ihn betrübt an. Es hat nie irgendwelche Reibungen zwischen den beiden gegeben, der Heilige Vater hat ihm immer blind vertraut. Er weiß sehr wohl, dass sein Mitarbeiter Opfer eines Machtkampfes wurde. Genau aus diesem Grund unterbricht er ihn und bittet ihn, die Rolle des Präfekten weiter auszuüben. Der Papst hat überhaupt nicht die Absicht, seinen Rücktritt anzunehmen und ihn zu ersetzen. Aber Viganò besteht darauf, er wiederholt, dass es am besten wäre, zu gehen: »Heiliger Vater, wenn ich nicht sofort abtrete, wird man die Reform nicht zu Ende führen können, das Problem bin jetzt ich, ich bin zur Zielscheibe geworden.« Franziskus überlegt und lanciert dann seine Idee: »Machen wir es so: Ich nehme Deinen

Rücktritt an, wenn Du dich bereit erklärst, in einer anderen Funktion im Dikasterium zu bleiben, nämlich als Assessor.« Viganò steht vor der Wahl: alles aufgeben oder an der Reform weiterarbeiten, aber diesmal im Schatten. Angesichts des Drängens des Papstes bedankt sich der nunmehr emeritierte Präfekt für den Vorschlag und nimmt das Amt des Assessors an, womit er einen Schritt zurücktritt.

Der Text des Schreibens, mit dem Franziskus den Rücktritt des Prälaten annimmt, sagt viel über die Atmosphäre, die in diesen Stunden in Santa Marta herrscht: Der Ton ist keineswegs kühl und förmlich wie in jenen Fällen, in denen der Papst jemanden loswerden will. Franziskus schreibt in herzlichem Tonfall, voller Zuneigung. Er musste seinen Vertrauensmann opfern, um die Reform zu retten. Und es ist kein Zufall, dass er im Text seiner Mitteilung den *Osservatore* nennt:

> *Hochwürdigster Monsignore,*
> *nach unseren letzten Besprechungen und nach langer Überlegung und sorgfältiger Abwägung der Gründe für Ihre Bitte, in der direkten Verantwortlichkeit für das Dikasterium für Kommunikation »einen Schritt zurück« zu tun, respektiere ich Ihre Entscheidung und nehme, nicht ohne einige Mühe, ihren Rücktritt als Präfekt an.*
> *Ich bitte Sie, weiterhin im Dikasterium zu bleiben und ernenne Sie zum Assessor für das Kommunikationsdikasterium, damit Sie dem neuen Präfekten für das vom Kardinalsrat gewünschte und von mir gebilligte und regelmäßig mitgetragene Reformprojekt menschlich und beruflich zur Seite stehen können. Die Reform befindet sich nun in der Endphase, da der Osservatore Romano bald zusammen mit der vatikanischen Druckerei im einheitlichen Kommunikationssystem des Heiligen Stuhls aufgehen wird.[13] [...]*

Es ist der 21. März, und seit dem Ausbruch des Skandals sind neun Tage vergangen. Der Vatikan hat noch nicht öffentlich Stellung bezogen. Aus den heiligen Gemäuern dringt keine Verlautbarung über Viganò nach draußen. Viele glauben, der Prälat wolle unbedingt an seinem Posten festhalten, weshalb er kritisiert wird, auch öffentlich in den sozialen Medien. Doch an diesem Tag zu Beginn des Frühlings kommt mit dem Bulletin aus dem Presseamt des Vatikans die unerwartete Wende. Es ist offiziell: Der Sprecher Greg Burke kündigt in einer kurzen Erklärung den Rücktritt des Präfekten des Sekretariats für Kommunikation an. Wider alle Gewohnheiten wird auch der Briefwechsel zwischen Viganò und dem Papst verbreitet. Innerhalb der leoninischen Mauern wird von manchen auf den Sieg angestoßen, aus einigen Räumen jenseits der Mauern werden zahlreiche Anrufe der Genugtuung über die Entscheidung des Papstes getätigt. Aber diese Männer wissen noch nicht, dass die Schlacht um den *Osservatore Romano* nur um einige Monate verschoben wird. Und dieses Mal wird Franziskus durch seine neuen Ernennungen alles selbst in die Hand nehmen.

Unicuique suum, jedem das Seine

Franziskus will eine Frau als Präfektin. Für die Leitung der vatikanischen Kommunikation sucht der Papst um jeden Preis nach einer Fachfrau aus dieser Branche. Einer Expertin, auf die er sich verlassen kann, und die über die Kraft verfügt, die von Viganò begonnene Reformarbeit fortzusetzen. Im Frühjahr 2018, nachdem man den Skandal um das Schreiben Benedikts XVI. hinter sich gelassen hat, beginnt Franziskus nach der für diese Rolle am besten geeigneten Persönlichkeit zu suchen, und sondiert zu diesem Zweck unter seinen Bekannten. Er fragt auch eine langjährige Freundin, Stefania Falasca, Journalistin bei *Avvenire*, aber sie lehnt das Angebot freundlich dankend ab.

Der Heilige Vater will auf jeden Fall im Kreis der Freunde fündig werden, er braucht jemanden, der wie ein offenes Buch vor ihm steht, der ihm keine Überraschungen beschert und ihm nicht in den Rücken fällt, wie es in der Vergangenheit bei anderen der Fall war. Die Gruppe ihm treu ergebener Journalisten – darunter Falasca selbst und deren Ehemann Gianni Valente – schlägt ihm Paolo Ruffini aus Palermo vor, der vierzig Jahre Erfahrung als Journalist vorweisen kann. Er war bereits Chefredakteur von *Tv2000,* dem Fernsehen der italienischen Bischofskonferenz, und vorher noch von *Rai 3* und *La7*, mit Erfahrungen im Printbereich, beim *Messaggero,* und er ist außerdem Großneffe von Kardinal Ernesto Ruffini, des ehemaligen Erzbischofs von Palermo. Er soll als erster Laie ein wichtiges Gremium des Heiligen Stuhls leiten.

Ruffini, der auch mit seinem Kollegen Andrea Tornielli in engem Kontakt steht, hat den Papst bereits mehrfach getroffen und ihn zusammen mit Lucio Brunelli, dem ehemaligen Nachrichtendirektor von *Tv2000*, für das Fernsehen der Bischöfe interviewt. Franziskus erinnert sich an ihn, er hat positive Rückmeldungen von seinen Kontakten innerhalb der Bischofskonferenz erhalten, und lädt ihn deshalb nach Santa Marta ein, um ihn besser kennenzulernen. Während des ersten einer Reihe von Treffen erklärt ihm Franziskus, dass die Reform abgeschlossen werden muss und alles zu tun ist, um auch den *Osservatore Romano* auf Kurs zu bringen. Zu einem neuen Fall Viganò darf es einfach nicht kommen. Bei der Wahl seiner Mitarbeiter lässt der Papst ihm freie Hand. Ruffini akzeptiert, ohne mit der Wimper zu zucken. Am 5. Juli 2018 wird die Ernennung vom Presseamt mit dem üblichen Mittagsbulletin bekannt gegeben.

Der neue Präfekt beginnt, seine Mannschaft zusammenzustellen, er nimmt keine Rücksichten, studiert alle von Prälat Viganò auf dem Schreibtisch hinterlassenen Dossiers, insbesondere jenes zur Tageszeitung des Heiligen Stuhls, die weiterhin in ihrer klassischen Version an den Kiosken erscheint. Er trifft deren Leiter Vian und besucht die Redaktion, wobei er alle Journalisten einzeln begrüßt. Er tut dasselbe mit dem Radio und den anderen Medien im Universum des Vatikans. Er trifft sich auch mit der von seinem Vorgänger gewählten Leitung des Presseamts, Direktor Burke und der stellvertretenden Direktorin Paloma García Ovejero. Er stellt sofort klar, wer das Sagen hat: Anlässlich der Oktobersynode der Bischöfe, die den jungen Menschen gewidmet ist, führt Ruffini die täglichen Briefings mit den Journalisten selbst durch, während diese Aufgabe bis dahin ausschließlich vom Direktor des Presseamts wahrgenommen wurde. Damit entstehen erste Reibungen zwischen der Leitung des vatikanischen Gremiums und dem Präfekten, der seinen eigenen Weg geht und dabei auf den Rückhalt des Papstes zählt.

Gleichzeitig denkt Ruffini über einen Wechsel an der Spitze des *Osservatore Romano* nach: Er ist überzeugt, dass sich die Veränderungen ohne Vian viel einfacher durchsetzen lassen. Schließlich ist der Chefredakteur, der die Tageszeitung in ihrer traditionellen Form eifersüchtig hütet, Ausdruck der alten Garde und des vorherigen Pontifikats. Aber da Bertone nun im Ruhestand ist und Becciu als Kardinalpräfekt in die Kongregation für die Heiligsprechungen versetzt wurde, sind die Voraussetzungen für einen Wechsel an der Spitze gegeben.

Und tatsächlich wird am 18. Dezember 2018 plötzlich die Ablösung verkündet. Der Historiker des Christentums und seine engsten Mitarbeiter sind davon überrascht: Vian stellt fest, dass die Entscheidung, ihn seines Postens zu entheben, erst am Abend zuvor, am 17. Dezember, bei einer Besprechung Ruffinis mit Franziskus gefallen ist, der gerade seinen 82. Geburtstag begeht. Ruffini teilt Vian die Neuigkeit nur kurz mit. An seiner Stelle ernennt der Papst Andrea Monda, der Pater Antonio Spadaro nahesteht und seit der Zeit bei *Tv2000* mit Ruffini befreundet ist. Die Nachricht löst in der Redaktion eine Revolte aus: Der neue Leiter habe keine große journalistische Erfahrung, heißt es, und deshalb wird ihm sofort vorgeworfen, für eine so prestigeträchtige Rolle nicht kompetent genug zu sein. Die Getreuen Vians, darunter auch die Professorin Lucetta Scaraffia, die bereits Koordinatorin der Frauenbeilage des *Osservatore Romano* war, versammeln sich und ziehen eine markante Protestgeste gegen die Entscheidung des Papstes in Erwägung. Am Ende sehen sie jedoch davon ab und warten, wie sich die Dinge entwickeln werden.

Am selben Tag erhält ein anderer, Franziskus sehr nahestehender Journalist dank seines Freundes Ruffini ebenfalls einen maßgeschneiderten Posten: Es handelt sich um Andrea Tornielli, einen der unermüdlichsten Verteidiger des Pontifikats von Franziskus. Tornielli hatte den Papst kennengelernt, als dieser noch Erzbischof von Buenos Aires war, und wird nun dank Gianni Valente und Stefania Falasca zum redaktionellen Leiter des Dikasteriums für Kommunikation ernannt. Er übernimmt damit die strategische Aufgabe, alle

Medien des Heiligen Stuhls zu beaufsichtigen, von der Tageszeitung bis zum Nachrichtenportal *Vatican News*, dessen Koordinator er im Grunde wird. Der Journalist hat eine Leidenschaft für Zaubertricks, weshalb er den sympathischen Spitznamen »der Magier des Vatikans« erhalten hat. Er trifft sich häufig mit dem Papst, informiert ihn über alles, erklärt ihm die Mechanismen der Kommunikation, warnt ihn vor möglichen Risiken und im Hinterhalt lauernden Fallen.

Die Ankunft der beiden Journalisten Monda und Tornielli hat jedoch nicht die erhoffte Wirkung: Auch wenn die beiden Ernennungen einerseits den Fortgang der Reform begünstigen, so verschärfen sie andererseits den Konflikt innerhalb der vatikanischen Medien noch weiter. Die Kluft zwischen Ruffini und dem Presseamt des Vatikans lässt sich seit der Ernennung von Tornielli in der Tat nicht mehr kitten. Direktor Burke, ein Numerarier des Opus Dei, hält es seit Monaten kaum noch aus: Im Staatssekretariat hat er jegliche Unterstützung verloren, und sein Traum, zum neuen Joaquín Navarro-Valls, dem langjährigen Sprecher von Johannes Paul II. zu werden, ist bald dahin. Der amerikanische Journalist fühlt sich von den Neuankömmlingen in die Ecke gedrängt und bittet den Papst daher um ein vertrauliches Gespräch. Franziskus geht darauf ein, Präfekt Ruffini soll nichts davon erfahren. Burke schüttet dem Papst seine Seele aus. Mit feuchten Augen spricht er über seine Enttäuschung und darüber, wie sich seit Viganòs Rücktritt alles verändert hat. »In dieser Übergangsphase ist es besser, wenn ich abtrete, damit man unbefangen eine neue Mannschaft zusammenstellen kann«, schließt er betrübt. Burke legt daraufhin ein Rücktrittsschreiben vor, in dem er darum bittet, die Leitung des Presseamts zum 1. Januar 2019 abzugeben. Seine Stellvertreterin, Paloma García Ovejero, tut es ihm gleich.

Die Nachricht schlägt zum Jahresende ein. Am 31. Dezember 2018 bricht innerhalb der vatikanischen Mauern Panik aus, als ob eine Bombe hochgegangen wäre. Noch nie hatte jemand so viel gewagt: wegen Unvereinbarkeit mit den Vorgesetzten kollektiv zurückzutreten und den Papst direkt darüber zu informieren.[14] Kurz, ein echtes Erdbeben. Aber genau genommen nur die erste, schwache Erschütterung eines viel stärkeren Bebens, das auch die anderen vatikanischen Medien einbeziehen wird. Und ganz besonders, immer noch im Zentrum der Szene, den *Osservatore Romano*.

Die Sorgen des neuen Chefredakteurs: ein bekennender, schuldiger Priester schreibt in der Zeitung

Die Beziehungen zwischen Andrea Monda und der Redaktion der Zeitung des Heiligen Stuhls werden immer gespannter. Die Atmosphäre ist seit dem Amtsantritt des neuen Leiters im Büro, das über ein Jahrzehnt lang Giovanni Maria Vian innehatte, gereizt. Dutzende von vertraulichen Mitteilungen und Briefen landen auf dem Schreibtisch des Papstes in dem kleinen Salon in Santa Marta. Die Journalisten des *Osservatore*, die sich bewusst sind, dass Ruffini und Spadaro gemeinsam Monda für den Posten des Chefredakteurs vorgeschlagen haben, bitten den Papst um Hilfe und äußern ihren Missmut: sie möchten bereits nach einem Monat einen Richtungswechsel. Die Chronisten beklagen einen Abfall der Qualität des »Produkts«, sie bewahren Fotokopien von Ausgaben der Zeitung voller grobschlächtiger Fehler auf (und reichen sie im Vatikan herum): am 2. Februar 2019 erscheint zum Beispiel auf der Titelseite ein Artikel, in dem die historische Enzyklika *Pacem in Terris* von Johannes XXIII. zur »*Pacem in Terris* von Johannes Paul II« wird. Ein demütigender Vorgang für all jene, die seit Jahrzehnten für die Tageszeitung arbeiten.

In der Zwischenzeit ergibt sich für Monda, der damit beschäftigt ist, sich außerhalb des Vatikans mit der Teilnahme an Empfängen und durch Interviews im Fernsehen bekannt zu machen, eine neue Schererei, diesmal mit der kleinen Redaktion der Frauenbeilage *Donne, Chiesa, Mondo*, die von der Vian treu ergebenen Lucetta Scaraffia herausgegeben wird. Die gesamte Arbeitsgruppe, die aus elf Frauen besteht, tritt am 26. März 2019 nach sieben Jahren plötzlich en bloc zurück, aus Protest gegen den Chefredakteur, dem man vorwirft, ihre Arbeit zu delegitimieren und zu missachten, den Fall des sexuellen Missbrauchs von Ordensfrauen »totschweigen« und der Redaktion eine »direkte männliche Kontrolle« aufzwingen zu wollen.

Da sie wissen, wie sehr der Papst für die Frauenthematik empfänglich ist, schicken die Journalistinnen ihm einen Brief, um ihn über alles zu informieren. Franziskus erhält den Brief und gerät in Wut: einige Tage zuvor hatte er Monda bereits angerufen und für den Leitartikel getadelt, der anlässlich des sechsten Jahrestages seines Pontifikats am 13. März erschienen war. Jetzt, zwei Wochen später, hält er den Brief der Redakteurinnen in den Händen, die gemeinsam aus Protest gegen ihren Chefredakteur zurücktreten. Ein schwer zu handhabendes heißes Eisen, wenn man bedenkt, dass in Santa Marta jeder von der engen Freundschaft zwischen Lucetta Scaraffia und dem emeritierten Chefredakteur Vian weiß. Auch aus diesem Grund beschließt Franziskus, nicht direkt einzugreifen: Er weiß sehr wohl, dass jemand den Rücktritt, der die Aufmerksamkeit der Medien in der ganzen Welt auf sich gezogen hat, ausnutzen kann, um den Fall gegen Monda zu instrumentalisieren und so die Ablösung von Vian zu rächen und einen weiteren Angriff auf sein Pontifikat zu entfesseln.

Der amtierende Direktor versucht inzwischen, die Angelegenheit zu klären. Er spricht sich mit seinem direkten Vorgesetzten Tornielli ab und vereinbart eine Verteidigungslinie. Dann bringt er eine Erklärung in Umlauf, in der er angibt, er habe der Redaktion

> die gleiche vollkommene Eigenständigkeit und dieselbe völlige Freiheit zugesichert, die die monatliche Beilage seit ihrem Erscheinen kennzeichnen, wobei ich mich in keiner Weise in die Herstellung der monatliche Beilage der Zeitung einmische und mich darauf beschränken werde, meinen gebührenden Beitrag (durch Vorschläge zu Themen und Personen, die einbezogen werden könnten) zu leisten, die Professorin Scaraffia und die Redaktion der Beilage dann frei bewerten können.

Unterdessen sucht man im Dikasterium für Kommunikation nach einer Strategie, um den Imageschaden zu verringern. Der Vatikan von Papst Franziskus darf nicht als Ort erscheinen, an dem Frauen, schon gar als Herausgeberinnen einer Zeitung, nicht die volle Freiheit genießen: Es würde bedeuten, die Worte des Papstes, der seit Jahren für den Schutz von Frauenrechten, insbesondere am Arbeitsplatz, eintritt, zu konterkarieren. Es braucht jetzt einfach eine schnelle und schmerzlose Antwort. So verbreitet das Presseamt am 30. April eine Pressemitteilung, in der den Lesern versichert wird, dass die Beilage *Donne, Chiesa, Mondo* im Monat Mai ordnungsgemäß erscheinen wird. Es werde eine neue, aus zehn Frauen bestehende Arbeitsgruppe gebildet, die von der Journalistin Rita Pinci koordiniert werde, die früher Feministin gewesen sei und dem Präfekten Ruffini sehr nahe stehe, den sie seit der Zeit beim *Messaggero* kenne. Der Fall ist damit endgültig erledigt, aber für Monda hören die Scherereien damit noch nicht auf.

Am 21. Juni 2019 wird im Staatssekretariat offiziell und lauthals die Absetzung des Chefredakteurs gefordert. Diesmal geht es nicht um Frauen, sondern um Pädophilie: Der *Osservatore Romano* hat nämlich im Mai in Form eines Interviews des Chefredakteurs und im Juni in Form eines Leitartikels zwei Beiträge von Giacomo Ruggeri gebracht, der als Priester vorgestellt wurde, der sich mit sozialen Netzwerken auskennt.

Die Zeitung *La Verità* enthüllt aber, dass der Priester, der in der Zeitung des Papstes schreibt, im Jahr 2012 verhaftet und von der zivilen sowie von der kirchlichen Justiz verurteilt worden war wegen Belästigung eines dreizehnjährigen Mädchens am Strand. Tatsächlich: ein geständiger, schuldiger Priester schreibt in der Zeitung des Heiligen Stuhls.

Im Vatikan bricht das Chaos aus, Dutzende von Anrufen gehen beim Staatssekretariat ein, nicht zuletzt deshalb, weil der neue Substitut, Erzbischof Edgar Peña Parra, völlig übergangen worden war. Auch in Santa Marta klingeln die Telefone: Viele Redakteure bitten den Papst mittels einiger Kardinäle, sofort und direkt bei Monda zu intervenieren. Aber Franziskus zieht es vor, zu schweigen und die Entwicklung der Ereignisse abzuwarten. Noch am selben Nachmittag wird Monda von Tornielli strengstens gerügt. Angesichts der Proteste der inzwischen verzweifelten Redaktion gibt der

Chefredakteur der von Gian Marco Chiocci geleiteten Presseagentur *Adnkronos* ein Interview, in dem er sich öffentlich entschuldigt:

> Don Ruggeri ist weder eingestellt worden noch ist er ständiger Mitarbeiter unserer Zeitung. Ich entschuldige mich bei den Lesern, die Situation nicht angemessen berücksichtigt und ihre Sensibilität verletzt zu haben. Was den von Don Giacomo Ruggeri unterzeichneten Artikel betrifft, habe ich mir gedacht, ihn neben anderen Experten auch um einen einzelnen Beitrag zu den Themen der Rubrik »Ospedale da campo« zu bitten.

Scharmützel, Machtspiele, Auseinandersetzungen zwischen Seilschaften: Mittel und Tricks, um die dringend ersehnte Reform des *Osservatore Romano* aufzuschieben. Die Reform steckt fest. Franziskus und die Kardinäle der C6-Runde fragen ständig nach, erhalten aber keine beruhigende Auskunft. Die einzige wesentliche Neuigkeit während der Drucklegung dieses Buches betrifft den möglichen Umzug der Tageszeitung in kleinen Gruppen ab September 2019 vom angestammten Sitz innerhalb der Leoninischen Mauern zum Palazzo Pio außerhalb des Vatikans, wie es Prälat Viganò schon Jahre zuvor geplant hatte. Der Assessor und führende Mann der vatikanischen Medienreform, der seine Arbeit aus dem Schatten heraus fortsetzen sollte, ist inzwischen vom Radar des Dikasteriums verschwunden. Sein Erscheinen im Amt wird immer seltener, was vielleicht ein Zeichen dafür ist, dass die Reform inzwischen einen anderen, gewundeneren Weg eingeschlagen hat als den von Franziskus zu Beginn des Pontifikats vorgesehenen. Auf diese Weise bleiben die vielen (bezahlten!) Projekte zur Rationalisierung der Ressourcen und zur Zentralisierung der Redaktionen nur auf dem Papier bestehen. Und sie ergänzen Franziskus' Buch der unerfüllten Träume um weitere Seiten.

Kehren wir aber zur Torpedierungen Viganòs und den Botschaften von Prälat Gänswein zurück, denn im Sommer 2019 bieten zwei Episoden weitere wertvolle Einblicke in das Geschehen in den Räumen der Macht. In den Sommermonaten spitzt sich die Medienkampagne zur Gegenüberstellung von Ratzinger und Bergoglio wieder zu und erneut fällt auf Prälat Gänswein der Verdacht, er habe möglicherweise im Hintergrund die Strippen gezogen. Am 5. August wird im Internet (offensichtlich nach Genehmigung) ein Foto Benedikts XVI. in Begleitung des Theologen Livio Melina, der Professor für Moraltheologie und einer seiner ehemaligen Mitarbeiter an der Kongregation für die Glaubenslehre ist, veröffentlicht. Nichts Seltsames, wäre da nicht die Tatsache, dass Melina einige Tage vor der Aufnahme (die vom 1. August stammt) – nach der Erneuerung der Statuten des Päpstlichen Instituts Johannes Paul II. (dessen Kanzler Erzbischof Vincenzo Paglia ist) durch den Papst – darüber informiert wurde, dass seine Lehre, die Moraltheologie, gestrichen wurde. Sein Lehrstuhl wäre damit hinfällig, und er selbst nicht mehr an dem Institut tätig. Das Foto wird von der katholischen amerikanischen Agentur traditionalistischer Art *Ewtn* in Umlauf gebracht, die schreibt:»Benedikt XVI. wollte Professor Livio Melina in Privataudienz empfangen. Nach einem langen Gespräch über die jüngsten Ereignisse im Päpstlichen Institut Johannes Paul II. erteilte er seinen Segen, drückte seine persönliche Solidarität aus und sicherte seine Nähe im Gebet zu.« Im Wesentlichen suggeriert man also, Benedikt XVI. habe den älteren Mitarbeiter treffen wollen, um ihm seine Nähe und Zuneigung zu versichern, nachdem dieser aus der Universität entfernt worden war.

Der ehemalige Journalist von *Radio Vatikan* Luis Badilla Morales äußert auf seinem Blog *Il Sismografo* erhebliche Zweifel an dieser Darstellung.

»Diese medienwirksame Aktion gegen Papst Franziskus hat einen hochrangigen Strippenzieher oder Mitwisser im Hintergrund, und das ist es, was den Verdacht nahelegt, dass sich hinter dieser ›Nachricht‹ etwas anderes verbirgt [...]. Es ist seit Jahren bekannt, dass man für ein Treffen mit dem emeritierten Papst ein besonderes *Nihil obstat* benötigt und weitere, um die Nachricht von dem Treffen zu verbreiten und Fotos zu verschicken. Es ist ein bewährter, mehrfach benutzter Mechanismus, Joseph Ratzinger und Jorge Mario Bergoglio gegeneinander auszuspielen. Da möchte man feststellen: Kritik und Opposition gegen den Heiligen Vater sind legitim und gesund. Aber es ist weder legitim noch gesund, wenn sich ein Mitarbeiter des Papstes an einer solchen Aktion beteiligt.«[15]

Eine kaum verhohlene Anspielung auf die mögliche Rolle einer Person im Umfeld von Ratzinger, allen voran Gänswein. Ein paar Wochen später lenkt eine weitere Nachricht die Aufmerksamkeit erneut auf das Medien-Dossier: Zum neuen Vizekanzler der Päpstlichen Akademie der Wissenschaften mit Befugnis für die Kommunikation ernennt Franziskus Viganò. Die Akademie soll zu einem der schlagenden Herzen einer modernen Kirche werden, die nicht nur den Dialog des Glaubens beherrscht, sondern auch bei den neuen Horizonten der Wissenschaften mitreden kann, etwa bei der künstlichen Intelligenz. Die prestigeträchtige Nominierung Viganòs wird im Vatikan als Beweis dafür gelesen, dass Franziskus in Wirklichkeit genau weiß, wie es zum Rücktritt seines Hoffnungsträgers gekommen ist.

◇◇◇◇◇◇◇◇◇◇◇◇

1   Im päpstlichen Dokument heißt es hierzu: »Im Dikasterium [...] sollen in der vorgesehenen Zeit die folgenden Gremien zusammengeführt werden: der Päpstliche Rat für soziale Kommunikationsmittel; das Presseamt des Heiligen Stuhls; der Internetdienst des Heiligen Stuhls; Radio Vatikan; das Vatikanische Fernsehzentrum; L'Osservatore Romano; die Vatikanische Druckerei; der Fotografische Dienst; die Libreria editrice vaticana.«

2   Gianluigi Nuzzi, Alles muss ans Licht, Ecowin, Wals bei Salzburg 2015.

3   Bei diesem Treffen ergriff auch Prälat Lucio Ángel Vallejo Balda das Wort, der damals Sekretär der Präfektur war, und setzte noch eins drauf: »Beim Osservatore Romano arbeiten vierundachtzig Journalisten, aber nicht alle werden benötigt. Man könnte zumindest die Verträge ändern, stattdessen läuft alles passiv weiter wie in den Jahren zuvor.«

4   Giuseppe Rusconi, »Papa e comunicazione. Intervista a monsignor Dario Viganò«, Rossoporpora, 2. April 2016.

5 Papst Franziskus hatte sich mehrfach zur Reform der Medien und des Osservatore Romano geäußert. So hatte er am 4. Mai 2017 in seiner Rede vor der versammelten Mannschaft des Sekretariats für Kommunikation im Sala del Concistoro gewarnt: «Der Osservatore Romano, der im nächsten Jahr zum neuen Dikasterium gehören wird, muss einen neuen und anderen Weg finden, um eine größere Zahl von Lesern zu erreichen, als es mit der Druckausgabe möglich ist. In einigen Monaten werden auch die Vatikanische Verlagsbuchhandlung, die alte polyglotte vatikanische Druckerei und, wie ich schon sagte, L'Osservatore Romano Teil der großen Arbeitsgemeinschaft des neuen Dikasteriums werden, und dies erfordert die Bereitschaft, sich auf die neuen Produktions- und Vertriebspläne einzulassen. Das bedeutet eine große Anstrengung; eine große Herausforderung, aber die kann man leisten, die muss man leisten.«

6 Gian Guido Vecchi, »Mons. Viganò: Social, tv, giornale e radio: cosi cambiano i media vaticani«, Corriere della Sera, 12. Dezember 2017.

7 Sandro Magister, »Il doppio ›stolto pregiudizio‹. Il testo integrale della lettera di Benedetto XVI«, Settimo Cielo, 13. März 2018.

8 Magister erzählt davon in einer E-Mail, die er seinem Kollegen Marco Tosatti geschickt und die dieser in seinem Blog veröffentlicht hat. Magister schreibt: »Ich habe versucht herauszufinden, ob der Brief irgendwo vollinhaltlich veröffentlicht wurde. Vergeblich. Darauf habe ich mir gesagt: Jetzt ist genug! Ich habe mir die Videoaufzeichnung von Viganòs Auftritt besorgt und habe anhand seines Vortrags den vollständigen Text des Briefes transkribiert.« (Marco Tosatti, »Lo scandalo della lettera di Benedetto. Vaticano manipola, vaticanisti distratti (o complici)«, Stilum Curiae, 15. März 2018).

9 Nicole Winfield, »Vatican doctors photo of Benedict's praise for Francis«, Associated Press, 14. März 2018.

10 Sandro Magister, »Ancora sulla lettera di Benedetto XVI. C'è un altro paragrafo, in cui scrive [...]«, Settimo Cielo, 17. März 2018.

11 Viganò erklärte in seinem Antwortschreiben an Benedikt XVI. vom 17. Februar 2018, dass er die Planung des Projekts (und damit die Auswahl der Autoren) »Professor Repole, dem Präsidenten der Italienischen Theologischen Gesellschaft, übertragen habe. Dabei sollten Gelehrte aus verschiedenen Ländern einbezogen werden. Ich möchte glauben, dass hinter der Auswahl keinerlei polemische Absicht stand.« Der Brief ist unveröffentlicht und sein Inhalt wird hier offengelegt.

12 Brief von Prälat Viganò an Papst Franziskus, der am 21. März 2018 vom Presseamt des Heiligen Stuhls bekannt gemacht wurde.

13 Brief von Papst Franziskus an Prälat Viganò, der am 21. März 2018 vom Presseamt des Heiligen Stuhls bekannt gemacht wurde.

14 In seinem Dankesschreiben vom 31. Dezember 2018 an Burke und Ovejero betont Präfekt Paolo Ruffini, dass er nicht im Voraus über den Rücktritt informiert wurde und präzisiert: »Ich habe von der Entscheidung von Greg Burke und Paloma García Ovejero erfahren. Und von der Annahme ihres Rücktritts durch Papst Franziskus. In diesen wenigen Monaten der Zusammenarbeit habe ich ihre Professionalität, ihre Menschlichkeit und ihren Glauben schätzen gelernt. Ich danke ihnen daher für die Hingabe, mit der sie ihre Arbeit bisher geleistet haben. Angesichts ihrer eigenständigen und freien Entscheidung kann ich den getroffenen Entschluss nur respektieren.« Burkes Stelle wird sofort ad interim dem Journalisten Alessandro Gisotti und ab dem 22. Juli 2019 Matteo Bruni zugewiesen, der der Gemeinschaft Sant'Egidio nahesteht.

15 »La postilla della giornata. I ›soliti‹ ancora una volta tentano di contrapporre Benedetto XVI a papa Francesco. Sarà un altro fallimento«, Il Sismografo, 5. August 2019.

Die letzte Schatztruhe

Millionen Euro aus dem IOR nach China

Pater Antonio und zwei Mönche, die ihn bei seiner Arbeit unterstützten, wurden verhaftet. Sie wurden trotz der bitteren Kälte entkleidet und an einem Baum aufgehängt, wobei Daumen und Zehen hinter dem Rücken zusammengebunden wurden. Die Soldaten begannen, Gewehrsalven über ihre Köpfe zu feuern, um sie zu erschrecken und sie zu zwingen, die Existenz und das Versteck der anderen vermuteten Waffenbestände zu enthüllen. Es gab jedoch keine Waffen mehr, und schließlich verließen die Truppen […] Yang Jia Ping. Vor dem Abzug ließen die kommunistischen Behörden jedoch einigen ihrer Männer mit der Aufgabe zurück, die Mönche im Auge zu behalten. Wie Pater Stanislaus Jen, der Historiker der Gemeinschaft, schrieb, »waren die Mönche nun wie stumme Lämmer, die zur Schlachtbank geführt werden«.[1]

So beginnt der Abstieg in die Hölle der ersten Trappistengemeinschaft im Fernen Osten, im Kloster Yang Jia Ping im Apostolischen Vikariat von Peking. Bald darauf verloren nicht weniger als dreiunddreißig Mönche ihr Leben, unter Qualen, brutalen Misshandlungen und Demütigungen.

Diese Geschichte geht auf den Sommer 1947 zurück, also auf eine Zeit vor über siebzig Jahren. Die katholische Kirche in China hatte es schwer: über 1200 ihrer Mitglieder kamen ums Leben, als der Kommunismus versuchte, den Glauben an Christus auszulöschen.[2] Dieses Regime ist mit seiner Einheitspartei immer noch an der Macht. Es hat zwar die repressiven Tendenzen des Maoismus aufgegeben, ist aber weit davon entfernt, eine Religionsfreiheit wie im Westen zu gewähren. Die offizielle, von Peking anerkannte Kirche steht unter diskreter, aber kontinuierlicher Kontrolle. Der sogenannten Untergrund- oder Geheimkirche, die die größere Zahl von Katholiken in diesem weitläufigen Land versammelt, wird das Leben äußerst schwer gemacht. Diese Gemeinschaften entziehen sich der Kontrolle der Zentralgewalt, doch sobald sie entdeckt werden, sind sie Schikanen und Gewalt ausgesetzt, wenn auch auf weniger offensichtliche und auf subtilere Weise als in der Vergangenheit.[3]

Seit dem Abbruch der diplomatischen Beziehungen durch Mao Tse-tung im Jahr 1951 wechselten sich zwischen dem Vatikan und China Versuche des Dialogs mit Phasen frostigen Stillstands ab. In jüngeren Jahren unter Benedikt XVI. erwies sich der Weg der Diplomatie zunehmend als unwegsam, in vielen Fällen setzte sich die Linie der Unnachgiebigkeit gegenüber den Verfolgern durch.[4] Abgesehen von der inakzeptablen Verfolgung der katholischen Gemeinden stellte China für den deutschen Papst ein tiefgründigeres Problem dar, denn er sieht in der kommunistischen Lehre im Zusammenspiel mit Pekings Neokolonialismus eine Bedrohung für die Integrität der Weltkirche. Mit der Ausweitung des geopolitischen Einflusses Chinas befürchtete Benedikt XVI. die fortschreitende Verbreitung des Atheismus in der Welt. Deshalb löste jede Erstarkung dieses Landes bei ihm Unruhe aus.

Heute scheint ein radikal anderer Geist zu herrschen, zumindest dem Anschein nach. Mit Franziskus setzt sich der Weg des Dialogs und der Diplomatie langsam durch. Der Papst hat eine Linie des Zuhörens und des Austauschs vorgegeben. Er übertrug seinem ersten Mitarbeiter, Kardinalstaatssekretär Parolin, einem hervorragenden Diplomaten, die Gestaltung dieser sehr schwierigen Beziehung. Franziskus äußerte sich wie folgt zu diesem Thema:

> Für mich war China immer ein Maßstab für Größe. Es ist ein großes Land. Aber mehr als ein Land, eine große Kultur, mit unerschöpflicher Weisheit. Was immer ich als Junge über China gelesen habe, war dazu angelegt, meine Bewunderung zu wecken. Ich bewundere China. Später studierte ich das Leben von Matteo Ricci und sah, dass dieser Mann dasselbe fühlte wie ich: Bewunderung.[5]

Am 22. September 2018 kam es in einem Klima größerer Entspannung zur Unterzeichnung eines historischen Abkommens über die Ernennung von Bischöfen in China. Ein Pakt, der das »Ergebnis einer allmählichen und gegenseitigen Annäherung« ist, wie es im Kommuniqué des Heiligen Stuhls heißt. Bis zu diesem Zeitpunkt stand die offizielle Wahl der Bischöfe des Landes ausschließlich der kommunistischen Zentralregierung zu, während die vom Heiligen Stuhl angegebenen Namen nicht anerkannt wurden. Wie es in dem Kommuniqué in einem etwas überschwänglichem Ton weiter heißt, beginnt mit dem neuen Abkommen »eine breitere Zusammenarbeit auf bilateraler Ebene«, um das »Leben der katholischen Kirche in China, das Wohl des chinesischen Volkes und den Frieden in der Welt« zu fördern, auch wenn das Abkommen noch nicht endgültig ist, da, wie es im Dokument heißt, »regelmäßige Bewertungen über die Umsetzung vorgesehen« sind.

So gab sich im Januar 2019 Peter Jin Lugang, Co-Adjutor-Bischof des bis dahin »heimlichen« Bistums Nanyang zu erkennen und feierte zusammen mit drei weiteren Bischöfen vor dreihundertfünfzig eifrigen Katholiken, Priestern, Ordensleuten und Laien eine Messe. Ein wichtiges und konkretes Zeichen für die erwartete öffentliche Anerkennung seines Bischofstitels auch durch die Regierung in Peking.[6]

Erste Schritte auf dem Weg der Entspannung also, aber der Prozess gerät auch immer wieder ins Stocken. Etwa anlässlich des offiziellen Besuchs des chinesischen Präsidenten in Italien im März 2019. Dabei kam Xi Jinping in die italienische Hauptstadt, aber im Gegensatz zu Putin, Trump und den anderen Großen der Welt traf er sich nicht mit dem Heiligen Vater.

In diesem Zusammenhang wäre es interessant zu betrachten, welche Finanzmittel der Heilige Stuhl der Untergrundkirche in China im Verborgenen hat zukommen lassen. Dabei wird man sich auf die Erfahrungen gestützt haben, die man während des Kalten Krieges mit Hilfe der USA über den Erzbischof von New York, Francis Joseph Spellman, gesammelt hatte. Denn es steht außer Frage, dass der Vatikan in der zweiten Hälfte des zwanzigsten Jahrhunderts, insbesondere in den Jahren des Pontifikats von Johannes Paul II., der katholischen Dissidentenbewegung in den Ländern des ehemaligen Warschauer Paktes geholfen hat, allen voran Lech Walesas Bewegung Solidarność. Der wichtigste finanzielle Übermittler dieser beträchtlichen Hilfen war das Netzwerk des IOR, der Skandalbank in den Jahren von Marcinkus, Calvi und Sindona, die im Turm Nikolaus V. mit Blick auf den Petersplatz ihren Sitz hat.[7]

Da stellt sich die Frage, ob der Vatikan den chinesischen Katholiken auch in jüngerer Zeit in ähnlicher Weise geholfen hat, die als unschuldige Glaubenskämpfer unter der Knute des Regimes stehen. Und wenn er dies getan hat, wäre es wiederum interessant zu fragen, welche Finanzkorridore genutzt wurden, da nach den Anschlägen auf die Twin Towers im Jahr 2001 die Überwachung von Banktransaktionen immer strenger wurde. Solche Operationen finden weitab von neugierigen Blicken statt, weshalb es sehr schwierig ist, hierzu sichere Erkenntnisse zu erlangen.

Im Laufe der Jahre gab es Gerüchte, die die Aufmerksamkeit zunächst auf den Bankier Gianpiero Fiorani lenkten, einen Freund des damaligen Gouverneurs der Banca d'Italia, des sehr katholischen Antonio Fazio: Die von ihm geleitete Banca Popolare di Lodi hatte das Zeug, zum befreundeten, vertrauten und für bestimmte heikle Operationen empfänglichen Kreditinstitut zu werden, wie es bei Calvis Banco Ambrosiano der Fall gewesen war. Zumindest bis zum Absturz Fioranis, der Mitte des letzten Jahrzehnts von Skandalen überrollt wurde. Doch es kam nie zu mehr als einzelnen wenn auch beträchtlichen Transaktionen zwischen dem Kleinstaat und dem lombardischen Bankier.[8] Die Aufmerksamkeit richtete sich auch auf die Aktivitäten der unauffälligen Privatbank Finnat der Familie Nattino, die offiziell ins Fadenkreuz geriet, weil sie unzulässige Finanzkanäle des Vatikans benutzt hatte. Auch in diesem Fall gab es hinsichtlich ausländischer Finanzierungen viele Gerüchte, aber keinen konkreten Beleg.

Mit diesem Buch ist es dank unveröffentlichter und vertraulicher Dokumente möglich, einige der Girokonten aufzulisten, die mit Sicherheit für diese Transaktionen mit dem Ausland, insbesondere mit China, verwendet wurden. Dies ergibt sich aus der Buchführung beim IOR von Propaganda Fide, der Kongregation für die Evangelisierung der Völker, die sich seit 1622 mit der weltweiten Missionierung befasst und immer nur sehr ungern bereit war, Aufschluss über die eigene Finanztätigkeit zu geben. Propaganda Fide ist im Machtgefüge der Weltkirche eine Struktur von großer Bedeutung, was so weit geht, dass ihr *Dominus* den Spitznamen »der Rote Papst« trägt. Seit Beginn seines Pontifikats hat Franziskus diese Festung in keiner Weise behelligt, hat ihr weitgehende Autonomie zugestanden und sich auf den von Bertone eingesetzten Leiter verlassen. Seit 2011 steht der einflussreiche Kardinal Fernando Filoni an der Spitze von Propaganda Fide, der von Ratzinger auf ausdrückliche Empfehlung des damaligen mächtigen Kardinalstaatssekretärs ernannt wurde. Bertone zog ihn dem Kardinal Giuseppe Bertello vor, obwohl er diesem die Ernennung bereits zugesichert hatte, und schlug ihn Benedikt XVI. zur Ernennung zum Kardinal vor. In der Rolle des Roten Papstes zählt Filoni in jüngster Zeit zu den langjährigsten Amtsinhabern nach Kardinal Jozef Tomko.

Propaganda Fide verfügt über eine strukturierte Beziehung zum IOR, die neunzehn Girokonten und einundzwanzig Portfolios für die Verwaltung von Wertpapieren umfasst, die im Tresor der Bank hinterlegt sind. Unter allen Konten der Propaganda Fide ist jenes mit der Nr. 25621022 das bestbestückte – mit nicht weniger als 7 Millionen und 120.000 Dollar – und es trägt einen besonderen und aufschlussreichen Namen, Fondo Cina: eine Menge Geld, die für die Evangelisierung in diesem Land zur Verfügung steht. Und es ist keineswegs das einzige Depot. Gelder für China sind in einem ganzen Geflecht von Konten angelegt. Mit derselben Bezeichnung, aber in unterschiedlichen Währungen: Das Saldo des Kontos Nr. 25621005 (39.612,51 Pfund) und Nr. 25621024 (91.312 Euro) ist belegt.[9] Um den chinesischen Katholiken zu helfen, braucht es offenkundig auch Tätigkeiten in Europa und in Ländern, die die britische Währung akzeptieren. Doch damit nicht genug. Zusätzlich zu den drei Konten mit der Bezeichnung *Fondo Cina* gibt es noch ein weiteres mit dem Namen Propag Fide-China mit einem Guthaben von über 72.000 Dollar.

Von den neunzehn Depots von Propaganda Fide beim IOR dienen allein vier der Evangelisierung des fernöstlichen Landes. Eine bedeutsame Ausnahme: Keines der anderen ist auf einen einzelnen Staat ausgerichtet. Da stellt sich die Frage, ob dieses Geld nur für zukünftige Operationen vorgesehen ist oder ob es zur Unterstützung der dreiunddreißig Millionen Katholiken dient, die in diesem Land ihren Glauben verteidigen und als Minderheit in dem riesigen Staat leben, der sich den Atheismus auf die Fahnen geschrieben hat.

Das Geld geht nicht an die Missionare, sondern an die Börse

Aber sehen wir uns die anderen Schätze von Propaganda Fide an, die das IOR hütet. Die Kontenaufstellung zeigt drei Konten mit gleichem Namen, Propaganda Fide. Es handelt sich um Positionen in unterschiedlichen Währungen, in Dollar, Schweizer Franken und Euro: Letztere hat einen Saldo von 5.569.940. Drei weitere Depots in Euro, Dollar und Pfund Sterling tragen dieselbe Bezeichnung *Ecclesiae Sanctae*, während das Konto f/Card. Prefetto vielleicht auf Gelder, die dem Präfekten Filoni zur Verfügung stehen, verweisen: mit einem Saldo von 510.000 Dollar.

 **IOR** *Istituto per le Opere di Religione*

Città del Vaticano, 28 gennaio 2015

Prot 15 at

Spett.le
Prefettura degli Affari
Economici della Santa Sede
Largo del Colonnato, 3
00120 Città del Vaticano

Con riferimento alla lettera dell'8.1.15 prot. nr. 164/2015/A, ricevuta dalla Congregazione per l'Evangelizzazione dei Popoli, vi comunichiamo quanto segue circa le posizioni aperte presso di noi e ad essa riferite:

1) **Conti in essere al 31 dicembre 2014**:

Fondo	Divisa	Denominazione	Saldo al 31/12/14	Tasso di Credito	Tasso di Debito	Interessi Maturati al 31/12/14
25621004	USD	Propaganda Fide	672.872,23+	0,25	3,25	1.763,35+
25621005	GBP	Fondo Cina	39.612,51+	0,50	4,25	92,96+
25621008	CHF	Propaganda Fide	5.283,72+	0,0000001	3	0,00
25621011	EUR	Propaganda Fide	5.569.940,89+	0,25	3,25	7.740,83+
25621013	EUR	Ecclasiae Sanctae	473.551,53+	0,25	3,25	624,47+
25621014	USD	f/Card.Prefetto	510.925,60+	0,25	3,25	643,86+
25621016	EUR	f/Pont.Coll.P.Afris	213.736,73+	0,25	3,25	317,74+
25621019	USD	Ecclesiae Sanctae	527.106,62+	0,25	3,25	1.322,00+
25621020	USD	Fond.Drappier	26.282,01+	0,05	3,25	7,36+
25621022	USD	Fondo Cina	7.120.740,47+	0,25	3,25	14.131,55+
25621024	EUR	Fondo Cina	91.312,81+	0,25	3,25	562,91+
25621027	USD	Coll.Epifania-Afris	1.497.636,43+	0,25	3,25	2.751,05+
25621028	USD	c/S.S.Messe	1.119.963,18+	0,25	3,25	1.454,61+
25621032	GBP	Ecclesiae Sanctae	679.103,27+	0,50	4,25	1.977,03+
25621038	USD	Propag.Fide-Cina	72.172,34+	0,25	3,25	708,26+

Istituto per le Opere di Religione • Cortile Sisto V • 00120 Vatican City • Vatican City State
Lo IOR ricade nella sfera di competenza dell'Autorità di Informazione Finanziaria (AIF).

Liste der Konten und Wertpapierdepots von Propaganda Fide beim IOR.

$$IOR \lessgtr \quad \begin{array}{l} \textit{Istituto per} \\ \textit{le Opere} \\ \textit{di Religione} \end{array}$$

25621041*	EUR	conto vincolato	5.800.000+(*)			
25621043	EUR	Fondo transitorio	617.078,28+	0,25	3,25	604,98+
25621045	EUR	Museo Fide-Pos/Visa	34.416,97+	0,25	3,25	46,73+
25621046	EUR	Residenza J.H.Newman	529.575,87+	0,25	3,25	593,55+

2) **Titoli e valori dell'amministrazione depositati a custodia o in amministrazione:**

Dettaglio Portafogli e Gestioni		
Portafoglio/Gestione	Divisa	Valore
61853 P	EUR	9.728.492,58+
61855 P	USD	18.937.888,39+
61856 P	USD	1.768.955,74+
66087 P	USD	1.217.962,49+
66224 P	USD	507.008,75+
66360 P	EUR	515.563,42+
67484 G	USD	10.593.695,76+
68630 G	EUR	4.873.913,34+
69759 G	EUR	3.762.108,03+
69760 G	EUR	3.817.624,58+
69761 G	USD	5.707.960,04+
69762 G	USD	4.004.945,92+
69763 G	EUR	3.594.954,94+
69764 G	EUR	722.250,89+
69765 G	USD	813.050,32+
69766 G	USD	154.666,35+
69767 G	USD	5.931.890,57+
69768 G	USD	854.940,65+
75308 G	EUR	31.690.393,05+
76072 G	EUR	1.569.140,28+
80233 G	GBP	3.326.326,74+

ISTITUTO PER LE OPERE DI RELIGIONE

Istituto per le Opere di Religione • Cortile Sisto V • 00120 Vatican City • Vatican City State
Lo IOR ricade nella sfera di competenza dell'Autorità di Informazione Finanziaria (AIF).

Ein Teil des Schatzes von Propaganda Fide ist hingegen in Wertpapieren angelegt, die eine besondere Neigung der Kongregation zu Investitionen an der Börse offenbaren. Am IOR gibt es Dutzende von Portfolios in Wertpapieren und Anleihen, deren Wert sowohl in Dollar (50,4 Millionen) als auch in Euro (60,2 Millionen) angegeben wird. Dies löst Befremden und wiederum eine Reihe von Fragen aus: Ist es normal, dass eine Kongregation mit Aktien, Wertpapieren und Währungen spekuliert, um Geld zu verdienen, und dabei ihr eigenes Kapital den unvorhersehbaren Schwankungen der Märkte aussetzt? Steht ein solches Verhalten im Einklang mit den Aussagen des Papstes, wonach eine Kirche arm sein muss, um glaubwürdig zu sein? Nochmals: Warum lässt man nicht nur geringe Beträge auf den Depots und schüttet stattdessen zig Millionen zugunsten der engagiertesten und bedürftigsten Missionare aus? Wie werden diese Portfolios verwaltet: Sind es ethische Investitionen, bei denen die finanziellen Entscheidungen präzisen moralischen Vorgaben folgen? Oder kommt eine eher spekulative Haltung zum Zug? Und schließlich: Welche anderen Rücklagen hat Propaganda Fide bei anderen ausländischen Banken? Die Antwort auf diese Fragen kommt, als die vom Papst ausgewählten Analysten feststellen, dass »derzeit keinerlei Filter in systematischer und formeller Weise angewandt wird, weder im Sinne der Nachhaltigkeit (Rücksicht auf die Umwelt und das soziale Umfeld) noch in dem der Ethik (Ausschluss gewisser Branchen). [...] Die derzeitige Managementphilosophie zieht weder das entscheidende Thema der Nachhaltigkeit ausdrücklich in Betracht, noch scheint sie soziale oder Umweltfaktoren sonderlich zu berücksichtigen«.[10] Das heißt, fürs Geld, den Kot des Teufels, ist alles recht.

Dank meinem Buch *Alles muss ans Licht* und zahlreichen weiteren Veröffentlichungen ist von den Kontrollen, die Franziskus in den ersten drei Jahren seines Pontifikats angeordnet hat, sowie von den Aktivitäten der verschiedenen vom Heiligen Vater geschaffenen Einrichtungen vieles bekannt: vom Wirtschaftssekretariat Kardinal Pells über die AIF bis hin zum Amt des Generalrevisors. Über die von der eigens zur Prüfung des Geschäftsgebarens und der Konten des IOR am 26. Juni 2013 eingesetzte Kommission, die monatelang ihrer Arbeit nachging und sich dabei dem Scheinwerferlicht der Medien entzog, weiß man hingegen nichts.

Die Geschichte der Päpstlichen Kommission, die über das Institut für religiöse Werke berichten sollte, ist recht umstritten. Kaum war sie eingerichtet, kamen hinter den Mauern des Vatikans Zweifel und Fragen über die tatsächlichen Möglichkeiten des Gremiums auf. Denn seine Leitung war dem Machtblock zuzuordnen, der das Konklave als Verlierer verlassen hatte. Dies betraf erstens den Präsidenten der Kommission, Kardinal Raffaele Farina, Jahrgang 1933, ein Salesianer aus dem Umfeld Bertones; zweitens einen der Berater, den Assessor für allgemeine Angelegenheiten des Staatssekretariats, Bischof Peter Bryan Wells, einen Ziehsohn Bertones; und drittens einen der strategischen Berater, den italienisch-amerikanischen Anwalt Jeffrey Lena, der seit 2000 verschiedene Rechtsangelegenheiten für den Heiligen Stuhl betreut und Wells sehr nahe steht.[11]

Erst wenige Jahre zuvor, im Winter 2011, waren Bertone, Wells und Lena am IOR die Protagonisten eines harten Kampfes mit katastrophalen Auswirkungen gewesen. Die drei bildeten die getarnte Front, die sich den neuen Geldwäschebestimmungen entgegenstellte, die der damalige Präsident des IOR, Ettore Gotti Tedeschi, einführen wollte. Gotti Tedeschi handelte auf Geheiß von Benedikt XVI., um den Forderungen internationaler Gremien, allen voran Moneyval, nach Transparenz zu entsprechen. Bekanntlich wurde er in seiner Arbeit behindert und er selbst wurde angeschwärzt, musste schließlich sogar seinen Platz räumen. Jeffrey Lena war an dieser Aktion beteiligt, zumindest wenn man dem Bericht des Anwalts Francesco De Pasquale Glauben schenken kann, dem ersten Direktor der Anti-Geldwäsche-Behörde[12]. Ein weiterer, der dem italienisch-amerikanischen Anwalt sehr nahe stand, hatte sich damals an der Front gegen Gotti Tedeschi beteiligt: Kardinal Ettore Balestrero, der – wie der Zufall so will – durch Ermittlungen wegen Geldwäsche zu Fall kam, wie an anderer Stelle bereits berichtet.

Ganz anders gestrickt ist ein weiterer Berater der Berichtskommission zum IOR, der Steuerberater, Finanzanalyst und Wirtschaftsprüfer Mario Clapis, der an der Università Cattolica in Mailand einen Abschluss in Wirtschafts- und Bankwissenschaften gemacht hat. Clapis hatte nach dem Amtsantritt von Franziskus selbst an den Vatikan geschrieben und sich für die Kandidatur empfohlen. Von 1991 bis 1998 war er – unter der Präsidentschaft von Caloia, dessen Vorgänger Marcinkus enge Kontakte zur »katholischen Finanz« der Lombardei unterhalten hatte – eine wichtige Führungskraft des Instituts gewesen. In jenen Jahren unterstützte Clapis Caloia bei der Suche nach den Schmiergeldern der Enimont-Affäre, dem größten jemals in Italien aufgeflogenen Schmiergeldskandal, hinderte die Ermittlungsrichter von Mani Pulite aber daran, diese in der Geldwaschmaschine der Vatikanbank zu finden. 1993 entdeckte er als Leiter der Wertpapierabteilung, dass das beim IOR gewaschene Geld nicht »nur« bis 40 Milliarden alte Lire betrug, wie die Mailänder Richter glaubten und der Vatikan angenommen hatte, sondern mindestens 63. Der Beamte meldete die Daten an Caloia. Dieser besprach sich mit dem damaligen Kardinalstaatssekretär Angelo Sodano. Dann legte sich ein Schleier der Verschwiegenheit über die Sache.

Einige Monate später, im Januar 1994, wurde Clapis zum Leiter des Einheitlichen Kassenamtes befördert als »Verantwortlicher für die Überprüfung der Quellen und der Nutzung der Liquidität des Instituts«, wie es in der Gründungsurkunde vom 17. Dezember 1993 heißt.[13] 1998 verließ der Wirtschaftsprüfer das IOR. Gerade ihn als Berater für die neue Berichtskommission zu wählen, bedeutet, auf einen Fachmann zu setzen, der sich auch in den Schattenbereichen der Bank zu bewegen weiß. Man hatte auch an die Möglichkeit gedacht, Gotti Tedeschi in die Mannschaft aufzunehmen, kam dann jedoch davon ab. Aber immerhin ließ der ehemalige Präsident des IOR dem Papst Notizen über die Aktivitäten des Instituts zukommen. Er hob darin historische und konzeptionelle Fehler hervor, die in der letzten Zeit gemacht worden waren.[14]

1. Ablehnung der von externen Institutionen auferlegten Transparenz, wobei Vertraulichkeit mit Geheimhaltung verwechselt wird. Ignorieren der stattfindenden Veränderungen und deren Folgen.
2. Festhalten an der Kultur des Verfolgtseins und Ablehnung der sogenannten »Lateranverträge des XXI. Jahrh.« [das heißt der Geldwäschebestimmungen, A. d. A.].
3. Misstrauische Haltung gegenüber externen Kontrollen und deren Ablehnung, um eine hypothetische Unabhängigkeit zu gewährleisten. Externe Kontrollen an die beschlossene Subjektivität anpassen [an eigenständig und nicht nach den internationalen Vorgaben gefasste Beschlüsse, A. d. A.], und damit Verlust an Glaubwürdigkeit.
4. Die Ansicht, der »gute Zweck heilige schlechte Mittel«, etwa Lügen oder Täuschungen.
5. Die Gefolgschaft der Menschen höher einzuschätzen als die erforderlichen Fähigkeiten (insbesondere bei sehr technischen Tätigkeiten).
6. Aus Überzeugung an einer klerikalen Mentalität festzuhalten, die (aus Opportunitätsgründen) von externen Beratern unterstützt wird.

Diese Auflistung von Fehlern weckt das Interesse des Papstes, auch wenn er es strategisch vorzieht, immer nach vorne zu schauen und dabei alten Abrieb und Fehler hinter sich zu lassen: um möglichst integrierend zu wirken und keinen weiteren Unmut zu erzeugen.

Der streng geheime Bericht über das IOR

Am 10. Juli 2013 findet die konstituierende Sitzung dieser zusätzlichen Arbeitsgruppe statt, an der auch der Heilige Vater teilnimmt. Franziskus regt an, drei Szenarien in Betracht zu ziehen: »Ich bitte euch, zu überlegen, ob das IOR reformiert, geschrumpft oder neu aufgestellt werden sollte, oder ob es nicht angebracht wäre, sich eine völlig neue Struktur vorzustellen, und, drittens, ob es geschlossen werden sollte.« Die Kommission arbeitet unter großer Geheimhaltung achtzehn Monate lang und zählt auf die wertvolle Mitarbeit von Promontory. Dieselbe amerikanische Beratungsfirma, die, wie bereits gesehen, die Kunden der APSA einzeln durchgegangen war, sollte nun die über 18.000 Girokonten des IOR sichten.[15] Im Übrigen hatte sich Franziskus während der Sitzung vom 10. Juli zur Zukunft der Bank klar geäußert. Er hatte ausdrücklich darum gebeten, zu beurteilen, ob das IOR »reformiert, geschrumpft oder neu aufgestellt« werden sollte, oder ob es nicht angesagt sei, an eine »völlig neue« Einrichtung zu denken, und ob es nicht sogar geschlossen werden müsse. Angesichts dieser drei Hypothesen war zu entscheiden, welchen Weg man einschlagen sollte.

Von den Ergebnissen hat man jedoch nie etwas erfahren. Der Vatikan hat im Laufe der Zeit durchsickern lassen, dass 4823 Girokonten gekündigt wurden: Es ging dabei um Kunden mit Transaktionen, die mit der Identität des Instituts als unvereinbar betrachtet wurden. Doch darüber hinaus gab es keinerlei Erklärung. 2018 hatte der Vatikanexperte von Mediaset, Fabio Marchese Ragona, versucht, etwas Licht in die Angelegenheit zu bringen, und dabei festgestellt, dass die Ergebnisse der Arbeit der Kommission sehr bescheiden waren und dass die Gruppe überhaupt nur wenige Male zusammengekommen war.[16]

Tatsächlich gibt es ein umfangreiches Dokument über die geleistete Arbeit, das voller überraschender Details ist: den Vorentwurf des Berichts an den Heiligen Vater vom 14. Februar 2014,[17] mit elf Anlagen und einem Anhang. Darin wird die Arbeit an jener Einrichtung beschrieben, die dem Image, dem Ruf und der Glaubwürdigkeit der Kirche den größten Schaden zugefügt hat. Es ist nicht bekannt, ob das Papier dem Heiligen Vater tatsächlich übergeben wurde und ob es der Schlussfassung der durchgeführten Analyse entspricht.

Zumindest am Anfang hatte die Kommission ein schnelles Tempo vorgelegt. Bevor wir auf dieses Abschlussdokument eingehen, das hier zum ersten Mal veröffentlicht wird, lohnt es sich, die schwierige Geschichte der Arbeitsgruppe zu erzählen, der man von allem Anfang an Hindernisse in den Weg gelegt hat. Unmittelbar nachdem das Gremium durch das Chirograph des Papstes aus der Taufe gehoben wurde, beschloss man, die gesamte Führungsmannschaft des IOR in die Veränderung einzubeziehen, also vierzig von den insgesamt hundertfünfzehn Mitarbeitern, zusammen mit den Mitgliedern der Kardinalskommission an der Spitze der Bank. Eine Wende, die dem Geist Franziskus' entsprach, der stets um Integration bemüht ist, um jedem immer eine zweite Chance zu geben.

So ergeht am 8. Juli 2013 ein Brief mit der ausdrücklichen Bitte um Erstellung eines vertraulichen Berichts an fünfundvierzig ausgewählte Personen, darunter die Mitglieder des Vorstands und die fünf Mitglieder der Kardinalskommission, die seit jeher die Geschäfte der Bank überwacht. Der Brief fordert auf, Ungewöhnliches, Kritisches und Problemlagen der Bank zu melden, mit der Zusicherung, das Dokument werde höchst vertraulich behandelt, gar der päpstlichen Geheimhaltung unterstellt:[18]

Nach den präzisen Angaben des Heiligen Vaters wende ich mich an Sie […] und bitte Sie, »einen kurzen Bericht über Ihre Erfahrungen zu verfassen, in dem die aktuelle Situation des Instituts aus der Sicht des Befragten beschrieben wird, wobei auf eventuelle Probleme hinzuweisen ist, die dazu dienen können, das Leben und die Tätigkeit des Instituts besser kennenzulernen. […] Es steht Ihnen völlig frei, das mitzuteilen, was Sie nach Ihrem Gewissen für angemessen halten. […] Es gibt jedoch einige Punkte, die besonders nützlich sein könnten, etwa Ihre Bemerkungen zur Amtsführung, zur Bekämpfung der Geldwäsche, zum Personalmanagement und zur Planung der Personalressourcen und der Mitteln. Wir bitten Sie, diesen Bericht auf der Grundlage streng persönlicher Urteile selbständig zu erstellen […] und eventuelle abweichende Meinungen hervorzuheben und zu berücksichtigen, sodass sich daraus ein Gesamtbild des Instituts in seinen vielen Nuancen ergibt. Ein Bericht von etwa zehn Seiten ist erwünscht, dem alle relevanten Unterlagen beigefügt werden.

Ihr Bericht braucht keinen bestimmten Stilvorgaben oder sonstigen Formalitäten zu entsprechen. Wir werden eine direkte und klare Abfassung ohne jede Berücksichtigung stilistischer Art sehr zu schätzen wissen. Ihr Bericht […] bleibt vertraulich und […] auf Anweisung des Heiligen Vaters sind die Vorschriften der Instruktion Secreta continere zum päpstlichen Geheimnis anzuwenden. Folglich dürfen weder die Mitglieder der Kommission noch die Referenten das Ergebnis mit anderen teilen. […] Obwohl ich sicher bin, dass dies nicht notwendig ist, möchte ich daran erinnern, dass im Laufe der Arbeit der Kommission keine Daten, Dokumente oder andere relevante Informationen vorenthalten, verändert oder verschwiegen werden dürfen. […] Der Heilige Vater und die Mitglieder der Kommission sind zuversichtlich, sich auf Ihre umgehende Zusammenarbeit verlassen zu können.

Die Idee, den Inhalt des Berichts mit dem Siegel des päpstlichen Geheimnisses zu versehen, die zugesicherte Unabhängigkeit beim Verfassen, die mehrfache Nennung des »Heiligen Vaters«, damit die Adressaten des Briefes spüren, wie sehr die Aufmerksamkeit des Papstes auf dieses Geschehen gerichtet ist, sollte nicht ausreichen, um jedes Gewissen aufzurütteln. Über 20 Prozent der befragten Führungskräfte bleiben – man mag es kaum glauben – stumm und von der Mahnung ihres Oberhaupts unbeeindruckt. Mehr noch. Von den fünfunddreißig eingegangenen Antworten werden mehrere von den Mitgliedern der Kommission unter dem Vorsitz von Kardinal Farina als nicht glaubwürdig angesehen, da sie nicht eigenständig und unabhängig verfasst wurden. Zu viele Lücken und Widerstände: Es besteht der Verdacht, dass sie unter Diktat erstellt wurden. Der Papst nimmt die Nachricht verdrossen auf, verzagt aber nicht. Zumindest bis zu dem Augenblick, in dem ihm mit dem bisher hochgeheimen Dokument das Bild präsentiert wird, das sich aus den ersten Berichten ergibt.

Und es ist ein beeindruckendes Bild: Am IOR herrscht »ein über mehrere Jahrzehnte konsolidiertes Verhalten, das von einer übermäßigen Überzeugung von der ›herausragenden Rolle‹ des IOR innerhalb des Finanzsystems sowie des Heiligen Stuhls geprägt ist, die alle möglichen ›Ausnahmen‹ rechtfertige«, so der Entwurf des Abschlussberichts. Im Wesentlichen hat die Bank sich jahrelang auf ihre Einzigartigkeit berufen, um sich für jede Regel Ausnahmen zu gestatten:

[Zu verzeichnen ist, A. d. A.] eine mangelnde Anpassung an internationale Vorschriften und an die Standards für diese Aktivitäten [der Kreditvergabe, A. d. A.], sowie ein im Wesentlichen veraltetes Finanzmanagementmodell mit bescheidenen Ergebnissen [mit denen sich das Top-Management abfindet, A. d. A.]. Im Allgemeinen spiegelte sich dies auch in einer unzureichenden Professionalität und einem Mangel an qualifiziertem Personal wider.

Die Kommission konzentriert sich dann auf das Führungspersonal des IOR, untersucht die internen Beziehungen, um die Abläufe in dieser Bank besser zu verstehen, die jahrzehntelang geheim und in veralteten Denkmustern stattgefunden haben. Sie entdeckt eine Welt des Dirigismus und der Privilegien, die sich durch absolute Diskretion auszeichnet, ein Element, das die »übermäßige Zentralisierung der Entscheidungsbefugnisse in den Spitzenpositionen (Präsident, Direktor, stellvertretende Direktoren) mit nur sehr begrenzten Vollmachten ausschließlich zugunsten engster Vertrauter noch steigert«.

In der Praxis eine kopflastige, monolithische Struktur, die »den Eindruck erweckt, die Leitung habe es lange unterlassen, hochprofessionelle Mitarbeiter mit der Fähigkeit einzustellen, die gewohnte Ausrichtung zu hinterfragen, und stattdessen Persönlichkeiten eines solchen Formats aus dem Institut entfernt«. Letztlich ergibt sich aus den Untersuchungen eine Situation, die geradezu darauf ausgerichtet scheint, dass wenige Auserwählte das Sagen haben:

Sie betraf insbesondere die übermäßige Starrheit der persönlichen Beziehungen, die überzogene hierarchische Kontrolle, die strikte Einschränkung der Initiative Einzelner, selbst bei trivialen Angelegenheiten, die bei der gewöhnlichen Arbeit folglich die spontane Kontrolle, die sich aus der freien Konfrontation ergibt, aufhoben. Wir haben ein allgemeines Fehlen objektiver Referenzvorgaben festgestellt (in der Tat ist das Gehalts-, Renten- und Sozialsystem für das IOR-Personal ein anderes als für das übrige Personals des Heiligen Stuhls); und in Ermangelung objektiver Vorgaben erfolgten die Entscheidungen in diesen Bereichen (seit Jahrzehnten!) nach Ermessen, mit offensichtlicher Begünstigung und Willkür (Gewährung von Prämien oder zusätzlichen Zweijahreszeiträumen, Berechnung von Gesundheitsgebühren, Wohnungen usw.). In den letzten sechs Jahren wurden zweiundvierzig neue Mitarbeiter eingestellt, in der Regel auf der Grundlage persönlicher Kenntnis seitens des Managements.[19]

Die direkte Verantwortung für diese Situation wird dem höchsten Amt im Vatikan gleich nach dem Papst zugeschrieben, dem damaligen Kardinalstaatssekretär Tarcisio Bertone:

> [Durch, A. d. A.] den Umstand, dass er lange Zeit den Vorsitz der Kardinalskommission innehatte [das heißt des höchsten Organs in der Hierarchie des IOR, A. d. A.], verwechselte der Kardinalstaatssekretär die Rollen und stellte faktisch ein bevorzugtes Verhältnis zum Präsidenten und zum Direktor her, wie es in den Statuten keineswegs vorgesehen ist; dies führte zu abträglicher Zurückhaltung bei den einzelnen Mitgliedern der Gremien. Vielleicht wegen dieser direkten Beziehung war der Aufsichtsrat nicht in der Lage, seine Funktionen auszuüben, er nahm auch keine energischeren Positionen ein, [...] Fragen zum Management wurden nicht ausreichend beantwortet. [...] Der Rechnungsprüfungsausschuss gab sehr gefällige und schwache Bewertungen ab.

Die Auswirkungen eines solch unbesonnenen Managements zeigen sich in den vielen Skandalen, bei denen das IOR im Mittelpunkt von Intrigen, Veruntreuungen und Geldwäsche steht. Die Kommission geht nämlich davon aus, dass gerade die strukturellen Mängel in der Führungspolitik die Voraussetzungen für illegale Operationen und gleichzeitig für die Straffreiheit der Täter geschaffen haben. Als Beweis dafür werden drei konkrete Fälle angeführt.

Der unglückselige Immobilienverkauf

Der erste dieser Fälle betrifft sogar Angelo Caloia, der als direkter Nachfolger von Marcinkus bis 2009 Präsident der Bank blieb. Er hielt sich zwanzig Jahre lang an der Macht:

> Im Zeitraum 2001–2008 fand ein massiver Verkauf von etwa 29 Immobilien des IOR statt (was 71 Prozent des Institutsbestandes entsprach). Von den 150 Millionen Euro, die aus diesen Verkäufen mindestens hätten erzielt werden müssen, kamen nur etwa 92 Millionen beim IOR an, da die »Unterschlagung« von mindestens 58 Millionen als gesichert gilt. Beim Verkauf verfuhr man wie folgt: Man verkaufte die Immobilie zu einem Preis, der über dem ursprünglichen

Registerpreis, aber unter dem Marktwert zum Zeitpunkt des Verkaufs lag. Die Verkäufe wurden vom damaligen Präsidenten Caloia und dem damaligen Direktor Lelio Scaletti über einen gewissen Anwalt Gabriele Liuzzo abgewickelt, der von ihnen die entsprechenden Generalvollmachten erhielt und sich Notaren ihres Vertrauens bediente. Rechtsanwalt Liuzzo erhielt für seine Abwicklung der Geschäfte Vergütungen in Höhe von rund 9 Prozent der Verkaufsbeträge (üblich sind Vergütungen zwischen 1 und 3 Prozent). Alle diese Personen sind derzeit über achtzig Jahre alt, und einige sind in den Neunzigern. Eines der verkauften Gebäude ist die kleine Villa, die derzeit von Caloia und Scaletti bewohnt wird.

Nichts deutet darauf hin, dass die Kardinalskommission über diese Verkäufe informiert wurde, es sei denn, sie waren bereits im Gange. Der Aufsichtsrat hatte die Operation genehmigt, aber die Informationen, die der Präsident [Caloia, A. d. A.] und der Direktor [Scaletti, A. d. A.] dem Aufsichtsrat zur Verfügung stellten, waren jedes Mal unzutreffend und irreführend (den wahren Sachverhalt teilten sie nicht mit). Der Rechnungsprüfungsausschuss wies auf keine Unregelmäßigkeiten bei den Transaktionen hin, außer in einem Fall, im Jahr 2007, im Zusammenhang mit Zahlungen an Rechtsanwalt Liuzzo.

Der unglückselige Verkauf solcher Güter, die von gläubigen Katholiken vererbt wurden, ist eine schimpfliche Missachtung der Pflichten derer, denen in der Kirche ein Gut anvertraut wird, damit nach den Prinzipien der Freigiebigkeit, die das Rückgrat des Pontifikats von Franziskus bilden, andere, weniger vom Glück gesegnete, etwas davon haben:

Aus kanonischer Sicht lagen für einige der Gebäude fromme Auflagen vor. Sie waren dem IOR beispielsweise unter der Bedingung geschenkt worden, dass jedes Jahr ein gewisser Betrag für bestimmte karitative Zwecke bereitgestellt werden sollte. Die gesamte Operation wurde in stark zentralisierter Form getätigt, obwohl zu vermuten ist, dass manche »verlässliche« Mitarbeiter, die heute noch im Institut beschäftigt sind, an diesen Operationen beteiligt waren. Scaletti war der Einzige, der auf bestimmte Konten Zugriff hatte, und anscheinend wurde die gesamte von ihm aufbewahrte Dokumentation vernichtet, als er das

Institut verließ: Die Firma Promontory musste den gesamten Vorgang unter Nutzung von Material aus anderen Quellen »rekonstruieren«. Es besteht kein Zweifel, dass die starre und zentralisierte Führungsstruktur des Instituts eine notwendige Voraussetzung war, um diesen Plan über einen Zeitraum von mehr als sieben Jahren unangefochten umsetzen zu können.

Auch wenn wir keine Belege haben und [selbst wenn, A. d. A.] laut der von Promontory durchgeführten Untersuchung kein Kleriker in die Verkäufe von Immobilien des IOR verwickelt zu sein scheint, ist zu beachten, dass zur gleichen Zeit, nach einem ähnlichen Muster, weitere bedeutende Immobilientransaktionen von zweifelhafter Rechtmäßigkeit stattfanden, etwa jene im Zusammenhang mit Dr. Raffaello Follieri.

Der Bezug auf Follieri ist überraschend und verdient eine genauere Betrachtung. Dieser Mann trägt in der Tat denselben Namen wie der apulische Unternehmer Raffaello Follieri, der Büros in Dubai besitzt und im Juni 2008 wegen Betrugs in den Vereinigten Staaten im Gefängnis landete. Die Untersuchung brachte einen einzigartigen Aspekt ans Licht, der nun durch die neuen Dokumente erstaunlicherweise widerlegt zu sein scheint. Denn in den Vereinigten Staaten wurde der »ehemalige Geschäftemacher«, wie es in einer Ansa-Depesche vom 16. Dezember 2008 heißt, »wegen eines Betrugs verurteilt, den er unter Vorgaukelung hochrangiger Kontakte zum Vatikan begangen hatte«. Aus dem Bericht zum IOR geht stattdessen hervor, dass Follieri, wenn er nicht nur ein Namensvetter, sondern dieselbe Person ist, in Immobiliengeschäfte mit dem Heiligen Stuhl verwickelt war. Kurz, der Jetsetter, ehemaliger Freund der Schauspielerin Anne Hathaway, galt fünf Jahre nach seiner Verurteilung zu viereinhalb Jahren wegen Betrugs und Geldwäsche und einer rekordverdächtig hohen Entschädigung von 3,6 Millionen Dollar (auf 13 Millionen Betrugswert an Unternehmern wie dem Supermarktkönig Ron Burkle, einem persönlichen Freund von Bill Clinton), für einem Teil des Heiligen Stuhls immer noch als ehrbarer Partner. Offensichtlich gab es also Beziehungen. Vielleicht ist es kein Zufall, dass Follieris Partner in den USA Andrea Sodano war, ein Neffe des ehemaligen Kardinalstaatssekretärs Angelo Sodano.

Aber kommen wir zurück zum IOR. Scaletti starb im Oktober 2015, während Caloia, achtzehn Jahre nach den ersten und elf Jahre nach den letzten betreffenden Immobiliengeschäften immer noch wegen Unterschlagung und Geldwäsche in eigener Sache vor Gericht steht: allerdings erst in erster Instanz.[20]

An dieser Stelle ist ein kurzer Einschub zur Justizverwaltung des Vatikans vonnöten: Der Fall Caloia blieb jahrelang auf Eis, vielleicht aus Angst, ein Prozess könne in der Öffentlichkeit einen Skandal und Aufsehen erregen, oder der alte Präsident würde als Vergeltung wer weiß welches Geheimnis preisgeben. Eine Situation, die den Grundprinzipien der Justiz widerspricht: Ein Angeklagter hat das Recht auf ein schnelles und sicheres Verfahren. Die eventuell verhängte Strafe muss in einem Umerziehungsprozess gesühnt werden, der auf die soziale Wiedereingliederung abzielt.

Fast zwanzig Jahre nach den Vorgängen ist klar, dass all diese edlen Werte, Dreh- und Angelpunkte der Strafverfolgung, Makulatur sind.

Das Geld an Lux Vide und die Operation Momentum

Abgesehen vom Ausverkauf von Liegenschaften machen zwei weitere Vorfälle die Inspektoren von Papst Franziskus fassungslos, denn es geht um die Verschwendung von Millionen von Euro und die Verantwortung höchster Vertreter des Heiligen Stuhls. Auch wenn diese Operationen einer breiten Öffentlichkeit im Wesentlichen bekannt sind, lohnt es sich dennoch, Auszüge aus den Berichten an den Papst wiederzugeben, um die Details der Millionenverluste und die möglichen Verantwortlichkeiten in den oberen Etagen der vatikanischen Paläste zu beleuchten, die bisher im Verborgenen geblieben sind.

Bei der Durchsicht der Kontenbewegungen stößt die Kommission auf ein Darlehen vom Dezember 2013, in der Praxis ein nicht rückzahlbares Darlehen von 15 Millionen Euro an die Filmproduktionsfirma Lux Vide des Unternehmers Ettore Bernabei. Das Geld läuft über eine Offshore-Gesellschaft, die mit derselben Firma verbunden ist, die unter anderem die berühmte italienische Fernsehserie *Don Matteo* produziert. Der Fall der Operation Momentum liegt etwas komplizierter, zumindest nach einer ersten, noch vorläufigen Rekonstruktion im Entwurf des Berichts:[21]

Operation Momentum – Ad Maiora

Es handelt sich um eine von Direktor Paolo Cipriani vorgeschlagene und im April 2012 vom Aufsichtsrat genehmigte Investition, um einen Teil des Kapitals im Bereich der ethischen Finanzen und alternativen Investitionen sowohl auf eigene Rechnung als auch im Namen von Kunden anzulegen (in Wirklichkeit wurden die Mittel nie Kunden zugewiesen, weder als Wertpapierdepots noch in der Vermögensverwaltung).

Die Operation sah die Einrichtung und / oder Zeichnung externer Investmentfonds (in Luxemburg, Malta usw.) durch das IOR vor, unter Anleitung einer seit 1997 bestehenden Beratungsgesellschaft im Bereich der ethischen und gesellschaftlich verantwortlichen Investitionen (die Ecpi in Mailand, die Professoren der Bocconi-Universität gehört). Die Ausführung wurde für das IOR von Direktor Cipriani, dem Stellvertreter Massimo Tulli, dem Schatzmeister Paolo Tosi und dem Leiter der Vermögensverwaltung Lucio Lamberti betreut, mit wenig Transparenz und in einer für das Institut unklugen Weise (belastende Kommissionen, Trübung eines Teils der getätigten Investitionen usw.).

Das Risikomanagement, die interne Revision und der Rechnungsprüfungsausschuss haben nie mit wirksamen Kontrollen eingegriffen. Erst vor kurzem hat das Risikomanagement nach dem von Präsident Ernst von Freyberg [Präsident des IOR vom 15. Februar 2013 bis zum 9. Juli 2014, A. d. A.] verhängten Stopp für alternative Investitionen und damit für Investitionen dieser Art Grenzen gesetzt.

Die Untersuchungen der päpstlichen Kommission versuchen unter tausend Schwierigkeiten, die einzelnen Schritte dieser komplizierten Angelegenheit zu rekonstruieren. Die internen Kontrollen waren unwirksam und die Dokumentation ist nicht vollständig, aber es muss schnell gehen, denn mit jedem Tag, der vergeht, werden weitere Provisionen fällig, die zu schwindelerregenden Beträgen auflaufen.

Wir wissen nicht, wie der Aufsichtsrat über die Fakten informiert wurde und welche Entscheidungen er getroffen hat. Die noch laufenden Untersuchungen haben die hohe Belastung der abgeschlossenen Verträge durch gezahlte zu zahlende [sic!] Provisionen aufgedeckt, mögliche commitments (Investitionszusagen) in bedeutender Höhe, Lock-in-Klauseln (Unmöglichkeit, die Fonds ohne sehr lange Vorankündigung zu verlassen), begrenzte Liquidität (in manchen Fällen ist das IOR der einzige oder bedeutendste Zeichner, für eine Umschichtung ist der Fonds daher durch Verkauf der Anlagen auf dem Markt aufzulösen) und die Schwierigkeit, den buchhalterischen Fair value in Erfahrung zu bringen (manche Fonds legen den zertifizierten NAV [das heißt den Nettoinventarwert, die Methode der Investmentgesellschaften zur Bewertung der Eigenkapitalrendite in ihren Portfolios, A. d. A.] nur einmal im Jahr vor, und dies verzögert unter anderem auch den Jahresabschluss des IOR).

Der Höchststand der Investitionen lag bei rund 230 Millionen Euro. Einige Fonds, darunter der Ad Maiora-Fonds, wurden geschlossen. Ende 2013 waren noch 185 Millionen Euro in sechs Fonds angelegt. Die insgesamt gezahlten und vermutlich zu zahlenden Provisionen beliefen sich auf etwa 8,1 Millionen Euro. Die Summe setzt sich wie folgt zusammen: 1,4 Millionen Ecpi-Beratungsgebühren, 3,5 Millionen Verwaltungsgebühren für den Ad Maiora-Fonds, 0,8 Millionen Verwaltungsgebühren für die sechs noch bestehenden Fonds für den Zeitraum September-Dezember 2013, 2,4 Millionen geschätzte Verwaltungsgebühren für 2014 für die sechs noch bestehenden Fonds. Die Provisionen könnten auch mehr als 10 Millionen Euro betragen, falls es nicht gelingen sollte, die sechs verbleibenden Fonds bis 2014 zu schließen, und die Provisionen somit ein weiteres Jahr greifen. Es besteht ein hohes Risiko, die Schließung der Fonds gerichtlich durchsetzen zu müssen und von der Beratungsfirma Ecpi verklagt zu werden (der Beratungsvertrag sah eine unbegrenzte Dauer und auf alle Fälle mindestens fünf Jahre mit 100.000 Euro pro Monat vor und wurde bereits nach vierzehn Monaten vom IOR blockiert). Die beschleunigte Veräußerung illiquider Anlagen könnte auch zu erheblichen Kapitalverlusten führen. Es ist nicht ausgeschlossen, dass der Aufsichtsrat aus Vorsicht den Beschluss fassen muss, eine spezifische Rückstellung für die Wertminderung des Jahresabschlusses 2013 zu berücksichtigen.

Warum haben diejenigen, die kontrollieren sollten, nicht kontrolliert? Wie kann es sein, dass niemand etwas bemerkt hat? Wurde außer Paolo Cipriani und Massimo Tulli, dem Direktor bzw. stellvertretenden Direktor, die kündigten und gegen die im Vatikan ein zivilrechtliches Verfahren angestrengt wurde, noch jemand vor Gericht gestellt? Lauter berechtigte Fragen, die sich aus der Lektüre der Schlussfolgerung des Berichtsentwurfs ergeben: »Die Durchführung solcher Art von Geschäften mit diesen Modalitäten durch vier Spitzenvertreter des Instituts lässt auch den Zweifel aufkommen, dass jemand illegal Zahlungen in beträchtlicher Höhe von ausländischen Beratungs- und Verwaltungsgesellschaften erhalten hat.« Wer ist damit gemeint?

Die Kommission hat diese Vorgänge untersucht, ohne diesen Geschäften allerdings auf den Grund zu gehen, um herauszufinden, wer diese Vorfälle möglicherweise auf hochrangigsten Ebenen deckte. Dennoch hätten sich in den Wochen der Untersuchung Hinweise in diese Richtung ergeben. Man könnte dem entgegenhalten, es sei Aufgabe der vatikanischen Justiz, die Verantwortlichkeiten zu ermitteln. Die Ermittlungen richteten sich nur gegen Tulli und Cipriani und endeten im Februar 2018 – vor einem Zivilgericht – mit einem Urteil zur Zahlung auf 47 Millionen Euro Schadenersatz für »Misswirtschaft«, nachdem die Bank im September 2014 eine Klage gegen sie eingereicht hatte. Wir wissen nicht, ob Tulli und Cipriani den Vatikan entschädigt oder ob sie Berufung eingelegt haben. Der Heilige Stuhl hat nie mitgeteilt, dass er die mit dem Urteil festgesetzte Summe erhalten hat.

Über 25 Prozent der Konten unrechtmäßig. Die Flucht der Kunden

Die drei soeben beschriebenen Fälle aus den Berichten der von Franziskus eingesetzten Kommission lösten Alarmstufe rot aus, die durch die zeitgleich aufgeflogene Affäre von Prälat Scarano noch verschärft wurde. »Es liegen eindeutige Indizien vor«, so wiederum der Bericht an den Heiligen Vater vom 14. Februar 2014, »die den Verdacht auf weitere Fälle von Geldwäsche oder illegalen Aktivitäten des Personals aufkommen lassen, die noch nicht entdeckt wurden.« Es ist nicht bekannt, ob die mutmaßlichen Urheber, die als Bankbeamte und Geldwäscher ein Doppelleben führten, je identifiziert worden sind.

Um das herauszufinden, muss man die Girokonten des IOR genau analysieren, sie einzeln unter die Lupe nehmen. Genau das geschieht auch, wie dem Bericht zu entnehmen ist:

> Seit Mitte 2013 hat das IOR die Gesellschaft Promontory vertraglich mit der Prüfung aller (ca. 18.000) Konten seiner Kunden und der Durchführung der Verfahren beauftragt, um sie den gesetzlichen Anforderungen anzupassen (Customer due diligence), das Risikoniveau der einzelnen Kunden zu ermitteln (Know your customer) und die auf internationaler Ebene und im Staat Vatikanstadt erforderlichen Sicherungen zur Bekämpfung möglicher Formen der Geldwäsche und anderer Finanzstraftaten durchzuführen.

Diese Ausweitung der Kontrollen führt sicherlich zu starken Spannungen zwischen den Inspektoren des Papstes und den traditionellen Aufsichtsgremien des Instituts, die sich noch verschärfen, als im Juni 2013 durch den Aufsichtsrat der Bank die Schließung der so genannten »Laienkonten« angeordnet wird. In der Praxis beschließt der Verwaltungsrat des IOR, dass mit der Ankunft von Franziskus alle Depots, die auf den Namen von Einzelpersonen lauten, geschlossen werden müssen, da das Institut ausschließlich religiösen Einrichtungen, Kongregationen und Orden zur Verfügung stehen soll, allen voran den Dikasterien der römischen Kurie. Personen außerhalb des Vatikans, die die Bank für illegitime Zwecke nutzen könnten, sollte demnach kein Raum gegeben werden.

Während diese Konten nach und nach geschlossen werden, wächst bis zum Herbst 2013 Monat um Monat die Spannung, bis es zu einer heftigen Konfrontation zwischen der Leitung des IOR, die entschlossen ist, nicht religiöse Girokontoinhaber wegzuschicken, und der Kommission unter Vorsitz von Kardinal Farina kommt, der beschließt, den Papst über alles zu informieren:

Die Entscheidung zur Schließung wurde aus Gründen der Transparenz und zur Vermeidung möglicher Steuerhinterziehung durch die Inhaber gegenüber dem italienischen Gesetz getroffen. In den letzten Monaten hat unsere Kommission versucht, der Leitung des IOR, auch anhand der Prüfung dutzender konkreter Fälle, die Notwendigkeit einer Einzelprüfung aller Konten darzulegen, da ein großer Teil davon unter spezielle Bestimmungen der Geschäftsordnung des IOR fällt [da die Bank, A. d. A.] aus Gründen der Barmherzigkeit Hunderte von testamentarischen Vermächtnissen im Zusammenhang mit diesen Konten akzeptiert hatte und viele dieser Konten durch Artikel 17 des Lateran-Vertrags vor jeglichen italienischen Steuerzugriffen geschützt sind. Wir haben das Institut [IOR, A. d. A.] darauf hingewiesen, dass die Schließung einiger dieser Konten zu Ungerechtigkeiten gegenüber älteren und weniger vermögenden Menschen zu führen scheint und nicht direkt mit Steuerhinterziehung in Zusammenhang steht. Nach unserer erneuten Anfrage zu diesem Punkt und den Zusicherungen des Instituts bleiben einige konkrete Fälle weiterhin im Unklaren.[22]

Die Steuerfrage scheint wirklich vordergründig zu sein. Entgehen die Girokonten am IOR mit gutgeschriebenen Beträgen aus Italien den italienischen Steuerbehörden? Die Frage birgt Sprengkraft, da diese Depots von einem immer noch nicht beseitigten Privileg aus dem vergangenen Jahrhundert profitieren. Die Steuervorteile, die den Kunden des IOR im Gegensatz zu denen einer normalen italienischen Bank gewährt werden, sind nicht zu verachten: Denn 1942 wurde mit einem eigenen Rundschreiben des damaligen Finanzministers Paolo Thaon di Revel für das IOR die Befreiung von Steuern auf Dividenden eingeführt. Eine Vergünstigung, die zu einer unglaublichen Situation führte:

Das steuerliche Problem mit Italien weisen generell alle Konten auf, auch jene des kirchlichen Personals (von den 7 beim IOR verwalteten Milliarden Euro kommen nach den Angaben der letzten Bilanz im Grunde 5,5 aus Italien): Die Maßnahme zur Schließung erscheint unter diesem Gesichtspunkt in Hinblick auf den wirtschaftlichen Betrag unbedeutend, gegenüber den »Laien« diskriminierend, und könnte zudem auch den (natürlich ungerechtfertigten) Eindruck erwecken, dass man in diesem Punkt die Kleriker begünstigen wolle.

Die fiskalische Situation stellt für die Kunden gewiss einen Anreiz dar, bei dieser Bank zu bleiben. Im Gegenzug würden viele das IOR verlassen, wenn der Vatikan diesen Punkt bereinigen würde, da sie diese Bank dann für ihre Kapitalanlage nicht mehr als interessant betrachten würden:

> Es scheint, dass die große Mehrheit der Kunden, einschließlich religiöser Einrichtungen, sich in einem Zustand steuerlicher Regelwidrigkeiten befindet, ohne dass systematische Lösungen in Sicht sind. Die Lösung des Steuerproblems, die selbstverständlich notwendig ist, um den Ruf und die Leistungsfähigkeit des IOR wiederherzustellen, könnte paradoxerweise negative Auswirkungen auf die Bilanz des IOR haben, da nach der Lösung der steuerlichen Probleme die Geistlichen und religiösen Einrichtungen, die derzeit beim IOR verbleiben, um sich den fiskalischen Problemen in Italien nicht stellen zu müssen, in großer Zahl weggehen und sich dann Banken außerhalb der vatikanischen Mauern zuwenden könnten.

Kurz, die von der Leitung des IOR gewünschte Schließung von Girokonten in Bezug auf eine bestimmte Kategorie von Einlagen scheint eher eine medienwirksame Aktion zu sein, die auf Zeitungen und das Fernsehen abzielt, um das Ansehen der skandalträchtigen Bank aufzupolieren. Und genau diese These bringt die vom Papst gewünschte Kommission zu Papier:

> Man hat den Eindruck, dass diese Entscheidung in guter medialer Absicht getroffen wurde, um das Image des Instituts zu verbessern, wenn man von der Annahme ausgeht, dass diese Konten ein besonderes Risiko der Steuerhinterziehung in Italien darstellen: Die mediale Motivation ist jedoch in keiner Weise zu akzeptieren, wenn dadurch Motive der Gerechtigkeit ins Hintertreffen geraten.

Auch wenn sie, zumindest in den Augen der Kommission, nur auf die Medien abzielt, wird die Schließung der Konten von Laien unvermindert fortgesetzt. Im Juni 2014 erklärte Promontory, die vom

IOR beauftragte Gesellschaft, mehr als 25 Prozent der Girokonten für vorschriftswidrig. Von den 18.900 erfassten Positionen weisen sogar 4.823 (das heißt 25,5 Prozent) Unregelmäßigkeiten auf, die eine Schließung erzwingen, während von den verbleibenden Kunden der mit 6000 Positionen größte Teil aus kirchlichen Einrichtungen besteht.

Nützt die Bereinigung dem IOR? Auch wenn sie auf der einen Seite für Transparenz sorgt, beschleunigt sie auf der anderen doch den negativen Trend der Bank, wie dem Papst im Arbeitsentwurf des Abschlussberichts erklärt wird:

> Die kurzfristige Anlagestrategie ist dem IOR teuer zu stehen gekommen. So beläuft sich beispielsweise das vom IOR vor zwanzig Jahren investierte Eigenkapital von 3 Milliarden Euro heute auf rund 7 Milliarden. Es hat sich also nur etwa verdoppelt. Hätte man das gleiche Vermögen nach den üblichen Stiftungsfondsstrategien (sog. Endowments) langfristig angelegt, wären daraus fast 29 Milliarden Euro geworden. Ein großer Unterschied.

Das Fazit ist bitter:

> Der Niedergang ist zum großen Teil darauf zurückzuführen, dass die Regelwerke und die internen Vorgehensweisen nie angemessen oder funktionsfähig waren und zuweilen nicht einmal angewandt wurden. Denn was fehlt – eine Kultur der Gesetzestreue – ist ganz etwas anderes als der Aufruf zur Sittlichkeit. […] Der rechtliche Rahmen und das für seine Einhaltung notwendige juristische Verständnis fehlen seit Jahren und sind immer noch nicht vorhanden. Unsere Kommission ist der Ansicht, dass sich das IOR in einer Phase des fortwährenden Niedergangs befindet, die durch ein nicht unerhebliches Risiko akuter Schwierigkeiten gekennzeichnet ist, falls sich die makroökonomischen Bedingungen verschlechtern sollten.

Was ein paar Jahre später auch geschieht. Die an den Heiligen Vater zu überweisenden Gewinne gehen ständig zurück: von 31,9 Millionen im Jahr 2017 auf 17,5 Millionen im Jahr 2018. Das ist auf die geringe Rendite der Anleihen (die 97,8 Prozent der gehaltenen Wertpapiere ausmachen) und die stark gestiegene Zinsdifferenz der italienischen Staatsanleihen zurückzuführen. Die Lage bleibt heikel: »Man darf nicht vergessen«, meinte der Vorsitzende der Aufsichtskommission der Kardinäle bei der Präsentation der Daten für 2018 im Juni 2019, »dass sich das IOR in letzter Zeit in einer Phase der Bereinigung und der Klärung befindet, die manchmal auch Opfer erfordert.«

Die Umstrukturierung betraf auch die Auswahl der Anlagen, wobei solche, die rein spekulativer, risikoreicher oder unübersichtlicher Art waren, abgestoßen wurden, um ethischen Investitionen den Vorrang zu geben. Und doch scheint es, dass kirchliche Gremien, Kongregationen und religiöse Orden dieser Bank immer weniger vertrauen. Das verwaltete Vermögen fiel von 7 Milliarden Euro im Jahr 2009 auf 6,3 Milliarden im Jahr 2011 und 5,7 Milliarden im Jahr 2016, und fiel jedes Jahr weiter bis auf einen Wert von 5 Milliarden Euro im Jahr 2018.

Ein weiterer Umstand fällt bei Franziskus' Einzug in den Petersdom auf: Die Flucht der Kunden aus dem IOR (am 31. Dezember 2018 gibt es 14.953 Kontoinhaber) setzt bereits in den letzten Monaten des Pontifikats von Benedikt XVI. ein. Die Zahlen sind dramatisch. Im Juni 2012 schließen 195 Kunden ihr Konto, im Folgemonat 136, aber ab August steigt die Kurve an: 385 Positionen werden geschlossen, im September sind es 544 und im Oktober 448.[23] Ein ungewöhnlicher Trend, der einerseits Ratzingers Rücktritt vorwegnimmt und andererseits die schrittweise Umsetzung der Geldwäschebestimmungen. Sicherlich hat der entscheidende Einsatz von Promontory im Jahr 2013 auf ein bereits bereinigtes Kundenportfolio eingewirkt. Wem gehörten all die Konten, die gegen Ende des Pontifikats und vor der Ankunft des Jesuiten aus Argentinien geschlossen wurden? Ein Rätsel. Was hat diesen Exodus im Detail verursacht? Wusste jemand bereits, dass sich alles ändern würde? Ein weiteres Rätsel.

◇◇◇◇◇◇◇◇◇◇◇◇

1   James T. Myers, Enemies Without Guns: The Catholic Church in the People's Republic of China, Paragon House, New York 1991.

2   Mit der Errichtung des kommunistischen Regimes wurde die Verfolgung systematisch: Der Missionar und Sinologe Giancarlo Politi zählt in seinem Buch Martiri in Cina: noi non possiamo tacere (Emi, Bologna 1998) 1241 Ermordete. Die genaue Zahl der getöteten Gläubigen lässt sich allerdings nicht ermitteln, da nur sehr wenige Zeugnisse in den Westen gelangt sind. Nach ihrem Machtantritt förderte die Kommunistische Partei mit allen Mitteln die Verbreitung einer atheistischen Kultur auch mit Repressionsmaßnahmen gegen die Gläubigen aller Religionen, allen voran den Katholiken, die als Verräter und Vaterlandsfeinde betrachtet werden, weil sie auf den Papst und auf die Weltkirche blicken. Jahrzehntelang kam es zu Verhaftungen, Inhaftierungen, Hinrichtungen von Missionaren und zur Ausweisung von Priestern, einschließlich der Verurteilung zur Zwangsarbeit in den entlegensten Gebieten Nordchinas, wo die Temperatur bis auf vierzig Grad unter Null sinken kann.

3   Laut einem von ChinaAid erstellten Bericht über Religionsfreiheit wurden 2012 in dem Land 132 Fälle von Verfolgung festgestellt. Es gab 4919 verfolgte Christen, von denen 442 Priester und Pastoren waren; 1441 wurden festgenommen und 9 hingerichtet.

4   Beim Angelus des 26. Dezember 2006 bezog sich Papst Benedikt auf dem Petersplatz, wenn auch nur indirekt, auf die chinesische Frage:»Mit besonderer geistlicher Nähe denke ich auch an jene Katholiken, die dem Stuhl Petri ohne Kompromisse treu bleiben und dafür manchmal sogar großes Leid in Kauf nehmen.«

5   Francesco Sisci, Interview of the Holy Father Francis to the online daily Asia Times, Asia News, 2. Februar 2016.

6   Gianni Valente,»Cina, il governo riconosce un altro vescovo ›clandestino‹«, Il Secolo XIX, 31. Januar 2019.

7   Das»Institut für religiöse Werke« (IOR) wurde als kanonische juristische Person von Pius XII. in seinem Chirographen vom 27. Juni 1942 eingerichtet, das die vorherige»Verwaltung für religiöse Werke« in ein eigenständiges Institut umwandelte. Der erste Präsident war Bernardino Nogara (1942–1954), gefolgt von Massimo Spada, der 1971 zurücktrat. Danach leitete Paul Casimir Marcinkus die Bank bis 1989, als er sie, von Skandalen überwältigt, Angelo Caloia überließ. Letzterer blieb zwanzig Jahre lang im Sattel, bis 2009, als er nach der

Veröffentlichung der Enimont-Affäre im Buch Vatikan AG von Ettore Gotti Tedeschi abgelöst wurde. Dieser wurde im Mai 2012 abgesägt. Danach folgten kürzere Amtszeiten, mit Ronaldo Hermann Schmitz ad interim bis Februar 2013, und dann Ernst von Freyberg, einer der letzten Ernennungen Benedikts XVI. Der Deutsche blieb bis zum 9. Juli 2014 an der Spitze, dann folgte der derzeitige Präsident Jean-Baptiste de Franssu.

8   Am 10. Juli 2007 enthüllte Fiorani den Mailänder Richtern die Existenz von drei Girokonten des Heiligen Stuhls in den Tresoren der Banca della Svizzera Italiana in Höhe von »2 oder 3 Milliarden Euro« und gab zu, dass er zur Zeit des venezolanischen Kardinals Castillo Lara mehr als 15 Millionen Euro in Schwarz an die APSA, die Zentralbank des Vatikans, gezahlt habe.

9   Die Daten stammen aus dem Schreiben des damaligen IOR-Direktors Rolando Marranci mit den Salden aller von Propaganda Fide eröffneten Konten per 28. Januar 2015.

10 Investment policy, ohne Datumsangabe.

11 Präsident Farina unterhielt Beziehungen zum Aufsichtsrat der Bank und zur Kundschaft und leitete anschließend die Sitzungen der aus mehreren Mitgliedern bestehenden Kommission. Unter ihnen waren der Kardinal Jean-Louis Tauran, der vor allem im diplomatischen Bereich einen Beitrag leistete; als Koordinator fungierte Bischof Juan Ignacio Arrieta, vom Opus Dei, Professor für Kirchenrecht und Sekretär des Päpstlichen Rates für die Gesetzestexte, der, wie laut Entwurf zu einem für den Papst erstellten Abschlussbericht »Daten und Dokumente zusammentrug, die notwendig waren, um dem Heiligen Vater einen korrekten und umfassenden Bericht vorzulegen«; Bischof Wells war der Sekretär der Kommission und unterhielt die Kontakte zum Apostolischen Palast, wobei er »den institutionellen Standpunkt des Staatssekretariats vertrat, insbesondere die Art der Beziehung zwischen dieser und dem IOR«. Als einzige Frau war die Professorin Mary Ann Glendon Mitglied der Kommission, ehemalige US-Botschafterin beim Heiligen Stuhl und Professorin für internationales Recht an der Harvard-Universität.

12 Während eines langen Interviews wurde der ehemalige Direktor der AIF De Pasquale ziemlich eindeutig: »Die Initiative zur Absetzung Gotti Tedeschis ging von Anderson aus [Vertreter der Kolumbusritter, einer mächtigen italienisch-amerikanischen Wohltätigkeitsorganisation, A.d.A.], mit der Unterstützung von Jeffrey Lena.« Lena setzte es sich auch zum Ziel, die AIF dem Staatssekretariat zu unterstellen, mit dem konkreten und keineswegs marginalen Risiko, dass der Kontrollierte den Kontrolleur kontrollierte (Gianluigi Nuzzi, Erbsünde, Orell Füssli, Zürich 2018).

13 In eine weitere Episode wurde Clapis kurz darauf verwickelt, als im Juli 1994 eines Morgens Domenico Bonifaci in den Geschäftsräumen auftauchte, ein römischer Bauunternehmer, der beim IOR ein Konto unterhielt und im Zusammenhang mit Mani pulite mehrmals festgenommen worden war. In der Bank war er gut bekannt, weil er in den Jahren zuvor zusammen mit Luigi Bisignani einen großen Teil jenes verdammten Bestands an Staatsanleihen zum »Waschen« ans IOR gebracht hatte. Die Angestellten erblassten: Was will der schon wieder hier? Bonifaci öffnete, ohne mit der Wimper zu zucken, den Aktenkoffer mit Kopien der Auszüge aus den Vernehmungsprotokollen der laufenden Gerichtsverhandlung zum Enimont-Prozess in Mailand. Die Übergabe des – an den Direktor Lelio Scaletti adressierten und Clapis übergebenen – Dokuments war eine Geste der Höflichkeit, die auf soliden Beziehungen beruhte.

14 »Anhang – Zusammenfassung der begangenen Fehler, der aktuell zu behebenden Unregelmäßigkeiten und der für das IOR zu ergreifenden Maßnahmen«, undatiert. (Das Dokument trägt keine Unterschrift, lässt sich aber Ettore Gotti Tedeschi zuschreiben).

15 Zur tatsächlichen Zahl der Kunden des IOR gab es je nach Quelle, Beratungsfirmen und Gremien, die sich mit den Büchern befassten, unterschiedliche Angaben. So schätzte Moneyval ihre Zahl im Jahr 2012 auf 20.700, während der Direktor Paolo Cipriani bei einem Journalistengespräch am 28. Juni 2012 von 33.000 Girokonten sprach, wobei zu berücksichtigen sei, dass viele Kunden mehrere Konten teils in unterschiedlichen Währungen führen würden. Promontory begutachtete ab 2013 auf Wunsch von Papst Franziskus 18.900 Girokonten einzeln.

16 Fabio Marchese Ragona, Il caso Marcinkus. Il banchiere di Dio e la lotta di papa Francesco alle finanze maledette, Chiarelettere, Milano 2018.

17 Der Dokumententwurf trägt das Datum des 14. Februar und wurde am 17. Februar 2014 gedruckt.

18 Franziskus selbst hatte im Gründungschirograph darauf hingewiesen, die Kommission solle zuallererst die »umgehende Zusammenarbeit der Organe des Instituts sowie seines gesamten Personals« nutzen. Der Papst hatte den Weg sehr deutlich vorgegeben, indem er neben dem Chirographen auch vier Seiten »operative Anordnungen« übergab: »Die Kommission beginnt ihre Arbeit, – ist zu lesen – indem sie bei selbigem [Institut, A.d.A.] Informationen einholt.« Er machte deutlich, dass der Koordinator der Arbeitsgruppe sowohl mit den Gremien des IOR als auch mit den verschiedenen Managern und Führungskräften in Verbindung treten sollte. Es war eindeutig ein integrativer

Schritt, um die internen Strukturen so weit wie möglich einzubinden, damit diese sich nicht als Schuldenböcke empfanden, sondern als Teil eines positiven Veränderungsprozesses.

19 Man darf auch nicht außer Acht lassen, wie beim IOR die Leitungsgremien sowie die internen und externen Aufsichtsorgane geschickt betäubt wurden: »Es ist ebenso darauf zu verweisen, dass die kollegialen Leitungsorgane nicht richtig funktionierten, nicht zuletzt, weil sie oft, vor allem bei den heikelsten Angelegenheiten, nicht ausreichend oder überhaupt nicht informiert wurden, was jede Aufsicht unwirksam machte. Bis vor kurzem versammelte sich die Kardinalskommission ohne Tagesordnung, und da es lange Zeit keinen Prälaten gab (1993–2005) [das heißt die Verbindungsperson zwischen den Kardinälen und den Laien, die dort arbeiten, A.d.A.], verfügte sie nicht über angemessene Protokolle.«

20 Nach Abschluss der Voruntersuchung ließ man die Akte mehrere Jahre lang ruhen, wobei Caloia in einer Art Fegefeuer blieb und der Prozess dann mit weit auseinander liegenden Verhandlungstagen begann. Der Prozess läuft noch bei Drucklegung dieses Buches.

21 Im Arbeitsentwurf des Berichts wird die Geschichte dieses Darlehens näher untersucht: »Einer der Fonds wurde zum Erwerb eines Darlehens mit einem Nennwert von 15 Millionen Euro zugunsten der italienischen Firma Lux Vide (eine Filmproduktion auch im religiösen Bereich) verwendet, indirekt über eine Offshore-Gesellschaft, die Lux Vide selbst zuzuordnen ist. Es handelte sich im Grunde um einen Trick, um Lux Vide zu finanzieren, ohne explizit in der Bilanz des Instituts einen Kundenkredit aufscheinen zu lassen, mit einer Transaktion, die sich sonst nur schwerlich als alternative Investition hätte einstufen lassen. Da diese Finanzierung zu Unrecht in einen extern verwalteten Fonds aufgenommen wurde, wurden dafür auch noch Verwaltungsgebühren fällig (1 Prozent für zwei Jahre, 300.000 Euro). Im Dezember 2013 ordnete die Aufsichtskommission der Kardinäle für das IOR in einem von ihrem Vorsitzenden Bertone unterzeichneten Schreiben an, den fraglichen Kredit kostenlos an die Stiftung zu überweisen. Das Institut musste die Position darauf abwerten und einen Verlust von 15 Millionen Euro verbuchen.« Und auch hier fehlt der wenn auch indirekte Seitenhieb auf Bertone nicht: »Abgesehen von der fragwürdigen Art und Weise, in der die Operation durchgeführt wurde, lässt sich der abschließende Eingriff der Kardinalskommission als Beispiel für die Nichteinhaltung der statutarischen Richtlinien betrachten.« Bertone vertrat stattdessen die Rechtmäßigkeit des Vorgangs und behauptete, die Entscheidung sei von den verschiedenen Gremien des IOR mitgetragen worden.

22 In der Tat waren in der Vergangenheit 240 Testamente für Konten von Laien angenommen worden, mit einem Gesamtwert von 5,3 Millionen Euro, die für Heilige Messen bestimmt waren. Die Konten außerhalb des Zugriffs der italienischen Steuerbehörden betreffen hingegen ehemalige Mitarbeiter des Heiligen Stuhls. Darüber hinaus bezieht sich Anhang 10 des Arbeitsentwurfs des Berichts auf die Positionen von dreißig älteren Menschen, die aus verschiedenen, lauter edlen und nachvollziehbaren Gründen Inhaber von Girokonten beim IOR sind: von ehemaligen Mitarbeitern des Vatikans bis hin zu Personen, die das Konto aus dem Erbe eines verstorbenen Verwandten erhalten haben.

23 Die Daten sind den Anhängen zum Arbeitsentwurf des Berichts entnommen, die die Päpstliche Kommission zum IOR für den Heiligen Vater zusammentrug.

Das Jüngste Gericht

Der Papst: Schwarzarbeit im Vatikan

Ein Geistlicher am Rande beobachtet die Szene: Es ist der 12. Februar 2019, frühmorgens in den Vatikanischen Gärten; inmitten makelloser Rasenflächen, üppiger Bäume und sprudelnder Brunnen zieht eine ungewöhnliche Prozession von Kardinälen, Pröpsten und Männern in eleganten dunklen Anzügen vorüber. Es sind die Mitglieder des Wirtschaftsrats, die sich auf dem Weg in die Casina Pio IV befinden. Der Termin zur ersten Sitzung des neuen Jahres ist für neun Uhr anberaumt. Der Prälat folgt ihnen mit dem Blick nachdenklich bis zum Eingang des Gebäudes, wobei er darauf achtet, das Zeichen der Bibelstelle nicht zu verlieren, die er kurz zuvor lesen wollte: die Seiten der Apokalypse, die Zeilen, die dem Ende der Welt gewidmet sind.

Wenn die tausend Jahre vollendet sind, wird der Satan aus seinem Gefängnis freigelassen werden. Er wird ausziehen, um die Völker an den vier Ecken der Erde, den Gog und den Magog, zu verführen und sie zusammenzuholen für den Kampf; sie sind so zahlreich wie die Sandkörner am Meer. Sie schwärmten aus über die weite Erde und umzingelten das Lager der Heiligen und Gottes geliebte Stadt. Aber Feuer fiel vom Himmel und verzehrte sie. Und der Teufel, ihr Verführer, wurde in den See von brennendem Schwefel geworfen, wo auch das Tier und der falsche Prophet sind. Tag und Nacht werden sie gequält, in alle Ewigkeit.[1]

Das sind die Worte des Jüngsten Gerichts, die an diesem Tag erhellend, ja fast prophetisch klingen. Wird es gelingen, das Böse zu besiegen? Wird der Heilige Vater die Zahlungsunfähigkeit vermeiden oder werden die Tempelhändler und die Politik des Kompromisses die Oberhand behalten? Es ist das entscheidende Thema der Sitzung, die Männer des Papstes müssen dringende Entscheidungen treffen und dürfen dabei keinen Fehler machen. Die Besprechung findet diesmal an einem abgeschiedeneren und diskreteren Ort statt als in der Sala Bologna des Apostolischen Palastes, in der die Sitzungen gewöhnlich stattfinden.

Zwischen dem alten Marmor und den neu restaurierten Statuen des Gebäudes wächst die Spannung. Der Grund dafür ist jedem der Anwesenden bekannt. »Stimmt es, dass er kommt?« »Man sagt, er wird eine wichtige Rede halten, ist das wahr?« Bis zum rituellen Gebet, mit dem die Sitzung eröffnet wird, machen Gerüchte die Runde. Um 12.15 Uhr soll Franziskus kommen und an der Sitzung teilnehmen. Den Grund für seine Anwesenheit erklärt der Koordinator, Kardinal Marx, als der Heilige Vater den Saal betritt: Der Papst macht sich zunehmend Sorgen um »das ernsthafte Problem des strukturellen Defizits des Heiligen Stuhls«.[2]

Franziskus nimmt Platz und hört zu, sein Blick bleibt auf dem angespannten Gesicht der Nummer eins im Rat hängen. Dann steht der Heilige Vater auf, bedankt sich bei allen, sieht seine Notizen durch und erkennt, dass er seine Ansprache auf die Hoffnung gründen muss, um seinen Helfern Optimismus einzuflößen. Franziskus erklärt, dass es, um die Kirche vor der Zahlungsunfähigkeit zu retten, notwendig ist, dem Architrav der Veränderung zu folgen, das heißt jenen grundlegenden Schritten, die er als »die drei wichtigen Säulen dieses Projekts« bezeichnet: »Transparenz, die Soziallehre der Kirche und Achtung der internationalen Standards.«

Die Ansprache des Papstes soll in erster Linie die Entschlossenheit der anwesenden Kardinäle neu beleben. Denn der Weg zu einer neuen Kirche geht von ihnen aus:

> Mir fielen drei von Kardinal Marx genannte Grundvoraussetzungen auf, auf die sich die vorgeschlagenen Maßnahmen stützen sollten: ständiges Überdenken, Entschlossenheit und die entschiedene Absicht, die

Ziele mutig zu verfolgen. Die Reform muss ohne Rückwärtsgewandtheit vorangetrieben werden, auch wenn es eine anspruchsvolle Aufgabe ist. Der neue Ansatz für den Haushalt ist ein wichtiger Meilenstein, der bereits umgesetzt ist; er ist ein wichtiges Arbeitsinstrument, das eine Erneuerung der »Mentalität« fördert.[3]

Dann holt der Heilige Vater zu einem Schlag aus, der die Zuhörer erstarren lässt:

Die Reform des Personalwesens muss ebenfalls fortgesetzt werden, wobei Schwarzarbeit zu vermeiden und Überstunden nach den Regelungen zu normalisieren sind. […] Einen Gedanken möchte ich den Mitarbeitern des Vatikans widmen, die in ihrem Beruf begleitet und angeregt werden müssen, indem man mit gutem Beispiel vorangeht und sie ermutigt […]

Der Papst prangert an, dass es an manchen Stellen im Vatikan noch immer Schwarzarbeit gibt. In den Gemäuern des Vatikans arbeiten Menschen, deren Beschäftigung nicht vertraglich geregelt ist. Franziskus stellt fest, dass ein heikles Thema immer noch ungelöst ist, auf das er bereits vor über einem Jahr, im Dezember 2017, öffentlich hingewiesen hatte. Offensichtlich vergeblich. Damals hatte er sich während des üblichen Treffens mit den Mitarbeitern des Heiligen Stuhls zum Weihnachtsgruß bei ihnen entschuldigt und eine Hintergrundepisode erzählt:

Neulich hatte ich ein Treffen mit Kardinal Marx, mit dem Sekretär Monsignor Ferme, und ich sagte:»Ich will keine Schwarzarbeit im Vatikan.« Ich entschuldige mich dafür, es gibt immer noch die berühmte Probezeit, aber für ein oder zwei Jahre, nicht länger. Genau wie ich sagte, dass man niemanden die Arbeit wegnehmen, ihn entlassen sollte, es sei denn, er hat draußen eine andere Arbeit oder etwas Passenderes gefunden oder es gibt eine bessere Regelung für die Person. Ich sage also, wir müssen hier daran arbeiten, dass es keine prekären Arbeitsplätze und keine prekären Arbeitnehmer gibt. Es ist für mich ein Gewissensproblem: Wir können nicht auf der einen Seite die Soziallehre der Kirche predigen und dann Dinge tun, die man nicht versteht. [...] Eine Probezeit soll es geben, ein Jahr, zwei Jahre lang, schon, aber keine Schwarzarbeit, das ist meine Absicht.

Diese Erklärung des Heiligen Vaters zeigt zum einen, dass er sich in der kleinen und komplizierten Welt, die er zu regieren hat, sehr gut auskennt, und zum anderen, dass seine Aufforderungen, lösbare Fragen anzugehen, kein Gehör finden. Gegen befristete Arbeitsverhältnisse vorzugehen kann keine unlösbare Aufgabe sein, schon gar nicht, wenn der absolute Herrscher sie fordert, der die theologische Position seines Pontifikats mit der Ausbeutung von Menschen, die man ohne regulären Vertrag arbeiten lässt, für unvereinbar hält. Wenn der Appell 2017 auf taube Ohren stieß, so wiederholt der Papst ihn nun, in der Hoffnung, dass er angenommen und die Situation endlich gelöst wird.

Neben dem Thema Arbeit sind für Franziskus die Finanzen und die Wertpapieranlagen des Vatikans, einschließlich Aktien, Anleihen und Wertpapieren, ein weiterer wunder Punkt. Wie wir gesehen haben, entspricht nur ein kleiner Teil davon genauen ethischen Kriterien und Vorgaben. Man mag es kaum glauben, aber sechs Jahre nach seiner Wahl tut sich Franziskus extrem schwer, ethische Vorgaben für Finanzoperationen durchzusetzen. Wer diese ausführt, scheint den neuen Weisungen und dem Kurswechsel gegenüber unempfindlich zu sein. Auch an diesem Vormittag im Februar wird im Kreise der Kardinäle darüber diskutiert: Geld wird nicht nach Vorgaben aus der Glaubenslehre investiert, sondern nur unter Berücksichtigung der Rendite oder, schlimmer noch, über kaum transparente Kanäle.

Ein vielsagendes Beispiel steht im Mittelpunkt der Diskussion in der Casina Pio IV: Erst im November 2018 war zur Bewältigung der Finanzlage ein Rundschreiben ergangen, wonach jedes Amt die liquiden Mittel und die Anlagen bei Banken außerhalb der Mauern angeben sollte. Aber die Anfrage wurde weitgehend ignoriert: Viele hatten nämlich gezaudert und waren den Fragen ausgewichen, sodass das Sekretariat und der Wirtschaftsrat mehrmals mahnen mussten. Wochenlang war nichts zu machen: Es hätte genügt, eine Taste am Computer zu drücken, die Daten auszudrucken und abzuschicken, stattdessen Schweigen im Walde: keine Reaktion. Franziskus konnte den Bericht erst am 31. Januar 2019 begutachten. Vermutlich veranlasste gerade dieses Dokument den Papst zur Teilnahme an der Sitzung in der Casina Pio IV. Ein Dossier mit mehreren Überraschungen: Ein erheblicher Teil der Bestände, über ein Drittel, wird derzeit von privaten Strukturen außerhalb des Vatikans verwaltet, die andere Prioritäten haben als die Theokratie und überhaupt nicht der vom Papst gepredigten Kirche der Armen entsprechen. Franziskus wird wütend. Wer ihm in den Tagen vor dem Treffen im Februar begegnet, erinnert sich daran, ihn mit finsterem Gesichtsausdruck und nachdenklich gesehen zu haben. Kurz darauf ordnet er den sofortigen Rückzug sämtlicher Anlagen an – in Geld, Aktien und Anleihen – und vertraut der Güterverwaltung APSA die gesamten liquiden Mittel des Heiligen Stuhls an, während das IOR die Investitionen managen soll. Der Bischof von Rom erklärte dies den Mitgliedern des Wirtschaftsrats während der Sitzung. Der Papst wählt einfache Worte, schlüssige Vergleiche, damit alle ihm aufmerksam zuhören und keiner ihn missversteht:

> Ich schätze vor allem die konkrete Ausgestaltung dieser Reform, auch im Bereich der Investitionen. In diesem Bereich müssen wir im Hinblick auf eine Zentralisierung der Liquidität und der Investitionen bei der APSA in Zusammenarbeit mit dem IOR der Weisheit der Witwe folgen, das heißt vermeiden, dass »alles auf eine einzige Karte gesetzt wird«. Die eigentliche Herausforderung ist das Defizit. Die Umsetzung der notwendigen Maßnahmen könnte zu Beginn eine starke Reaktion hervorrufen, vergleichbar mit einem akuten Fieberschub, aber dann wird sich die Situation tendenziell stabilisieren; im konkreten Fall könnte es etwa drei Jahre dauern. […] Das Defizitproblem ist auch eine Frage des Images, insbesondere im Hinblick auf die Verwendung des Peterspfennigs. Die Gewohnheit, falsches Verhalten zu wiederholen, erzeugt Unempfindlichkeit, Disziplinlosigkeit und Nachlässigkeit, lauter Haltungen, die zu einem Missmanagement des Geldes anderer führen. In diesem Sinne kann die Arbeit des Generalrevisors

sehr nützlich sein, der bereits Unregelmäßigkeiten und fragwürdige Investitionen ans Licht gebracht hat.

Der Papst weiß genau, dass die Arbeit des Revisors seit Jahren behindert wird. Er hat den Abtritt Milones bedauert, versucht aber, Optimismus zu verbreiten, indem er die geleistete Arbeit gebührend würdigt. Marx antwortet strahlend: »Danke, Heiliger Vater, Ihre Sensibilität für dieses Thema soll in der gesamten Kurie ihren Widerhall finden, damit ihr die Ernsthaftigkeit der Verschuldung bewusst wird.« Aber das wird schwierig: Die Trägheit des bürokratischen Apparats, die verfügbare Zeit und die registrierten Daten spielen gegen Franziskus. Selbst unter den engsten und vertrautesten Mitarbeitern des Papstes herrscht nicht immer das Bewusstsein, dass jede Minute, die vergeht, verloren ist. So etwa im Fall von Kardinal Peter Turkson, der Franziskus treu ergeben ist, der das Dikasterium für die ganzheitliche Entwicklung des Menschen leitet und der ein Verfechter des Kampfes gegen die Korruption ist. Genau von ihm hatte Marx seit Sommer 2017 einen Bericht darüber erbeten, wie man sich auf den Finanzmärkten bewegen kann, um ethische Investitionen durchzusetzen (*mensuram bonam*). Im Oktober 2018 hatte der ghanaische Kardinal einen weiteren Brief »der Ermutigung« erhalten, der jedoch auch zu keinem Ergebnis führte: Im Februar 2019 hat Turkson immer noch nicht geantwortet. Ohne seine Einsichten kommt man nicht weiter: Der gesunde Ehrgeiz (oder die Utopie?), irgendwie ethisch zu investieren, wird weiter warten müssen.

Die Niedergeschlagenheit im Saal wird durch die neuen negativen Daten verstärkt, die Zahra herunterspult, womit er alle Anwesenden in den Abgrund blicken lässt, nahe dem jüngsten Gericht. Die Einnahmen weisen unaufhaltsam nach unten. Das IOR, das mit 50 Millionen Euro zur Aufrechterhaltung des Staates beitrug, »hat seinen Betrag fast halbiert und erreicht etwa 27 Millionen; der Peterspfennig fiel von 55 auf 51,6 Millionen«,[4] was zeigt, wie das Vertrauen der Gläubigen in dieses Instrument allmählich abnimmt. Um die Finanzlage zu sanieren, wird man das Governatorat bitten, den eigenen Beitrag massiv zu erhöhen und von 12,4 Millionen im

Jahr 2017 auf 30 Millionen im Jahr 2018 nahezu zu verdreifachen. Für die Zukunft besteht jedoch ein weiteres Risiko: Wird das Governatorat seine Verpflichtung erfüllen können? »Dieses Ergebnis ist nicht garantiert, da es von der Höhe der Einnahmen des Governatorats abhängt, die Schwankungen unterliegen.[5]

Laut Sitzungsprotokoll beharrt Zahra: »Das Gesamtbild ist klar, jetzt geht es darum, alle bisher vorgebrachten Empfehlungen umzusetzen.« Aber es wurde alles schon tausend Mal gesagt. Wird es gelingen, den guten Vorsätzen Taten folgen zu lassen, oder ist alles nur in den Wind gesprochen? Es gibt beispielsweise die Empfehlung, die Einnahmen durch eine nicht näher bestimmte »koordinierte Strategie zu erhöhen, um Gelder und Spenden auf sichere Weise zu sammeln, insbesondere unter Berücksichtigung der Geldwäschevorschriften«. Was hat man in diese Richtung unternommen? Wenig oder nichts. Des Weiteren gibt es den vagen, seit 2017 mehrfach geäußerten Aufruf, »über neue Initiativen nachzudenken, die zu Einnahmequellen werden«. Jemand sollte sich konkret engagieren, aber das scheint niemand zu tun. Die wenigen Ideen, die vorgebracht werden, sind immer die gleichen, und niemand setzt sie methodisch um. Diejenigen, die umgesetzt werden, haben jedoch nicht die gewünschte Wirkung.[6]

Währenddessen vergeht unweigerlich die Zeit. Zahras Warnung an den Rat lässt keinen Zweifel: »Es ist nicht mehr erforderlich, Studien durchzuführen oder Kommissionen zu schaffen, vielmehr braucht es angesichts des Ernstes der Situation eine starke Führung, eine moralische Anleitung, die grundlegend ist, um die Reform umsetzen zu können.« Der Rat bittet den Papst in anderen Worten um außerordentliche Vollmachten, da alles, was bisher getan wurde, nicht die gewünschte Wirkung hatte. Beginnend mit »der Einführung der neuen Linie des Finanzgebarens, die weder zu den gewünschten Einsparungen noch zu einer größeren Rationalisierung der Auslagen geführt hat«. Der Grund dafür wird erst drei Monate später, im Mai 2019, entdeckt werden, als die Daten eintreffen, die beunruhigende Unterschiede zwischen den Zahlen im Budget und den tatsächlichen Ausgaben oder Einnahmen aufzeigen. Eine Diskrepanz, die zu groß ist, als dass die Summen das Ergebnis qualifizierter und gründlicher Arbeit sein könnten.

Dem Abgrund wieder einen Schritt näher

Ein weiterer Schritt in Richtung Abgrund wird am Mittwoch, 15. Mai, getan, als Prälat Ferme vom Wirtschaftssekretariat zur Vorbereitung auf die Sitzung am Monatsende einige Unterlagen mit den neuesten Überlegungen zum konsolidierten Jahresabschluss 2018 erhält. Eine weitere Kriegsdepesche in einem Konflikt, der allerdings mit niedriger Intensität ausgetragen wird.

Der Bericht beginnt erneut mit einer Reihe beunruhigender Überlegungen über die anhaltende Verschlechterung der Finanzlage des Heiligen Stuhls. 2018 hat sich das Netto-Defizit nicht nur »fortgesetzt«, sondern sogar »verschlimmert« und wird nun als »strukturell und damit wiederkehrend« bezeichnet, das heißt es ist nicht auf außergewöhnliche oder gelegentliche Ereignisse zurückzuführen. Zu den Gründen für diese Situation gehören die schlechte Verwaltung der Einkäufe, der negative Trend bei den Finanzinvestitionen, die höheren Instandhaltungskosten und der unaufhaltsame Anstieg der Personalkosten. Wieder einmal werden die Ursachen aufgelistet, aber keine Lösungen vorgeschlagen, und man verweist auf nicht näher bestimmte »robuste Initiativen, die umgesetzt werden sollten«, oder man wünscht »solide Investitionsverfahren und die Überwachung der Ergebnisse«. Man hebt die Notwendigkeit eines rationelleren Umgangs mit den Ressourcen »durch eine ernsthafte Priorisierung der Tätigkeiten« hervor. Vage Formulierungen und Lehrbuchweisheiten, die auf die Erstellung eines Mehrjahresplans 2020–2022 verweisen. Als wäre dies nicht schon schlimm genug, wird auch noch festgestellt, dass der für das Controlling nützliche Datenfluss nach wie vor langsam und aufwändig ist, weil es an den unverzichtbaren automatisierten Prozessen fehlt, die seit Jahren angeordnet, aber nie wirklich umgesetzt wurden. Ein Problem, das unter aller Augen ist: Es ist sicher kein Zufall, wenn das Sekretariat es am 15. Mai für verfrüht hält, den konsolidierten Jahresabschluss 2018 des Heiligen Stuhls vorzulegen, weil die Analyse der von den

Behörden erhaltenen Informationen noch nicht abgeschlossen ist. Man tritt im späten Frühjahr 2019 auf der Stelle. Wiederholte Beschwerden verlieren ihre Wirksamkeit; das Dokument selbst wird zu einem Sammelsurium von umständlichen Formulierungen, abstrakten Erwägungen, Verweisen auf völlig unverbindliche künftige Maßnahmen. Kurz: nutzloses Geschwätz.

Ein anderes Dokument, das während der Sitzung vom 28. Mai über die »Zukunft« des Vatikans verteilt wird, ist ebenfalls ein Abriss mit allgemeinen Absichten, um »dem Heiligen Stuhl eine nachhaltige wirtschaftliche Zukunft zu sichern«. Eine ganze Folie ist darin der Förderung des Konzepts der »Bewusstseinsbildung zu Fragen des strukturellen Defizits am Heiligen Stuhl« gewidmet.

Sicherlich ist es wichtig, auf die Mentalität einzuwirken, wie Papst Franziskus immer gepredigt hat, aber es lässt einen fassungslos, dass niemand das Thema anspricht, das eigentlich auf der Tagesordnung stehen sollte: das Risiko einer Insolvenz der Kirche. Man müsste den Brand löschen, die Flammen der Privilegien und der Misswirtschaft, die das Haus verzehren. Es braucht kompetente Leute und drastische Maßnahmen. Unter den Befürwortern eines härteren Durchgreifens macht sich das Gefühl breit, die Zeit mit Besprechungen und Versammlungen zu verschwenden, die dazu dienen, »eine Kultur der Verantwortung in wirtschaftlichen Angelegenheiten zu fördern«.

Zur Verwaltung von Finanzanlagen werden »eher enttäuschende Ergebnisse« gemeldet und »robustere Verfahrensanweisungen« empfohlen, die Einrichtung nicht näher spezifizierter »Komitees«, die Ermittlung einer »praktischen und dauerhaften Art und Weise, diese Themen weiterzuführen«. Zu den Personalressourcen, die derzeit etwa 45 Prozent der Kosten des Heiligen Stuhls ausmachen, heißt es, man müsse »einen praktischen und dauerhaften Weg finden, um die verschiedenen von der Personalkommission des Wirtschaftsrats 2017 und 2018 vorgebrachten Vorschläge voranzubringen«. Vorschläge, die jetzt veraltet sind und nie umgesetzt wurden.

Im späten Frühling 2019 laufen alle Indikatoren auf eine Schlussfolgerung hinaus: Es gibt keine Zeit zu verlieren. Selbst die

Schaffung der Grundlagen für einen auf fünf bis sieben Jahre zu konsolidierenden Finanzplan der bereits im Sommer 2018 eingerichteten Arbeitsgruppe gegen die Zahlungsunfähigkeit ist nur dann sinnvoll und von Bedeutung, wenn parallel dazu ein spezifisches Programm mit dringenden Sanierungsmaßnahmen aufgelegt wird.

Von einem für den Katholizismus so wichtigen Staat wie dem Vatikan erwartet man eine andere Reaktion, vielleicht die sofortige Erstellung einer Road Map, um einen Insolvenzvergleich und einen Bankrott zu vermeiden. Stattdessen scheint man innerhalb der Leoninischen Mauern auf ein Eingreifen des Heiligen Geistes zu warten, eine vom Himmel ausgestreckte Hand, die in der Lage ist, vor der Katastrophe mehr Zeit zu gewähren. Man verlässt sich einfach auf Gott, in der Gewissheit, dass das Haus nicht zerstört und dass der Tag des Jüngsten Gerichts verschoben wird.

Selbst der Generalrevisor gibt bei seinem Treffen mit den Experten des *Audit committee am 27*. Mai den Stand der Prüfung des konsolidierten Jahresabschlusses 2018 an und weist darauf hin, dass der Umfang der Analysen auch für dieses Jahr unverändert bleibt. Mit anderen Worten, es werden fünf vollständige Audits durchgeführt (APSA, Staatssekretariat, Propaganda Fide, Dikasterium für Kommunikation und Apostolische Bibliothek), sechs begrenzte (Kongregation für die Ostkirchen, Schweizergarde, Dikasterium für die ganzheitliche Entwicklung des Menschen, Lateran-Universität, Päpstliche Kommission für Sakrale Archäologie, Apostolische Almosenverwaltung). Während andere Behörden und Ämter, insgesamt fünfzig, nur nach Aktenlage überprüft werden, also ohne vertiefende Nachforschungen. Man beauftragt das internationale Wirtschaftsprüfungsunternehmen Ria Grant Thornton, ein Schulungsprogramm über die neuesten Entwicklungen im Bereich der Buchführungs- und Prüfungsstandards zu entwickeln.

Damit gelangt man zum Jahresabschluss für 2018, der einen Verlust von 43,9 Millionen Euro ausweist, über 10 Millionen Euro mehr als im Jahr 2017, als das Defizit 32,1 Millionen Euro betrug. Ein Defizit, das im Laufe der Jahre dramatisch zugenommen hat, da es zum Beispiel im Jahr 2015 »nur« 12,5 Millionen betrug. Um es

mit den Worten des Wirtschaftssekretariats zu sagen, »das Netto-
defizit besteht 2018 weiterhin und wird von mehreren Faktoren verschärft«. Im Einzelnen besteht die rote Zahl von 43,9 Millionen
(was einen Verlust von 120.000 Euro pro Tag bedeutet) aus einem
negativen Ergebnis von 58,8 Millionen Euro in der Betriebsführung
und einem positiven Ergebnis von 14,9 Millionen in der Finanzverwaltung. Die Betriebsführung umfasst u. a. Einnahmen aus Beiträ-
gen und Spenden sowie sämtliche Personalkosten, während die
Finanzverwaltung hauptsächlich Zins- und Wertpapiererträge sowie
Schuldenkosten betrifft.

Wie aus Tabelle 1, die hier erstmals veröffentlicht wird, sowie
aus den nachfolgenden Tabellen hervorgeht, haben sich 2018 beide
Managementbereiche verschlechtert: der operative Bereich hat den
Verlust erhöht, im finanziellen Bereich verringerte sich der Gewinn.

€	2018	2017
Betriebliche Erträge	251.733.424	250.587.043
Betriebliche Aufwendungen	–310.581.832	–303.291.366
Betriebliche Erträge	**–58.848.408**	**–52.704.323**
Finanzerträge	42.903.752	69.850.350
Finanzaufwendungen	–27.961.167	–49.232.354
Finanzergebnis	**14.942.585**	**20.617.996**
Überschuss/(Defizit)	**–43.905.823**	**–32.086.327**

Tabelle 1: Zusammenfassung der konsolidierten Gewinn- und Verlustrechnung.

Das Wirtschaftssekretariat hat in der Sitzung mit dem *Audit committee* vom 12. Juni 2019 den Gesamtverlust von 43,9 Millionen auf
alle Einheiten des Heiligen Stuhls aufgeteilt. Die Auszüge aus dem
mir vorliegenden Dokument sind zwar nicht vollständig (z. B. fehlen die Werte des Dikasteriums für Kommunikation und der
Lateran-Universität), aber sie liefern eine Menge Informationen.
Die Daten sind von besonderem Interesse und verschlagen einem
den Atem. Wie aus Tabelle 2 hervorgeht, verzeichnet allein das
Staatssekretariat ein Defizit von 75,7 Millionen Euro und steht damit an der Spitze der verlustreichsten Behörden. Auf dem zweiten

Platz liegt die APSA mit einem negativen Ergebnis von 22,6 Millionen Euro. An dritter Stelle steht überraschenderweise die Vatikanische Apostolische Bibliothek mit 7,4 Millionen.

Im Einzelnen hat das Staatssekretariat Einnahmen von 90,2 Millionen Euro und Ausgaben von 165,9 Millionen Euro. Die Bilanz weist Vermögenswerte (Immobilien, liquide Mittel, Forderungen usw.) in Höhe von 69,9 Millionen Euro aus. Die APSA hat Einnahmen von 104,9 Millionen, aber die Ausgaben steigen auf 127,5 Millionen, bei einem Vermögen von etwa 1,5 Milliarden Euro. Und das bedeutet, so surreal es auch scheinen mag, nur eines: Dieses Vermögen in Milliardenhöhe produziert Verluste. So sind denn die Folien, die während des Treffens verteilt werden, wenig wert, obwohl man sich wieder einmal sicher zeigt, dass »die in diesen Jahren herangereifte Erfahrung es uns erlaubt hat, die Initiativen zu benennen, die dem strukturellen Defizit begegnen und dem Heiligen Stuhl eine nachhaltige wirtschaftliche Zukunft garantieren können«.[7] Leider bleiben die Vorschläge nur Worthülsen.

Das Gesamtdefizit, das heißt die Summe der Ergebnisse der einzelnen Einheiten des Heiligen Stuhls beträgt, wie Tabelle 2 zu entnehmen ist, 182,6 Millionen. Ein Wert, der mit Rücksicht auf gruppeninterne Posten zu berichtigen ist. Nach den entsprechenden Aussparungen ergibt sich daher der bereits erwähnte Verlust von 43,9 Millionen Euro.

€	Überschuss/(Defizit)
Staatssekretariat	−75.662.456
APSA (Güterverwaltung des Apostolischen Stuhls)	−22.617.483
Vatikanische Apostolische Bibliothek	−7.399.987
Gericht der Römischen Rota	−3.474.532
Vatikanisches Geheimarchiv (einschließlich der Vatikanischen Schule für Paläographie, Diplomatik und Archivkunde)	−3.300.128
Dikasterium für Laien, Familie und Leben	−3.243.961
Kongregation für die Glaubenslehre	−3.186.645
Sekretariat für die Wirtschaft	−2.562.730
Dikasterium für den Dienst zugunsten der ganzheitlichen Entwicklung des Menschen	−2.200.897

€	Überschuss/(Defizit)
Bischofssynode	–1.747.180
Kongregation für das Katholische Bildungswesen	–1.579.730
Kongregation für die Bischöfe	–1.531.401
Päpstlicher Rat zur Förderung der Einheit der Christen	–1.429.175
Päpstlicher Rat für die Förderung der Neuevangelisierung	–1.346.042
Kongregation für den Klerus	–1.264.583
Päpstlicher Rat für die Kultur	–1.238.102
Kongregation für den Gottesdienst und die Sakramenten-ordnung	–1.179.141
Büro des Generalrevisors	–1.122.434
Päpstlicher Rat für den Interreligiösen Dialog	–869.399
Oberster Gerichtshof der Apostolischen Signatur	–710.251
Päpstlicher Rat für die Gesetzestexte	–563.781
Apostolische Pönitentiarie	–546.233
Kongregation für die Institute des geweihten Lebens und die Gesellschaften des apostolischen Lebens	–483.674
Kongregation für die Selig- und Heiligsprechungsprozesse	–395.085
Päpstliche Kommission für den Schutz von Minderjährigen	–382.598
Rat für die Wirtschaft	–335.718
Päpstliche Kommission Ecclesia Dei	–310.895
Päpstliches Komitee für Geschichtswissenschaft	–289.642
Päpstliches Komitee für die Internationalen Eucharistischen Kongresse	–212.968
Päpstliche Kommission für Lateinamerika	–175.196
Päpstliche Kommission für die Tätigkeiten der öffentlichen Rechtspersonen der Kirche im Gesundheitswesen	–76.397
Päpstliche Diplomatenakademie	–14.531
Disziplinarkommission der Römischen Kurie	–1.223
Apostolische Kammer	–921
Päpstliches Komitee für finanzielle Sicherheit	0
Päpstliche Kommission für sakrale Archäologie	236.014
Kongregation für die Orientalischen Kirchen	980.111
Kongregation für die Evangelisierung der Völker	3.124.416
Apostolisches Almosenamt	6.994.718

€	Überschuss/(Defizit)
Zwischensumme 2018 gesamt	**−130.119.860**
Andere Einheiten [Daten liegen nicht vor] *	−52.485.326
Gesamtbetrag 2018	**−182.605.186**
Berichtigungen und Aufhebungen innerhalb der Gruppe	138.699.363
Konsolidierte Summe	**−43.905.823**

* einschließlich des Dikasteriums für die Kommunikation und der Päpstlichen Lateran-Universität

Tabelle 2: Aufschlüsselung des Überschusses/(Defizits) jeder einzelnen Einheit.

Die analysierten Daten zeigen, dass nur sehr wenige Einheiten in der Lage sind, einen positiven Beitrag zu leisten. Darunter die Kongregation für die Evangelisierung der Völker (Gewinn von 3,1 Millionen) und vor allem das Apostolische Almosenamt, das einen Überschuss von fast 7 Millionen Euro aufweist. Aber kehren wir zur konsolidierten Gewinn- und Verlustrechnung zurück, denn es gibt noch andere Überraschungen. Konzentrieren wir uns auf das Betriebsmanagement, und beginnen wir mit den Erträgen, die sich 2018 auf 251,7 Millionen beliefen.

Wie aus Tabelle 3 ersichtlich ist, stammen 9 Prozent (ca. 22,7 Millionen Euro) aus dem sogenannten Canon 1271 des Codex Iuris Canonici, der besagt, »[D]ie Bischöfe sollen aufgrund des Bandes der Einheit und der Liebe gemäß den Möglichkeiten ihrer Diözese zur Besorgung der Mittel beitragen, die der Apostolische Stuhl entsprechend den Zeitverhältnissen braucht, damit er seinen Dienst gegenüber der ganzen Kirche ordnungsgemäß zu leisten vermag.« Dies ist das Geld, das die Bischöfe der ganzen Welt ans Hauptquartier abführen. Der Wert von 2018 entspricht dem von 2017, liegt aber um 2 Millionen Euro unter der Haushaltsplanung für 2018, wie man Tabelle 4 entnehmen kann.

Die Beiträge und Spenden übersteigen 100 Millionen Euro und machen 40,5 Prozent der gesamten Betriebseinnahmen aus. In diesem Fall sind die endgültigen Zahlen deutlich besser als die Planung. Wer weiß, warum der Heilige Stuhl für 2018 einen starken Rückgang erwartete: Die Prognose lag bei 76,7 Millionen Euro. In diesem Posten sind die Einnahmen des Apostolischen Almosenamtes enthalten, die sich 2018 auf 8,4 Millionen beliefen, 4,5 Millionen mehr als im Jahr 2017.

€	2018	2017	Veränderung
Betriebseinnahmen			
Canon 1271 C.I.C.	22.672.561	22.861.470	–188.909
Beiträge und Spenden	102.082.108	101.187.351	894.757
Einnahmen aus Dienstleistungen	11.052.127	11.426.290	–374.163
Sonstige Einnahmen	115.926.628	115.111.932	814.696
Betriebserträge insgesamt	**251.733.424**	**250.587.043**	**1.146.381**

Tabelle 3: Einzelaufstellung der Betriebserträge 2018 und 2017.

€	2018	Budget 2018	Veränderung
Betriebseinnahmen			
Canon 1271 C.I.C.	22.672.561	24.675.000	–2.002.439
Beiträge und Spenden	102.082.108	76.701.564	25.380.544
Einnahmen aus Dienstleistungen	11.052.127	9.077.658	1.974.469
Sonstige Einnahmen	115.926.628	112.408.357	3.518.271
Betriebserträge insgesamt	**251.733.424**	**222.862.579**	**28.870.845**

Tabelle 4: Einzelaufstellung der Betriebserträge 2018 und des Budgets 2018.

Leider sind Einzelheiten zu den Einnahmen aus dem Dienstleistungssektor und insbesondere zu den anderen Einnahmen, die 46 Prozent der gesamten Betriebseinnahmen ausmachen, nicht bekannt. Betrachtet man jedoch weiterhin die Betriebskosten (Tabellen 5 und 6), so bestätigt sich, dass der wichtigste Posten die Personalkosten sind: 140 Millionen im Jahr 2018 oder 45 Prozent der Gesamtausgaben, was einem Anstieg um etwa 2,4 Millionen gegenüber 2017 entspricht. Der Wert liegt um fast 2,6 Millionen niedriger als im Budget, was hauptsächlich auf die Verschiebung von Neueinstellungen zurückzuführen ist. Mit anderen Worten, das Problem wird aufgeschoben, ohne es zu lösen.

€	2018	2017	Veränderung
Betriebsaufwand			
Personalkosten	−140.007.121	−137.616.583	−2.390.538
Allgemeine und Verwaltungskosten	−136.219.763	−124.917.308	−11.302.455
Beiträge und Spenden	−24.020.675	−24.384.076	363.401
Abschreibungen und andere Wertminderungen	−10.334.273	−16.373.399	6.039.126
Gesamte betriebliche Aufwendungen	**−310.581.832**	**−303.291.366**	**−7.290.466**

Tabelle 5: Einzelaufstellung der betrieblichen Aufwendungen 2018 und 2017.

€	2018	Budget 2018	Veränderung
Betriebsaufwand			
Personalkosten	−140.007.121	−142.564.565	2.557.444
Allgemeine und Verwaltungskosten	−136.219.763	−167.267.717	31.047.954
Beiträge und Spenden	−24.020.675	−26.297.947	2.277.272
Abschreibungen und andere Wertminderungen	−10.334.273	−8.740.758	−1.593.515
Gesamte betriebliche Aufwendungen	**−310.581.832**	**−344.870.987**	**34.289.155**

Tabelle 6: Einzelaufstellung der betrieblichen Aufwendungen 2018 und des Budgets 2018.

Insgesamt beschäftigt der Heilige Stuhl 3010 Personen (im Jahr 2018 waren es 3004), 76 Prozent (2298) Männer und 24 Prozent (712) Frauen. Eine weitere Unterteilung gibt an, 806 davon seien Geistliche (alles Männer), 321 Ordensleute (davon 107 Frauen) und 1883 Laien (davon 605 Frauen).

Einheit	Anzahl der Mitarbeiter
Dikasterium für die Kommunikation	563
Staatssekretariat	477
Kongregation für die Evangelisierung der Völker	296
Päpstliche Lateran-Universität	187
APSA	177
Sonstige	1310
Gesamt	**3010**

Tabelle 7: Personal nach Einheiten aufgeschlüsselt.

Der Hauptarbeitgeber ist das Dikasterium für Kommunikation – der Apparat zur Verbreitung der Botschaft des Evangeliums in der Welt, das ein Heer von 563 Mitarbeitern beschäftigt, fast ausschließlich (551) Laien –, gefolgt vom Staatssekretariat mit 477 Mitarbeitern, von denen 331 dem Klerus angehören.

Bei den Betriebskosten stellen die allgemeinen und administrativen Kosten den zweitgrößten Posten dar. Sie beliefen sich 2018 auf 136,2 Millionen, was einem Anstieg um 11,3 Millionen gegenüber 2017 entspricht, aber im Vergleich zur Haushaltsplanung stark rückläufig ist.[8] In dieser Hinsicht kann man nur feststellen, dass die endgültigen Zahlen erheblich von den Planungszahlen abweichen: Dies gilt sowohl für die Betriebseinnahmen (etwa 28,9 Millionen im Vergleich zum Budget) als auch für die Betriebskosten (fast 34,3 Millionen Euro höher), ein Hinweis auf die geringe Fähigkeit zur Planung. Aber sei's drum.

Beim Finanzmanagement klaffen die Zahlen von 2018 und 2017 sowie von 2018 gegenüber der Haushaltsplanung 2018 regelrecht auseinander, wie aus den Tabellen 8 und 9 hervorgeht. Die Einnahmen für 2018 betrugen 42,9 Millionen, das sind etwa 40 Prozent (!) weniger als 2017 und etwa 60 Prozent (!) mehr als im Budget. Man hat den Eindruck, dass hier auf Sicht gefahren wird. Die Ausgaben beliefen sich im Jahr 2018 auf 28 Millionen, das sind etwa 40 Prozent (!) weniger als 2017 und etwa 200 Prozent mehr als im Budget; das bedeutet, dass die Haushaltsplanung unglaubwürdig ist.

Nach wie vor herrscht unter anderem die Tendenz, keine Verantwortung für das Management und die Auswahl von Investitionen zu übernehmen. Die Ursache für die Verschlechterung des Finanzergebnisses wird zum Beispiel auf den »negativen makroökonomischen Gesamtrahmen« zurückgeführt. Schuld ist sozusagen die allgemeine Situation.

€	2018	2017	Veränderung
Finanzerträge	42.903.752	69.850.350	−26.946.598
Finanzaufwendungen	−27.961.167	−49.232.354	21.271.187
Finanzergebnis	**14.942.585**	**20.617.996**	**−5.675.411**

Tabelle 8. Konsolidiertes Finanzergebnis 2018 und 2017.

€	2018	Budget 2018	Veränderung
Finanzerträge	42.903.752	27.336.105	15.567.647
Finanzaufwendungen	−27.961.167	−9.220.066	−18.741.101
Finanzergebnis	**14.942.585**	**18.116.039**	**−3.173.454**

Tabelle 9: Konsolidiertes Finanzergebnis 2018 und Budget 2018.

Stattdessen hat man das Gefühl, im Traumbuch zu blättern, wenn man den Teil liest, der der Bilanz gewidmet ist. Das Gesamtvermögen zum 31. Dezember 2018 betrug fast 2 Milliarden, mit einem Verlust von 62,6 Millionen im Vergleich zum 31. Dezember 2017. Angesichts dieses Vermögensrückgangs ist in der Bilanz des Heiligen Stuhls von recht pompösen und hehren Absichten zu lesen:

> Die Kirche ist sich ihrer Verantwortung bewusst, ihre Güter im Lichte ihres Evangelisierungsauftrags und mit besonderer Aufmerksamkeit für die Bedürftigen zu schützen und sorgsam zu verwalten. Insbesondere die Verwaltung der Wirtschafts- und Finanzbereiche ist eng mit ihrer Mission verknüpft, nicht nur im Dienst des universellen Lehramtes des Heiligen Vaters, sondern auch in Bezug auf das Gemeinwohl, in Hinblick auf die ganzheitliche Entwicklung des Menschen.

Bei solchen Worten geht einem das Herz auf, aber sie werden von denjenigen sabotiert, die das in sie gelegte Vertrauen missbrauchen, weil sie bei der Verwaltung der Gelder der Gläubigen intransparent handeln, andere Interessen verfolgen und das Evangelium nur als Vorwand benutzen.

€	2018	2017	Veränderung
Umlaufvermögen			
Liquide Mittel	305.859.263	358.591.854	−52.732.591
Forderungen	56.593.587	46.190.676	10.402.911
Kurzfristige Finanzanlagen	385.561.460	359.460.679	26.100.781
Vorräte	43.690.135	43.887.727	−197.592
Aktive Rechnungsabgrenzungsposten	970.834	1.504.709	−533.875
Langfristige Vermögenswerte			
Sachanlagen	14.402.624	13.352.171	1.050.453
Immaterielle Vermögenswerte	1.858.033	2.101.414	−243.381
Als Finanzinvestition gehaltene Immobilien	593.242.406	521.792.982	71.449.424
Langfristige Finanzanlagen	561.878.547	679.740.418	−117.861.871
Aktiva	**1.964.056.889**	**2.026.622.630**	**−62.565.741**
Kurzfristige Verbindlichkeiten			
Kurzfristige Verbindlichkeiten	56.456.963	54.138.998	2.317.965
Kurzfristige Finanzverbindlichkeiten	309.676.516	325.891.065	−16.214.549
Passive Rechnungsabgrenzungsposten	2.514.037	2.842.161	−328.124
Kurzfristige Rückstellungen	1.542.685	2.557.724	−1.015.039
Langfristige Verbindlichkeiten			
Langfristige Finanzverbindlichkeiten	109.325.141	161.338.667	−52.013.526
Sonstige Verbindlichkeiten	50.662.495	50.988.614	−326.119
Langfristige Rückstellungen	151.520.968	155.844.871	−4.323.903

€	2018	2017	Veränderung
Eigenkapital			
Eigenkapitalreserven	1.245.782.042	1.224.645.741	21.136.301
Neubewertung von Immobilien	80.481.865	80.461.116	20.749
Überschuss/ (Fehlbetrag)	−43.905.823	−32.086.327	−11.819.496
Verbindlichkeiten und Eigenkapital	**1.964.056.889**	**2.026.622.630**	**−62.565.741**

Tabelle 10: Konsolidierte Bilanz.

Wie aus Tabelle 10 hervorgeht, setzen sich die Aktiva in der Bilanz hauptsächlich aus drei Posten zusammen:

- Finanzanlagen in Höhe von 947,4 Millionen Euro (davon 385,6 Millionen kurzfristig und 561,9 Millionen langfristig) Ende 2018, in Form von Anleihen, Wertpapieren und Vermögensverwaltungen;
- Immobilieninvestitionen in Höhe von 593,2 Millionen Euro Ende 2018, ein Anstieg um etwa 71 Millionen gegenüber 2017 für den Kauf von drei Immobilien in Rom (davon 44,5 Millionen für das Kinderkrankenhaus Bambino Gesù);
- Liquide Mittel (Girokonten) von 305 Millionen Euro Ende 2018.

Die Finanzanlagen haben als Gegenposten hauptsächlich Emittenten mit guter Bonität (dem so genannten Rating) und liegen zu 19 Prozent in Italien, zu 40 Prozent in anderen europäischen Ländern, zu 17 Prozent im Staat Vatikanstadt, zu 15 Prozent in den Vereinigten Staaten und zu 9 Prozent in anderen Ländern. Ein weiterer interessanter Aktivposten sind die Vorräte, die fast vollständig aus »Gold und Ähnlichem« bestehen (39,9 Millionen Ende 2018 gegenüber 38,6 Millionen Ende 2017). Der Grundbesitz, der sich, wie wir gesehen haben, auf insgesamt 593,2 Millionen beläuft, besteht aus Grundstücken für 14,7 Millionen und Gebäuden für die restlichen 578,5 Millionen. Letztere sind zu 82,3 Prozent im Besitz der APSA, die über 2926 Gebäude verfügt. Schließlich ist noch wichtig zu erwähnen, dass die Verbindlichkeiten notleidende Kredite in Höhe von 419 Millionen Euro (309,7 Millionen kurzfristig) und das Eigenkapital enthalten, das im Laufe des Jahres in Höhe von 41,2 Millionen wiedereingesetzt wurde, um den Verlust von 43,9 Millionen auszugleichen.

Am 27. Mai 2019 hat das Wirtschaftssekretariat ein spezielles Dokument über Investitionen erstellt.⁹ Darin wird über eine Reihe von Problemen berichtet, darunter das »Fehlen einer klaren Strategie für kurzfristige Investitionen« und der Mangel an Informationen. Es ist zu beachten, dass die im Bericht enthaltenen Werte von denen der konsolidierten Jahresrechnung 2018 abweichen, obwohl die Größenordnung die gleiche ist. So werden beispielsweise die Finanzinvestitionen im Jahr 2018 mit 991 Millionen ausgewiesen, während sie in der Jahresrechnung nur 947,4 Millionen betragen. Die Finanzverbindlichkeiten werden mit 490 Millionen ausgewiesen, während sie sich in der Bilanz auf 419 Millionen belaufen. Auch dieser Umstand zeigt, dass die Zahlen »wackelig« sind.

In jedem Fall heißt es in dem Dokument, dass 70 Prozent der Investitionen (698 Millionen) von der APSA verwaltet werden. Fünfzig Prozent davon werden zwar von der APSA verwaltet, gehören aber formell anderen Einrichtungen (außerhalb des Vatikans), darunter das Governatorat (190 Millionen) und das Kinderkrankenhaus Bambino Gesù (50 Millionen). Der Gewinn aus Finanzgeschäften belief sich 2018 auf 14,9 Millionen Euro, gegenüber 20,6 Millionen im Jahr 2017, und beinhaltet die Abschreibung von Kapitalbeteiligungen in Höhe von 20,3 Millionen. 2017 profitierte auch von einem erheblichen Kapitalgewinn aus dem Verkauf von Aktien des Pharmaunternehmens Roche (15,9 Millionen). Schließlich heißt es in dem Dokument, die APSA erwarte, die 2018 erlittenen finanziellen Verluste dank des positiven Marktgeschehens wieder ausgleichen zu können. Wer weiß, ob dies der Fall sein wird, da die Trends nicht gerade begeistern. Der Bericht kommt zu dem Schluss, dass »die Finanzergebnisse des Heiligen Stuhls stark von den sehr volatilen Märkten mit niedrige Rentabilität beeinflusst sind«. Die Schuld liegt also bei den Aktienmärkten, nicht bei denen, die schlechte Investitionsentscheidungen getroffen haben. Dann wieder Abstraktes: »Die Einrichtungen, insbesondere die APSA, sollten sich überlegen, ernsthafte Gegenmaßnahmen zu ergreifen, um den Risiken und negativen Trends zu begegnen.« Es werden »homogene Strategien« und »robuste operative Verfahren« empfohlen. Die den Mitgliedern des Wirtschaftsrats bei der Sitzung vom 28. Mai 2019 vorgeschlagene Resolution zum Budgetverfahren 2020 ist daher vielsagend. Man solle die »Einrichtungen des Heiligen Stuhls auffordern, einen Mehrjahresplan für die Jahre von 2020 bis 2022 mit Initiativen zum schrittweisen Abbau des Nettoverlusts vorzubereiten«.

Dabei ist vielen klar, aus den Dikasterien sind all die Jahre nur vereinzelt positive Signale oder allenfalls solche zwiespältiger Art angekommen, daher ist sicher auch jetzt nicht zu erwarten, dass man die Ärmel hochkrempelt. Leider scheint die Sorge des Papstes um die Zukunft der Kirche innerhalb der vatikanischen Mauern nur von wenigen anderen geteilt zu werden.

Eine derart negative Situation veranlasst Franziskus dazu, die Wachablösung im Sommer 2019 ab Ende Juli zu beschleunigen, wobei die öffentliche Meinung durch die Regierungskrise in Italien abgelenkt ist. Der bedeutendste Wechsel ist der Laufpass für den mächtigen ersten Mann in der Verwaltungsabteilung des Staatssekretariats. Parolin erwirkt von Franziskus die Versetzung von Prälat Perlasca, der die Truhen, Konten und Kassen verlässt, um zum stellvertretenden Kirchenanwalt beim Obersten Gerichtshof der Apostolischen Signatur ernannt zu werden, wo er auf Bischof Giuseppe Sciacca als Sekretär und Kardinal Dominique Mamberti als Präfekten stößt, mächtige Männer zu Bertones Zeiten. Auch Prälat Carlo Maria Polvani darf seinen Posten als Leiter des Informations- und Dokumentationsbüros der römischen Kurie im Staatssekretariat verlassen und geht an den Päpstlichen Rat für die Kultur. An seine Stelle tritt Prälat Mauro Carlino, ehemaliger Sekretär von Becciu, bevor dieser Kardinal wurde.

Im Stillen wechselt Parolin sogar mehrere Sekretäre in den Büros aus, schwächt damit den Kreis, der Becciu umgab und ihm eine aktive Rolle in der italienischen Politik sicherte. Zu Zeiten der letzten

Mitte-Rechts-Regierung unterhielt der Kardinal Beziehungen zu Vertretern von Salvinis Lega und gab Erklärungen zu tagesaktuellen Ereignissen ab, als wäre er noch immer der Substitut im Staatssekretariat. Damit setzte er sich über das Beziehungsgeflecht hinweg, das Parolin gerade aufbaut.

Erst in den letzten zwei Jahren hat der Kardinalstaatssekretär nämlich eine solide institutionelle Achse zu Premierminister Giuseppe Conte aufgebaut und verstärkt, und er setzt dabei auf Austausch. Eine Abkehr von jenem osmotischen Verhältnis, das jahrzehntelang die politischen Beziehungen zwischen Italien und dem Vatikan beherrschte und für Säkularismus und Transparenz keinen Platz ließ. Staatspräsident Mattarella sah diesbezüglich mit Wohlwollen, dass man den Dialog mit der 5-Sterne-Bewegung suchte, noch bevor diese an die Regierung kam (etwa mit den Beziehungen zwischen Luigi Di Maio und Bischof Galantino). Ganz anders, zumindest was das Spitzenpersonal betrifft, ist das Verhältnis zur Lega: Hier ist ein Dialog nicht möglich. Jetzt, mit der neuen Regierung, finden sich eine Menge Themen auf der Agenda. Allen voran die 5 Milliarden Euro noch ausstehender Gemeindesteuern auf Kircheneigentum. Hier solle es im neuen Jahr zu einer abschließenden Transaktion kommen. Inzwischen kassiert die Kirche eine Milliarde und 401 Millionen Kirchensteuern und festigt damit ihre Vorrangstellung in der Gunst der Steuerzahler. Doch die Zahl der Italiener, die ihre Steuer der katholischen Kirche zukommen lassen, nimmt jährlich um mindestens 200.000 ab.[10] Eine Aushöhlung des Konsenses, der in einer Phase der wirtschaftlichen Stagnation eine Reform des Systems der 8 Promille begünstigen könnte. Dies ist sicherlich nicht im Sinne einer Diskriminierung der katholischen Kirche zu verstehen, sondern soll helfen, dass durch stärkere Kontrollen der Verwendung der Gelder, sowohl in Italien als auch im Vatikan, eine bewusste Entscheidung getroffen werden kann, die darauf abzielt, anderen zu helfen. Was dann mehr oder weniger genau das ist, was Franziskus predigt.

Die Justiz Gottes und die Justiz des Vatikans

Mit dieser so sehr erhofften Revolution könnte Franziskus im vatikanischen Justizapparat einen wichtigen Verbündeten finden, der mit seiner investigativen Seite (Kirchenanwalt und Gendarmerie) zur Transparenz beitragen könnte, die immer als vorrangiges Ziel angegeben wurde. Und doch gleicht die vatikanische Justiz sechs Jahre nach Beginn seines Pontifikats einem Dickhäuter, der sich mit zu wenig Personal und veralteten Gesetzen bewegt, um die heutigen Verbrechen zu verfolgen. Abgesehen von einigen wenigen spezifischen, wenn auch verspäteten Vorschriften zur Pädophilie und zur Verbreitung vertraulicher Nachrichten (nach dem Vatileaks-Skandal) hat sich da wenig getan.

Die Justiz scheint im Vatikan noch in einer anderen Epoche zu leben. Das Zanardelli-Strafgesetzbuch aus dem Jahr 1889 blieb im Königreich Italien bis 1930 in Kraft, im Vatikan ist es – mit wenigen Änderungen – heute noch gültig. Zu Richtern und Staatsanwälten werden jeweils italienische Staatsbürger bestellt, die eine andere Tätigkeit ausüben, meist als Universitätsprofessoren. Es ist, als ob wir von Universitätsdozenten und nicht von Richtern beurteilt würden, mit einem ganz anderen Ansatz in Bezug auf Normen und Rechtsprechung. Das Berufungsgericht besteht aus Kardinälen und nicht aus erfahrenen Richtern. Und ein weiteres wichtiges Detail: Viele im Vatikan betrachten Straftaten wie Pädophilie als bloße Krankheiten, die behandelt und nicht strafrechtlich verfolgt werden sollten.

Dieses Problem hat starke Auswirkungen auf das Image des Staates und die Glaubwürdigkeit dessen, was er predigt. Wie soll eine Justiz, die abwesend scheint, mit Geisterprozessen fernab jeder Öffentlichkeit eine Unterstützung im Kampf gegen Korruption, Pädophilie und all jene Straftaten bieten, denen Franziskus tagtäglich vorzubeugen versucht?

Ein emblematischer Fall ereignete sich am 29. Juli 2019, als der Heilige Vater mit einem *Reskriptum* eingreifen musste, um im Fall des mutmaßlichen sexuellen Missbrauchs an Ministranten des Papstes, der sich in den Schlafsälen des Preseminars Pius X. im Palazzo San

Carlo ereignet haben soll, die Strafverfolgung zu ermöglichen. In dem Buch *Erbsünde* habe ich diesen Skandal, der lange Zeit unter dem Deckel gehalten wurde, öffentlich gemacht.[11] Nun, da die berichteten Fakten auf Jahre zurückgehen, in denen das geltende Recht ein Verfahren ohne Klageerhebung durch den Geschädigten verhinderte, drohte alles wieder zu versanden. Dank des Eingriffs des Papstes können nun die beiden Priester, der eine wegen Missbrauchs, der andere wegen Beihilfe, vor Gericht gestellt werden.

Die Intervention von Franziskus zeigt die ganze Rückständigkeit der vatikanischen Justiz, aber sie zeugt auch von der Entschlossenheit des Papstes, energisch gegen Metastasen vorzugehen, die ohne strenge Maßnahmen Gefahr laufen, sich ungehindert auszubreiten. Doch eine Umgestaltung des Justizapparats ebenso wie ein Einschnitt in die vielen Seelen der vatikanischen Finanzwelt, von denen wir auf diesen Seiten berichtet haben, würde Jahre dauern, unter Berücksichtigung von Fallen und Machenschaften.

Der Countdown hat begonnen. In diesem Buch haben wir die vertraulichen Daten und Palastmanöver beschrieben, um einen Ausweg zu finden. Es gibt nur eine Alternative: Entweder es gelingt, den negativen Trend umzukehren, oder der Ausfall gefährdet die wirtschaftliche Sicherheit des gesamten Staates. Dann wird der Vatikan, um einen Zusammenbruch zu vermeiden, gezwungen sein, zu verkaufen, seine Besitztümer zu veräußern, seine Konten zu leeren, was ihn in den Augen der Gläubigen in der Welt seine Glaubwürdigkeit kosten wird. Sollte dies das Ende eines so aufgeklärten Pontifikats sein, das zum ersten Mal eine deutliche Abkehr von der Vergangenheit versucht?

◇◇◇◇◇◇◇◇◇◇◇◇

1   Apokalypse, 20, 7–10, nach der Einheitsübersetzung 2016.

2   Wirtschaftsrat, Protokoll der Sitzung vom 12. Februar 2019.

3   Ebd.

4   Ebd.

5   Ebd.

6   In der Diskussion zwischen den an der Sitzung teilnehmenden Kardinälen
     und Laien werden zum wiederholten Mal die verschiedenen Initiativen zur
     Erhöhung der Einnahmen und zur Senkung der Kosten erörtert. »Diese könn-
     ten die folgenden Bereiche betreffen: 1. Vatikanische Museen (ein Vergleich
     mit anderen wichtigen Museen wäre nützlich). 2. Aufwertung des Immobilien-
     vermögens durch Steigerung der Rentabilität. Das Projekt, an dem die APSA
     arbeitet [das heißt die sinnvolle Erfassung aller Liegenschaften, A.d.A.] ist von
     grundlegender Bedeutung. 3. Planung der Mittelbeschaffung und Festlegung
     eines Referenzpartners (Beispiel: Wirtschaftssekretariat). 4. Personal: Wir müs-
     sen in den Bereichen Ausbildung und Entwicklung, Mobilität und Freistellun-
     gen handeln, Abläufe verändern und auf Innovation setzen. [...] Wenn diese
     Maßnahmen ernsthaft umgesetzt würden, könnten innerhalb von zehn Jahren
     signifikante Ergebnisse erzielt werden.«

7   Dokument der Arbeitssitzung des Wirtschaftssekretariats mit dem Audit com-
     mittee vom 12. Juni 2019.

8   Zu den allgemeinen und administrativen Kosten gehören u.a:

     • Kosten für die päpstlichen Vertretungen, die 30 Millionen erreichten
       (2,7 Millionen mehr als 2017, ein Anstieg von etwa 10 Prozent), obwohl
       einige Ausgaben auf die Folgejahre verschoben wurden;
     • Instandhaltungskosten in Höhe von 20,1 Millionen Euro (5 Millionen
       mehr als 2017), obwohl eine Reihe von Maßnahmen verschoben wurden;
     • Steuer- und ähnliche Aufwendungen gegenüber anderen Staaten in Höhe
       von 17,7 Millionen Euro (17,4 Millionen im Jahr 2017), davon 12,7 Millio-
       nen im Zusammenhang mit der APSA, 4,3 Millionen für Propaganda Fide
       und die restlichen 0,7 Millionen für andere Einrichtungen;
     • freiberufliche Beratungsdienste in Höhe von 9,3 Millionen Euro (10,1 Mil-
       lionen im Jahr 2017);
     • andere Kosten, die sich auf 48,2 Millionen Euro belaufen und über die
       keine Einzelheiten bekannt sind.

     Ein weiterer wichtiger Posten bei den Betriebskosten sind Beiträge und Spen-
     den, die sich 2018 auf 24 Millionen belaufen, was dem Stand von 2017 ent-
     spricht und 2,3 Millionen weniger beträgt als veranschlagt. Im Jahr 2018 war
     der Heilige Stuhl weniger großzügig, als er versprochen hatte.

9   Wirtschaftssekretariat, »Konsolidierte Jahresrechnung 2018: Eingehendere
     Analyse der Finanzanlagen«, 27. Mai 2019.

10   In Italien kann der Steuerzahler entscheiden, welcher Religionsgemeinschaft sein Beitrag in Höhe von 8 Promille der Einkommenssteuer zukommen soll oder ob der Staat dieses Geld für soziale Zwecke erhält [A.d.Ü.].

11   Gianluigi Nuzzi, Erbsünde, Orell Füssli, Zürich 2018.

Anhang

Wie sicher sind der Papst im Vatikan und die Gläubigen auf dem Petersplatz?

Ein Attentat mitten im Gedränge der Gläubigen auf dem Petersplatz. Terroristen nehmen Franziskus im Vatikan ins Visier. Das wären gute Storys für Kriminalromane oder Unterhaltungsfilme. Aber würden sie Realität, würde das die Welt verändern. Es stellt sich daher die Frage, ob der Papst, der Petersdom, der ganze Vatikan tatsächlich so gut geschützt sind, wie wir denken? Herrscht dort wirklich stets das allerhöchste Sicherheitsbewusstsein?

Als 2014 klar wurde, dass sich der neue Papst innerhalb und außerhalb des Vatikans viele Feinde machen würde, fragten sich die Männer des Papstes genau das und initiierten, benannt nach dem Erzengel Michael, dem Schutzheiligen der Gendarmerie, die »Operation Heiliger Michael«. Sie beauftragten Experten im spanischen Innenministerium damit, die Sicherheit von Papst Franziskus, Benedikt XVI. sowie symbolträchtiger Orte der Christenheit wie den Petersplatz oder die Sommerresidenz in Castel Gandolfo zu überprüfen und ein entsprechendes Gutachten zu erstellen.

Eine heikle Aufgabe, die man damals zum ersten Mal in Angriff nahm. Über Tage und Wochen beobachtete ein Team aus Analysten die kleine Welt des Kirchenstaats und klopfte sie auf Sicherheitslücken ab. Man analysierte alles, was man zu sehen bekam, ob Kanaldeckel, Speisen, Sicherheitsschleusen, die Residenz von Benedikt XVI. und selbst das Gästehaus Santa Marta mit den Aufgängen zur Etage, die der Papst bewohnt. Sicherheitspersonal, Geistliche, Kardinäle oder der Papst wussten von all dem nichts.

Das Ergebnis stand schließlich, auf Englisch und Spanisch, in dem Geheimdossier, das ich hier zum ersten Mal veröffentliche. Ich habe nur wenige Stellen geschwärzt, weil diese Problempunkte, würden sie bekannt, ein konkretes Sicherheitsrisiko für den Papst darstellen könnten, denn auch heute, sechs Jahre später, sind sie nicht oder nicht vollständig gelöst.

Das Dossier zeichnet ein trostloses Bild: Die beiden Päpste werden nicht durch strengste Sicherheitsmaßnahmen geschützt, sondern vermeidbaren Risiken ausgesetzt: »Besorgniserregende, eindeutige Sicherheitslücken« führen zu Situationen, »in denen die persönliche Sicherheit des Papstes und der Vatikanstadt gefährdet sein können.«

Wie sicher sind der Papst im Vatikan und die Gläubigen auf dem Petersplatz?

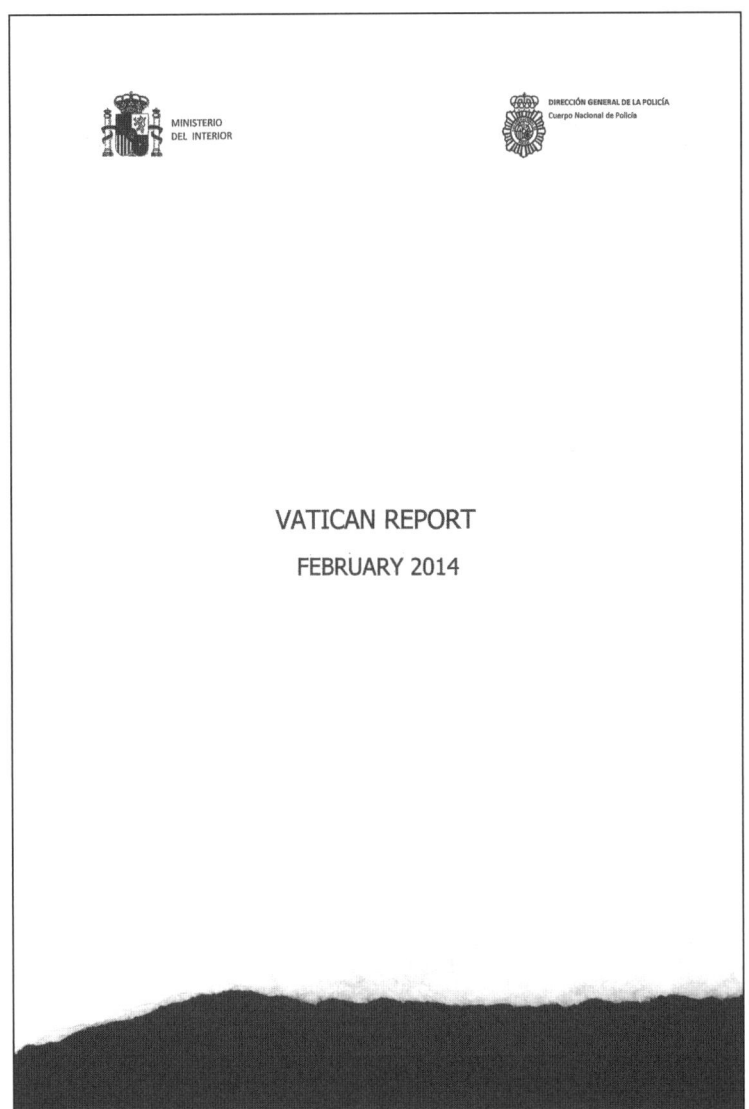

VATICAN REPORT

FEBRUARY 2014

1. Allgemeine Situation

Mit 44 Hektar Gesamtfläche und circa 900 Einwohnern ist der Vatikan der kleinste Staat der Welt. Zusätzlich erstreckt sich seine Gerichtsbarkeit auf einige Gebäude im römischen Stadtgebiet und die Residenz in Castel Gandolfo, wo die Päpste traditionell die Sommermonate verbringen.

Dieser Bericht liefert einen Abriss über die Sicherheitslage im Vatikan. Da er zuallererst auf Beobachtungen basiert, hat er einen sehr deskriptiven Charakter. Doch schon diese erste Analyse zeigt, dass einige Sicherheitsmaßnahmen überarbeitet und verschiedene Punkte geändert werden müssten, wenn die Sicherheit des Heiligen Vaters und des Vatikanstaats zuverlässig gewährleistet sein sollen.

Um eine rigorosere, detailliertere Untersuchung durchführen zu können, müsste man noch weitere Elemente kennen: die eingesetzten technischen Mittel, die unsichtbaren Mittel, die genaue Funktionsweise und Effizienz der beobachteten Mittel, die geplanten Mittel, die verfügbaren Personalressourcen, die Bedürfnisse, Vorlieben und Verpflichtungen des Heiligen Vaters. Außerdem wäre dazu ein Austausch mit den Sicherheitsverantwortlichen erforderlich. Die Erarbeitung eines Sicherheitsplans, der Risiken und Gefahren identifiziert, würde eine strenge Vergleichsanalyse über einen bestimmten Zeitraum sowie weitere Gespräche und Informationen voraussetzen.

Die Studie ist relativ ausführlich, weil es darum geht, die Sicherheit des religiösen Führers, der der einzigen Theokratie der Welt vorsteht, zu garantieren, und daher viele religiöse Aspekte zu berücksichtigen sind.

Die Organisation der Sicherheitskräfte im Vatikan ist komplex und basiert auf einer langen Tradition. Diese Tradition scheint die wichtigste Richtschnur ihrer Arbeit zu sein. Die Schweizergarde wurde im Jahr 1506, die jüngere vatikanische Gendarmerie erst 2002 gegründet. Beide existieren nebeneinander, wobei manche Aufgaben strikt getrennt sind und andere gemeinsam wahrgenommen werden.

Der Bericht bietet einen kurzen historischen Überblick über die beiden Sicherheitsorgane und identifiziert auf Grundlage der erhobenen Daten die wichtigsten kritischen Punkte hinsichtlich Dokumentation, Papstwohnungen, Kommunikationsmittel, Sicherheitsmaßnahmen bei offiziellen Anlässen sowie der Risiken, die sich aus den täglichen Aktivitäten des Papstes ergeben. Der Bericht endet mit Schlussfolgerungen und Empfehlungen.

2. Die Sicherheitskräfte im Vatikan

2.1. Schweizergarde
Die Schweizergarde wurde am 22. Januar 1506 als ständiges Militärkorps gegründet, seine Mitglieder besitzen die schweizerische Staatsbürgerschaft. Die Schweizergarde steht ausschließlich im Dienst des Heiligen Vaters und ist für die Verteidigung und Sicherheit des Papstes, des Apostolischen Palastes sowie die Kontrolle der Vatikaneingänge zuständig. Struktur, Aufgaben und Zusammensetzung des Korps sind in einem Reglement definiert. Seit dem 22. Januar 2006 ist die Zahl der Soldaten auf 110 festgesetzt: 1 Kommandant im Rang eines Oberst, 5 Offiziere (1 Vizekommandant im Rang eines Oberstleutnant, 1 Kaplan, 1 Major und 2 Hauptleute), 26 Unteroffiziere und 78 Hellebardiere.

Um in die Schweizergarde einzutreten und dort für 25 Monate, die verlängert werden können, Dienst zu tun, ist folgende Voraussetzung:
- Familienstand: ledig
- Geschlecht: männlich
- Mindestgröße: 1,74 Meter
- Alter: 19–30 Jahre
- Ausbildung: Abschluss einer Universität oder Fachuniversität
- Religion: Katholisch
- Staatsbürgerschaft: Schweizerisch
- Abgeschlossener Militärdienst bei der Schweizer Armee und ein Zeugnis über gute Führung

– Eine Eheschließung ist erst nach zwei Dienstjahren und nach Genehmigung des Kaplans möglich, hiervon ausgenommen sind nur die Offiziere.

2.2. Gendarmerie

Die Gendarmerie des Vatikans ist für Sicherheit und öffentliche Ordnung sowie für Grenzkontrollen, Verkehrssicherheit und die Einhaltung der Gesetze auf dem Gebiet des Vatikans zuständig. Sie trägt gemeinsam mit der Schweizergarde die Verantwortung für die Unversehrtheit des Papstes innerhalb und außerhalb der vatikanischen Mauern.

Als zivile Ordnungsmacht berichtet sie an das Governatorat und das Sicherheitskomitee.

Die Gendarmerie besteht aus ungefähr 140 Polizisten, bei insgesamt 200 Mitarbeitern. So wie das Interpolbüro, das operative Sicherheitszentrum, der technische Dienst und die Feuerwehr untersteht sie der Direktion für Sicherheit und Zivilschutz.

Chef der Gendarmerie ist ein Kommandant, der zugleich der Sicherheitsleiter ist.

Aufgaben, Pflichten, Rechte, Organisationsstruktur, Aufnahmevoraussetzungen, Einstellung und Ausbildung, Disziplinarverfahren und Organisationsabläufe sind im Reglement des Gendarmeriekorps festgelegt, das am 18. September 2008 mit Dekret des Präsidenten der Päpstlichen Kommission für den Staat der Vatikanstadt erlassen wurde und am 29. September 2008 in Kraft trat.

3. Zugangsmöglichkeiten zum Vatikan

Die vatikanische Gendarmerie stellt allen, die in engerer Beziehung zum vatikanischen Staat stehen – Staatsbürger, Beschäftigte und Bewohner –, einen Ausweis aus. Das Dokument kann unterschiedliche Farben haben. Je nach Kategorie – weiß (nur Kardinäle und Führungspersonal), orange, grün – und für die Mitglieder des IOR (Vatikanbank, Institut für die religiösen Werke).

Der Ausweis berechtigt dazu, die Läden nahe Porta Sant'Anna zu betreten und dort einzukaufen: Apotheke, Supermarkt, Drogerie und Tankstellen.

Die Gendarmerie stellt die Ausweise nach Genehmigung durch das Governatorat aus (Regierungs- und Verwaltungsorgan des Vatikans). Die Ausstellungskriterien sind unklar und hängen offenbar nicht davon ab, ob jemand in Vatikanstadt beschäftigt ist. Nur 41.000 der 50.000 Menschen, die dort täglich arbeiten, sind im Besitz eines Ausweises.

Die Ausweise haben einen Magnetstreifen, obwohl keiner der Vatikaneingänge mit einem Gerät ausgestattet ist, das Magnetstreifen lesen kann. Es werden nur Sichtkontrollen durchgeführt, bei denen das Ausweisfoto allerdings nicht mit dem Gesicht des Ausweisinhabers verglichen wird. Zwar wird die Gültigkeit des Dokuments überprüft sowie die allfälligen Verlängerungen, aber auch das geschieht nicht regelmäßig.

Das Dokument muss nicht **GESCHWÄRZT GESCHWÄRZT** vorgezeigt werden.

Wenn man mit dem Auto, auch mit Mitfahrern, in den Vatikan fährt, muss nur der Fahrer seinen Ausweis vorlegen. Bei stichprobenartigen Fahrzeugkontrollen vor allem von Lieferanten werden Ladung und Nummernschild inspiziert, aber zumindest augenscheinlich werden Identität, Kennzeichen, Daten oder Genehmigungen nicht per Funk abgeklärt. Es gibt offenbar keine Datenbanken zu gemeldeten Fahrzeugen, es werden wohl auch keine ähnlichen Daten genutzt oder erstellt.

Legt man an den Eingängen ein Rezept für ein Medikament vor, hat man auch ohne Vorlegen des Ausweises Zugang zu den Geschäften.

Auch Gäste des Gästehauses Santa Marta erhalten durch einfaches Vorzeigen des blauen Schlüssels (der den Zugang zu den Zimmern ermöglicht) Zugang zu Bereichen mit Sicht auf den Petersdom sowie zu anderen Gebäuden.

Allein durch Sichtung der im Vatikan geparkten Fahrzeuge konnte festgestellt werden, dass nicht nur Fahrzeuge mit Cv (Staatsbürger oder Bewohner des Vatikans) oder Mcs (Fahrzeuge der vatikanischen Verwaltung) die Eingänge ohne Vorlage eines Ausweises oder einer Park- und Fahrberechtigung passieren können, sondern alle Privat- oder Lieferfahrzeuge.

4. Fahrzeugkontrolle an den Vatikaneingängen

Der Zugang zum Vatikan per Auto ist an drei Stellen möglich: Perugino, Petriano und Sant'Anna. Vorgesehen sind: an Petriano und Sant'Anna eine erste Kontrolle durch die Schweizergarde, sodann einige Meter weiter eine Kontrolle durch die Gendarmerie. Für die Einfahrt Perugino ist nur eine Kontrolle durch die Gendarmerie vorgesehen. (Manchmal gibt es noch einen weiteren Eingang nahe der Vatikanischen Museen.)

An keinem Zugang gibt es Kennzeichenlesegeräte oder Schranken und Ähnliches, um Fahrzeuge an der Durchfahrt zu hindern. Offensichtlich gibt es keine physischen oder akustischen Poller, um Fahrzeuge aufzuhalten, genauso wenig Vorrichtungen zur Reduzierung der Fahrzeuggeschwindigkeit oder feste Kontrollstationen. Es wurden auch keine Spiegel gesichtet, mit denen der Fahrzeugboden überprüft werden kann, ebenso wenig wie Hundestaffeln für spezielle Überprüfungen.

Fahrzeuge können ohne Genehmigung in den Vatikan fahren, und es gibt augenscheinlich keine aktualisierte Fahrzeug-, Motorräder- und Lieferwagenliste mit entsprechend genehmigten Bereichen.

Die Gendarmerie überprüft stichprobenartig Pkw und Lieferwagen, vor allem Warentransporte.

Bei der Ausfahrt gibt es keine Kontrollen. Es wird weder die Uhrzeit festgehalten noch die Aufenthaltsdauer.

Es gibt keinen speziellen Besucherparkplatz.

5. Einkaufszentrum

Im Vatikan gibt es einen Supermarkt, eine Apotheke mit Drogerie, zwei Tankstellen, ein kleines Einkaufszentrum im ehemaligen Bahnhofsbereich mit Geschäften für Haushaltsgeräte, Kosmetika, Kleidung und Accessoires, zum Teil auch für teure Markenkleidung, sowie eine Druckerei, eine Post und eine Bankfiliale.

In einem relativ kleinen Bereich bewegen sich hier viele Menschen, was bei einer Gefahrensituation ein erhöhtes Risiko bedeuten würde.

Auch wenn diese Geschäfte nicht in der Nähe der repräsentativsten Vatikangebäude sind, sollten die Einkaufsmöglichkeiten begrenzt und einem ausgewählten Kundenkreis vorbehalten werden.

6. Gästehaus Santa Marta

Es handelt sich um ein Gästehaus nahe der Einfahrt Perugino und in der Nähe der vatikanischen Außenmauer. Es besteht aus zwei fünfstöckigen Gebäuden und einer Kapelle, die direkt an die Mauer grenzt. Es gibt zwei Eingänge. Der Haupteingang wird von der Schweizergarde und der Gendarmerie überwacht, der nur von 22 Uhr bis 6 Uhr geöffnete Seiteneingang ist unbewacht, liegt allerdings in Sichtweite von Schweizergarde und Gendarmerie, die den Haupteingang überwachen.

Der Gendarm sitzt in einem Fahrzeug auf der Piazza Santa Marta. Ob er nur zur Beobachtung dort sitzt, oder auch eingreifen könnte, ist unklar. Den Haupteingang kann man mit dem blauen Schlüssel öffnen, den alle Gäste erhalten. Papst Franziskus bewohnt im zweiten Stock des Gästehauses Santa Marta mehrere Zimmer, und wenn er nicht zu offiziellen Anlässen im Apostolischen Palast und im Petersdom ist, erledigt er dort viele Tätigkeiten.

Das Gästehaus hat 140 Zimmer, ein Refektorium, eine Kapelle und verschiedene Versammlungsräume. Bei der Beobachtung fielen mehrere kritische Punkte auf.

An der Rezeption stehen zwar ständig zwei Gendarmen, aber es fehlt eine Videoüberwachung. Es wurde auch keine Funkanlage gesichtet. Im zweiten Stock hält eine Schweizergarde permanent Wache. Das Stockwerk, in dem der Papst wohnt, ist über den Aufzug oder die Treppe erreichbar, wobei es keinerlei physische oder mechanische Schranken gibt. Ob die Fenster der Papstwohnung entsprechend gesichert sind, konnte nicht festgestellt werden. Die übrigen Fenster des Gästehauses sind jedenfalls nicht speziell gesichert.

Es konnten keine Störsender festgestellt werden, die das Kommunikationsnetz vor Angriffen schützen würden.

Es gibt mehrere Notausgänge, die jedoch außer im Erdgeschoss nicht gekennzeichnet sind. Ein Evakuierungsplan ist nicht bekannt.

Auf der Piazza Santa Marta, nur fünfzig Meter vom Gästehaus und nur wenige Meter von den Fenstern der Papstwohnung entfernt, gibt es mehrere Tanksäulen, eine offensichtliche Gefahrenquelle.

Vor dem Eingang gibt es mehrere beschichtete Holzschranken, die morgens und abends so platziert werden, dass der Zugang tagsüber bis 22 Uhr frei ist. Um 22 Uhr werden sie so hingestellt, dass die schützende Absperrung geschlossen ist. Es handelt sich bei der Absperrung um ein altes Modell mit einem rudimentären Mechanismus, der es ermöglicht, mehrere Schranken zu verbinden. Die Schutzwirkung ist minimal, einem Frontalaufprall würden sie nicht standhalten. Es wäre besser, ausfahrbare, abschreckende Poller zu verwenden.

Abb. 1: [Ich habe mich entschieden, die hier beschriebenen Aktivitäten des Papstes zu schwärzen, da er dabei der Gefahr eines Attentats ausgesetzt ist.]

Dass vor der Außenmauer dauerhaft ein Gendarmeriefahrzeug steht, reicht als Schutz vor einem möglichen Attentat oder Sabotageakt nicht aus.

Außerdem ist zu beachten, dass im Gästehaus Santa Marta regelmäßig Gäste wohnen. Ob sie irgendwie überprüft werden oder ob allein die Bürgschaft eines hohen Kurienmitglieds genügt, ist unbekannt. Jedenfalls kann es, ohne Vorlage eines Ausweisdokuments, zu einem Zusammentreffen der Gäste mit dem Papst kommen, der im

Refektorium, aber auch in den anderen Bereichen des Gästehauses seinem Alltag nachgeht. Die Gäste können sich in den Innenräumen und in vielen Bereichen des Vatikans vollkommen frei bewegen.

Ob die Angestellten des Gästehauses irgendwie überprüft werden, ist unbekannt. In den Innenräumen sind sowohl Laien als auch Geistliche beschäftigt. Es ist zudem nicht bekannt, ob die Speisen überprüft werden.

Unbedingt erwähnenswert ist auch, dass für die Benutzung der Aufzüge kein Code erforderlich ist, nicht einmal, wenn man den zweiten Stock betritt, auf dem der Papst wohnt.

Ein weiterer fraglicher Punkt ist die Bewaffnung der der Schweizergarde, aber auch der Gendarmerie. Über welche Pistolen oder traditionellen Blankwaffen verfügt die Schweizergarde, um den Papst zu schützen? Es sind keine Waffen zu sehen. Und über welche Waffen verfügt die Gendarmerie? Außerhalb und innerhalb des Gästehauses sieht man bei ihnen nur Kommunikationsgeräte. Augenscheinlich sind bei beiden Sicherheitsorganen keine Automatik- oder Halbautomatikwaffen im Einsatz.

7. Residenz des emeritierten Papstes

Die Residenz von Benedikt XVI. liegt in den Vatikanischen Gärten, nur wenige Schritte von Radio Vatikan und der Fontana dell'Aquilone entfernt. Das Gebäude ist umzäunt, und der Eingang zu den Leoninischen Mauern hin gelegen, weit entfernt von den Außenmauern. Die Residenz liegt inmitten der Gärten, Zugangsmöglichkeiten haben nur Gärtner, Sicherheitspersonal und autorisiertes Personal. In diesem Bereich bewegen sich nur wenige Fahrzeuge oder Fußgänger. Es gibt augenscheinlich kein ständiges Sicherheitspersonal, sieht man von zwei Gendarmen im Wachhäuschen ab.

Betrachtet man die Sicherheitsmaßnahmen, ist die Residenz zumindest theoretisch ein sicherer Ort. Das einzige Sicherheitsrisiko ist die Nähe zu sensibler Infrastruktur wie Radioantenne oder Hubschrauberlandeplatz.

8. Cortile di San Damaso (Apostolischer Palast)

In den oberen Stockwerken liegen die Büros des Staatssekretariats und die Papstgemächer. Momentan werden die Räumlichkeiten nur für offizielle Empfänge und vom Staatssekretariat genutzt.

Für die Sicherheit ist zurzeit allein die Schweizergarde verantwortlich. Bei Empfängen im Papstpalast gewährleistet sie die Sicherheit und Kontrolle der Eingänge sowie der feierlichen Begrüßungsparade im Hof.

Kritisch ist vor allem der Bereich, der an den Petersdom anschließt, da hier der höchste Punkt der Kolonnaden liegt und der Bereich somit einsehbar ist.

9. Castel Gandolfo

Traditionell halten sich die Päpste in den Sommermonaten zur Erfrischung im Palast und den Gärten in Castel Gandolfo auf. Papst Franziskus hat dies allerdings noch nicht in Anspruch genommen.

Der Palast ist von großzügigen, insgesamt 16 Hektar großen Gärten umgeben. Zum Museum gehört ein Gut, das seine Produkte teilweise an den Papst liefert. Im Erdgeschoss des Palastes befinden sich vier Eingänge, es gibt nur eine Überwachungskamera und ein Wachhäuschen, in dem man einen Sicherheitsbeamten sieht. Es ist sehr kritisch, dass ein so großes Gelände ohne elektronische Hilfsmittel überwacht wird.

10. Telekommunikation

10.1. Funkausrüstung der Sicherheitskräfte

Wie beobachtet wurde, verwenden die Gendarmen teilweise Ptt Terra Funkgeräte oder Ähnliches, Sicherheitskräfte in Zivil teilweise Kopfhörer, während die Kräfte in Uniform teilweise offen kommunizieren.

Welche Kommunikationsmittel die Schweizergarde verwendet und wie die beiden für die Sicherheit des Papstes und des Vatikans zuständigen Organe daher untereinander kommunizieren, ließ sich nicht feststellen, aber offenbar gibt es zwischen den Kontrollposten, die gemeinsam den Sicherheitskordon um das Gästehaus Santa Marta, um den Apostolischen Palast und am Eingang zum Vatikan bilden, eine Kommunikation. Ebenso wenig ließ sich feststellen, ob es Probleme mit der Reichweite oder Kompatibilitätsprobleme aufgrund unterschiedlicher Geräte gibt (analog oder digital, Sprache oder Voice over IP, italienische Netzbetreiber oder eigene Infrastruktur).

10.2. Kommunikationsnetze und Personalleistungen der Infrastruktur im Vatikan

Es ist schwierig, eine genaue Studie zu den Kommunikationsnetzen zu erstellen, über die der enge Kreis um den Heiligen Vater und die für ihn verantwortlichen Sicherheitskräfte verfügen. Eigentlich hat der Heilige Stuhl kein eigenes Netz, sondern nutzt das des italienischen Staates. Das ist auch logisch, denn angesichts der geringen Nutzerzahl wäre ein eigenes Kommunikationsnetz nicht nur in Bezug auf die Qualität wenig effizient, sondern auch hinsichtlich Betrieb und Instandhaltung, von wirtschaftlichen Aspekten zu schweigen.

Ein weiterer Faktor ist in diesem Zusammenhang die Sicherheit der Netze und Kommunikationssysteme. Uns liegen keine Daten vor, anhand derer wir hätten feststellen können, ob es Server für die Datenspeicherung und -verwaltung, technisches Prüfpersonal oder sichere Kommunikationswege gibt.

Auf Grundlage solcher Daten ließen sich eine genauere Studie und ein Kommunikationsplan erstellen, der eine sichere Kommunikation und Datenübertragung gewährleisten könnte und verhindern würde, dass es zu Datenlecks oder Datenklau kommt oder die Kommunikation von nicht vatikanischen Behörden abgehört wird.

Wir wissen, dass der Vatikan über eine Kommunikationsinfrastruktur via IP für 3G und 4G verfügt, fraglich bleibt aber, ob es eine Datenentschlüsselung oder End-to-End-Verschlüsselung, ein ausschließlich von den vatikanischen Sicherheitskräften genutztes und nach außen hin abgeschirmtes Client-Server-System und eine

Anti-Tracking-Technologie gibt, damit Telefongespräche oder Daten nicht nachverfolgt werden können.

Uns liegen auch keine Daten vor, um festzustellen, ob die Internetkommunikation den Sicherheitskriterien entspricht oder nicht. Doch da die Kommunikationsinfrastruktur von außen kommt, muss man wohl annehmen, dass sie nicht wirklich sicher ist.

Genauer gesagt, lässt sich nicht einmal mit Sicherheit sagen, ob es in den Papstresidenzen und päpstlichen Empfangsbereichen Sicherheitsmaßnahmen wie Verzerrer, Störsender, Sicherheitsscanner für Abhörsysteme und eine elektronische Abwehr gegen versteckte Sensoren und Wanzen gibt. Bedenklich ist jedoch, dass das WLAN-Netz im Gästehaus Santa Marta allen Bewohnern, Angestellten und Besuchern offensteht und somit leicht manipuliert, sabotiert und beschädigt werden kann.

Sodann ist darauf hinzuweisen, dass Telefonserver, die in Drittländern stehen, keine Sicherheit in Bezug auf Abhörversuche bieten.

11. Sicherheit bei offiziellen Anlässen

Wenn es bei offiziellen Anlässen auf dem Petersplatz vor Gläubiger wimmelt, werden die Sicherheitskräfte des Vatikans offensichtlich von italienischen Ordnungskräften unterstützt. Außerdem überwachen einige religiöse Laienorden in einigen Bereichen ihre eigenen Gläubigen. Der Malteserorden wird bei Bedarf als Rettungsdienst tätig, ebenso der Circolo di San Pietro, die Associazione Pietro e Paolo und das Collettivo San Pietrini, die traditionell die Petersdom-Besuche organisieren.

Wenn man die Sicherheit bei einem Ereignis mit vielen Menschen gewährleisten will, muss man an vieles denken: Richtlinien für die Zusammenarbeit, erforderliche Mitarbeiter, Aufgabenverteilung, Bereitstellung der Telekommunikation und wer für die Sicherheit verantwortlich sein soll. Auf einer Zusammenkunft im Vorfeld müssen die Aufgaben genau definiert und offene Fragen geklärt werden.

Normalerweise gibt es in solchen Fällen eine Einsatzzentrale, die die Videoüberwachung im Blick behält und auftretende Probleme frühzeitig erkennt. Dort wird im Notfall über die notwendige Einsatzstrategie entschieden und dort hält sich auch der für den Sicherheitseinsatz Verantwortliche auf. Wir wissen nicht, ob die Sicherheitseinsätze im Vatikan vorab koordiniert werden und, wenn ja, ob jeder Fall einzeln unter Berücksichtigung der Alarmstufe und der Größe der Menschenansammlung durchgegangen wird und ob vorab eine Risikobewertung vorgenommen wird, die eine Erhöhung der Sicherheitsmaßnahmen empfehlenswert erscheinen lässt. Wir wissen auch nicht, wer bei einem Einsatz als Verantwortlicher die Entscheidungen fällt, denn wenn der ranghöchste Gendarm aktiv an Sicherheitsmaßnahmen beteiligt ist, dürfte es schwer für ihn sein, den gesamten Einsatz von einer idealen Einsatzzentrale aus zu koordinieren und zu leiten.

Es liegen uns auch keine Daten hinsichtlich der technischen Ressourcen zur Videoüberwachung solch großer Menschenmengen vor, ebenso wenig können wir sagen, ob es eine Gesichtserkennungssoftware, ein Aufzeichnungssystem, eine Videospeicherung oder einen technischen Verantwortlichen gibt.

Augenscheinlich werden keine Sicherheitskräfte zur Kontrolle der Abwasserkanäle abgestellt, ebenso wenig wie es Spezialkräfte oder taktische Einheiten gibt, die den Platz von den Dächern aus überwachen könnten. Fluchtwege sind nicht gekennzeichnet.

Je nach Ereignis kommen unterschiedliche Sicherheitsmaßnahmen zum Einsatz: Hundeführer, Hubschrauber, Hundertschaften, Beschränkungen für Fahrzeuge und Fußgänger. In manchen Fällen, wie beim Besuch hoher Gäste, ist eine beträchtliche Anzahl an Spezialkräften im Einsatz, bei Massenveranstaltungen hingegen kaum.

Wir konnten keine weiblichen Sicherheitskräfte beobachten, die bei Bedarf eine Leibesvisitation bei Frauen hätten durchführen können. Dasselbe gilt für das Personal an den Eingängen zum Petersplatz, insbesondere dort, wo die Metalldetektoren und Sicherheitsscanner stehen: Dass es keine weiblichen Sicherheitskräfte gibt, beeinträchtigt die Qualität der Kontrollen.

Die Anzahl und Dichte an Rettungs- und Notarztfahrzeugen, um die medizinische Versorgung von bis zu 300.000 Gläubigen sicherzustellen, ist augenscheinlich ungenügend.

Wir haben nicht erfahren können, ob es bei den obigen Aktivitäten Sicherheitsvorkehrungen wie Patrouillen oder Spionageabwehr gibt, wie oft diese durchgeführt werden und ob sie mit Gendarmerie, Schweizergarde und den italienischen Sicherheitskräften abgestimmt sind.

Wie wir festgestellt haben, kommen bei ausländischen Staatsbesuchern auch Sicherheitsmaßnahmen wie die Verkehrssperrung sämtlicher Vatikaneingänge außer Porta Sant'Anna zur Anwendung, bei den Mittwochsaudienzen hingegen nicht: Das ist ein Widerspruch in sich, da bei der Generalaudienz immer sehr viele Menschen sind und daher dort dieselben Sicherheitsmaßnahmen erforderlich wären wie bei Staatsbesuchen.

12. Der Tagesablauf des Papstes

Wie wir beobachten konnten, hat der Papst einen regelmäßigen Tagesablauf: Messe um 7 Uhr in der Kapelle Santa Marta, Frühstück um 8 Uhr, Mittagessen um 13 Uhr und Abendessen um 20 Uhr.

Die Tatsache, dass das sehr viele Menschen wissen, stellt per se ein Sicherheitsrisiko dar.

Obwohl es einen umfangreichen Personenschutz gibt, ist dieser offensichtlich nicht mit den angemessenen technischen Mitteln ausgestattet. Während es im Petersdom und den Vatikanischen Museen Überwachungseinrichtungen und Videokameras gibt, fehlen diese dort, wo der Papst sich die meiste Zeit aufhält.

13. Schlussfolgerungen

Wie wir anhand dieser Studie, die allein auf der Beobachtung durch Sicherheitsfachleute beruht, feststellen mussten, gibt es erhebliche Schwachpunkte in der Sicherheitsüberwachung des Heiligen Vaters, seiner Arbeitsumgebung, seiner Wohnung und der Personen, mit denen er täglich zu tun hat.

Die Experten, die mit der Studie betraut waren, wissen sehr genau, wie schwierig es ist, die Sicherheit eines so hohen Würdenträgers wie dem Papst zu garantieren. Doch in Anbetracht der hohen Risiken, die die Aufgaben und der Tagesablauf des Papstes mit sich bringen, müssen alle Sicherheitsaspekte, die das Knowhow von Sicherheitsfachleuten erfordern, entschieden berücksichtigt werden. Zu diesen Aspekten gehören die Bekämpfung, Neutralisierung und Ausschaltung aller potenziellen und somit auch realen und lösbaren Gefährdungen. Es sei an dieser Stelle noch einmal darauf hingewiesen, dass die Sicherheitsmängel zum Teil eklatant und besorgniserregend sind. Wir empfehlen daher dringend, den Sicherheitsplan zu überarbeiten.

Wie wir festgestellt haben, könnte die persönliche Sicherheit des Papstes oder die Sicherheit des Vatikanstaats unter gewissen Umständen gefährdet sein.

Was den Heiligen Vater betrifft:

1. Er hat einen regelmäßigen Tagesablauf, der vielen Leuten bekannt ist.
2. Das Gästehaus Santa Marta ist wie ein Gästehaus konzipiert und besitzt nicht die Sicherheitsausstattung, die für einen hohen Würdenträger erforderlich wäre, umso weniger, wenn man bedenkt, dass das Gästehaus an die Außenmauern des Vatikans grenzt.
3. Trotz eines umfangreichen Personenschutzes scheinen uns statische Geräte wie Videokameras und andere Sicherheitseinrichtungen nicht in ausreichender Zahl vorhanden zu sein, um bei den Audienzen, in Anbetracht seiner regelmäßigen Bewegung und der Menge der Gläubigen, eine vollständige Abdeckung zu garantieren.

Was den Vatikanstaat betrifft:

1. Personen und Fahrzeuge auf dem Weg in und aus dem Vatikan werden nicht ausreichend kontrolliert. Es scheint empfehlens-

wert, an den Eingängen mit entsprechenden technischen Mitteln eine digitale Ausweiskontrolle vorzunehmen.

2. Im Einkaufsbereich ist die Sicherheit aufgrund der großen Besucher- und Fahrzeugströme und fehlender Kontrollen fahrender und parkender Autos gefährdet.

3. Auch die Telekommunikationsinfrastruktur sowie die Maßnahmen zum Schutz der Kommunikation des Heiligen Vaters, des Staatssekretariats und anderer Behörden scheinen anfällig.

14. Empfehlungen

– Die Kompetenzen der beiden Sicherheitsorgane (Schweizergarde und Gendarmerie) sollten genau definiert werden. Ideal wäre es, beide zusammenzulegen, aber da die Schweizergarde den Papst bis zum heutigen Tage höchstzuverlässig geschützt hat, sollten die Zuständigkeiten der beiden Organe genau definiert werden, um Kompetenzgerangel und eine Doppelvergabe von Aufgaben zu vermeiden.

– Die Gendarmerie sollte optimiert werden durch:
  • ein festes Rekrutierungsverfahren;
  • ein festes Beförderungssystem;
  • Fortbildungsprogramme;
  • genau definierte Beziehungen zu anderen vatikanischen Sicherheitskräften und Koordinationsregeln;
  • Protokolle für die Zusammenarbeit der beiden Sicherheitsorgane Gendarmerie und Schweizergarde, sowie mit der italienischen Polizei und dem Zivilschutz, der gelegentlich bei logistischen und Sicherheitsfragen zum Einsatz kommt;
  • ein Disziplinarstrafrecht: Strafen, Beauftragte für die Disziplinarrichtlinien und Disziplinargerichte, Fälle, die neben Disziplinarverfahren an ein Strafgericht weitergeleitet werden müssen;
  • ein Moralkodex mit Sanktionen für eventuelles Fehlverhalten;
  • eine Stelle, die über die Anwendung dieses Kodexes wacht und eventuelle Verstöße feststellt.

– Eine ausreichende Ausweiskontrolle durchführen:
  • Kontrolle der ausgestellten Ausweise;
  • Abgleich der Ausweise mit einer Datenbank, die Kriminelle identifiziert und auf vatikanischen Servern angesiedelt und entsprechend geschützt ist. Die Verwaltung der Datenbank sollte in den Händen einer vatikanischen Ordnungsmacht liegen;
  • Kontrolle der Gültigkeit der Dokumente (Ausstellungsdatum und Ablaufdatum), Legitimitätskontrolle der Ausweisinhaber. (Das Governatorat sollte Verfahren zur Begrenzung der Ausweisausgabe sowie zur Kontrolle der Einhaltung der festgelegten Kriterien erarbeiten.);
  • Die Ausweiskontrolle sollte am besten mit entsprechender Technik elektronisch und an den verschiedenen Checkpoints einheitlich erfolgen.

– Stärkere Kontrollen beim Betreten und Verlassen des Vatikans, am besten elektronisch und mit zusätzlichen Sicherheitsmaßnahmen wie Ausweiskontrolle, Abgleich mit Datenbanken oder Kontrolle weiterer Ausweisdokumente.

– Entsprechend sollten bei der Fahrzeugkontrolle elektronische Kontrollen mit Kennzeichenlesegeräten durchgeführt werden und der Zugang zum Vatikan nur nach einem Datenbankabgleich erlaubt sein.
  Es sollte eine systematische und nicht nur stichprobenmäßige Kontrolle der Ladung erfolgen. Die Checkpoints sollten mit Fahrzeugblockadesystemen ausgestattet sein: Nagelsperren, Kegel, Leuchthinweise zur Geschwindigkeitsreduzierung.
  Berechtigte Fahrzeuge sollten ein entsprechendes Dokument erhalten, das sichtbar im Fahrzeug auszulegen ist und folgende Daten enthält: Fahrerdaten, Kennzeichen, Fahrzeugmodell und -marke, Durchfahrtberechtigung, Parkberechtigung sowie das Ablaufdatum des Dokuments.

– Das Gästehaus Santa Marta, in dem der Papst wohnt, sollte besondere Aufmerksamkeit erfahren. Hier empfiehlt sich eine umfangreiche Überwachung und Kontrolle des Gebäudes sowie seiner näheren und weiteren Umgebung. Beispielsweise:

- Parkverbot entlang des Gebäudes;
- mehr Patrouillen auf dem Gelände;
- verstärkte Sicherheitsmaßnahmen bezüglich der anderen Gäste, Feststellung ihrer Identität und Abgleich mit einer polizeilichen Datenbank, um bereits auffällig gewordene oder überwachte Subjekte zu identifizieren;
- Technische Geräte für die Innenräume, etwa eine 24-stündige Videoüberwachung;
- Überwachung der päpstlichen Arbeits- und Empfangsräume durch Störsender und Verzerrern;
- Abbau oder Entfernung von in der Nähe befindlichen gefährlichen Einrichtungen und Objekten, die für Sabotageakte verwendet werden könnten (z. B. Tanksäulen).

- Nutzung von und Zugang zu eigenen und Datenbanken Dritter. Es empfiehlt sich, weitere Datenbanken zu nutzen, um feststellen zu können, ob jemand, der den Vatikan betreten möchte, einen polizeilichen Eintrag hat (Datenbanken der italienischen Ordnungskräfte, von Interpol oder Schengen). Daher wäre es wichtig, eine Zugangsvereinbarung für das Schengen Information System (Sis) zu unterzeichnen. Dieses sollte nicht nur zur Identitätskontrolle beim Betreten des Vatikans, sondern auch als Instrument der internationalen Zusammenarbeit genutzt werden.
- Dem Heiligen Vater stehen mehrere Fahrzeuge zur Verfügung. Ihre Sicherheit ist für die Unversehrtheit des Papstes von großer Bedeutung.

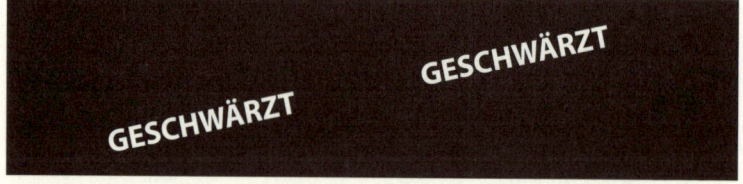

Abb. 2: (Dieser Teil wurde geschwärzt, da er sich auf vom Papst genutzte Fortbewegungsmittel bezieht, in denen die Gefahr eines Attentats droht, A. d. A.)

- Es wäre wünschenswert, den Notfallplan sowie eventuelle Modifikationen zu kennen.
- Ebenso wäre eine Analyse des Risikoplans und der Risikobewertung für den Vatikanstaat und seinen höchsten Würdenträger wünschenswert, vor allem in Hinsicht darauf, ob sie dem veränderten Gefährdungsniveau angepasst wurden. Dazu müsste überprüft werden, ob sie mithilfe von offener oder Predefined Channels-Software, die die Risikosituationen vorgibt, entwickelt wurden.
- Regelmäßige Patrouillen im Vatikanstaat wären wünschenswert, ob zu Fuß oder in Fahrzeugen. Die alleinige Anwesenheit von Gendarmen an den Kontrollpunkten scheint keinen angemessenen präventiven oder reaktiven Sicherheitseinsatz zu gewährleisten.
- Telekommunikationsdaten und elektronische Systeme, ihre Sicherheitsstandards, Speicherserver und Kontroll-, Verwaltungs- und Monitoring-Mechanismen sollten überprüft werden.
- Für die Sicherheitseinsätze bei den Generalaudienzen des Papstes sollte eine Einsatzmethode erarbeitet werden, die folgendes umfasst: Koordinierungstreffen aller beteiligten Kräfte, Überwachung des Ereignisses von einer Einsatzzentrale aus, Benennung eines Verantwortlichen mit Entscheidungsbefugnis.

Die Antwort des Vatikans auf die Euro-Krise

Die anhaltende Krise der Eurozone macht dem Vatikan Sorgen. So hat der Heilige Stuhl 2016 beschlossen, das Geschehen auf den Finanzmärkten und die politische Situation zu beobachten, um zu vermeiden, dass sich eine größere Währungskrise auf das Vermögen der Kirche auswirken kann. Dabei wurde auch in Betracht gezogen, den Euro notfalls zu verlassen.

Die Frage ist von großer Aktualität, da 70 Prozent des Eigenkapitals des Staates und 90 Prozent der Kosten und Erträge in Euro sind. Das folgende Dokument, das am 30. September 2017 zum Abschluss einer ersten Reihe von Sitzungen eines eigens eingerichteten Komitees erstellt wurde, enthält Empfehlungen zur Eindämmung der Risiken für den Heiligen Stuhl und den Vatikan und zeigt Szenarien auf, die als weniger wahrscheinlich gelten, sowie solche, die zu den schlimmsten Auswirkungen führen könnten (Austritt eines Landes aus dem Euro, Zerfall oder Bruch der Eurozone und Union der zwei Geschwindigkeiten).

CONGREGATIO
PER
I TESSOCOLI

Euro currency risk

Implications on the economy of the Holy See and

Vatican City State

Vatican City,

30th September 2017

1. Einführung

1.1. Grundsätze

Papst Franziskus hat sich oft zum Thema Geld geäußert und betont, dass es ein Instrument ist und uns als solches dienen, aber uns keineswegs beherrschen sollte. Die vorliegenden Überlegungen und anschließenden Empfehlungen, die sich eingehend mit den Finanzen und Investitionen des Heiligen Stuhls und des Staates Vatikanstadt aus monetärer Sicht befassen, lassen sich von diesen Lehren anleiten, es gelten insbesondere die folgenden Grundsätze:

- langfristige Nachhaltigkeit;
- Verringerung der Verschwendung;
- Effizienz in der Verwaltung;
- Bereitstellung der zur Erreichung der Ziele erforderlichen Mittel;
- Besonnenheit und Verzicht auf jede Spekulation;
- ethische Investition.

Der Heilige Vater hat auch mehrfach sein Interesse an der Zukunft Europas bekundet, insbesondere als er am 7. Mai 2016 den Karlspreis erhielt oder in jüngerer Zeit, als er eine Initiative wie die Konferenz »Europa neu denken« unterstützte, die vom 27. bis 29. Oktober 2017 im Vatikan stattfand.

1.2. Ziel der Studie

Das Hauptziel dieser Studie ist es, Empfehlungen zur Begrenzung der Risiken für den Heiligen Stuhl und den Vatikan im Hinblick auf eine mögliche Krise der Eurozone zu entwickeln. Dies erfolgt als Antwort auf das Schreiben von Kardinalstaatssekretär Parolin, Nr. 6428/16/RS vom 28. September 2016. [...]

1.3. Methodik

Zu diesem Zweck setzte der Wirtschaftsrat einen Ausschuss ein, der unter der Leitung von Herrn Joseph F. X. Zahra Fachleute für Wirtschaft und Finanzen aus den mit dem Vatikan und dem Heiligen Stuhl verbundenen Institutionen und Dikasterien vereint, die am stärksten dem Währungsrisiko ausgesetzt sind (Staatssekretariat, Wirtschaftssekretariat, Governatorat, Propaganda Fide sowie APSA und IOR). Es wurde ein Sprecher ernannt, der den Verlauf der Sitzungen aufzeichnen und die Schlussfolgerungen in einem zusammenfassenden Bericht präsentieren soll.

Der Euro-Risikoausschuss kam zu vier Sitzungen zusammen (am 3. Februar 2017, 10. April 2017, 8. Mai 2017 und 5. Juli 2017), wobei an der zweiten Sitzung auf Empfehlung von Kardinal Parolin auch externe Fachleute wie Dr. Andrea Mazzalai und Dr. Giuseppe Giliberto teilnahmen.

Alle Teilnehmer führten Einzelgespräche mit dem Sprecher, um ihre Ansichten vor der Erstellung des Abschlussberichts in ausführlicherer Form darzulegen.

Vor der Ausarbeitung der Empfehlungen wurde besonders darauf geachtet, dass zwischen allen Mitgliedern ein Konsens erreicht wurde, und am 21. November 2017 fand eine abschließende Diskussionssitzung statt, in der dieses Dokument einer Überarbeitung unterzogen wurde.

2. Die Wirtschaft des Heiligen Stuhls und des Staates Vatikanstadt

Wie Kardinal Parolin in seinem Brief (Nr. 6428/16/RS) erwähnte, ist die Wirtschaft des Heiligen Stuhls und des Staates Vatikanstadt dem Euro-Risiko vor allem auf zwei Arten ausgesetzt: erstens durch Investitionen (sowohl in Finanzinstrumente als auch in Immobilien), zweitens, weil der Euro vom Vatikan als Währung eingeführt wurde. In diesem Abschnitt wird das Ausmaß der Exposition quantifiziert, während im nächsten Abschnitt das Risikoniveau untersucht wird.

2.1. Daten

2.1.1. Datenquelle
Das Wirtschaftssekretariat hat freundlicherweise die für die Diskussion unter den Mitgliedern der Gruppe notwendigen Daten gesammelt und verarbeitet. Zwei Bereiche wurden eingehend untersucht:

(1) der Umfang und der Wert des Vermögens, (2) die Erträge und Aufwendungen.

2.1.2. Umfang und Wert des Vermögens

Mehr als 70 Prozent des Reinvermögens werden in Euro gehalten, 19,3 Prozent in Dollar, 7,2 Prozent in Pfund Sterling, 0,9 Prozent in Schweizer Franken und die restlichen 0,7 Prozent in anderen Währungen.

2.1.3. Zuflüsse und Abflüsse: Erträge und Aufwendungen

Über 90 Prozent der Erträge und Aufwendungen werden in Euro ausgedrückt, die zweithäufigste Währung ist der US-Dollar (etwa 4,5 Prozent der Erträge und etwa 5,5 Prozent der Aufwendungen), gefolgt von anderen Währungen. Der Schweizer Franken deckt fast 3 Prozent der Aufwendungen, aber weniger als 0,5 Prozent der Erträge.

2.2. Währungsrisiko

Es ist zu beachten, dass der Euro sowohl beim Vermögen als auch bei größeren Zu- und Abflüssen mit Abstand die führende Währung ist. Dies entspricht auch den Erwartungen, da der Euro gemäß der Währungsvereinbarung zwischen der Europäischen Union und dem Staat Vatikanstadt die offizielle Währung des Vatikans ist (2010/C28/05). Alle anderen Währungen zusammen decken weniger als 30 Prozent des Reinvermögens und einen noch geringeren Prozentsatz der Einnahmen und Ausgaben ab. Das Währungsrisiko ist daher äußerst gering.

3. Eurozone: Profil und Dynamik

In Europa war das letzte Jahrzehnt von den Folgen der Finanzkrise von 2007 und der anschließenden Schuldenkrise innerhalb der Europäischen Union geprägt, die vor allem die Eurozone betraf. Es wurde deutlich, dass das große Ausmaß der öffentlichen Verschuldung auf zwei [wesentliche, A.d.A.] Ursachen zurückzuführen war: die überhöhten Ausgaben der Regierungen und/oder die Kosten für die Rettung der Geschäftsbanken, die von uneinbringlichen Schulden erdrückt [A. d. A.] wurden.

Als Folge der Sparmaßnahmen, die den verschiedenen Mitgliedstaaten als Voraussetzung für die Rettung auferlegt wurden, und der Debatte über die geeignetsten Formen der Vergemeinschaftung der Staatsschulden auf europäischer Ebene nahm die politische Instabilität zu. Mit der Verschlechterung der wirtschaftlichen Lage wurden die Auswirkungen auf die Realwirtschaft immer deutlicher, was sich insbesondere in einem Anstieg der Arbeitslosigkeit zeigte.

Wie Kardinal Parolin berichtete, äußerten im September 2016 mehrere Ökonomen und renommierte Finanzpublikationen ihre Bedenken infolge der strukturellen Schwäche des Euro und der ungewissen Zukunft der Eurozone. Diese wurden durch die Unsicherheit im Zusammenhang mit den Schwierigkeiten der Rettungsaktion für Griechenland im Sommer 2016, die Folgen der Abstimmung über den Brexit im Vereinigten Königreich und den Präsidentschaftswahlkampf in den Vereinigten Staaten noch verschärft.

Der Präsident der Europäischen Kommission Jean-Claude Juncker sagte am 13. September 2017 in seiner Rede zur Lage der Nation vor dem Europäischen Parlament: »Letztes Jahr habe ich mich zur gleichen Zeit mit einer etwas leichter zu haltenden Rede an Sie gewandt. Es war allen klar, dass unsere Union keine glückliche Zeit hatte. Europa wurde von den Geschehnissen dieses Jahres schmerzhaft getroffen und in seinen Grundfesten erschüttert.« Im Weiteren erklärte er allerdings, dass sich diese kritische Situation in den vergangenen zwölf Monaten erheblich verbessert hatte: »Die europäische Wirtschaft erholt sich endlich.« In der Tat ist eine wirtschaftliche Erholung im Gange, die sich an einem höherem Wachstum und mehr Arbeitsplätzen dank eines leichteren Zugangs zu Krediten für Unternehmen festmachen lässt.

Auf politischer Ebene markierten die jüngste Wahl von Emmanuel Macron in Frankreich und die Wiederwahl von Angela Merkel in Deutschland, beides Unterstützer des europäischen Projekts, eine momentane Trendumkehr angesichts des wachsenden Erfolgs der Rechtsnationalisten.

Kurz gesagt, die Sorgen, die vor zwölf Monaten noch gerechtfertigt waren, sind heute nicht mehr so ernst, auch wenn durchaus noch einige kritische Aspekte bestehen. Dazu gehören die immer noch prekäre Situation in Griechenland aufgrund der Arbeitslosigkeit und hoher Staatsverschuldung, der Reformbedarf in Italien und Frankreich sowie politische Themen wie der Aufstieg des Nationalismus in Ungarn und Polen.

4. Gefahr des Zerfalls der Europäischen Union

4.1. Ausblick in die Zukunft

Im Folgenden werden die verschiedenen Szenarien, die der Ausschuss während seiner Sitzungen diskutiert hat, näher beleuchtet. Obwohl es in den letzten Monaten eine Reihe von Veränderungen gegeben hat, halten wir es für wichtig, diese vorzustellen und dann auf die plausibelsten näher einzugehen.

4.2. Szenarien für die zukünftige Zusammenarbeit

4.2.1. Die Position der Europäischen Union: Unwahrscheinlichkeit eines Zerfalls Europas

Beschreibung	Die anhaltende Entschlossenheit der anderen Mitgliedstaaten, den gemeinsamen Weg fortzusetzen, hat die Gefahr eines von mehreren Seiten beschworenen Zerfalls Europas nach dem Votum der britischen Wähler zugunsten des Brexits verringert. Dies belegt die Veröffentlichung des *Weißbuchs über die Zukunft Europas* durch die Europäische Kommission, das am 1. März 2017, kurz vor dem Gipfel zum 60. Jahrestag der Römischen Verträge, vorgelegt wurde.
Folgen für die Eurozone	Das *Weißbuch* skizziert fünf mögliche Szenarien: »Weiter wie bisher«, »Schwerpunkt Binnenmarkt«, »Wer mehr will, tut mehr«, »Weniger, aber effizienter« und »Viel mehr gemeinsames Handeln«. Alle Szenarien setzen eine Fortsetzung der Zusammenarbeit voraus.
Wahrscheinlichkeit	Sehr hoch.

4.2.2. Flexible Union mit mehreren Geschwindigkeiten

Beschreibung	Tatsächlich entspricht dieses Szenario der gegenwärtigen Situation, in der die Integration innerhalb der Union auf verschiedenen Ebenen und mit unterschiedlicher Geschwindigkeit voranschreitet.

Folgen für die Eurozone	Dies ist ein Weg, der eine größere Flexibilität erfordert, wobei davon ausgegangen wird, dass Differenzierung der Desintegration vorzuziehen ist. Der teilweise Beitritt von Mitgliedstaaten zum Schengen-Raum oder zur Eurozone sind aktuelle Beispiele für eine flexible Union.
Wahrscheinlichkeit	Hoch.

4.3. Szenarien des Zerfalls

Obwohl die folgenden Szenarien des Zerfalls immer unwahrscheinlicher erscheinen, wurde beschlossen, sie in die Überprüfung miteinzubeziehen, um ein umfassendes Bild der gegenwärtigen Situation zu erstellen.

4.3.1. Austritt eines Mitgliedstaates aus der Währungsunion

Beschreibung	Dieses Szenario berücksichtigt die Möglichkeit, dass ein Mitgliedstaat die Eurozone verlässt. Gegenwärtig wäre Griechenland der wahrscheinlichste Kandidat, da es sich um eine kleine Volkswirtschaft handelt. Die anderen Mitgliedstaaten könnten dies für machbar halten, da sie davon ausgehen, dass dieser Ausstieg nicht allzu große negative Auswirkungen auf ihre eigene Situation hätte, da er auf dem Verhandlungswege erfolgen würde.
Folgen für die Eurozone	Im Falle eines ausgehandelten Ausstiegs mit teilweiser Zahlungsunfähigkeit eines Staates könnten die anderen Mitglieder des Euroraums, die zum Rettungsversuch beigetragen haben, geschwächt daraus hervorgehen und ihre Erholung gefährdet sein.
Wahrscheinlichkeit	Niedrig und stetig abnehmend.

4.3.2. Bruch der Eurozone: Starke Eurozone vs. schwache Eurozone

Beschreibung	Die Eurozone spaltet sich und die wirtschaftlich stärkeren Länder führen einen neuen »starken Euro« ein.
Folgen für die Eurozone	Sie würde es der »schwächeren Eurozone« ermöglichen, ihre Währung abzuwerten und an Wettbewerbsfähigkeit zu gewinnen.
Wahrscheinlichkeit	Sehr niedrig, insbesondere angesichts der starken deutsch-französischen Freundschaft innerhalb der EU.

4.3.3. Die Implosion der Europäischen Währungsunion

Beschreibung	Die Währungsunion bricht zusammen, und jedes Mitglied kehrt zu seiner eigenen Währung zurück.

Folgen für die Eurozone	Die wirtschaftlichen Folgen dieses katastrophalen Szenarios sind schwer vorhersehbar, aber es wäre aufgrund der daraus resultierenden schwerwiegenden Verunsicherung sicherlich eine neue Krise zu befürchten.
Wahrscheinlichkeit	Nahe Null.

5. Der Heilige Stuhl und der Staat Vatikanstadt im Falle des Zerfalls von Europa

5.1. Der Vatikan angesichts von Zerfallsszenarien

Von Beginn der Debatte im Euro-Risikoausschuss an war sofort klar, dass der Heilige Stuhl und die vatikanische Wirtschaft eng mit Italien und Kontinentaleuropa verbunden sind. Alle oben erörterten Szenarien sind daher aus italienischer Sicht und mit ihren potenziellen Auswirkungen auf die Wirtschaft des Heiligen Stuhls und des Staates Vatikanstadt zu betrachten. Die verschiedenen Zerfallsszenarien betreffen unterschiedliche Sachverhalte:

- eine ernste Finanzkrise;
- die Rückkehr Italiens zur Lira;
- der Abstieg Italiens in eine »Euroleague b«, die durch einen schwachen und abgewerteten Euro gekennzeichnet ist.

Weder der Heilige Stuhl noch der Staat Vatikanstadt haben eine öffentliche Verschuldung, sodass sie vor den Folgen einer möglichen Zinserhöhung oder einer Kreditklemme relativ gut geschützt sind, aber sie könnten die negativen Folgen einer Euro-Währungskrise dennoch zu spüren bekommen, wie z. B.:

- die Volatilität des Anlageportfolios;
- Veränderung bei den Erträgen (z. B. aus Verkäufen, Spenden);
- erhöhte Exposition gegenüber dem Wechselkursrisiko und mögliche Auswirkungen auf die Kosten.

5.2. Aktuelle Antworten

Es sei darauf hingewiesen, dass alle im Euro-Risikoausschuss vertretenen Dikasterien und Institutionen bereits Maßnahmen zur Risikominderung getroffen haben. Die wichtigste davon ist die Angabe von Kosten und Erträgen in dieser Währung. So werden beispielsweise die Folgen einer Abwertung ausgeglichen, wenn die Löhne in der gleichen Währung gezahlt werden, in der auch die Kapitalerträge eingehen. Dies ist der Hauptgrund, warum die Währung des Vatikans die gleiche sein muss wie die italienische.

Eine zweite Maßnahme betrifft die der Anlagestrategie zugrunde liegenden Prinzipien:

- Vorsicht ist ein grundlegendes Kriterium (das heißt keine Spekulation);
- Diversifizierung: nicht nur zwischen verschiedenen Finanzinstrumenten und Währungen, sondern auch in geographischer Hinsicht innerhalb der Eurozone (um Investitionen in solide Euro-Länder zu fördern).

6. Empfehlungen zur Risikominimierung

Alle Teilnehmer einigten sich auf die folgenden Empfehlungen, die dem Wirtschaftsrat als Ergebnis ihrer Diskussionen vorgelegt werden sollen. Auch wenn die Unabhängigkeit aller Akteure hoch geschätzt wird, liegt doch auch auf der Hand, dass angesichts gemeinsamer Anliegen ein gewisses Maß an Abstimmung und Informationsaustausch für alle von Vorteil ist. Maßnahmen zur Erleichterung dieses Informationsaustauschs zwischen den vatikanischen Dikasterien und den Institutionen des Heiligen Stuhls sollten gefördert werden.

Der Euro-Risikoausschuss schlägt die folgenden Empfehlungen vor.

- Einrichtung eines Informationsmechanismus, der die proaktive Sammlung von Informationen aus externen Quellen wie der italienischen Zentralbank und der Europäischen Zentralbank beinhaltet.
- Identifizierung von »Alarmschwellen«, um bei Ereignissen, die sich unserer Kontrolle entziehen, eine Reaktion auszulösen, wenn diese bestimmte Grenzwerte erreichen.
- Verabschiedung hochstehender Leitlinien bei ethischen Investitionen, um gemeinsame Grundsätze festzuschreiben, die andere bereits anwenden.

Die Mitglieder des Euro-Risikoausschusses stehen für die Zusammenarbeit mit dem Wirtschaftsrat zur Verfügung. Falls erforderlich, werden sie den Informationsaustausch zwischen den Mitgliedern per E-Mail oder auf Sitzungen weiterhin fördern.

7. Schlussfolgerungen

Der Euro-Risikoausschuss ist ein Beispiel für die fruchtbare Zusammenarbeit zwischen den Behörden des Staates Vatikanstadt und dem Heiligen Stuhl. Alle Teilnehmer waren sich einig, dass es sinnvoll ist, Fachleute aus den verschiedenen Dikasterien zusammenzubringen, und die bemerkenswerte Professionalität aller Teilnehmer führte zu einem erbaulichen Austausch.

Neben der wirksamen Auseinandersetzung mit den von Kardinal Parolin in seinem Brief Nr. 6428/16/RS hervorgehobenen kritischen Aspekten identifizierte der Ausschuss weitere Risiken:

- globale politische und wirtschaftliche Risiken (z. B. die Staatsverschuldung und das *quantitative easing* der USA);
- Reputationsrisiko im Zusammenhang mit ethischen Investitionen (z. B. Kinderarbeit, Waffenhandel, Handel mit Grundnahrungsmitteln);
- andere Risiken als solche finanzieller Art (z. B. Pandemien, Terrorismus usw.).

Es könnte ein konzertierter Ansatz für das Risikomanagement unter allen Einrichtungen des Vatikans und des Heiligen Stuhls in Betracht gezogen werden. In dieser Hinsicht sind die Empfehlungen zur Begrenzung des Euro-bezogenen Währungsrisikos ein guter Ausgangspunkt.

Schließlich hat sich der Ausschuss nicht darauf beschränkt, die Risiken zu ermitteln, sondern hat auch eine konzertierte und einhellige Antwort zur Milderung etwaiger negativer Auswirkungen in Aussicht gestellt, obwohl das mit dem Euro verbundene Risiko unter den derzeitigen Umständen als sehr gering eingeschätzt wird.

Index / Personenregister